经济与工商管理专业基础课系列教材

微观经济学

WEIGUAN JINGJIXUE

主　编◎刘文勇
副主编◎李春林
编　者◎崔殿超　田志伟
王云多　吴艳玲
邢玉升　邢艳霞
张长青　张　庆
主　审◎乔　榛

黑龙江大学出版社
HEILONGJIANG UNIVERSITY PRESS

总　序

教材建设是提高教学质量的主要内容之一，关系到人才培养规格和培养水平，也关系到培养什么样的人才、为谁培养人才，是办学思路和办学目的的具体体现。因此，大学本科生所用教材既要体现知识的先进性、与本科教育发展水平的适应性，又要体现中国特色社会主义阶段高等教育的特殊性。因此，本科教材应当确立相应的教材准入基本条件。

高等教育的人才培养目标不同于初级教育，它要求既要有明确的学校办学特色，又要建立科学的人才培养模式。学校办学定位的差异决定要相应确定学校办学特色和人才培养模式，研究型大学、教学型大学、教学研究型大学和研究教学型大学在教材选取、教学方法、教学手段等方面存在较大差异。为了更好地体现黑龙江大学及经济与工商管理学院独特的人才培养目标，凸显出学院近年来在教学改革和科学研究等方面的成果，学院在学校领导和相关职能部门的大力支持下规划出版"经济与工商管理类"系列教材。这是一套高水准、高质量，具有黑龙江大学经济与工商管理学院特色的本科教材，是学院教师多年努力的研究成果。

黑龙江大学经济与工商管理学院的前身可以追溯到 1958 年创办的黑龙江大学经济系，于 1991 年成立经济与工商管理学院，由著名经济学家熊映梧教授任首任院长，跨经济学和管理学两大门类，涵盖理论经济学、应用经济学和工商管理三个一级学科。学院一直非常重视教材的编写，近年来学院教师在一些国家级的出版社出版了一些教材，教材的质量也具有较高水平，在本科和其他层次的教学过程中被采用，但是有组织、有计划、系列化出版本科生教材在学院近 10 年来的发展过程中还是第一次。第一批出版的六本教材主要集中在经济与工商管理类的专业基础课上，我们邀请黑龙江大学及兄弟院校的"宏观经济学"、"微观经济学"、"货币金融学"、"国际贸易"、"会计学"、"管理学概论"等课程的主讲教师组成编写组，编写委员会对教材编写的提纲和初稿进行反复讨论、几经修改，最后由主审专家审查定稿。

本系列教材在学习和参考同类优秀教材的基础上，按照黑龙江大学本科培养方案"厚基础、宽领域"的指导方针，结合学院教师多年教学过程中积累的经验，考虑到经济社会发展的实际需要，力争按照"好用、管用、够用"的原则进行编写，符合研究型教学、探究式学习模式的要求，具有较高的使用价值。这批教材是黑龙江大学经济与工商管理学院近年来教材建设和课程建设方面取得的重要成果。

在我国，综合大学经济管理学院的专业设置不同于财经类、师范类等单科类大学。单科类大学由于涵盖的学科范围小，学院划分较细，一个二级学科就是一个学院，学院的专业性较强，涵盖的本科专业也较少，而我们综合大学经济管理学院的专业设置涵盖理论经济学、应用经济学、管理科学与工程、工商管理、公共管理等多个一级学科及其所对应的本科专业，综合性较强。所以，集中多学科的优势从本院的实际情况出发，分层次进行编写和指导，能够使这套系列教材成为经济管理类教材中的精品。第一批推出的六本教材作为尝试主要在我校使用，在教学中发现的问题，并及时汇聚起来进行妥善处理，根据实际效果决定自编教材的使用范围、使用比例以及下一步教材的建设目标。

今年是我国建国60周年，改革开放也刚刚走过了30年的道路，但是我国社会主义市场经济体制仍然处于完善之中。理论源于实践，变革的时代决定经济管理理论要根据实践的变化不断进行更新完善，并借鉴国外成熟市场经济的理论，结合我国国情指导经济建设和改革开放实践。例如，当前发生的百年一遇的国际金融危机使新自由主义的神话不攻自破，从另一个方面证明了马克思主义基本理论的正确性。资本主义的市场经济实践尽管创造出丰富的物质财富，极大地解放和发展了生产力，但是资本主义制度的基本矛盾没有变，金融危机、经济危机仍然是其在劫难逃的命运，马克思的资本论再次经受住了时间和历史的检验，其真理性毋庸置疑。同时，中国发展模式也在这次国际金融危机中引起了全世界的兴趣和关注。在西方国家极力推行所谓具有“普世价值”的自由、民主、人权社会制度，促使东欧和一些独联体国家发生“颜色”革命，纷纷加入“北约”的情况下，在来自西方主要国家的巨大压力下，我国仍然坚持走独立自主的中国特色社会主义道路。实践证明了中国模式在抵御金融海啸的冲击时具有独到功能，能够降低损失，缓和冲击。事情本身也提示我们，要进一步认识马克思主义经济学和西方经济学的关系，在人才培养方案和教学计划中如何正确处理马克思主义经济学和西方经济学的关系。在我们的教材中，对这些丰富的实践经验进行了理论总结和升华，依据马克思的虚拟资本和真实资本理论，阐释由金融衍生产品所引发的泡沫经济不断膨胀、最终走向破灭的原因。

由于我们的理论水平有限，加之我国正处于体制转轨过程中，经济全球化不断加深，影响经济社会发展的因素纷纭复杂，所以这套教材还存在着许多不足之处，希望得到同行专家的批评指正。

焦方义

2009年7月于哈尔滨

目 录

前　言

微观经济学是西方经济学的重要组成部分，是高等院校经管类专业的公共基础课，研究当代市场经济中的各种主要经济问题，如供求机制、分配机制、微观消费决策最优化、企业生产最大化、不同类型厂商决策最优化等等，其所揭示出来的一般机制和通行原则反映了市场经济运行的普遍规律。微观经济学也是经管类学科的入门课程，是以后开设的各门专业课学习的基础，其带给我们的思维和能力的锻炼，有着深远的影响，它将帮助我们深入地理解经济生活中的各种现象和问题。

本书是黑龙江大学经济与工商管理学院组织编写的系列教材之一，是黑龙江大学省级重点专业学科建设的重要成果，得到黑龙江省政治经济学省级重点专业学科经费的支持。

本书的编写坚持了以基础理论为依托、生动案例为重点、难点理论为延展的写作思路。首先，在基础理论上，从消费者到生产者，从企业到市场，从生产到分配，每一章都力求交代清楚一种理论，具有逻辑上的连贯性。其次，在案例上，每一章都精心安排了若干个案例，力求做到内容生动有趣、深入浅出，因为“理论是灰色的、实践之树是常青的”。最后，还添加了关于博弈论基础的相关内容，作为知识的延展，我们在部分章节的后面添加了“深度链接”，这样通过“深度链接”内容将一些推理性强的难点理论和方法的研究，进行了重点介绍和讲解。本书既可作为高年级本科生和研究生学习的参考资料，同时又可作为经管类专业本科生入门学习、双学位专业和 MBA 专业研修学习的教材。

本书编写的分工情况为：第一章由刘文勇编写；第二章由田志伟编写；第三章由张庆编写；第四章由刘文勇、乔春阳编写；第五章、第七章由李春林编写；第六章由邢玉升编写；第八章由王云多编写；第九章由崔殿超编写；第十章由邢艳霞、吴艳玲编写；第十一章由张长青编写；全书的案例部分由吴艳玲编写。刘文勇统稿定稿，吴艳玲也为全书整理汇总做了大量工作，以上参编人员除李春林工作单位为黑龙江工程学院外，其余均为黑龙江大学。研究生陈曦、生康利，本科生霍楠为书中部分章节资料的收集和整理做了一些工作。在本书编写过程中黑龙江大学经济与工商管理学院的多位领导和同事提供了许多有益的意见和建议，在此一并表示感谢。

本书的顺利出版得到了黑龙江大学经济与工商管理学院张少杰副院长、黑龙江大学出版社国胜铁先生的大力支持，谨致谢忱。

在本书的编写过程中，我们一直秉承学习的态度，吸收和借鉴了国内外一些经典、精品图书的相关思想和内容，结合地方省属高校的特点，力求简洁性、逻辑性和实用性突出。但是，由于水平所限，书中不妥之处在所难免，希望广大读者批评指正。

编者

2009 年 5 月

第一章 导 论

学习目标

本章通过经济学基本内涵的分析、现代西方经济学的由来和演变的阐述以及西方经济学研究方法论的介绍，主要解决西方经济学是什么(What)、从哪里来(Where)、怎样学习西方经济学(How)这样三个问题。

第一节 什么是西方经济学

曾经有过这样一个形象比喻，“经济、政治与战争的关系如同两个孩子在做游戏，一个玩具的利益归属引起的矛盾是经济问题，相互协商的过程是政治问题，协商不能解决武力动手引发的是战争问题”，该比喻引发出关于经济问题的地位的思考。实际上，经济问题几乎贯穿于至今的整个人类社会的发展过程，遍及生产、生活的各个方面。那么作为一门学科，经济学究竟是怎样定义的呢？它又有着怎样的地位呢？

我们经常所提及的经济学(Economics)，在国内经常被称做西方经济学(它分为微观经济学和宏观经济学)，剖析该词含义的过程为“西方”+“经济”+“学”。

一、“经济”的含义

首先，我们来解释核心词——“经济”。查阅典籍和观察生活后，大家会在这样一些地方看到“经济”这一词：(1)在繁华道路两旁的饭店门窗上，会看到“经济实惠”的宣传语；(2)在报纸、电视上看到“2008 年国民经济增长速度 9%”；(3)在《晋书·纪瞻》中看到“识局经济”，在隋朝王通《文中子》中看到“皆有经济之道而位不逢”等提法；(4)在古希腊学者色诺芬著的《经济论》中看到，他有关拥护自然经济，反对雅典所采取的发展商业和货币经济的方针，以及他主张把奴隶主的家庭经济管理辟为一门专门学问的论述；(5)在传统政治经济学中看到“一个社会中占主体地位的生产关系被称为经济基础”的论述。那么,这几种提法的含义有什么不同呢?

第一种提法,经济就是生产或生活上的节约、节俭,前者包括节约资金、物质资料和劳动等,归根结底是劳动时间的节约,即用尽可能少的劳动消耗生产出尽可能多的社会所需要的成果。后者指个人或家庭在生活消费上精打细算,用消耗较少的消费品来满足最大的需要。总之,经济就是用较少的人力、物力、财力、时间、空间获取较大的成果或收益。

第二种提法,经济就是国家或企业、个人的收支状况,如国民生产总值、社会总产值、企业的产量与效益、个人的收入与支出等。

第三种提法,经济就是经邦济世、经国济世或经世济民等词的综合和简化。它的含义包括国家如何理财,如何管理各种经济活动,如何处理政治、法律、军事、教育等方面的问题,即治理国家、拯救庶民的意思。

第四种提法,经济就是家庭管理,即奴隶主管理庄园。

第五种提法,经济是指社会生产关系的总和。指人们在物质资料生产过程中结成的,与一定的社会生产力相适应的生产关系的总和或社会经济制度,是政治、法律、哲学、宗教、文学、艺术等上层建筑赖以建立起来的基础。

第一、二种解释反映了人们在日常生活中的习惯用法;第三种解释是我国古代对"经济"一词的用法;第四种解释是古希腊对"经济"一词的用法;第五种解释是传统政治经济学著作中对"经济"一词的解释。目前,西方经济学中关于"经济"的含义主要界定在第一、二、四种提法上。若从词源来看,经济这一词来源于2400年前的希腊语,其意思为"管理家庭";中国是在色诺芬时代后的公元4世纪初即东晋时代才开始正式使用"经济"一词,"经济"在中华传统文化中的本来意思是"经世济民"、"经国济物",也就是治国平天下之意,所以,第三种提法与目前西方经济学中关于经济的主流解释有所不同。严复曾将西方经济学中的"经济"一词翻为生计;日本人将其正式翻为经济,后由孙中山先生从日本将这一说法引入中国,因此,严格来讲,国内的西方经济学中的"经济"一词应该是个"舶来品"。而第五种提法偏重于生产关系的研究,这也并不是目前西方经济学主流偏重于生产力研究的范畴。

二、"西方"的含义

如果仅从字面上来理解,似乎与"西方经济学"在体系上相呼应的应该是"东方经济学",但事实上根本就没有"东方经济学"。而且,如果说西方经济学因为其思想、著述大都来自西方国家,而被国内学者称为西方经济学的话,那么,与西方经济学在体系上相呼应的政治经济学的鼻祖——马克思,却恰恰是德国人,为什么不将其归纳到西方经济学中来呢?

对于这两个疑问的解答,需要简要回顾建国以来的中国经济学发展的历史。新中国成立后,由于西方世界对新中国的“封锁”,国内在政治、经济上曾经实施过一段时期的“一边倒”政策即“向苏联老大哥学习”,因此,西方国家的包括“经济学”在内的主流意识形态与思想基本上被排除在国门之外,指导社会主义经济建设的理论基本上是“空白的”。1953 年斯大林的《苏联社会主义经济问题》出版,跟着以此为指导思想编出来的《政治经济学教科书》出版,该书很快被引入到国内,成为从事经济实践工作和经济理论学习的必读专业书籍,以苏联《政治经济学教科书》为基础的传统政治经济学理论不承认社会主义经济中存在流通,至多只承认存在消费品的商品交换,把交换等同于流通。苏联的经济理论对新中国商品流通关系和商业体制的建立产生了很大影响,以至于其后的长期内,国内经济学界不承认在社会主义初级阶段内存在市场经济。这种带有较强“价值观”的“苏联式”经济理论自然与改革开放后逐渐引入到国内的以市场经济为基础的“西方”经济理论体系相对应,为了以示区别,学者们习惯上将其称为“西方经济学”。

这里需要澄清两点内容。其一,国外的大学课堂上所讲授的该门课程叫做经济学(Economics),是不冠以“西方”的修饰词的;其二,自改革开放以来,再到社会主义市场经济体系的确立,国内的政治经济学(包括资本主义部分和社会主义部分)早已脱离了“苏联式”的教条认识,但是,由于二者研究对象、研究方法等方面的差异,因此,二者在理论体系上依然是相呼应的。

三、“学”的含义

我们来解释词缀“学”,即“学科”、“学说”等。按照库恩(Thomas Kuhn)和拉卡托斯(Imre Lakatos)关于自然科学理论体系的发展与完善的相关理论①,库恩认为“观察世界和实践科学的方法”(即所谓的“范式”)如果被具有共同信念的专业人士组成的集团(即“科学共同体”)所广泛传播和应用,即形成了一种“流派”、“学说”。这种观察经济生产和生活的方法被具有共同价值信念的学者所广泛传播的科学体系就是“学科”。拉卡托斯用“科学研究纲领”来解释不同的理论体系(学科)的进步与发展,如西方经济学中的古典经济学部分是由不

① 参见 T. S. Kuhn, The Structure of Scientific Revolutions, 2nd edition, p. 4. Chicago: University of Chicago press. 1970.; I. Lakatons, “Falsification and the methodology of scientific research programmes,” In I. Lakatos and A. Musgrave (eds), Criticism and Growth of Knowledge, Cambridge: Cambridge University Press. 1970.

可证伪的"硬核"(如理性人的假设[①]等),保护硬核成立的,可以被修改、调整和替换的一些附属性假说与假设即"保护带"(如消费者是价格的接受者[②]等),以及维护硬核的"正面启示法"和"反面启示法"[③]所组成,也就是说,西方经济学作为一门学科,它是由一系列的假设观点、规律、内容等所组成的有机联系体。

总之,"西方经济学"的定义可以概括为:最早源自于国外的、与传统政治经济学相呼应的,以微观的企业、个人和宏观的整体国家(地区)为研究对象,以追求资源配置效率(节约)、经济增长与经济发展为目标,运用规范、实证等研究方法,系统化地联系在一起的一系列实践与理论问题的研究方法、假说、规律、机制等有机联系体。

这里,需要强调的是,研究西方经济学的本质出发点在于经济资源的稀缺性。由于资源的稀缺性而导致节约使用资源的必要性,如何节约使用资源即形成了"资源配置"问题的思考,有关研究方法、假说、规律、机制等有机联系体大都是围绕这一核心问题而展开的。

第二节 现代西方经济学的由来和演变

理论来源于实践、指导实践,并在实践中得以检验和升华。西方经济学从它产生到现在,大致上经历了重商主义、古典经济学、庸俗经济学和庸俗经济学后这四个阶段。我们对这四个阶段的介绍,将按照历史唯物主义的分析方法,从一定的社会背景出发分析不同阶段的西方经济学的发展。

一、重商主义

重商主义(Mercantilism)产生于15世纪末,全盛于16、17世纪,衰于18世纪下半叶。该名称最初是由亚当·斯密(Adam Smith)在《国民财富的性质和原因的研究》一书中提出来的。顾名思义,"重商主义"就是重视商业。重商主义者认为一国积累的金银越多,就越富强;主张国家干预经济生活,禁止金银输

---

① 需要指出的是,对于"实验经济学"来讲,理性人假设并不是一个不可证伪的硬核。因此,我们这里所讲的硬核其实也是相对而言的。

② 在完全竞争市场结构下,消费者是价格的接受者这一假设维护了古典经济学的由理性人假设引发的关于自由市场经济配置资源的一系列结论。然而,面对垄断问题时,"消费者是价格的接受者"是要被替换的。

③ 如在微观经济学中,由理性人出发的"最大化"假设是一个硬核假设,相应的反面启示法就是"不要构建那些非理性行为在其中发挥重要作用的经济理论",相应的正面启示法就是"以市场缺陷来解释资源配置的帕累托无效率"。

出,增加金银输入;而要得到这种财富,最好是由政府管制农业、商业和制造业;发展对外贸易垄断;通过高关税率及其他贸易限制来保护国内市场;并利用殖民地为母国的制造业提供原料和市场。

按照历史唯物主义的分析方法,重商主义的产生主要是基于这样几个条件的发展和成熟:第一,自然条件基础。1409 年,湮没了 1000 多年的托勒密《地理学指南》被译为拉丁文后,大地球形说广泛传播;但是古代学者没有可能直接验证地球的形状,也很少可能精确地测定地球的大小和海洋陆地的分布。15 ~ 17 世纪,由欧洲通往印度新航路的发现、美洲的发现、环球航行的成功以及其他航海探险活动,圆满地解决了这个问题,使人类对地球的认识产生飞跃。这些事件被通称为“地理大发现”。“地理大发现”是后来殖民贸易的基础,而殖民贸易是重商主义创造财富“神话”的基础。第二,意识形态基础。在 15 世纪以前的欧洲,占据意识形态主流的是与宗教神学相结合的唯心主义哲学,被称为经院哲学,它并不研究自然界和现实生活中的事物,它的主要任务是对天主教教义、教条进行论证,以神灵、天使和天国中的事物为对象。而随着 14 世纪文艺复兴人文主义的兴起,15、16 世纪哥白尼、伽利略等人的科学研究以及地理大发现对“日心说”的证实等严重地冲击着经院哲学的理论基础,使得经院哲学的研究方法失去了“信任”,逐渐衰落并消亡。这为反封建主义的重商主义的兴起扫清了障碍。第三,政治条件基础。当 11 世纪教皇开始宣布“教会统治君王,教皇统治教会”的时候,政教战争开始发展。15 世纪的欧洲君王对宗教势力早已心存不满。第四,经济条件基础。随着殖民贸易的发展,资本主义萌芽产生并得以发展,这些主张通过商业活动获取财富的重商主义者大都为拥有大量财富的商人或者实业家,而并非宗教、贵族等“食利阶层”,他们抛弃了西欧封建社会经院哲学的教义和伦理规范,开始用世俗的眼光,依据商业资本家的经验去观察和说明社会经济现象。他们的政治诉求与君王对宗教势力的不满相结合,形成了强大的力量,“重商主义”成为主导这种力量的智力支持(理论支持)。

二、古典经济学

古典经济学(Classical economics),又称古典政治经济学、资产阶级古典政治经济学,是指从 1750—1875 年这一段政治经济学创立时期内的除马克思主义政治经济学之外的所有的政治经济学。其起源以大卫·休谟(David Hume)的有关著作出版(1752 年)为标志,以亚当·斯密的代表作《国民财富的性质和原因的研究》(1776 年)出版为奠基。除此之外,代表性人物还有英国的威廉·配第(William Petty)(1623—1687)、大卫·李嘉图(David Ricardo)(1772—1823),法国的布阿吉尔贝尔(Boisguilleber)(1646—1714)、西斯蒙第(Sismondi)

(1773—1842)、重农学派的创始人魁奈(Quesnay)(1694—1774)等人。

古典经济学注重经济总量研究,涉及经济增长、国际贸易、货币经济和财政问题等方面。这与1870年以后盛行的研究个人利益最大化的经济学是有所不同的。古典经济学的理论核心是经济增长产生于资本积累和劳动分工相互作用的思想,即资本积累进一步推动了生产专业化和劳动分工的发展,而劳动分工反过来通过提高总产出使得社会可生产更多的资本积累,让资本流向最有效率的生产领域,就会形成这种发展的良性循环。因此古典经济学似乎是想告诉人们,顺从市场对资源的配置,保持资本积累的良性循环,会更好地促进经济增长。但他们又看到劳动分工是受条件约束的,资本的积累会使现有的劳动分工以更大的规模出现,并表现出工资的随之上涨,而劳动分工的发展却不易实现,这将使资本积累受到劳动分工发展跟不上的影响。古典经济学的分析产生了自身的矛盾。李嘉图特别强调过这种矛盾,不过他的解释也不能消除这种核心思想中的矛盾。

按照历史唯物主义的分析方法,古典经济学的产生主要是基于这样几个条件的发展和成熟:第一,技术水平的发展。18世纪从英国发起的以蒸汽机作为动力机被广泛使用为标志的第一次工业革命,开创了以机器代替手工工具的时代。在这个过程中,资本主义社会化生产方式被不断强化。此时,单纯强调通过对外贸易获取财富的"重商主义"明显落伍了;而强调"劳动分工"的古典经济学则恰如其时地得到了发展。第二,政治格局的变革。17世纪,以英国为代表的资本主义生产关系迅速发展,封建生产关系处于最后瓦解阶段。在工业中,资本主义性质的工场手工业在纺织业中已占据统治地位,采煤、冶金、造船、造纸等行业也有广泛发展。英国的纺织品畅销于整个欧洲市场,煤产量占欧洲全部产量的五分之四。资本主义生产关系在农业领域的发展,使农民与土地的分离过程(即所谓的"羊吃人运动")加速,许多农民纷纷破产,封建贵族则在被赶走的农民土地上采取资本主义经营方式,成了资产阶级化的贵族。同时,英国的海军实力开始超过西班牙和荷兰,确立了大英帝国的海上霸权,使英国在印度和美洲夺得了大批殖民地,而殖民地的贸易又给英国带来了大批财富。这样,这批资产阶级"新贵"凭借在经济上的优势,要求确立政治上的统治地位,成功地进行了资产阶级革命,推翻君主专制,建立起资产阶级的政权。而古典经济学则成为其占据主导地位的生产关系的主导理论。第三,对世界认识的发展。同经济和政治领域的重大变化相适应,资产阶级在哲学领域里提出了新的观点,与经院哲学直接对立。唯物主义世界观得到快速发展,"知识就是力量"成为当时十分流行的口号。上述条件的发展和成熟,为"古典经济学"的发展提供了经济、政治和文化方面的背景基础。

三、庸俗经济学

庸俗经济学产生于18世纪末，19世纪60年代以后逐渐退居次要地位，19世纪70年代结束，主要代表人物有：穆勒(Mill)、萨伊(Say)、马尔萨斯(Malthus)等。1830年以后，资产阶级经济学从古典经济学的阶段走上了庸俗的道路，进入了以为资产阶级辩护为主要特征的庸俗经济学阶段，其主要观点认为，世界是让每个自然人独立施展才能的大舞台，而资本主义是最符合人性的舞台设计，它能以最快的速度去积累财富，因此推崇“资本主义至上”；其中，以萨伊的理论较有代表性，他创立了“三分法”，把生产、分配、消费看做互相并列的一般形式，抹杀了资本主义生产方式的历史性；反对劳动价值论，提出效用价值论；建立起“三位一体公式”（“劳动—工资、资本—利息、土地—地租”）的分配理论，掩盖资本主义剥削；提出“供给能够创造它自己的需求”的“萨伊定律”，根本否认生产过剩经济危机的可能性。其理论脱离了古典经济学关于“劳动创造价值”的观点，也与马克思的剩余价值分配理论完全相悖，因此，马克思称之为庸俗经济学。

按照历史唯物主义的分析方法，庸俗经济学产生的背景，正如马克思所指出的那样，在当时，“法国和英国的资产阶级夺取了政权。从那时起，阶级斗争在实践方面和理论方面采取了日益鲜明的和带有威胁性的形式。它敲响了科学的资产阶级经济学的丧钟。现在问题不再是这个或那个原理是否正确，而是它对资本有利还是有害，方便还是不方便，违背警章还是不违背警章”①。

四、庸俗经济学后

庸俗经济学后主要是指19世纪70年代以后的经济学的发展。其划分标志主要是以时间为线索，即马克思所指的庸俗经济学结束之后的发展②，包括边际学派、新古典学派、凯恩斯主义学派、新古典综合学派以及20世纪70年代“滞胀”后产生的货币主义、供给学派、理性预期学派、新剑桥学派、新奥地利学派和新制度学派等等。在这一阶段内，西方经济学的每一步发展，都源于实践与理论发展中面临的“问题”。

19世纪70年代到20世纪初，边际效用学派产生并发展起来。门格尔(Menger)、杰文斯(Javons)和瓦尔拉斯(Walrasian)分别在奥地利、英国和法国

---

① 马克思：《资本论》，第1卷，17页，人民出版社，1975年版。

② 马克思所指的庸俗经济学大致结束于19世纪70年代，其主要任务是反对当时的空想社会主义。而实际上，还有相当多的马克思主义学者认为19世纪70年代以后西方经济学发展也存在“庸俗化”问题。

提出边际效用价值理论。庞巴维克(Bŏ hm – B · werk)、克拉克(Clark)等人发展了边际主义经济学,以边际效用价值论攻击劳动价值论,以时差利息论、边际生产力论等对抗马克思主义的剩余价值理论。其理论产生的背景主要源于那个时代的资本主义经济学家所无法解释的"价值之谜"[①],以及边际主义的先驱者屠能(Thonen)、古诺尔(Dhomhnaill)和戈森(Gossen)等人已经将"边际效用"这一概念以不同的表述方式进行了深入的解释,这样,边际效用学派在为了解释现实和对付马克思主义的背景下便产生了。

英国新古典经济学派、剑桥学派创始人马歇尔(Marshall)在1890年出版《经济学原理》一书,用折中主义手法,把供求论、生产费用论、边际效用论、边际生产力论等融合在一起,建立起一个以完全竞争为前提,以"均衡价格论"为核心的经济学体系,即新古典经济学。他用连续原理和局部均衡分析方法分析经济现象,用主观心理动机解释人的经济行为。他把商品价值归为均衡价格,以均衡价格为基础,说明劳动、资本、土地和管理才能共同创造国民收入,并依各自的均衡价格取得其应有的收入份额。由于他继承英国经济学传统,又加入边际主义理论,所以他的学说又称为"新古典经济学"。在这种宣扬资本主义的理论之下,自由放任、国家不干预经济生活的政策被解释为最好的政策,因为既然资本主义已经是一个"理想社会",国家对于经济生活的干预只能使这个社会变坏,不能使它变得更好。这种思想在20世纪30年代以前对经济政策的实践一直有着较大的影响。

20世纪30年代,资本主义经济危机的爆发,引发了关于对"自由放任"思想的反思。在这样的背景之下,西方经济学经历了三次重大的修改和补充,其中最为重要的是凯恩斯主义的诞生。第一次是1933年美国的张伯伦(Chamberlain)和英国的罗宾逊(Robinson)提出垄断竞争理论和不完全竞争理论,使均衡价格理论达于"完成"形态,因为在此之前的西方经济学一直将"垄断"当做"例外现象",他们的贡献在一定程度上填补了该漏洞[②]。第二次是1936年凯恩斯(Keynes)出版《就业、利息与货币通论》,提出有效需求原理,主张国家干预经济,形成凯恩斯主义。他的理论主张强调国家必须干预经济生活以便解决失业

① 自古希腊以来,人们对商品价值或价格赖以形成的原因,主要有两种观点:一是源于生产商品的劳动,一是商品具有的效用。但是,人们却一直想不明白,为什么使用价值大的东西,如水,其交换价值却很小,相反使用价值小的东西,如钻石,其交换价值却很大。这被称为"价值之谜"。实际上,马克思的科学的劳动价值学说完全可以解释"价值之谜",然而,当时的资产阶级经济学家们却不愿接受马克思主义经济学说。

② 参见张伯伦:《垄断竞争理论》,1版,哈佛大学出版社,1993年版。罗宾逊:《不完全竞争经济学》,1版,麦克米伦公司,1933年版。

和经济周期性波动的问题。正是这样,凯恩斯本人以及开创的理论被称为现代宏观经济学的“鼻祖”。第三次是1939年希克斯(Hicks)出版《价值与资本》[①]一书,代表着对西方经济学的进一步修改和补充。该书涉及两个方面的问题:一是价值论,希克斯提出了与马歇尔的基数效用论不同的序数效用论,并逐渐替代了基数效用论;二是一般均衡论,希克斯补充和推广了瓦尔拉斯的一般均衡论,以至于一般均衡构成了当今微观经济学的一个必要的组成部分。

二战后,凯恩斯主义的流行使得整个西方经济学的体系出现了显著的漏洞。这表现为新古典经济学的个量分析与凯恩斯主义的总量分析的兼容问题;新古典经济学的自由放任思想与凯恩斯主义的国家干预思想的兼容问题。有鉴于此,以保罗·A.萨缪尔森(Paul Anthony Samuelson)为首的一批经济学家逐渐建立起了新古典综合学派理论体系,该学派将20世纪30年代以来的第一、第三次补充和修改后的西方经济学当做研究个量问题的微观经济学;将第二次补充和修改的凯恩斯主义当做研究总量问题的宏观经济学。这样,新古典综合学派不但企图弥补西方经济学理论体系内部的漏洞,而且还企图通过理论体系的一致性来维护资本主义是理想社会的说法。其理论体系在第二次世界大战后一直居于正统地位。

20世纪70年代以后,资本主义经济停滞和通货膨胀同时加剧即所谓的“滞胀”出现,使新古典综合学派的宏观部分陷入困境。按照新古典综合派的理论,失业与通货膨胀不可能并存,同时据其理论提出的政策建议在失业与通货膨胀并存时会带来自相矛盾的后果。理论困难和政策的无能严重地动摇了新古典综合学派的宏观理论的正确性,许多西方经济学中的其他派别纷纷对该学派进行抨击和责难,包括货币主义、供给学派、理性预期学派、新剑桥学派、新奥地利学派和新制度学派等等,其中在政策实践上影响较大的有货币主义和理性预期学派。货币主义学者反对国家干预经济,主张实行一种“单一规则”的货币政策,这与凯恩斯主义的“逆经济周期”的货币政策主张是不同的。理性预期学派认为,预期在决定物价和产量的进程中居于最重要地位,因为企业和居民户将及早懂得判断经济事变,从而他们会完全预料到政府的行为,并在事前采取行动来抵消政府的政策措施,所以,任何具有稳定作用的经济政策的前途都是暗淡的;甚至在短期内,也只有未被预料到的政策行动才会对真实产量有影响。总之,这一时期的经济学派大都是在“反”凯恩斯主义的浪潮中成长起来的。

目前,新古典综合派已经放弃了“新古典综合”的名称,自称为现代经济学或现代主流经济学。他们除了维持原有的基本观点外,还尽量吸纳其他派别的

① 希克斯:《价值与资本》,1版,牛津大学出版社,1939年版。

论点,特别是货币主义和理性预期学派的观点。

除此之外,一些西方学者也分别从不同的角度和领域来研究经济现象。这些成果有:人文经济学、演化经济学、国际政治经济学等等。它们从不同学科领域出发来解释经济现象,从而丰富和发展了西方经济学,为其增添了新的内容与活力。

第三节　西方经济学的研究方法

同其他学科一样,西方经济学的任务是要根据观察到的现象和对这些现象的分析,总结出规律性的东西来,以此解释经济现象发生的原因,并对事物的发展作出预测。完成这样一种任务的基本方法就是建立模型。

一、经济模型

所谓经济模型是指用来描述所研究的经济事物的有关经济变量之间的相互关系的理论结构。经济模型可以用不同形式来描述,主要有以下四种:

第一,用文字概括一种经济模型的含义。如均衡的国民收入水平的决定条件是总供给等于总需求,或投资等于储蓄。这句话就概括了收入水平决定的模型。

第二,用代数和其他数学形式表示经济变量间的关系,如需求函数、成本函数、生产函数等等。

第三,用几何图形来显示各种经济变量之间的关系及其变化趋势。

第四,用表格列示各种经济变量之间的关系及其变化趋势。

二、变量

一般来讲,用方程式或者方程组来表示的经济数学模型是一种常用的经济模型。而变量是经济模型的基本要素,它分为内生变量和外生变量。如需求函数:

$$Q_d = \alpha + \beta P \tag{1.1}$$

其中,Q_d 为需求量即因变量,P 为价格即自变量,它们都是内生变量;α 为参数或常数,β 为系数,它们都是外生变量。

在经济模型中,内生变量是指该模型所要决定的变量。外生变量是指由模型以外的因素所决定的已知变量,它是模型据以建立的外部条件。内生变量可以在模型体系内得到说明,外生变量决定内生变量,而外生变量本身不能在模型体系内得到说明。参数是指数值通常不变的变量,也可以理解为可变的常数。参数通常是由模型以外的因素决定的,参数本身就是外生变量。

举例说明外生变量与内生变量的关系。纷繁复杂的世界中事物之间存在着千丝万缕的联系。如某一位同学想要知道,西方经济学课程考试怎样才能取得好成绩?我们可以客观地分析,他的"考试成绩"(Y)可能受到这样一些因素的影响,如自身努力(X_1)、老师讲课的水平(X_2)、试卷难易程度(X_3)、考试那几天该同学的身体状况(X_4)等等。我们可以假设 X_1 对 Y 的影响力最大,这样,我们就可以抓住问题的"主要矛盾"(X_1)即"最能决定考试成绩的影响因素",来提高考试成绩,其余的影响因素则被当做是"次要矛盾"。那么,我们建立"主要矛盾"与考试成绩之间的函数关系则有:

$$Y = F(X_1) \tag{1.2}$$

假设 Y 和 X_1 之间呈现二元一次线性关系,则有:

$$Y = \alpha + \beta X_1 \tag{1.3}$$

我们将除了 X_1 以外的其他影响因素对 Y 的影响用 α 和 β 的变化来反映其影响程度。

作为常识,在函数 1.2 形式中能够反映出来的变量都是内生变量。

三、静态分析、比较静态分析和动态分析

根据我们建立经济模型来进行分析的方法不同,经济模型可以被分为静态分析、比较静态分析和动态分析。在外生变量相对给定的情况下,分析内生自变量变化对因变量变化的影响的分析方法,被称为静态分析。在内生自变量相对给定的情况下,分析外生变量变化对内生因变量的影响的分析方法,被称为比较静态分析。在引进时间变化序列的基础上,分析不同时点上的变量的相互作用的变化,被称为动态分析。

我们以函数 1.1 为例来说明。在该模型中,当需求函数中的外生变量 α 和 β 被赋予确定数值后,便可以求出相应的 P 值的变化引起的 Q 的变化数值,P 与 Q 之间有对应关系,这就是静态分析。在该模型中,当需求函数中的外生变量 α 和 β 为不同的数值时,即便同样的 P 值,得到的 Q 值也是不一样的,α、β 和 Q 之间有着对应关系,这就是比较静态分析。

在前面的静态分析与比较静态分析中,所有变量都属于同一个时期,变量的所属时间被抽象掉了,全部变量没有时间先后的差别。而在动态分析中,则需要区分变量在时间上的先后差别,研究不同时点上的变量之间的相互关系。在函数 1.1 的基础上,其动态分析的表达式为 $Q_d^t = \alpha + \beta P^t$,其中 t 为时期。

四、实证经济分析与规范经济分析

在经济学的研究中,最经常使用的两种方法是实证经济分析和规范经济分

析方法。

所谓实证经济分析是指对经济现象、经济行为或经济活动及其发展趋势作客观分析,它只考虑经济事务之间的相互联系的规律,并根据这些规律来分析和预测人们经济行为的效果。它只回答"是什么"的问题,其结论可以用经济事实来检验。萨缪尔森曾经说过:"当代政治经济学的首要任务在于对生产、失业、价格和类似现象加以描述、分析、解释,并把这些现象联系起来。""我们必须尽力树立一种客观和超然的态度,不管个人的好恶,要就事物真相来考察事物。""检验一种理论是否正确要看它是否有助于说明观察到的现实。它的逻辑是否优美,讲得是否细致美妙,那是次要的。"萨缪尔森在这里讲的,就是实证经济研究的基本特征和基本要求。

所谓规范经济分析则以一定的"价值判断"为基础,它提出一些分析和处理问题的标准,作为理论的前提和制定政策的依据;它回答"应该是什么"的问题,其结论往往无法直接通过经济事实来检验。有些经济学家在理论分析中也强调这种规范经济学的方法,例如,加尔布雷斯(Galbraith)在《经济学和公共目标》等著作中,就把一定的价值判断作为经济分析的标准。他认为,经济分析和经济政策的标准应该是为了人或者为了人的幸福,而经济政策却往往忽视了这个标准,结果造成了"富裕中的贫困"等不合理的荒谬的现象。

实证经济分析方法和规范经济分析方法都是经济学家在经济分析中所采用的方法,有的学者偏重于实证研究,而有的学者偏重于规范研究,也有的学者将两种方法结合起来进行研究。

第四节　微观经济学的研究特点

自从凯恩斯以后,经过萨缪尔森的"综合",西方经济学逐渐形成"微观经济学"与"宏观经济学"两个研究领域。所谓"微观经济学"是指以单个企业或家庭的行为作为研究对象,研究它们的供求行为与价格变动之间的关系。所谓"宏观经济学"是指研究一个国家整体经济的运作情况以及政府如何运用经济政策来影响国家整体经济的运作。微观经济学是宏观经济学的基础。

一、微观经济学研究的基本前提

微观经济学研究的基本前提是人类欲望的无限性和资源的有限性,微观经济学就是要找到最大限度缓解两者矛盾的方法。所谓"稀缺性"是指相对于人类的无穷欲望而言,经济物品,或者说生产这些物品所需要的资源总是不足的,这种资源的相对有限性就是稀缺性。但这并不否认人类的无穷欲望。没有无穷的欲望人类社会和文明就不会进步,但是也造成了很多问题,如污染、过度开发等,对人类的生存环境造成了威胁。正所谓"人心不足蛇吞象","存天理,灭人欲"。

在这样的背景下,任何一种经济制度都必须解决的三个基本问题是:(1)生产什么产品或劳务;(2)怎样生产以及何时生产这些产品或劳务;(3)为谁生产这些产品或劳务。

二、微观经济学研究的基本假设

微观经济学有两个基本假设:经济人或理性人假设和完全信息假设。

(一)理性人

西方经济学家认为,人都是自私的,他首先要考虑自己的经济利益,在作出一项经济决策时,对各种方案进行比较,选择一个花费最少、获利最多的方案。这样的人就是"经济人"或"理性人"。理性的行为也可以表述为:产生最优化的行为。一个经济社会的三个基本组织单位也是理性的:(1)消费者花一定的收入进行消费,为了使自己获得最大的满足,即效用最大化。(2)生产者经营企业的目的是利润最大化。(3)政府对既定目标寻求最优化决策,如政府建立社会保障体系,要寻求如何以最少的投入让绝大多数人享受最大的保障,如何做到公平等等。

经济理性是现代西方经济学贯穿始终的最重要的假定之一。它是指在进行逻辑实证的研究过程中,总是假定当事人非常明确行为的目标,在经济决策时,总是深思熟虑地进行权衡比较,选择最佳方案,以期获得尽可能大的利益。

经济理性主义隐含了经济学研究对当事人追求最大利益行为的肯定。当事人从理性出发选择的行为与社会最优相悖时,经济学不简单地指责追求最大利益行为本身,而是探求使当事人选择这种追求最大利益行为的外部条件,如技术、资源、体制等。

(二)完全信息

消费者和厂商可以免费、迅速、全面地获得各种市场信息。假设从事经济活动的主体对各种信息都充分了解。比如对于消费者来说,完全的信息是指消费者了解欲购商品的价格、性能、使用后自己的满足程度等等。

这两个假设在现实中并非完全符合实际,能不能说假设就没有意义呢?并非如此,经济分析作出假定,是为了在影响人们经济行为的众多因素中,抽出主要的、基本的因素,在此基础上,可以提出一些重要的理论来指导实践。假设是理论形成的前提和条件。但假设在大体上不违反实际。

本章小结

西方经济学的发展大致上经历了重商主义、古典经济学、庸俗经济学和庸俗经济学后这四个阶段。自从凯恩斯以后,经过萨缪尔森的“综合”,西方经济学逐渐形成“微观经济学”与“宏观经济学”两个研究领域。微观经济学是宏观经济学的基础。在微观经济学的研究中,理性人假设与完全信息假设是其研究的基本前提条件。

【案例1】宏观与微观

非典之后,中国的经济继续保持很高的增长速度。有预测说,今年最起码会有8%的经济增长,这种说法是完全可信的。因为以现在不断创出纪录的信贷增长水平、每年不断吸纳高达数百亿美元的外资来看,呈现出这样的增长速度并不令人奇怪。然而值得我们注意的是,在微观经济上,在行业或企业中,其表现形态又是另一幅情景:在内地,中关村科技发展公司刚刚宣布,公司上半年亏损高达5818万元。其解释是,上半年公司各项业务均受到非典型肺炎疫情的影响,加之各种费用居高不下,致使公司上半年总体经营出现了亏损;在香港,内地在香港上市的很多公司都举行了信息发布会,它们在这些发布会上向投资者传达得最多得信息就是:首先,我们亏损了;其次,原因是由于非典。

由此,一个令人疑惑不解的问题便出现在我们面前:这么多“有钱有市”的上市公司都宣布因非典造成了重大损失,而从我们的宏观经济层面却看不出来。在宏观层面上,我们看到了大量的投资涌动,看到了经济增长所带来的各种欣欣向荣的现实景象,但在微观层面上,我们看到了企业经营的失败,看到了失业数字的上升,看到了财富分配的不均衡,这一切都意味着什么?是中国经济的宏观与微观存在重大差别吗?

其实,这种差异现象是经济发展模式所造成的。

我们现在的经济发展模式是一种注重宏观的模式。动辄谈论GDP,甚至将GDP增长的数字放到各级干部任职考察的内容当中,这就造成了整个中国对宏观经济的关注,以宏观来衡量一切。宏观就是大局,宏观就是代表整体,这本该是无可非议的,但问题是,发展模式并非只是一个。应该引起人们注意的是,以宏观为重点的发展模式正在中国日益走向绝对化,而这种绝对化的宏观倾向,将会使得中国的经济发展不但具有相当大的潜在危险性,而且使得宏观经济与微观经济之间出现了本不应有的矛盾和对抗。

我们已经看到,在我们的经济增长模式中,对投资的依赖几乎达到绝对化的程度,丧失了投资,我们的经济增长将会不可想象。因为投资增长就是经济增长。在经济学界,大家把此种形态的经济发展模式称之为“投资拉动型”的经济增长。但在笔者看来,这种经济增长模式,实际是一种靠钱堆出来的经济增长,而这种靠钱堆出来的经济增长,恰似建立在沙滩之上的增长模式,是难以承受任何风浪的增长模式,一旦资金供给的链条出现断裂,那么一切都将得而复失。

在注重宏观的经济发展模式中,表面上的东西总是在实际操作中很受推崇,因为很多时候表面确实就代表着整体。于是,我们可以不在意增长的细节,我们可以不在意方式和手段,我们可以做很多别的国家无法做到的事情。如为了发展,有的地方大搞假冒伪劣产品;为了大局,有的地方可以牺牲环境等等。但我们必须了解到这一点,宏观经济的模式是不可持续的模式。一个国家的真实实力,永远是内在的东西。即使在宏观上,国家实力也必将会体现在消费而不是投资上,它应该表现在民众的富有、民营企业的发达之上,因为民众和民营企业,才是一个国家的财富根基。

两年来,股市的中长期波动与国民经济的其他宏观经济指针正相关法则一再失灵;代表宏观的经济增长率即使在“非典”肆虐的 2003 年也可达到 8% 以上,但同时体现在微观的股市成交额却只有 2303 亿元,与去年同期相比下降了 26.5% 。种种现象都表明,宏观经济与微观经济的差异是明显的,不同的发展模式产生的结果也是有差异的。在中国市场日益开放的大背景下,各种矛盾日益表现出来并不为怪,但关键是我们要正视这种差异,及时进行调整,逐渐从宏观走向微观。

(资料来源:金雪军:《西方经济学案例》,浙江大学出版社,2004 年 9 月出版)

讨论下列问题:

(1)你认为上述论述体现了何种经济分析方法?经济学研究中还有哪些其他研究方法,试举例说明。

(2)试结合案例说明微观与宏观分析的关系。

【案例 2】计划经济与市场经济对经济学基本问题的不同回答

对于经济学研究的这几个基本问题,计划经济与市场经济的做法显然是不同的。

第一个问题,生产什么物品和各生产多少。在美国这个典型的以市场经济为主导的国家里,生产什么和产量多少主要取决于厂商和消费者之间的相互作用,其中价格在决定生产什么和生产多少上是关键。而在原苏联这个中央集权的计划经济国家中，企业生产什么和生产多少则是由政府计划部门确定的，企业只能执行国家的计划，消费者也只能作为价格与产量的接受者，没有发言权。

第二个问题，怎样生产这些物品，或者说怎样安排产品的生产过程。在美国，这主要由厂商来决定，当然需要政府的参与，不过政府是通过制定法规来规范厂商的组织形式、厂商与雇员以及消费者之间的相互作用方式等。但是在原苏联，既然政府是生产计划的制订者，掌握着所有企业的生产资源，他们也就可以安排和控制整个生产过程。

第三个问题，为谁生产，即产品如何分配的问题。在美国，消费者的消费水平主要由其收入水平决定，而收入的高低主要取决于厂商与家庭两者之间的相互作用，当然政府可以通过税收和收入重新分配计划来参与这一过程，不过一切都是按照市场机制来进行的。但是在原苏联，由于政府直接决定各个职位的薪金水平，实际上国民的消费水平是由国家确定的。名义上，消费者可以在国营商店里按照国家公布的价格购买各种物品，但是实际情况却完全不同，很多商品在国营商店里消费者根本买不到，只有身居要职的人才有机会买到这些商品，普通公民不得不承受商品短缺之苦。另外，国家也直接控制着包括住房、汽车之类的大多数消费品，有权决定哪些人可以享用。

第四个问题，一国的经济资源是否被充分利用，以及如何被充分利用，即资源的配置效率问题，如何通过某种机制将资源分配到更能充分利用资源的经济单位上。在美国，这个问题主要依靠市场机制来解决，企业以利润最大化为目标来进行有关决策，政府通过法规来规范企业的行为。但在原苏联，政府的计划部门按照自己对国民经济的理解来进行决策。至于两者资源的配置效率孰高孰低就不言而喻了。

（资料来源：金雪军：《西方经济学案例》，浙江大学出版社，2004 年 9 月出版）

讨论下列问题：

（1）结合案例说明经济学主要研究哪些基本问题？

（2）试说明计划经济与市场经济对经济学基本问题的研究存在着的差异。

（3）你认为计划经济与市场经济孰优孰劣？为什么？

习　题

1. 西方经济学与政治经济学在研究内容、研究方法上有什么异同？

2. 举例说明西方经济学中是如何运用实证分析方法的？

第二章 供求理论

学习目标

整个微观经济学理论就是以需求和供给为主线来展开分析的。我们需要了解需求和供给的概念及其相应表达方式;了解需求规律和供给规律及其影响因素;掌握市场均衡价格的形成过程;掌握弹性理论并能够运用其展开对现实问题的分析。

第一节 需 求

一种商品的需求是指消费者在一定时期内,在各种可能的价格下愿意而且能够购买的该商品数量。经济学中所述的需求不同于消费者自然的、主观的需要。需求以消费者的货币购买力为前提,是有支付能力的需要。仅是愿意购买而不具支付能力,只是消费者的欲望和主观需要,不能形成现实需求。经济学中所讲的需求必须是既有购买欲望,又有购买能力的有效需求。

一、影响需求数量的因素和需求函数

一种商品的需求数量是由许多因素共同决定。以一种消费品的需求为例,其主要影响因素有以下几种:

(1) 商品本身的价格。一般来讲,一种商品的价格越高,消费者对该商品需求量就越小。相反,价格越低,需求量就越大。

(2)消费者的偏好。消费者的偏好对需求的影响是巨大的。一个消费者对某商品的偏好增强后,即使价格不变,需求也会增加。所以,厂商的广告宣传、营销手段,往往立足于改变或培育消费者的偏好。

(3)消费者的货币收入。货币收入对需求的影响要区分商品的不同特性。一般而言,消费者对正常商品的需求是随着收入水平的提高而增加,对低档商品的需求是随着收入水平的提高而下降。

(4)其他商品的价格。其他商品的价格变化对消费者所购买的商品的需求

的影响根据商品是替代品还是互补品而有所不同。替代品是指在消费中可以相互替代以满足消费者某种欲望的商品。互补品是指在消费中相互补充才可以满足消费者某种欲望的商品。如果 A 商品与 B 商品是替代品,则 A 商品的需求与 B 商品的价格同方向变化,即 B 商品价格的提高将引起 A 商品需求的增加,B 商品价格的降低将引起 A 商品需求的减少。如果 B 商品是 A 商品的互补品,则 A 商品的需求与 B 商品的价格反方向变化,即 B 商品价格的提高将引起 A 商品需求的降低,B 商品价格的降低将引起 A 商品需求的提高。

(5)人们对未来的预期。如果人们估计某些影响需求的因素将发生变化,如收入将增加、价格将上升等等,就会及时调整消费,从而影响当期的消费。例如,如果消费者预期以后会赚到更多的收入,就可能愿意用其现在的一些储蓄来进行消费。再比如,如果消费者预期某些商品要涨价,就会去抢购该商品,引起对该商品需求的增加。

其他如气候、消费者人数、政府政策、时间等因素也可能会影响商品的需求数量,但上述五个因素是基本因素。

如果把影响需求数量的所有因素作为自变量,把需求数量作为因变量,则可以用函数关系来表示需求数量和这些影响需求数量的因素之间的依存关系,这种函数被称为需求函数,记作:

$$Q^d = f(P, P_r, P_i, I, E, \cdots\cdots)$$

其中,Q^d 代表某种商品的需求数量,P 代表该商品的价格,P_r 代表偏好,P_i 代表其他商品的价格,I 代表收入,E 代表消费者对未来情况的预期,等等。

在微观经济分析中,为了简化分析过程,通常假定其他条件保持不变,仅分析一种商品的价格变化对该商品需求数量的影响,即把一种商品的需求数量仅仅看成是这种商品价格的函数。这样,需求函数可表示为:

$$Q^d = f(P) \tag{2.1}$$

例如,假定某一具体的需求函数是:$Q^d = 1000 - 0.5P$,或写成:$P = 2000 - 2Q^d$,这一需求函数画成几何图形,需求曲线是一条直线。直线型需求曲线即线性需求函数的一般形式可写成:

$$Q^d = \alpha - \beta \cdot P \tag{2.2}$$

其中,α, β 为常数,且 $\alpha, \beta > 0$。

二、需求表、需求曲线和需求规律

需求表是描述一种商品价格与需求量之间关系的表列。

需求表可以直观地表明价格与需求量之间的一一对应关系。表 2.1 是一张某商品的需求表。

表 2.1 某商品的需求表

价格-数量组合	价格(元)	需求量(单位数)
A	1	600
B	2	500
C	3	400
D	4	300
E	5	200
F	6	100

从表 2.1 可以清楚地看到商品价格与需求量之间的一一对应关系。例如，当商品价格为 1 元时，商品需求量为 600 单位；当价格上升为 2 元时，需求量下降为 500 单位；当价格进一步上升为 3 元时，需求量下降为更少的 400 单位，如此等等。

用图示法把需求表中需求量与商品价格之间的关系表示出来，就可以得到一条曲线。这种表示需求量与商品价格之间关系的图形，称为需求曲线。图 2.1是根据表 2.1 所绘制的一条需求曲线。

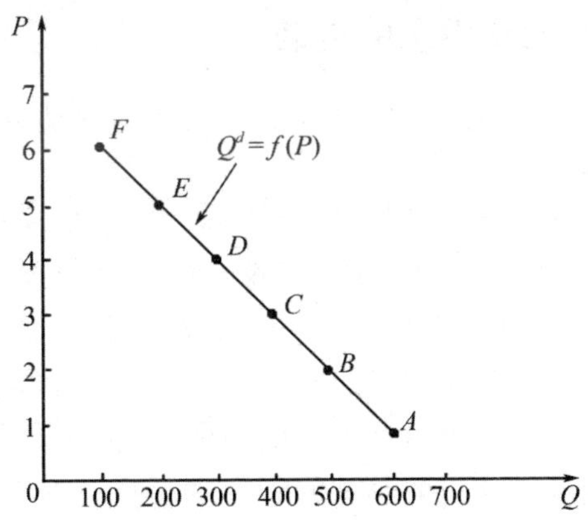

图 2.1 某商品的需求曲线

在图 2.1 中，横轴 OQ 表示商品的数量，纵轴 OP 表示商品的价格。

微观经济学在论述需求函数时，一般都假定商品的价格和相应的需求量的变化具有无限分割性。正是由于这一假定，在图 2.1 中才可以将商品的各个价格——需求数量组合 A,B,C,D,E,F 连接起来，从而构成一条光滑的需求曲线。在图 2.1 中的需求曲线是一条直线，实际上，需求曲线可以是直线型的，也可以是曲线型的。当需求函数为一元一次的线性函数时，相应的需求曲线是一条直线,直线上各点的斜率是相等的。当需求函数为非线性函数时,相应的需求函数为一条曲线,曲线上各点的斜率是不等的。在微观经济分析中,为了简化分析过程,在不影响结论的前提下,大多使用线性需求函数。

从图 2.1 还可以明显地看到,需求曲线是向右下方倾斜的,即它的斜率为负值。这说明,在影响需求的其他因素既定的条件下,商品的需求量与其价格之间存在着反向的依存关系,即商品价格上升,需求量减少;商品价格下降,需求量增加。这就是所谓的需求规律。

大多数商品都满足需求定律,但也有例外。某些商品的价格下降不一定导致对它的购买量的上升,或者其价格的上升不一定导致对它的购买量的下降。

第一,某些低档商品。在特定的条件下,当价格下跌时,对某些低档商品的需求会减少;而价格上涨时,对其需求反而会增加。最著名的是以英国人而得名的"吉芬商品"。吉芬发现,在 1845 年爱尔兰发生灾荒时,马铃薯的价格虽然急剧上涨,但它的需求量反而增加。原因是灾荒造成爱尔兰人民收入急剧下降,不得不增加这类生活必需的低档食品的消费。

第二,某些炫耀性消费的商品。如名车、名画、珠宝、文物等。这类商品的价格已成为消费者地位和身份的象征。价格越高,越能显示拥有者的地位,需求量也越大;反之,当价格下跌,不能再显示拥有者的地位时,需求量反而下降。

三、需求量的变动和需求的变动

需求量的变动和需求的变动,都是需求数量的变动,但区别在于引起这两种变动的因素是不同的。

需求量的变动是指在其他条件不变的条件下,由某商品价格变动所引起的该商品的需求数量的变动。在图形上,需求量的变动表现为在一条既定的需求曲线上点的位置移动。如图 2.2(a)所示,假设其他条件不变,在需求曲线 D 上,随着商品价格的变动,A、B、C 之间的位置移动,即为需求量的变动。

需求的变动是指在某商品价格不变的条件下,由于其他因素变动所引起的该商品需求数量的变动。这里的其他因素变动是指消费者的货币收入变动、相关商品的价格变动、消费者的偏好变动和消费者对未来的预期变动等等。需求的变动在图形上表现为需求曲线的位置发生移动。如图 2.2(b)所示,假设商品本身的价格保持为 P_0,由于某种因素使原来的需求曲线向右移动,这表示需求增加;需求曲线向左移动,这表示需求减少。

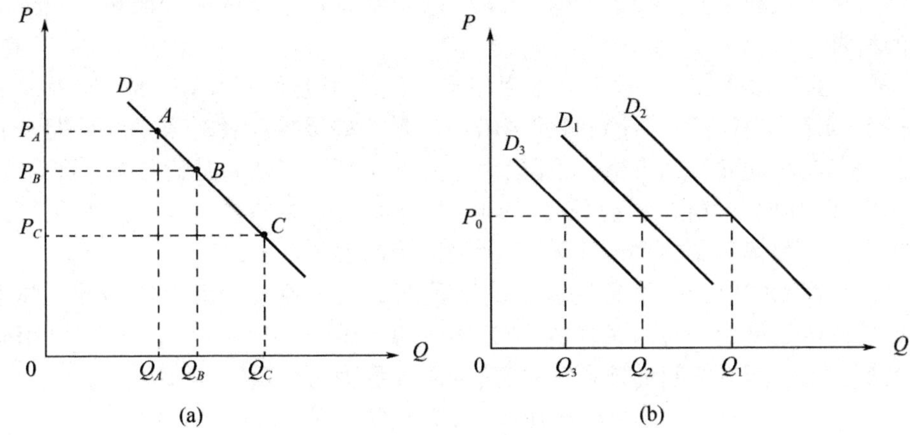

图 2.2　需求量的变动和需求的变动

第二节　供　给

一种商品的供给是指生产者(厂商)在一定时期同,在各种可能的价格水平下愿意而且能够提供的该种商品的数量。经济学中所述的供给,必须同时具备有出售的愿望和有可能出售的产品两个方面。

一、影响供给数量的因素与供给函数

一种商品的供给数量由多种因素共同决定,其中主要的影响因素有以下几种:

(1)商品自身的价格。由于厂商的目标是追求利润最大化,在其他条件既定的条件下,如果某种商品价格上升,厂商就会投入更多的生产资源用于该商品的生产,从而使其供给量增加;反之,则厂商就会将生产资源转用于其他相对价格较高的商品的生产,从而使该商品的供给量减少。

(2)生产的成本。在商品自身价格不变的条件下,生产成本上升会减少利润,从而使得商品的供给量减少。相反,生产成本下降会增加利润,从而使得商品的供给量增加。

(3)生产的技术水平。在一般情况下,生产技术水平的提高,可以降低原有的生产成本,增加生产者的利润,使在同一价格水平下生产者愿意提供更多的产量。

(4)相关商品的价格。在一种商品价格不变,而其他相关商品价格发生变化时,该商品的供给量发生变化。例如,对某个生产小麦和玉米的农户来说,在

玉米价格不变和小麦价格上升时,该农户就可能增加小麦的耕种面积而减少玉米的耕种面积。

(5)生产者对未来的预期。如果生产者对未来的预期看好,如预期商品的价格上涨,生产者在制订计划时就会增加产量。如果生产者对未来的预期是悲观的,例如,预期商品的价格会下降,生产者在制订生产计划时就会减少产量。

另外,其他如气候、厂商数量、时间、政府税收政策与扶持政策的变化等因素也可能会影响商品的供给数量,但上述五个因素是基本因素。

一种商品的供给数量是所有影响这种商品供给数量的因素的函数。如果把影响供给数量的所有因素作为自变量,把供给数量作为因变量,则可以用函数关系来表达两者之间的依存关系,这种函数称为供给函数,记作:

$$Q^s = f(P, P_i, C, T, E, \cdots)$$

其中 Q^s 代表某种商品的供给量,P 代表该商品的价格,P_i 代表相关商品的价格,C 代表生产的成本,T 代表生产技术,E 代表生产者对未来的预期,等等。

如果假定其他因素均不发生变化,仅考虑一种商品价格变化对其供给数量的影响,即把一种商品的供给数量只看成是这种商品价格的函数,则供给函数可以表示为:

$$Q^s = f(P) \tag{2.3}$$

例如,假定某一种具体的供给函数是:$Q^s = -500 + 0.02P$ 或者写成:$P = 25\,000 + 50Q^s$,这在图形上表现为一条直线的供给曲线。线性供给函数的一般形式可写成:

$$Q^s = -\delta + \gamma \cdot P \tag{2.4}$$

其中,δ, γ 为常数,且,$\delta\gamma > 0$。

二、供给表与供给曲线

供给表是表示一种商品价格与供给数量之间关系的表格。供给表直观地表明了价格与供给数量之间的一一对应关系。表 2.2 是一张某商品的供给表。

表 2.2 某商品的供给表

价格—数量组合	价格(元)	供给量(单位数)
A	3	0
B	4	100
C	5	200
D	6	300
E	7	400
F	8	500

表 2. 2 清楚地表明了商品价格与供给量之间的函数关系。例如，当价格为 7 元时，商品的供给量为 400 单位；当价格下降为 4 元时，供给量为 100 单位；当价格进一步下降为 3 元时，商品的供给量减少为零。

用图示法把供给表中所列数据表现出来，即可得到商品的供给曲线。图 2. 3便是根据表 2. 2 所绘制的一条供给曲线。

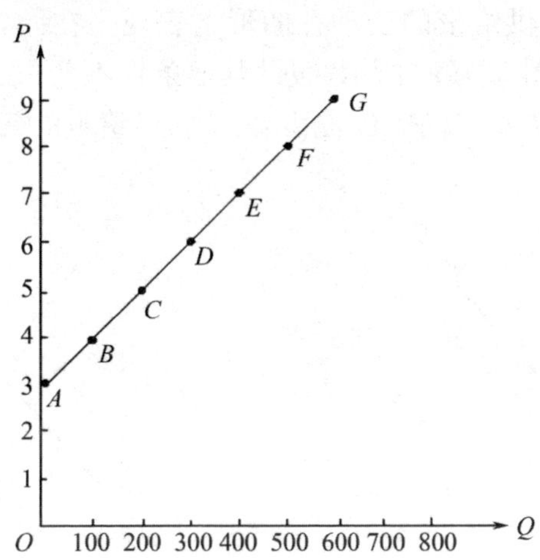

图 2. 3　某商品的供给曲线

图 2. 3 中横轴 *OQ* 表示商品的数量，纵轴 *OP* 表示商品价格。在平面直角坐标图上，把根据供给表的商品的价格—供给数量组合所得到的相应坐标点 *A*，*B*，*C*，*D*，*E*，*F* 点连接起来的线，就是该商品的供给曲线。它表示在不同的价格水平下生产者愿意而且能够提供出售的商品数量。和需求曲线一样，供给曲线也是一条光滑的曲线，它是建立在商品的价格和相应的供给量的变化具有无限分割性的假设上的。同时供给曲线与需求曲线一样，可以是直线型的，也可以是曲线型的。如果供给函数是一元一次的线性函数，则相应的供给曲线是直线型的。如果供给函数是非线性函数，则相应的供给曲线是曲线型的。直线型的供给曲线上的每点的斜率都是相等的，曲线型的供给曲线上的每点的斜率则不相等。在微观经济分析中，使用较多的是一元一次的线性供给函数。

从图 2. 3 可以看到，供给曲线是向右上方倾斜的，即它的斜率为正值。这说明在影响供给的其他因素既定的条件下，商品的供给量与价格之间存在着正向的依存关系，即商品价格上升，供给量增加；商品价格下降，供给量减少。这就是供给规律。

三、供给量的变动和供给的变动

供给量的变动和供给的变动都是供给数量的变动，区别在于引起这两种变动的因素是不同的。

供给量的变动是指在其他条件不变时，由某商品的价格变动所引起的该商品供给数量的变动。供给量的变动在图形上表现为在一条既定的供给曲线上点的位置的移动，如图2.4(a)所示，假设其他条件不变，在供给曲线S上，随着商品价格的变动，A，B，C之间的位置移动，即为供给量的变动。

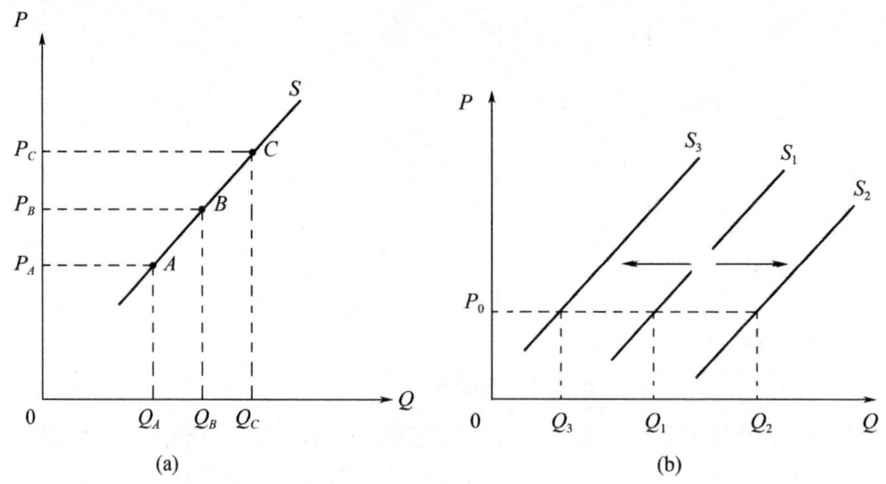

图2.4　供给量的变动与供给的变动

供给的变动是指在某商品价格不变的条件下，由于其他因素变动所引起的该商品的供给数量的变动。这里的其他因素变动可以指生产成本的变动、生产技术的变动、相关商品价格的变动以及生产者对未来预期的变化等等。供给的变动在图形上表现为供给曲线的位置发生移动，如图2.4(b)所示，假设商品本身的价格保持为P_0，由于某种因素（如技术提高），使原来的供给曲线右移，表示供给增加；供给曲线左移，表示供给减少。

第三节　均衡价格的形成与变化

现代经济学家认为，需求曲线与需求表说明了某一商品在每一价格下的需求量，同样，供给表与供给曲线说明了某一商品在每一价格下的供给量。它们都没有说明这种商品本身的价格究竟是多少。微观经济学中的商品价格是指商品的均衡价格。商品的均衡价格是在商品的市场需求和市场供给这两种相反力量的相互作用下形成。下面,将需求曲线和供给曲线相结合分析均衡价格形成及其变动。

一、均衡的含义

均衡是在现代经济学中被广泛运用的一个很重要的概念。均衡的最一般的意义是指经济事物中的有关变量在一定条件的相互作用下所达到的一种相对静止的状态。经济事物之所以能够处于这样一种静止状态,是由于在这样的状态中有关该经济事物的各方面力量能够相互制约和相互抵消,也由于在这样的状态中有关该经济事物的各方面的愿望都可以得到满足。正因为如此,进一步地,现代经济学家认为,经济学的研究往往在于寻找在一定条件下经济事物的变化最终趋于静止之点的均衡状态。

在微观经济分析中,市场均衡可以分为局部均衡和一般均衡。局部均衡分析假定,某一商品、劳务和生产要素的价格只取决于其本身的供求,而不受其他商品、劳务和生产要素的价格和供求的影响。因而可以单独探讨某一商品、劳务或生产要素价格与数量的决定。一般均衡分析假定,所有的商品、劳务及生产要素价格与数量必须同时决定。一个市场的均衡只有在其他所有市场都达到了均衡的情况下才能实现。我们在这里所采用的是局部均衡分析方法。

二、均衡价格的决定

现代经济学认为,在竞争性的商品市场上,对某种商品的任一价格,其相应的需求量与供给量不一定相等,但在该商品的各种可能的价格中,必定有一价格能使需求量与供给量相等,从而使该商品市场达到一种均衡状态。因此,均衡价格是指消费者对某种商品的需求量等于生产者所提供的该商品的供给量时的市场价格。在均衡价格水平下的相等的供求数量被称为均衡数量。由市场需求函数与市场供给函数可以求均衡价格与均衡数量。我们不妨对需求函数与供给函数作出以下假设:

需求函数:$Q^d = 80000 - 10000P$

供给函数:$Q^S = -40000 + 20000P$

令需求与供给相等,解出 P:

$$80000 - 10000P = -40000 + 20000P$$

得到均衡价格:$P = 4$

将求出的 P 值代入需求函数或供给函数中,得到均衡数量:

$$Q = 40000$$

从几何意义上说,一种商品市场的均衡出现在该商品的需求曲线和市场供给曲线相交的交点上,该交点被称为均衡点。均衡点上的价格和相等的供求量分别被称为均衡价格和均衡数量。如图 2.5 所示,曲线 D 是某种商品的市场需求曲线,曲线 S 是该商品的市场供给曲线,曲线 D 与曲线 S 相交于 E 点,E 点表示该商品市场达到均衡状态的均衡点,E 点所对应的价格就是均衡价格,与这个价格相对应的 OQ_0 既是需求量又是供给量。

均衡价格的形成,或者说某一商品市场达到均衡的过程,可以用图 2.6 来加以说明。

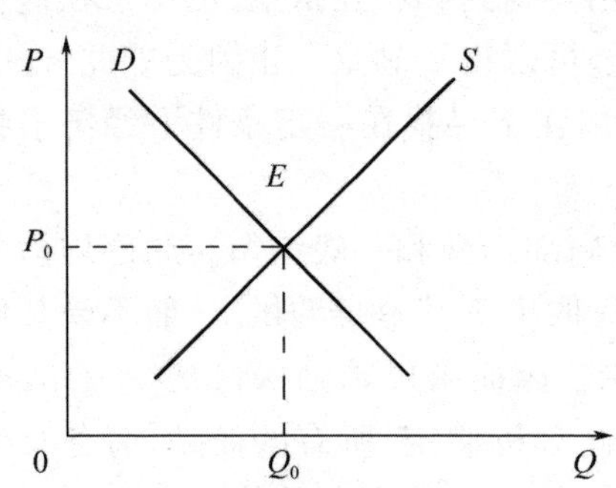

图 2.5　均衡价格和均衡产量图

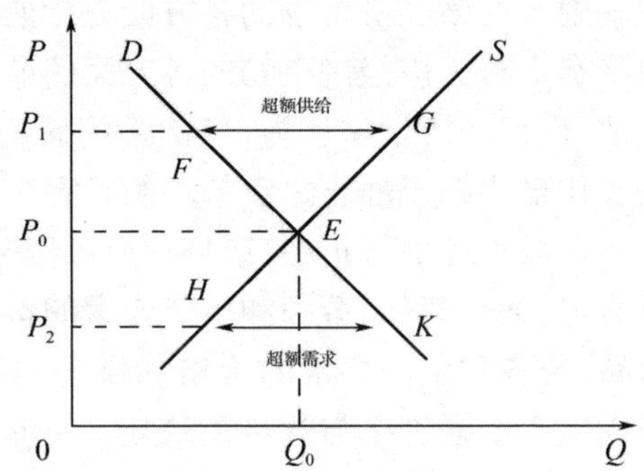

2.6　均衡价格的形成

如果某一商品初始的市场价格为 OP_1,高于市场均衡价格 OP_0,那么,与 OP_1 相对应的供给量 P_1G 就会大于此价格水平下的需求量 P_1F,超额供给量为 FG。在纯粹的市场竞争经济中,这种情况必然会导致供给方即生产者之间的激烈竞争,结果使价格逐渐下降,供给量逐渐减少,需求量逐渐增加。这个过程将持续进行下去,一直到价格降到 OP_0,需求量和供给量都等于均衡数量 OQ_0 时为止。

如果某一商品初始的市场价格为 OP_2,低于市场均衡价格 OP_0,那么,与 OP_2 相对应的需求量 P_2K 就会大于此价格水平下的供给量 P_2H,因而有部分消费者不能在既定的价格下买到所需要的商品数量,存在的超额需求量为 HK。在纯粹市场竞争经济中,这种情况必然会导致需求方即买者之间的激烈竞争,结果使价格逐渐上升,供给量逐渐增加,需求量逐渐减少。这个过程将持续进行下去,一直到价格上升到 OP_0,需求量和供给量都等于均衡数量 OQ_0 时为止。

根据以上的分析,在纯粹的市场竞争经济中,均衡是必然要出现的一种趋势。通过市场上需求与供给这两种力量的自发调节,决定市场的均衡价格。而均衡价格形成后,一旦市场价格背离均衡价格,由于供给与需求的相互作用,则又自动恢复到均衡的趋势。

三、供求变动对市场均衡的影响

一种商品的均衡价格是由该商品对市场的需求曲线和供给曲线的交点决定的。因此，需求曲线和供给曲线的位置的移动都会引起均衡价格水平与均衡产量水平发生变动。下面分三种情况说明：

第一，供给不变，需求发生变动。

假定某种商品的供给状况不变，如果会因为消费者偏好增强、收入提高等其他原因使需求增加，则需求曲线向右平移，如图 2.7 所示，曲线 S 不变，曲线 D_0 移至曲线 D_1，因此，均衡点随之移动，由 E_0 点移至 E_1 点，于是决定了新的均衡价格 OP_1，均衡产量为 OQ_1。很明显，$OP_1 > OP_0$，$OQ_1 > OQ_0$，均衡价格比原来提高了，均衡产量也增加了。如果会因为消费者收入下降、对未来预期恶化等其他原因使得需求减少，则需求曲线向左平移，由曲线 D_0 移至曲线 D_2，并引起均衡点由 E_0 移至 E_2 点。显然，新的均衡价格将下降，均衡产量将减少。

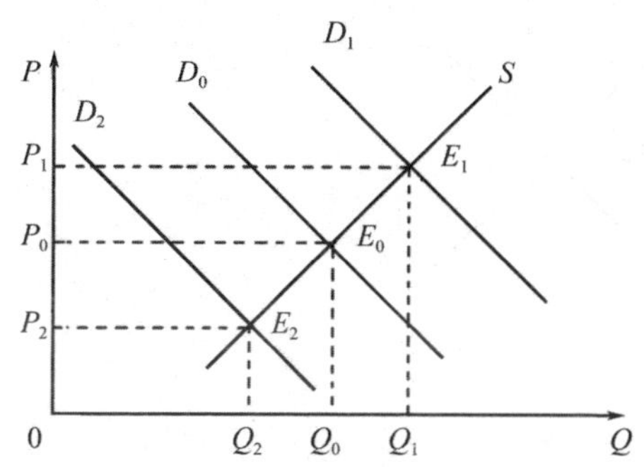

图 2.7　需求变动对均衡的影响

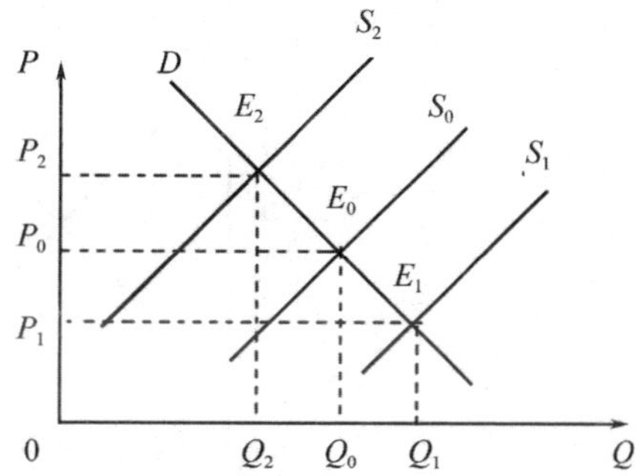

图 2.8　供给变动对均衡的影响

第二，需求不变，供给发生变动。

假定某种商品的需求状况不变，如果会因为生产者成本下降、技术进步等其他原因使得供给增加，则供给曲线向右平移。如图 2.8 所示，曲线 D 不变，曲线 S_0 移至曲线 S_1，因此，均衡点随之移动，由 E_0 移至 E_1 点，于是决定了新均衡价格为 OP_1，均衡产量为 OQ_1。很明显，$OP_1 < OP_0$，$OQ_1 > OQ_0$，均衡价格比原来下降，而均衡产量比原来增加了。如果会因为生产者成本提高、对未来预期恶化等其他原因使得供给减少，则供给曲线向左平移，由曲线 S_0 移至曲线 S_2，并引起均衡点由 E_0 移至 E_2 点。显然，新的均衡价格将上升，均衡产量将减少。

根据以上分析，可得出如下两点结论：

(1)价格和均衡产量与需求均呈同方向变动。

(2)均衡价格与供给呈反方向变动，而均衡产量与供给呈同方向变动。

这就是经济学上所讲的供求规律。

第三,需求和供给同时发生变动。

需要指出的是,如果需求和供给同时发生变动,则商品的均衡价格和均衡数量的变化是难以肯定的,这要结合需求和供给变化的具体情况来决定。以图2.9为例进行分析。假定消费者收入水平上升引起的需求增加,使得需求曲线由D_1向右平移到D_2;同时,厂商的技术进步引起供给增加,使得供给曲线由S_1向右移至S_2。比较S_1曲线分别与D_1曲线和D_2曲线的交点E_1和E_3可见,收入水平上升引起的需求增加,使得均衡价格上升。再比较D_1曲线分别与S_1曲线和S_2曲线的交点E_1和E_2可见,技术进步引起的供给增加,又使均衡价格下降。最后,这两种因素同时作用下的均衡价格,将取决于需求和供给各自增长的幅度。由D_2曲线和S_2曲线的交点E_4可得:由于需求增长的幅度大于供给增加的幅度,所以,最终的均衡价格是上升了。

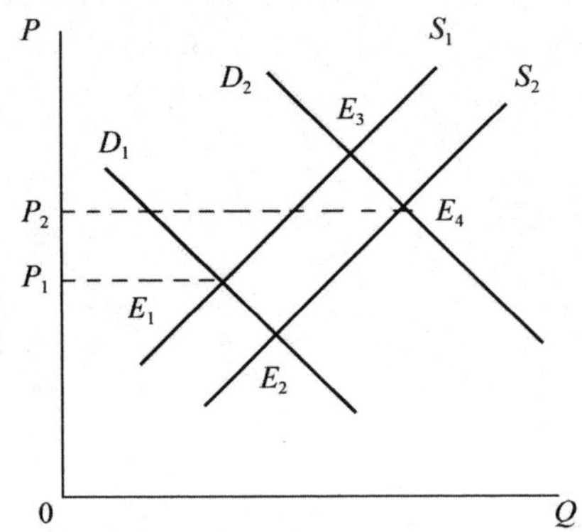

图2.9 需求和供给的同时变动对均衡的影响

四、供求理论的应用:限制价格与支持价格

(一)限制价格

限制价格也称为最高限价。它是政府所规定的某种产品的最高价格。最高价格总是低于市场均衡价格的。

图2.10表示政府对某种产品实行限制价格的情形。开始时,该产品市场的均衡价格为P_e,均衡数量为Q_e。若政府实行最高限价政策,规定该产品的市场最高价格为P_0。由图可见,最高限价P_0小于均衡价格P_e,且在最高限价P_0的水平,市场需求量Q_2大于市场供给量Q_1,市场上出现供不应求的情况。

政府实行限制价格的目的往往是为了抑制某些产品的价格上涨,尤其是为了对付通货膨胀。有时,为了限制某些行业,特别是限制一些垄断性很强的公用事业的价格，政府也会采取最高限价的做法。但政府实行最高限价的做法也会带来一些不良的影响，最高限价下的供不应求会导致市场上消费者排队抢购和黑市交易盛行。在这种情况下，政府往往又不得不采取配给的方法来分配产品。此外生产者也可能粗制滥造，降低产品质量，形成变相涨价。

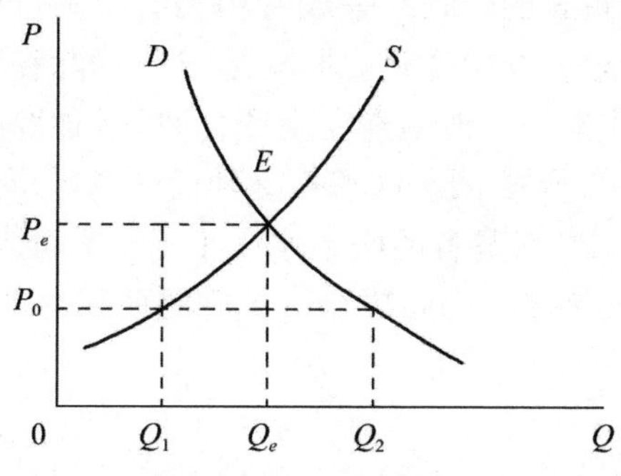

图 2.10　限制价格

（二）支持价格

支持价格也称为最低限价。它是政府所规定的某种产品的最低价格。最低价格总是高于市场均衡价格的。

图 2.11 表示政府对某种产品实行支持价格的情形。开始时的市场均衡价格为 P_e，均衡数为 Q_e。以后，政府实行支持价格所规定的市场价格为 P_0。由图可见，最低限价 P_0 大于均衡价格 P_e，且在最低限价 P_0 的水平，市场供给量 Q_2 大于市场供给量 Q_1，市场上出现产品过剩的情况。

政府实行支持价格的目的通常是为了扶植某些行业的发展。农产品的支持价格就是一些西方国家所普遍采取的政策，在实行这一政策时，政府通常收购市场上过剩的农产品。

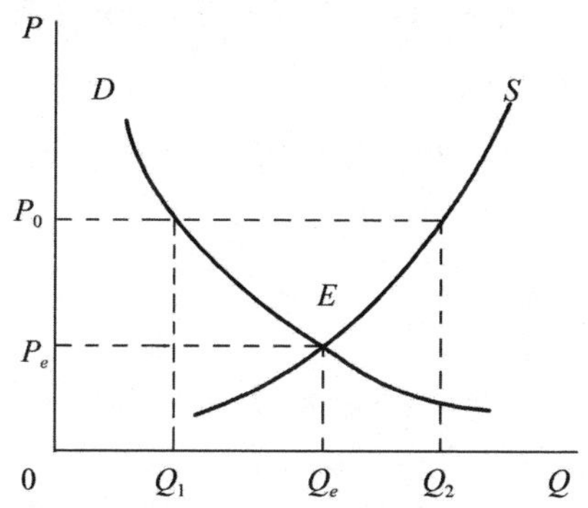

图 2.11　支持价格

第四节 弹性理论及其应用

我们已经知道,当一种商品的价格发生变化时,这种商品的需求量会发生变化。除此之外,当消费者的收入水平或者相关商品的价格等其他因素发生变化时,这种商品的需求也会发生变化。同样地,当一种商品的价格发生了变化,或者这种商品的生产成本等其他因素发生变化时,这种商品的供给量会发生变化。那么,当一种商品的价格下降1%时,这种商品的需求量和供给量究竟分别会上升和下降多少呢?当消费者的收入水平上升1%时,商品的需求量究竟增加了多少?弹性概念就是专门为解决这一类问题而设立的。

一、弹性的概念

弹性原是物理学上的概念,意指某一物体对外界力量的反应力。经济学中的弹性是指经济变量之间存在函数关系时,因变量对自变量变动的反应程度,其大小可以用两个变量变动的百分比之比,即弹性系数来表示。弹性的一般公式:

$$\text{弹性系数}=\frac{\text{因变量变动的百分比}}{\text{自变量变动的百分比}}$$

若两个经济量之间的函数关系为 $Y=f(X)$,以 $\Delta X,\Delta Y$ 分别表示变量 X,Y 的变动量,以 e 表示弹性系数,则弹性公式为:

$$e=\frac{\frac{\Delta Y}{Y}}{\frac{\Delta X}{X}} \qquad \text{弧弹性}$$

若经济变量的变化量趋于无穷小,则弹性就等于因变量的无穷小变动率与自变量的无穷小的变动率之比,即当 $\Delta X\to 0,\Delta Y\to 0$ 时则弹性公式为:

$$e=\lim_{\Delta X\to 0}\frac{\frac{\Delta Y}{Y}}{\frac{\Delta X}{X}}=\frac{\frac{dY}{Y}}{\frac{dX}{X}}=\frac{dY}{dX}\cdot\frac{X}{Y} \qquad \text{点弹性}$$

二、需求价格弹性的含义

在西方经济学中,需求弹性包括需求价格弹性、需求交叉弹性与需求收入弹性等。其中,需求价格弹性又通常被简称为需求弹性。

需求价格弹性是指一种商品需求量对其价格变动的反应程度。其弹性系数等于需求量变动百分比除以价格变动百分比。即:

$$需求弹性系数 = \frac{需求量变动百分比}{价格变动百分比}$$

需求价格弹性分为需求弧弹性和需求点弹性，下面分别加以说明。

三、需求弧弹性

（一）需求弧弹性的含义与计算

需求弧弹性用来表示某商品需求曲线上两点之间的需求量的相对变动对于价格的相对变动的反应程度。简单地说，它表示需求曲线上两点之间的弹性。假定需求函数为分别表示需求量和价格的变动量，以表示需求弹性系数，则需求弧弹性的公式为：

$$e_d = \frac{\frac{\Delta Q}{Q}}{\frac{\Delta P}{P}} = -\frac{\Delta Q}{\Delta P} \cdot \frac{P}{Q} \quad (2.5)$$

这里需要说明的是，在一般情况下，由于商品的需求量和价格是成反方向变动的，$\frac{\Delta Q}{\Delta P}$为负值，因此，为了使需求弹性系数是正值，使 e_d 便于比较，便在公式中加了一个负号。

图 2.12 是需求函数的几何图形。

需求曲线上 A，B 两点的价格分别为 5 和 4，相应的需求量分别为 200 和 400。根据公式(2.5)，由 A 点到 B 点和由 B 点到 A 点的弧弹性分别计算如下。

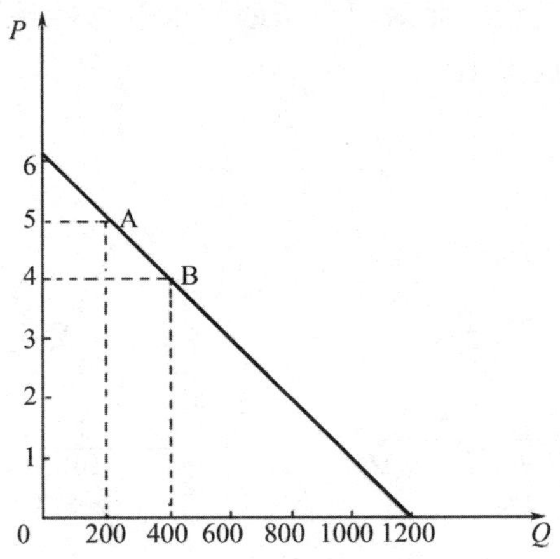

图 2.12　需求弧弹性

由 A 点到 B 点：

$$e_d = -\frac{\Delta Q}{\Delta P}\cdot\frac{P}{Q} = -\frac{Q_A - Q_B}{P_A - P_B}\cdot\frac{P_A}{Q_A} = -\frac{400-200}{4-5}\times\frac{5}{200} = 5$$

由 B 点到 A 点：

$$e_d = \frac{\Delta Q}{\Delta P}\cdot\frac{P}{Q} = -\frac{Q_A - Q_B}{P_A - B_B}\cdot\frac{P_B}{Q_B} = -\frac{200-400}{5-4}\times\frac{4}{400} = 2$$

此时，虽然价格涨跌的幅度与需求量变动的幅度是相同的，但弹性系数却有不同的数值。这是由于计算的基础与出发点不同而造成的。为了克服这一缺陷，避免不同的计算结果，通常采用以变动前后价格和需求量的算术平均数来计算的弹性系数。因此，需求弧弹性计算公式又可以写为：

$$e_d = -\frac{\Delta Q}{\Delta P}\cdot\frac{\frac{P_1 + P_2}{2}}{\frac{Q_1 + Q_2}{2}} = -\frac{\Delta Q}{\Delta P}\cdot\frac{P_1 + P_2}{Q_1 + Q_2}$$

该公式也被称为需求弧弹性的中点公式。

根据需求弧弹性的中点公式，上例中 A,B 两点间的需求弧弹性为：

$$e_d = -\frac{400-200}{4-5}\times\frac{5+4}{200+400} = 3$$

（二）需求（弧）弹性的五种类型

需求（弧）弹性可以分为五种类型，如图 2.13 所示。通常我们用需求（弧）弹性来衡量某种商品的需求价格弹性大小，所以需求（弧）弹性的五种类型，也就是需求弹性的五种类型。而后面介绍的需求点弹性是用来反映某种商品在不同价格水平上的弹性大小。

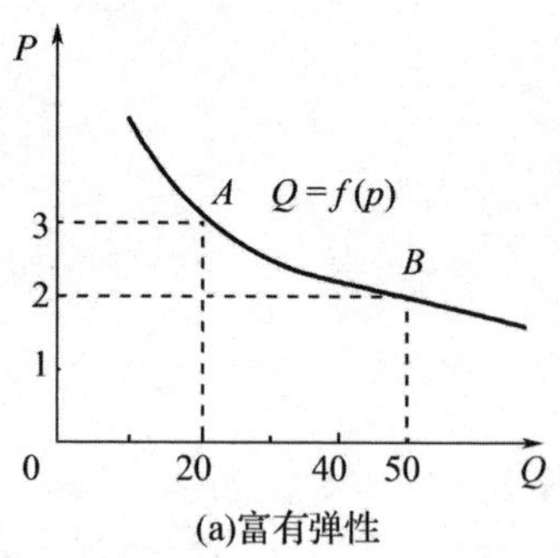

(a)富有弹性

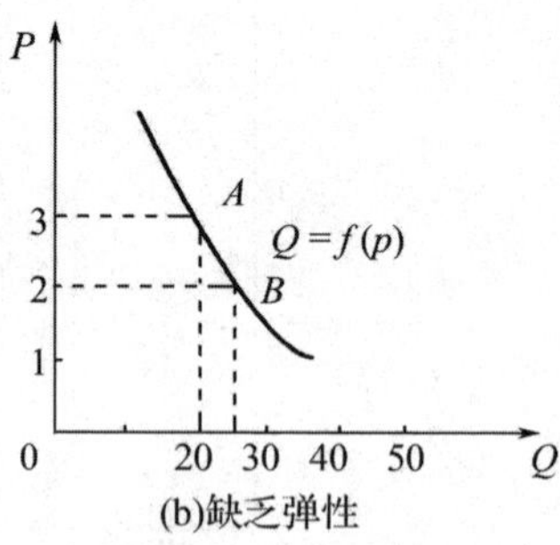

(b)缺乏弹性

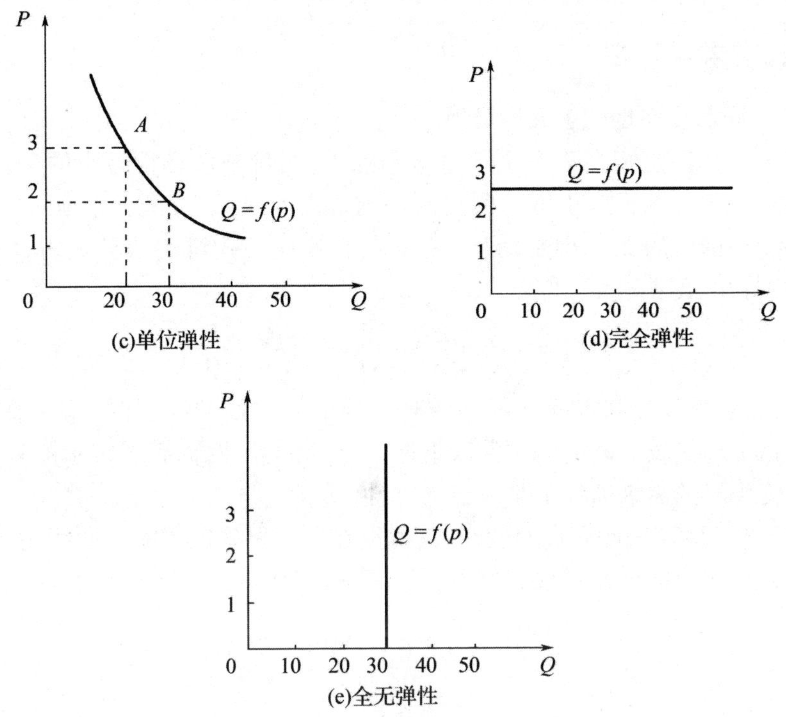

图 2.13　需求(弧)弹性的五种类型

不同商品的需求价格弹性是不同的。根据它们的弹性系数大小可分为五种类型:

第一,$e_d > 1$,即富有弹性。它表示需求量变动的比率大于价格变动的比率,即价格每升降 1%,需求量变动的百分率大于 1%。反映在图形上是一条坡度比较平坦的曲线,如图 2.13(a)所示。

第二,$e_d < 1$,即缺乏弹性。它表示需求量变动的比率小于价格变动的比率,即价格每升降 1%,需求量变动的百分率小于 1%。反映在图形上是一条坡度比较陡峭的曲线,如图 2.13(b)所示。

第三,$e_d = 1$,即单位弹性。它表示需求量变动的比率等于价格变动的比率,即价格每升降 1%,需求量就相应减增 1%。其需求曲线为直角双曲线,如图 2.13(c)所示。

第四,$e_d = \infty$,即全弹性。它表示在既定的价格水平上,需求量是无限的;而一旦高于既定价格,需求量即为零,说明商品的需求变动对其价格变动异常敏感,其需求曲线是与横轴平行的一条水平线,如图 2.13(d)所示。

第五,$e_d = 0$,即完全无弹性。它表示无论价格怎样变动,需求量都不会变动。其需求曲线是与纵轴平行的一条垂线，如图 2.13(e)所示。

四、需求点弹性

(一)需求点弹性的含义和计算

需求点弹性是指在某一个价格水平点上，当价格波动很微小的一点，所引起的需求量变化的反应程度。假定需求函数为 $Q^d=f(P)$，以 dQ 和 dP 分别表示需求量和价格的无穷小变动量，其需求点弹性公式可用微分的方法从公式(2.5)中导出，即：

$$e_d=-\lim_{\Delta P\to 0}\frac{\Delta Q}{\Delta P}\cdot\frac{P}{Q}=-\frac{dQ}{dP}\cdot\frac{P}{Q} \tag{2.6}$$

实际上，需求弧弹性和点弹性的本质是相同的。它们的区别仅在于：前者表示的是价格变动量较大时的需求曲线上两点之间的弹性，而后者表示的是价格变动量无穷小时的需求曲线上某一点的弹性。

用公式(2.6)来计算点弹性时，其优点在于只要确定了需求曲线的形状，就可求出各点相应的弹性系数。例如，已知需求函数为：$Q^d=1200-200P$，则：

$$\frac{dQ}{dP}=-200$$

$$e_d=-\frac{dQ}{dP}\cdot\frac{P}{Q}=-(-200)\cdot\frac{P}{1200-200P}=\frac{P}{6-P}$$

这时，可求出任何价格水平下的弹性系数，例如：

当 $P=5$ 时，$e_d=5$，即图 2.12 中需求曲线上 A 点的弹性。

当 $P=4$ 时，$e_d=2$，即图 2.12 中需求曲线上 B 点的弹性。

(二)需求点弹性的几何推导

需求点弹性系数值可以用几何方法来表示和测度，我们先看需求曲线为直线的特殊情况。

图 2.14 中有一条线性的需求曲线，它交坐标纵轴和横轴分别于 A，B 两点，C 点为该需求曲线上的任意一点。从几何意义上看，根据(2.6)式，C 点的需求点弹性可以表示为：

$$e_d=-\frac{dQ}{dP}\cdot\frac{P}{Q}=\frac{GB}{CG}\cdot\frac{CG}{OG}=\frac{GB}{OG}=\frac{CB}{AC}=\frac{FO}{AF} \tag{2.7}$$

由此，可得出这样一个结论：线性需求曲线上任何一点的点弹性，都可以通过由该点分别向价格轴或数量轴引垂线的方法来求得。而且线性需求曲线 AB 上任何一点 C 的价格弹性均可用$\frac{CB}{AC}$来表示。若 C 位于 AB 的中点，则该点的弹性系数等于 1；若 C 位于 AB 的中点以上，则该点的弹性系数大于 1；若 C 位于

AB 的中点以下,则该点的弹性系数小于 1。这也说明,就同一种商品而言,在不同的价格水平下,其需求弹性的大小是不同的。

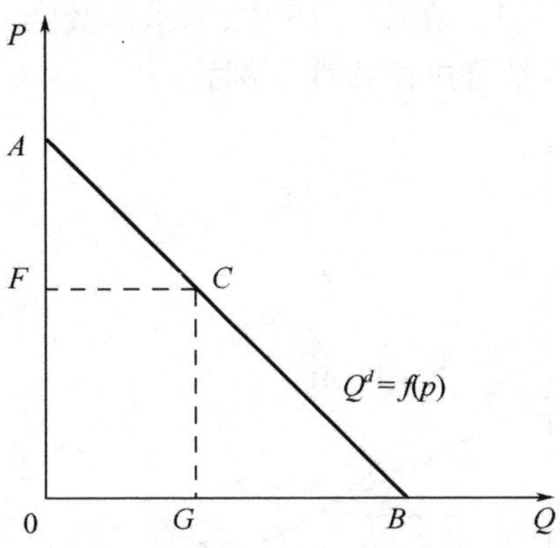

图 2.14　线性需求曲线的点弹性

至于非线性需求曲线上某一点的需求弹性的几何求法,可以先过该点作需求曲线的切线,然后用与求线性需求曲线的点弹性相类似的方法来求得。这里用图 2.15 加以说明。

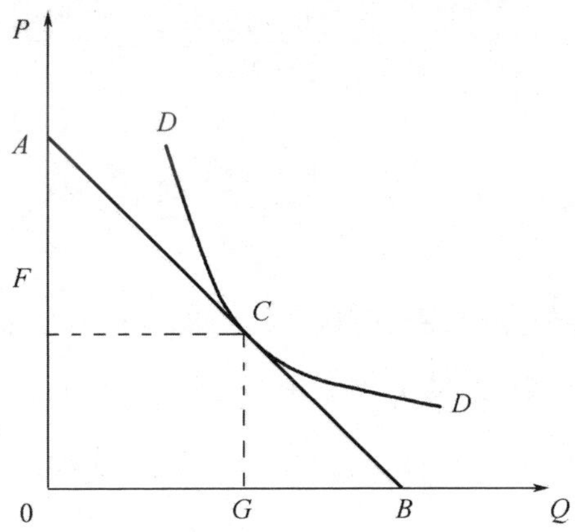

图 2.15　非线性需求曲线的点弹性

一般来说,非线性需求曲线上任一点 *C* 的价格弹性可以过 *C* 点作一条 *DD* 线的切线,与纵轴相交于 *A*,与横轴相交于 *B*,则 *C* 点的弹性系数仍可以$\frac{CB}{AC}$来表示,其证明方法与线性需求曲线点弹性的推导类似,在此从略。

显然,就非线性需求曲线而言,曲线的不同形状和曲线上点的位置不同,都会影响需求点弹性系数值的大小。

在非线性需求曲线中，直角双曲线的点弹性是很有特点的。那就是需求曲线上每点的点弹性都等于1。在图2.16中，需求函数的几何图形是一条直角双曲线，曲线上每一点弹性都是单位弹性。例如：

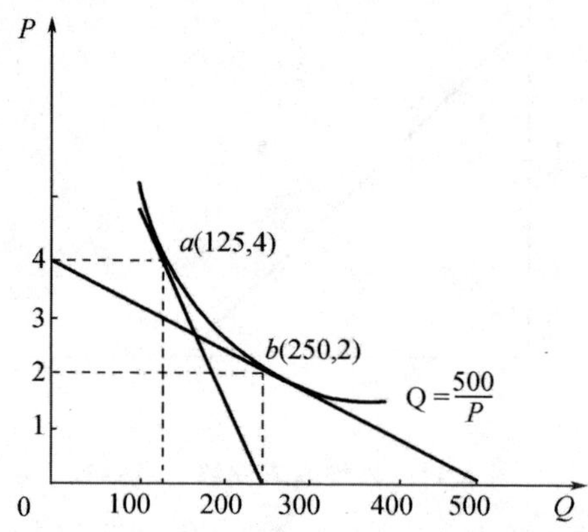

图2.16 需求直角双曲线的点弹性

在 a 点：

$$e_d = \frac{250 - 125}{125} = 1$$

在 b 点：

$$e_d = \frac{500 - 250}{250} = 1$$

如此等等。

需求直角双曲线的点弹性具有这一特点的原因在于：对于任何的需求直角双曲线函数 $Q = \frac{K}{P}$（其中，K 为大于零的常数）来说，不管价格变化的百分比是多少，需求量总是以相同的百分比成反方向变化，从而使得需求曲线上每一点的弹性 $-\frac{\frac{dQ}{Q}}{\frac{dP}{P}}$ 的值均为1。

（三）线性需求曲线的点弹性

线性需求曲线的点弹性也有五种类型。根据（2.7）式可知，线性需求曲线上任何一点的弹性，还可以表示为需求曲线上被该点分成的两段的线段的长度的比值。据此我们可以推知：线性需求曲线的中点的点弹性等于1，为单位弹性；中点以下部分任何一点弹性小于1，为缺乏弹性；中点以上部分任何一点的点弹性大于1，为富有弹性。随着线性需求曲线上点的位置由中点向上不断提高，需求点弹性不断增大，当需求曲线与纵轴相交时，其点弹性的值变为无穷大；随着线性需求曲线与横轴相交时，其点弹性的值不断降低，需求点弹性的值不断减少，当需求曲线与横轴相交时，其点弹性的值下降为零。我们用图2.17来说明线性需求弹性的这五种类型。

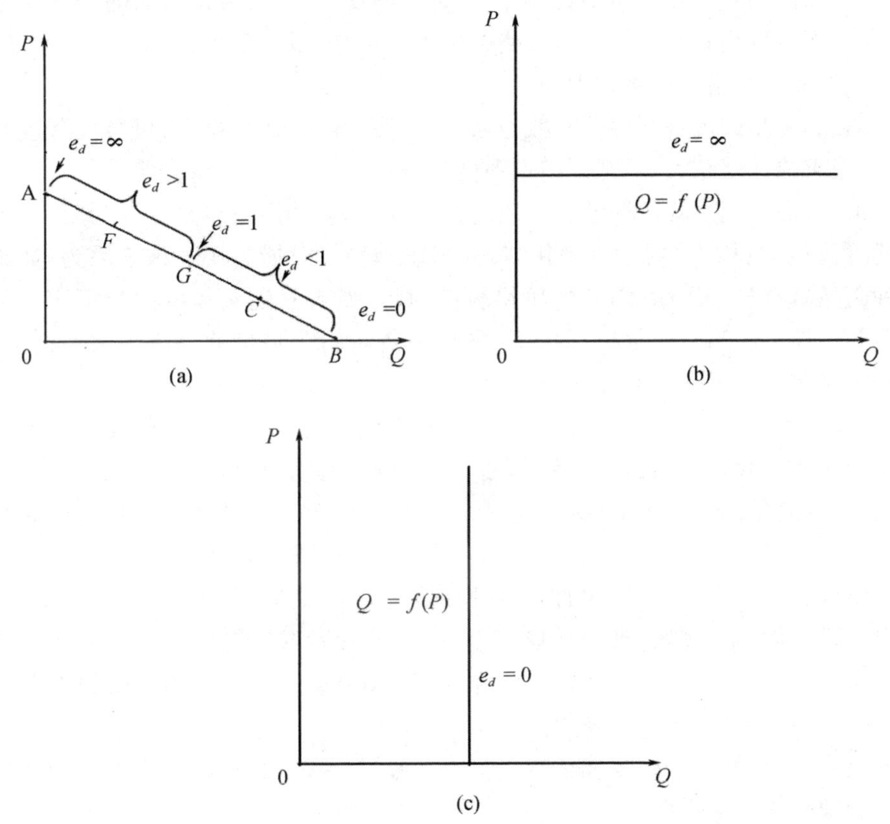

图 2.17　线性需求曲线点弹性的五种类型

在图2.17(a)中，在线性需求曲线的中点 G，有 $e_d=1$，因为 $GB=GA$。在曲线中点以上部分的任何一点，如 F 点，有 $e_d>1$，因为 $FB>FA$。在曲线中点以下部分的任何一点，如 C 点，有 $e_d<1$，因为 $CB<CA$。在线性需求曲线与横轴交点（B 点），与纵轴交点（A 点），分别有 $e_d=0$ 和 $e_d=\infty$。当 B 点沿着既定的需求曲线经过 C,G,F 点到达 A 点的过程中，需求点弹性的值由零逐步上升为无穷大。显然，线性需求曲线上每一点的点弹性都是不相等的。但水平的与垂直的两种需求曲线是个例外。如在图2.17(b)中，水平的需求曲线上的每一点的点

弹性均为无穷大，即 $e_d = \infty$；在图 2.17(c)中，垂直的需求曲线上每一点的点弹性均为零，即 $e_d = 0$。

五、影响需求弹性的因素

需求弹性的大小主要取决于下列因素：

第一，商品对消费者生活的重要程度。一般而言，生活必需品的需求价格弹性小；而非生活必需品的需求价格弹性大。例如，豆油的价格弹性是较小的，电影票的需求价格弹性是较大的。

第二，商品的可替代性。一般说来，一种商品的替代品越多，可替代程度越高，其需求弹性就越大；反之则需求弹性就越小。

第三，商品用途的广泛性。一般而言，一种商品的用途越是广泛，其需求弹性就可能越大；相反，用途越是狭窄，其需求弹性就可能越小。这是因为，如果一种商品具有多种用途，当它的价格较高时，消费者只购买较少的数量用于最重要的用途上。当它的价格逐步下降时，消费者的购买量就会逐步增加，将商品越来越多地用于其他的各种用途上。

第四，购买商品的支出在人们收入中所占的比重。购买商品的支出在人们收入中所占比重大的商品，其弹性就大，比重小的其弹性就小。例如，火柴、铅笔、肥皂等商品的需求的价格弹性就是比较小的，因为，消费者每月在这些商品上的支出是很小的，消费者往往不太重视这类商品价格的变化。

第五，时间因素。同样的商品，从长期看，其需求弹性就大；如果只看短期，其需求弹性就小。例如，当石油价格上升时，消费者在短期内不会较大幅度地减少需求量。但设想在长期内，消费者可能找到替代品，于是，石油价格上升会导致石油的需求量大幅度下降。

此外，商品的耐用程度、地域差别、消费习惯、商品质量、售后服务等因素也会影响商品的需求弹性。

六、需求价格弹性与销售总收益的关系

厂商的销售收入等于商品的价格乘以商品的销售量。由于厂商的商品销售量等于市场上对其商品的需求量，这样厂商的销售收入就可以表示为商品的价格乘以商品的需求量，即厂商的销售收入 $= P \times Q$，其中，P 表示商品的价格，Q 表示商品的需求量。

由于不同商品的需求价格弹性不同，从而价格变动引起销售量变动也不同，所以总收益的变动亦不同，商品的价格弹性与销售收入之间的关系，可以归纳为以下三种情况，如图 2.18 所示。

第一种情况：当 $e_d>1$ 时，价格下降，则总收入增加；价格上升，则总收入减少。即商品的价格与商品的销售收入成反方向变动。这是因为，当 $e_d>1$ 时，需求量变动的百分比大于价格变动的百分比，这意味着，价格下降所引起的销售收入减少量必定小于需求量增加所引起的销售收入的增加量；价格提高所引起的销售收入的增加量必定小于需求量减少所引起的销售收入的减少量。如图 2.18(a)所示。

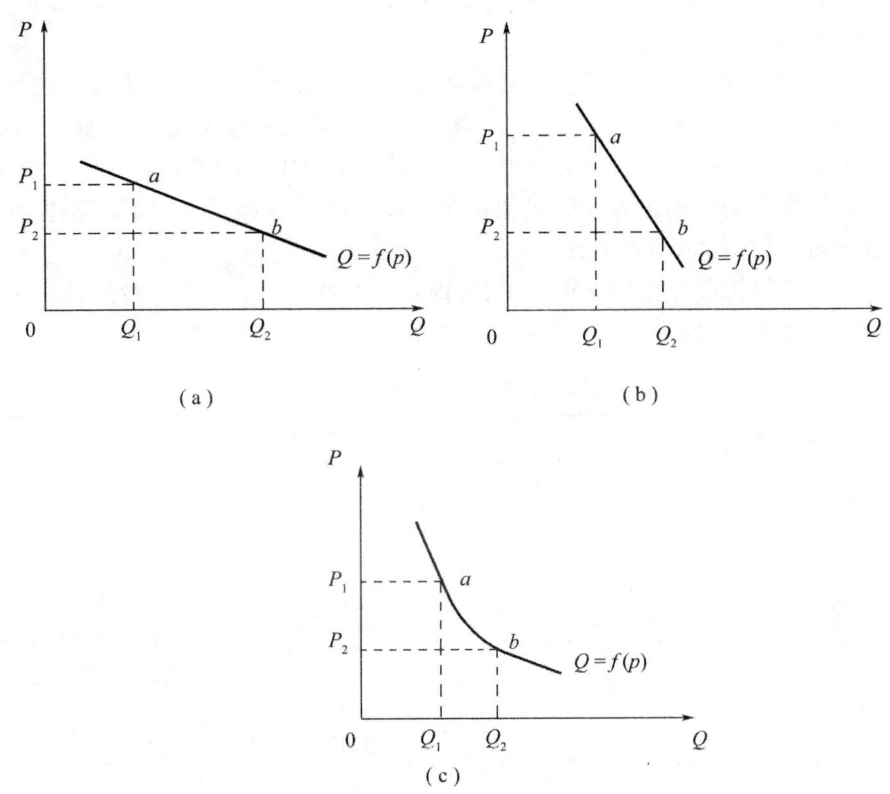

图 2.18　需求价格弹性与销售收益

第二种情况 $e_d<1$ 时，价格提高，则总收入增加；价格下降，则总收入减少。即商品的价格与商品的销售收入成同方向变动。这是因为，当 $e_d<1$ 时，需求量变动的百分比小于价格变动的百分比，这意味着，价格下降所引起的销售收入减少量必定大于需求量增加所引起的销售收入的增加量；价格提高所引起的销售收入的增加量必定大于需求量减少所引起的销售收入的减少量。如图 2.18(b)所示。

为了更好地说明这两种情况，我们不妨以一个具体的实例来说明。

设某商品的价格 $P_1=500$ 元时，销售量 $Q_1=100$ 件，此时总收益 $TR_1=P\times Q_1=500\times100=50000$ 元。现假定价格下跌了 10%。

如果该商品是需求富有弹性的商品，$e_d=2$，此时销售量将增加 20%，即 $Q_2=100\times(1+20\%)=120$ 件，$TR_2=450$ 元 $\times120=54000$ 元。显然总收入由于价格下降而增加了。

如果该商品是缺乏需求弹性的商品，$e_d=0.5$，则销售量只增加了 5%，$Q_2=100\times(1+5\%)=105$ 件，$TR_2=450$ 元 $\times105=47250$ 元。显然，总收入由于价格下降而减少了。

第三种情况：当 $e_d=1$ 时，无论价格是提高还是下降，总收入不变。这是因为，当 $e_d=1$ 时，需求量变动的百分比等于价格变动的百分比，这意味着，价格下降所引起的销售收入减少量必定等于需求量增加所引起的销售收入的增加量；价格提高所引起的销售收入的增加量必定等于需求量减少所引起的销售收入的减少量。如图 2.18(c)所示。

以上三种情况是比较常见的，如果将 $e_d=0$ 和 $e_d=\infty$ 这两种特殊情况考虑在内，商品的需求价格弹性与销售收入之间的综合关系如表 2.3 所示。

表 2.3　需求的价格弹性与销售收入

弹性 / 收入 / 价格	$e_d>1$	$e_d<1$	$e_d=1$	$e_d=0$	$e_d=\infty$
降价	增加	减少	不变	同比例与价格的下降而减少	既定价格下，收益可以无限增加，因此，厂商不会降价
涨价	减少	增加	不变	同比例与价格的上升而增加	收入会减少为零

七、应用：关于农产品的支持价格

在农业生产活动中，存在着这么一种经济现象：在丰收的年份，农民的收入却反而减少了。这种现象在我国民间被形象地概括为“谷贱伤农”。其实，这种表面看起来难以理解的现象，是可以用弹性原理来加以解释的。

在前面分析需求的价格弹性与厂商的销售收入时，我们得到这样一个结论：对于缺乏弹性的商品来说，商品的价格与厂商的销售收入成同方向的变化。现在，我们可以把这一结论具体运用到农产品的场合。其实，造成这种“谷贱伤农”经济现象的根本原因在于：农产品的需求的价格弹性往往是小于1的，即当农产品的价格发生变化时，农产品的需求往往是缺乏弹性的。下面，我们具体地利用图2.19来解释这种经济现象。

在图2.19中，农产品的需求曲线 D 是缺乏弹性的。农产品的丰收使供给曲线由 S 的位置向右平移到 S' 的位置，在缺乏弹性的需求曲线的作用下，农产品的均衡价格的下降幅度大于农产品的均衡数量的增加幅度，最后致使农民总收入量减少。总收入的减少量相当于图中矩形 $OP_1E_1Q_1$ 和 $OP_2E_2Q_2$ 的面积之差。

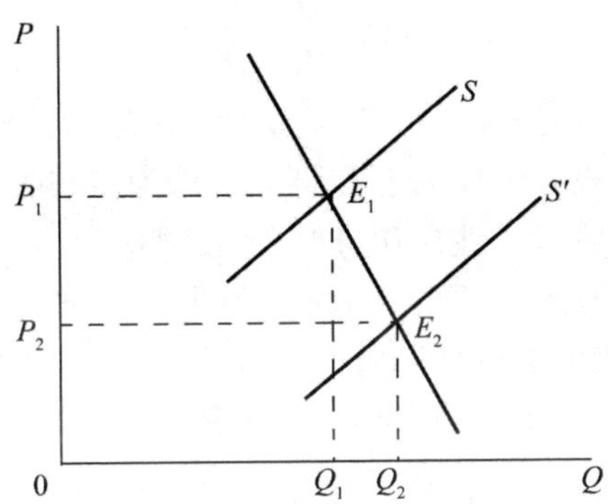

图2.19 缺乏弹性的需求曲线和谷贱伤农

类似地，在歉收年份，同样由于缺乏弹性的需求曲线的作用，农产品均衡数量减少的幅度将小于由它所引起的均衡价格的上升幅度，最后致使农民的总收入量增加。在图2.19中，只需先假定农产品的歉收使供给曲线 S' 的位置向左平移至 S 的位置，随后便可以具体地说明这种与丰收年份相反的情况了。

基于以上的经济事实及其经验，在不少的国家，为了保护农场主和农民的利益，为了保护和支持农业的发展，都纷纷执行了农产品的支持价格政策。其一般做法是：通过减少农产品的种植面积，来减少农产品的供给，从而将农产品价格维持在一定的水平，保证农场主和农民的收入。

八、其他弹性

（一）需求的收入弹性

需求的收入弹性是指一种商品的需求量对消费者收入变动的反应程度，是需求量变动百分比与收入变动百分比之比。如果用表示需求的收入弹性系数，用 I 和 ΔI 分别表示收入和收入变动量，Q 和 ΔQ 表示需求量与需求量的变动量，则需求收入弹性公式为：

$$e_I = \frac{\text{需求量变动的百分比}}{\text{收入变动的百分比}}$$

具体计算时,需求收入弹性也有两种计算办法:弧弹性和点弹性。

弧收入弹性计算公式为:

$$e_I = \frac{\frac{\Delta Q}{Q}}{\frac{\Delta I}{I}} = \frac{\Delta Q}{\Delta I} \cdot \frac{I}{Q}$$

点收入弹性计算公式为:

$$e_I = \frac{dQ}{dI} \cdot \frac{I}{Q}$$

需求收入弹性可以为正值,也可以为负值,一般可以分为三种情况:

第一种情况:需求收入弹性大于1,即 $e_I > 1$,为富有收入弹性。

第二种情况:需求收入弹性在0与1之间,即 $0 < e_I < 1$,为缺乏收入弹性。

第三种情况:需求收入弹性小于0,$e_I < 0$,为负的收入弹性。

需求收入弹性为正值的商品称为正常品,需求收入弹性为负值的商品为低档品。正常品又可以进一步划分为必需品和奢侈品。对必需品来说,$0 < e_I < 1$。对于奢侈品来说,$e_I > 1$。

把商品分为奢侈品、必需品与低档品带有时间性。随着时间的推移,收入的增加,奢侈品可能成为必需品,必需品可能成为劣等品。

(二)需求的交叉弹性

需求的交叉弹性是需求的交叉价格弹性的简称,它是指一种商品的需求量对它的相关商品价格变动的反应程度,其弹性系数是一种商品需求量变动的百分比与另一种商品价格变动的百分比之比。如果用 X,Y 代表两种商品,用 e_{xy} 代表 X 商品的需求量对 Y 商品价格的反应程度,则需求交叉弹性公式为:

$$e_{xy} = \frac{X\text{商品需求变动百分比}}{Y\text{商品价格变动百分比}}$$

具体计算时,交叉弹性也有两种计算方法:弧弹性和点弹性。

弧弹性的计算公式为:

$$e_{xy} = \frac{\frac{\Delta Q_x}{Q_x}}{\frac{\Delta p_y}{P_y}} = \frac{\Delta Q_x}{\Delta P_y} \cdot \frac{P_y}{Q_x}$$

点弹性的计算公式为:

$$e_{xy} = \frac{dQ_x}{dP_y} \cdot \frac{P_y}{Q_x}$$

当 $e_{xy}>0$ 时，Y 价格的上升将引起 X 消费量的增加，故知 X 与 Y 两产品间具有替代关系。例如米与面即是两种替代品，米价的上升会引起面粉消费量的增加。

当 $e_{xy}<0$ 时，Y 价格的上升将引起 X 消费量的减少，故知 X 与 Y 两产品间具有互补关系。例如汽车与汽油即是两种互补产品，汽油价格的上升将引起汽车消费的减少。

当 $e_{xy}=0$ 时，Y 价格的变化对 X 消费量无影响，故知 X 与 Y 两产品间无关系。

（三）供给弹性

供给的价格弹性是指一种商品的供给量对其价格变动的反应程度。其弹性系数等于供给量变动的百分比与价格变动百分比之比。以 e_s 表示供给弹性系数，以 Q 和 ΔQ 分别表示供给量和供给量的变动量，P 和 ΔP 分别表示价格和价格变动量，则供给弹性系数为：

$$e_s=\frac{\text{供给量变动百分比}}{\text{价格变动百分比}}$$

与需求弹性一样，供给弹性也分为供给弧弹性与供给点弹性。供给弧弹性表示某商品供给曲线上两点之间的弹性。供给点弹性表示某商品供给曲线上某一点的弹性。

供给的弧弹性公式为：

$$e_s=\frac{\frac{\Delta Q}{Q}}{\frac{\Delta P}{P}}=\frac{\Delta Q}{\Delta P}\cdot\frac{P}{Q}$$

供给的点弹性公式为：

$$e_s=\frac{dQ}{dP}\cdot\frac{P}{Q}$$

在通常情况下，商品的供给量与商品的价格是成同方向变动的，因此供给弹性系数为正值。

供给的价格点弹性也可以用几何方法来求得。在此，用图 2.20 以线性供给函数为例加以说明，图 2.20 是线性供给函数 $Q=-2000+1000P$ 的几何图形。

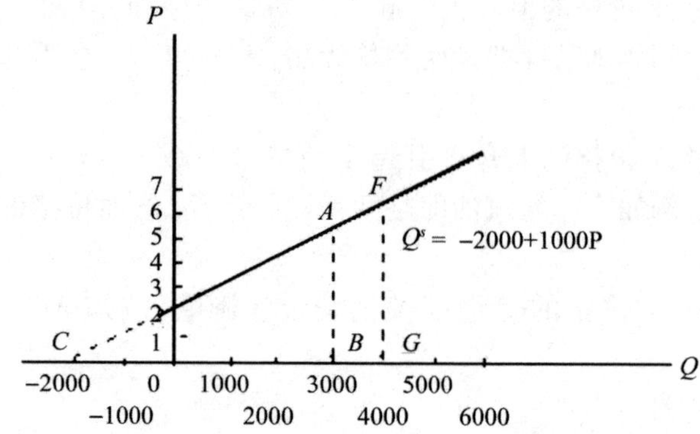

图 2.20　线性供给曲线的点弹性(一)

根据公式(2.7),供给曲线上 A 点的点弹性为:

$$e_s = \frac{dQ}{dP} \cdot \frac{P}{Q} = \frac{CB}{AB} \cdot \frac{AB}{OB} = \frac{CB}{OB} = \frac{5000}{3000} \approx 1.67$$

同理,在 F 点有:

$$e_s = \frac{CG}{OG} = \frac{6000}{4000} = 1.5$$

从线性供给曲线的点弹性的几何意义出发,可以进一步找出线性供给曲线点弹性的有关规律。如图 2.21 所示。

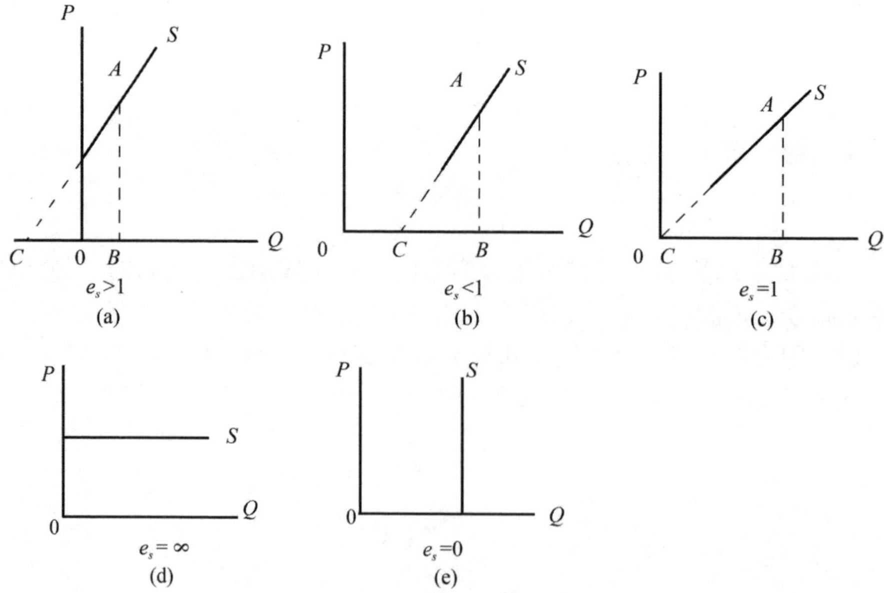

图 2.21　线性供给曲线的点弹性(二)

图(a)中的线性供给曲线上的所有点弹性均大于1。例如在A点,因为$CB > OB$,所以$e_s > 1$。如图(b)中的线性供给曲线上的所有点弹性均小于1。例如在A点,因为$CB < OB$,所以$e_s < 1$。图(c)中的线性供给曲线上的所有点弹性均为1。例如在A点,因为$CB = OB$,所以$e_s = 1$。

由此可以得出这样的规律:若线性供给曲线的延长与坐标横轴相交的交点位于坐标原点的左边,则该供给曲线上所有的点弹性都是大于1的。若交点位于坐标原点的右边,则该供给曲线上所有的点弹性都是小于1的。若交点恰好就是坐标原点,则该供给曲线上所有的点弹性都为1。

除此之外,图(d)中有一条水平的供给曲线,曲线上所有的点弹性均为无穷大,即$e_s = \infty$。图(e)中有一条垂直的供给曲线,曲线上所有的点弹性均为零,即$e_s = 0$。这两种特殊的情况和前面分析的三种情况一起,构成了线性供给曲线点弹性的五种类型。

影响供给价格弹性的因素主要有以下几点:

(1)时间因素。一般而言,在短时间内厂商来不及调整生产规模,以适应价格的变化,因此弹性较小;而在长期内厂商能够比较从容地调整生产规模以适应价格变化,因此弹性较大。

(2)生产规模和规模变化的难易程度。一般说来,生产规模大的资本密集型企业,其生产规模较难变动,调整周期长,因而其产品的供给弹性小;而规模较小的劳动密集型企业,则应变能力强,其产品的供给弹性大。

(3)成本的变化。如果随着产量的提高,只引起边际成本的轻微提高,则意味着厂商的供给曲线比较平坦,供给弹性可能是比较大的;而如果边际成本随着产量的扩大而明显上升,则意味着厂商的供给曲线比较陡峭,供给弹性可能是比较小的。

本章小结

在经济分析中,需求和供给是理解有关经济学问题的中心主线。需求是指在某一特定时间内,在各种可能的价格下,消费者愿意而且能够购买的某种商品的数量;而供给是指在某特定期间(或其他条件不变时),生产者对某商品在各种价格下所愿提供且能够提供的各种数量。

在需求曲线中,需求的变动与需求量的变动是不相同的。需求量的变动是指在其他条件不变的情况下,当商品本身的价格发生变动时,所引起的相应需求量的变动;而需求的变动指的是在某商品本身价格不变的条件下,其他条件发生改变而导致整条需求曲线的移动。在对实际问题的分析中区分这两个概念很有意义。

需求规律是指在其他条件不变的情况下，随着某种商品或劳务的价格上升(或下降)，会导致对该商品或劳务的需求量的减少(增加)。也就是说，商品与劳务的价格与需求量成反比。供给规律反映的是供给量与产品价格的同方向变动关系。

市场均衡就是指生产者愿意提供的商品量恰好等于消费者愿意而且能够购买的商品量。而均衡价格就是需求价格与供给价格相一致时的价格。现实中，市场价格会随着供求状况的变动始终围绕着均衡价格波动，并逐渐趋向于供求相等的均衡价格。

需求的价格弹性是指需求量变化的百分率与价格变动的百分率之比。它用来测量商品需求量变动对商品自身价格变动反应的敏感程度。而供给弹性被用来测定某商品供给量变动对商品自身价格变动反应的敏感程度。

需求的收入弹性被用来测度某种商品或劳务需求量的相对变动对消费者收入的相对变动反应的敏感程度。需求的交叉弹性被用来测度某种商品或劳务需求量的相对变动对另一种商品或劳务的需求量的相对变动反应的敏感程度。

深度链接：蛛网模型

20 世纪 30 年代，西方资本主义世界经历了一场空前的经济危机，其中农产品的周期性波动引起了一些经济学家的注意。例如，生猪价格下降引起本期生猪减少，生猪减少使下期价格上升刺激了生猪增加，生猪增加又使下一期价格下降，开始一轮新的循环。在完全由市场调节时，许多农产品都存在这种周期性的波动。1930 年，美国的经济学家亨利·舒尔茨、意大利经济学家翁贝托·里奇和荷兰经济学家扬·丁伯根，各自写出论文，研究了某些农产品的价格和产量在失去均衡时的波动情况，他们在论文中用到的分析方法是类似的，那就是引入了时间因素，分析了农产品的供给和需求不能随时按价格变动来调整的情况下，市场能否回复均衡的条件以及供求波动规律。他们的分析用供求曲线图形来表示，可以看出价格和产量波动曲线图形如蛛网，所以英国经济学尼古拉斯·卡尔多在 1934 年把他们的理论命名为蛛网理论。

一、蛛网理论的基本假设

蛛网理论是在一些假设的条件下来分析具有较长生产周期的农产品与产量的周期性波动的。其基本假设是：

第一,从开始生产到生产出产品需要一定的时间,而且这段时间内生产规模无法改变。例如,农作物从种植到成长需要半年左右,在此期间已种植的作物无法增加或减少。

第二,本期的产量决定本期的价格,以 P_t 和 Q_t 分别表示本期的价格与产量,则两者的关系用函数式来表示则为:

$$P_t = f(Q_t)$$

第三,本期的价格决定下期的产量,以 Q_{t+1} 代表下期产量,则这两者之间的关系为:

$$Q_{t+1} = f(P_t)$$

在以上假设之下,蛛网理论根据农产品需求弹性与供给弹性的不同关系,分三种情况来研究波动的情况。

二、供给弹性小于需求弹性:收敛型蛛网

当供给变动对价格变动的反应程度小于需求变动对价格变动的反应程度,即供给弹性小于需求弹性,供给曲线斜率的绝对值大于需求曲线斜率的绝对值时,价格波动对产量的影响越来越小,价格与产量的波动越来越弱,最后自发地回复到原来的均衡点。这种蛛网波动称为收敛型蛛网。

可用图 2.22 来说明收敛型蛛网。

在图 2.22 中,S 为供给曲线,D 为需求曲线,供给曲线比需求曲线陡峭,表明供给弹性小于需求弹性,供给曲线斜率的绝对值大于需求曲线斜率的绝对值。供给曲线与需求曲线相交于 E 点,决定的均衡价格为 P_0。这是正常情况下的均衡状态。

假定,在第一期由于风调雨顺农业丰收,实际产量由均衡水平 Q_0 增加到 Q_1,$Q_1 > Q_0$,所以价格下跌,价格为 P_1,$P_1 < Q_0$。第一期的产量高决定了价格低,这种价格决定了第二期产量减少,第二期产量为 Q_2,$Q_2 < Q_0$。所以,价格上升,价格为 P_2,$P_2 > P_0$。第二期的低产量决定了高价格,这种价格决定了第三期生产增加为 Q_3,价格下降为 P_3。这就形成了价格与产量的周期性波动。由于价格变动所引起的供给变动小于需求变动,所以在波动中,每一次价格和产量的变动都小于前一次,这样波动越来越小,最后趋向于 E。因此供给弹性小于需求弹性也就是蛛网稳定的条件。在这种情况下,价格和产量波动的情况如图 2.22(b)所示。

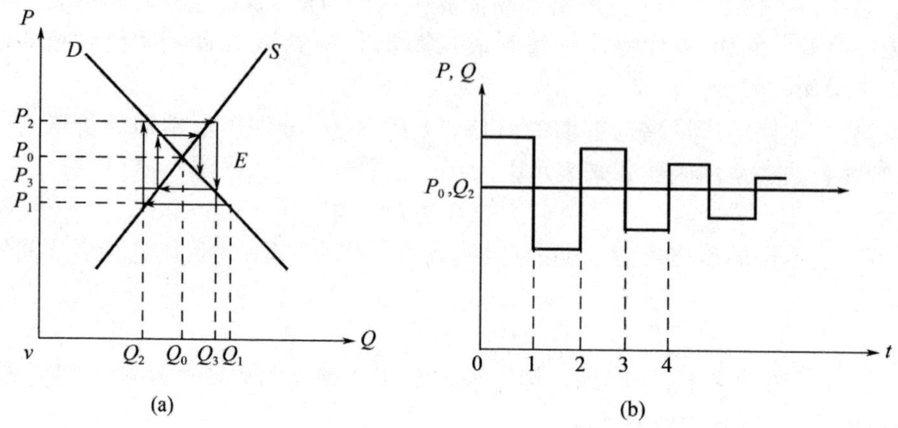

图 2.22 收敛型蛛网

三、供给弹性大于需求弹性:发散型蛛网

当供给变动对价格变动的反应程度大于需求变动对价格变动的反应程度，即供给弹性大于需求弹性，供给曲线斜率的绝对值小于需求曲线斜率的绝对值时，价格波动产量的影响就越来越大，价格与产量的波动就越来越强，最后离均衡点越来越远。这种蛛网波动被称为发散型蛛网。

在图 2.23 中，S 为供给曲线，D 为需求曲线，需求曲线比供给曲线陡峭，表现供给弹性大于需求弹性，供给曲线斜率的绝对值小于需求曲线斜率的绝对值。供给曲线与需求曲线相交于 E 点，决定的均衡价格为 P_0，均衡数量为 Q_0。这是正常情况下的均衡状态。

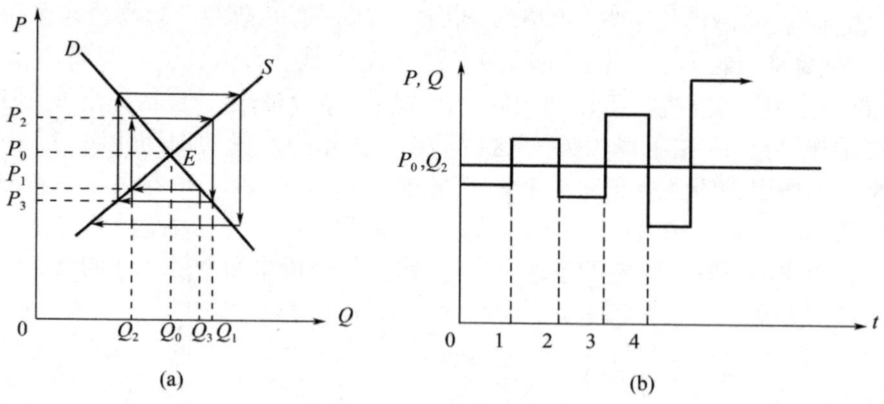

图 2.23 发散型蛛网

假定，在第一期由于某种外在因素影响，实际产量由均衡水平 Q_0 增加到 Q_1，$Q_1 > Q_0$，所以价格下跌为 P_1，$P_1 < P_0$。第一期的产量高决定了价格低，这种价格决定了第二期产量减少，第二期产量为 Q_2，$Q_2 < Q_0$。所以，价格上升为 P_2，$P_2 > P_0$。第二期的低产量决定了高价格，这种价格决定了第三期生产增加为 Q_3，价格下降为 P_3。如此循环下去，如图 2.23 所示，实际产量与实际价格上下波动的幅度越来越大，偏离均衡点 E 所代表的均衡产量和均衡价格越来越远。由此可见图中所代表的均衡状态是不稳定的，被称为不稳定的均衡，因此，供给弹性大于需求弹性被称为蛛网不稳定条件。

四、供给弹性等于需求弹性：封闭型蛛网

当供给变动对价格变动的反应程度等于需求变动对价格变动的反应程度，即供给弹性等于需求弹性，供给曲线斜率的绝对值等于需求曲线斜率的绝对值时，价格波动与产量波动始终保持相同的程度，既不趋向均衡点，也不远离均衡点。这种蛛网波动被称为封闭型蛛网。

可用图 2.24 来说明封闭型蛛网。

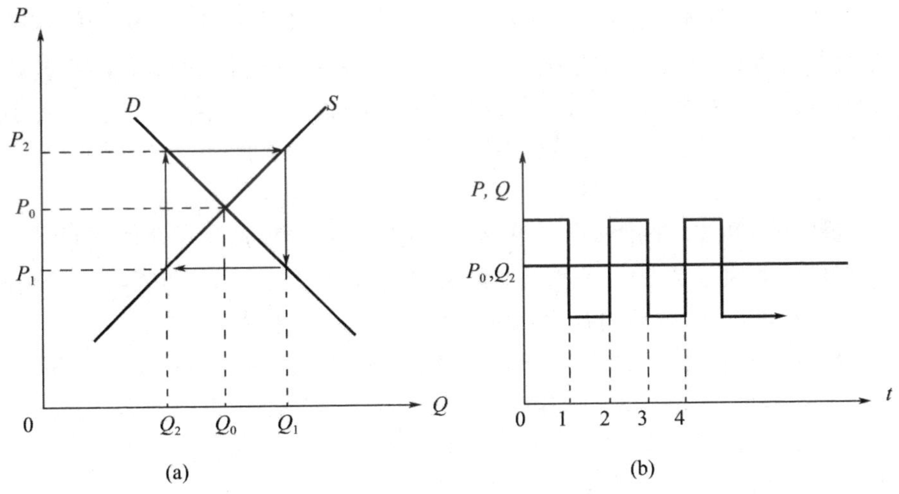

图 2.24　封闭型蛛网

在图 2.24 中，S 为供给曲线，D 为需求曲线，供给曲线与需求曲线斜率的绝对值相同，表明供给弹性与需求弹性相等。假定，在第一期由于某种外在因素，实际产量由均衡水平 Q_0 增加到 Q_1，$Q_1 > Q_0$，所以价格下跌为 P_1，$P_1 < P_0$。第一期的产量高决定了价格低，这种价格决定了第二期产量减少，第二期产量为 Q_2，$Q_2 < Q_0$。所以，价格上升为 P_2，$P_2 > P_0$。第二期的低产量决定了高价格，这种

价格决定了第三期产量，由于价格变动对供给与需求影响相同，第三期产量又为 Q_1。这样，又开始了一次与上一次完全相同的波动程度，相应的蛛网被称为封闭型蛛网。因此，供给弹性等于需求弹性被称为蛛网中立条件。

蛛网理论说明了在市场机制自发调节的情况下，农产品市场上必然发生的周期性波动。一般而言，农产品的供给对价格变动的反应大，但需求较为稳定，对价格变动反应小，所以存在最广泛的是发散型蛛网。这就是说，如果农产品的生产由市场机制自发调节，则农产品的供给与价格波动要大于其他产品。这正是各国政府都采取各种政策手段稳定农业的原因。

【案例 1】汽油价格与小型汽车的需求

如果市场对某几种产品的需求相互影响，纠缠不清，可能出现什么情况呢？其中一种情况就是，导致一种产品的价格发生变化的因素，将同时影响对另一种产品的需求。举例而言，在 20 世纪 70 年代，美国的汽油价格上升，这一变化马上对小型汽车的需求产生了影响。

回顾 70 年代，美国市场的汽油价格两次上升，第一次发生在 1973 年，当时石油输出国组织切断了对美国的石油输出；第二次是在 1979 年，由于伊朗国王被推翻而导致该国石油供应瘫痪。经过这两件事件，美国的汽油价格从 1973 年的每加仑 0.27 美元急剧猛增到 1981 年的每加仑 1.40 美元。作为“轮子上的国家”，石油价格急剧上升当然不是一件小事，美国人面临一个严峻的节省汽油的问题。

既然公司和住宅的距离不可能缩短，人们只好继续奔波于两地之间。美国司机找到的解决办法之一就是当他们需要放弃自己的旧车、购置新车的时候，选择较小型的汽车，这样每加仑汽油就可以多跑一段距离。

分析家们根据汽车的大小来分类确定其销售额。就在第一次汽油价格上升之后，每年大约出售 250 万辆大型汽车、280 万辆中型汽车以及 230 万辆小型汽车。到了 1985 年，这三种汽车的销售比例出现明显变化，当年售出 150 万辆大型汽车、220 万辆中型汽车以及 370 万辆小型汽车。由此可见，大型汽车的销售自 70 年代以来迅速下降；反过来，小型汽车的销售却持续攀升，只有中型汽车勉强算是保持了原有水平。

对于任何产品的需求曲线均假设其互补品的价格保持恒定。以汽车为例，它的互补品之一就是汽油。汽油价格上升导致小型汽车的需求曲线向右移动，与此同时大型汽车的需求曲线向左移动。

造成这种变化的理由是显而易见的。假设你每年需要驾驶汽车行驶 15000 英里，每加仑汽油可供一辆大型汽车行驶 15 英里，如果是一辆小型汽车就可以行驶30英里。这就是说如果你坚持选择大型汽车，每年你必须购买1000加仑汽油，如果你可以满足于小型汽车，那么你只需购买一半的汽油，也就是500加仑就足够了。当汽油价格处于1981年的最高点，即每加仑1.40美元的时候，选择小型汽车意味着每年你可以节省700美元。即便你曾经是大型汽车的拥有者，在这种情况下，在每年700美元的数字面前，难道你就不觉得有必要重新考虑一下小型汽车的好处吗？

（资料来源：1. Gasoline prices taken from various issues of Survey of Current Business. ;2. Auto sales figures from Linda Williams and Patricia Hu of Oak Ridge National Laboratory. ;3. Led t Duty Vehicle Summary: Model Year 1976 to the First Half of Model Year1989.）

讨论下列问题：

（1）为什么汽油价格会影响小汽车的需求，上述案例体现了经济学中的哪些基本原理？

（2）除汽油价格外，还有哪些因素会影响小汽车的需求？

（3）结合案例，说明需求的变动和需求量的变动之间的区别。

【案例2】减少香烟需求量的两种方法

公共政策制定者经常想减少人们吸烟的数量，政策可以努力达到这一目标的方法有两种。

减少吸烟的一种方法是使香烟或其他烟草产品的需求曲线移动。公益广告、香烟盒上有害健康的警示，以及禁止在电视上做香烟广告，都是旨在任何一种既定价格水平时减少香烟需求量的政策。如果成功了，这些政策就使香烟的需求曲线向左移动，如图所示。

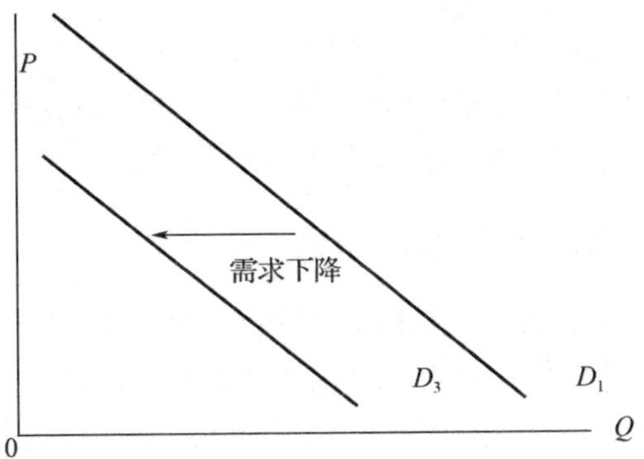

此外，政策制定者可以试着提高香烟的价格。例如，如果政府对香烟制造

商征税，烟草公司就会以高价格的形式把这种税转嫁给消费者。较高的价格鼓励吸烟者减少他们吸的香烟量。在这种情况下，吸烟量的减少就不表现为需求曲线的移动。相反，它表示为沿着同一条需求曲线移动到价格更高而数量较少的一点上。如图所示。

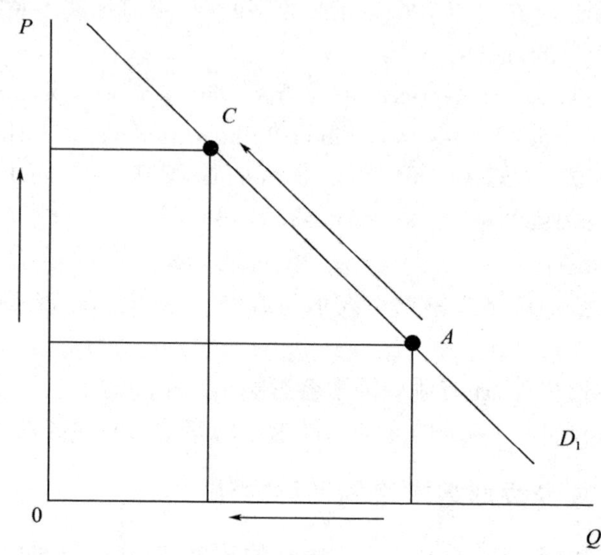

吸烟量对香烟价格变动会有多大反应呢？经济学家试图通过研究香烟税变动时出现的情况来回答这个问题。他们发现，香烟价格上升10%会引起需求量减少4%。还发现青少年对香烟价格特别敏感：香烟价格上升10%使青少年的吸烟量减少12%。

（资料来源：曼昆：《经济学原理》，北京大学出版社，1999年9月出版）

讨论下列问题：

（1）结合案例说明两种减少需求量方式的区别。

（2）你是否还有其他方法降低香烟需求量？试举例说明。

（3）还有需要控制需求量的商品吗？举例说明。

【案例3】奢侈品需求的惊人弹性

在这个纷争四起的世界上，持不同政见的政客们大约至少会对一件事持相同态度，那就是他们都声称不喜欢加税，因为不这样做通常会引起选民的反感乃至抗议，闹不好就得下台。美国政府也是如此。1990年，作为力图削减美国财政赤字的一揽子计划的一部分，国会同意对价格昂贵的奢侈品征收10%的"奢侈品税"。这样的奢侈品包罗万象，几个明显例子就是豪华游艇、私人飞机、高级轿车、珠宝首饰和皮革。通常情况下，所有其他税项可能都是令人痛苦的负担,但是只对购买奢侈品的有钱人征收的税却是一个例外,原因很简单,就是其实没有几个人真的不得不上交这笔额外的税项。有钱人可以选择是否购买奢侈品,从而选择自己是否需要为此交税。简言之,他们有选择是否交税的权利。所以,对奢侈品征税通常被认为是一种不那么痛苦的赋税。

然而,本章讨论的弹性需求和非弹性需求,应当促使你对政府开征奢侈品税的主要假定提出疑问,这就是认为对上述奢侈品的需求相当缺乏弹性的假定。我们可以把奢侈品税等价地想象为提高了生产这些商品的成本,从而供给曲线确实会向上移动。这样一来,由于奢侈品税而造成行业供给曲线上移,均衡交易量的变化将很少,但是均衡价格将会上升很多,富人几乎承担了所有额外成本。

不过,这样温和的税收能否获得预期的成功,为政府带来额外的收入,完全取决于奢侈品的需求弹性。如果奢侈品需求的价格弹性很高,那么奢侈品税只能导致奢侈品的价格轻微上升,却带来奢侈品需求的大幅度下降。这就是说购买奢侈品的人将会大幅度减少,政府实际上没有多少征税机会,国库收入也就不会增加。

事实证明,奢侈品的需求确实存在很大的弹性。到了次年,也就是 1991 年初,由于有钱人为了逃避税收转而前往邻国巴哈马等地购买游艇,导致美国东海岸度假胜地南佛罗里达地区的游艇销量迅速下降 90%。令人吃惊的是,包括德国"奔驰"和日本"凌志"在内的高级轿车的销量也出现急剧下降的趋势。加上 1991 年开始出现的经济衰退,导致有钱人的投资收入下降,对于奢侈品的销售无异于雪上加霜,需求曲线向左移动,总体销量继续下跌。

奢侈品需求的高弹性颇有些出人意料,而且为经济带来两个不利影响:一是与政府的愿望背道而驰,原本预期由有钱人承担的税务负担最后落在有关产品的生产者和销售者身上,而这些人本身多半并不会富有到可以支付奢侈品税的地步。二是这一新税带来的收入远远小于预期的数额。美国国会预算办公室曾经估计这一税项可以在未来 5 年内为国库带来大约 15 亿美元的进账,平均每年应该达到 3 亿美元。然而就在第一年,即 1991 年,有钱人总共才为购置奢侈品上交了 3000 万美元的税金,只是预期平均值的 1/10。如果将在全国范围内设立和实施这一税项所消耗的费用计算在内,这 3000 万美元很有可能不敷支出,美国政府实际上还倒赔了钱。经过这么一番简单考虑,我们知道美国政府在两年后的 1993 年便宣布撤销这一税项,使其成为最短命的税项之一时,就不应该感到惊奇了。

(资料来源:1. Bernard Baumohl, Tempest in a Yacht Basin, Time, July 1, 1991;2. Nick Ravo, Big Boats Take It on the Chin, New York Times, April 14, 1991, sec. III.)

讨论下列问题：

(1)什么是弹性？有哪些分类？

(2)结合案例说明哪些因素会影响弹性？

(3)如何利用弹性？

【案例4】农产品的价格保护

农民需要面对来自于自然环境和市场的风险。他们即便投入了很大的力气和金钱耕种土地，恶劣的天气或严重的虫害仍然有可能导致他们减产。另一方面，如果遇到少见的风调雨顺的好天气，产量增加，供给曲线外移，从而引起均衡价格下降，照样给农民带来损失。

自20世纪30年代以来，美国联邦政府一直致力于稳定谷物、棉花、大米、乳制品、糖、羊毛、蜜糖、花生和其他农产品的价格，为此设立了一些非常复杂的程序，成为农场法案的一部分。然而随着时间的推移，这一做法遭到来自各农业州的国会议员和他们的政治说客们的不满，被迫进行修订，以保证通过实施上述程序，农民最后可以享受的平均价格实际上稍高于市场平均价格。换句话说，政府制定的有关程序相当于建立一定的价格下限，而且正如经济学家预计的那样，这引起了供给和政府农作物储备过剩。以1988年旱灾发生前的1987年为例，美国联邦政府拥有41亿蒲式耳谷物、13.3亿蒲式耳麦子和48亿包棉花，分别相当于当年产量的57%、63%和33%。

每过5年左右，农场法案就会进行一次比较大的修订。1990年11月，布什总统签署了一个新的农场法案，其目标之一就是降低价格下限，逐步减少储备，使价格向市场均衡价格移动。

1991年年中，美国国会预算办公室预计，到1996年，新的农场法案将使政府储备减少到16亿蒲式耳谷物、8.72亿蒲式耳麦子和48亿包棉花，分别相当于1996年预计产量的18%、35%和30%。这一预计已经考虑到其间可能出现的天气和技术条件变化、美国向其他国家出口的状况以及其他一些因素。

无疑，政府适量拥有农作物储备，可以保护消费者免受旱灾或其他农业灾害可能带来的农作物减产和价格急剧上升的风险，不过这一储备的数量应该尽可能缩小。通过逐步减少储备，政府希望农民可以逐步学会适应市场变化，作出应有的反应，而不是完全依赖政府设立的价格保护政策。

资料来源：[1. Congressional Budget Office, The outlook for Farm Commodity Program Spending, Fiscal Years 1991 - 1996(June 1991) and Fiscal Years 1988 - 1993(June 1988);2. keith Schneider, Plan Would Revise Farm Subsidies, New York

Times, October 17, 1990.]

讨论下列问题:

(1)结合本章的内容,试说明农产品与其他产品相比有什么特点?

(2)你认为是否应该对农产品进行价格保护?为什么?

(3)如果放弃对农产品进行价格保护,还有哪些方法可以保障农业的发展?请简单予以说明。

习　题

一、概念题

需求　需求定理　替代品　互补品　供给　均衡价格　限制价格　支持价格

二、单选题

1. 某一时期,稻米的供给曲线向右平移的原因是　(　　)

A. 小麦价格下降　B. 稻米价格上升

C. 稻米预期价格上升　D. 稻米成本上升

2. 当两种商品中的一种商品价格发生变动时,该两种商品的需求量向不同方向变化,则这两种商品的需求交叉价格弹性为　(　　)

A. 正值　B. 负值　C. 零　D. 不确定

3. 某销售者打算通过提高某种商品价格,以达到获取更多销售收入的目的,但结果是,销售收入反而下降了,该商品的需求价格弹性是　(　　)

A. 缺乏弹性　B. 富有弹性　C. 单位弹性　D. 无限弹性

三、问答题

1. 请用图示说明下列事件对咖啡市场的影响

①咖啡树枯萎症使巴西的咖啡产量急剧下降

②茶叶价格的上涨

③咖啡工人组成工会获得了更高的工资

④白鼠实验表明过量饮咖啡会致癌

⑤在不远将来,咖啡价格可望飞速上涨

2. 替代品与互补品之间有什么区别?下面哪对商品是替代品?哪对商品是互补品?哪对两者都不是?

①可口可乐和百事可乐　②计算机硬件和软件
③盐和糖　④冰淇淋和酸奶　⑤图书和书架
3. 下列各种商品中哪些最可能是正常品,哪些最可能是劣等品?
①凌志汽车　②旧衣服　③进口啤酒
④临时照顾婴儿服务　⑤翻新轮胎　⑥计算机软件
4. "丰产反而会降低农民的收入",亦即"谷贱伤农"。请用供求图形演示和说明这一命题。

四、计算题

1. 假设度假乘客和公务乘客对从北京到上海的民航机票的需求量如下表所示。

价格(元)	需求量(人)	
	度假乘客	公务乘客
100	1500	2100
150	800	2000
200	300	1900

问题:
(1)票价从100元升至150元时,度假乘客与公务乘客的需求价格弹性各是多少?
(2)票价从150元升至200元时,度假乘客与公务乘客的需求价格弹性各是多少?
(3)哪类乘客的需求价格弹性大,为什么?
2. 已知香烟的需求价格弹性是0.3。如果现在每盒香烟为5元,政府想减少15%的吸烟量,价格应该提高多少?
3. 风筝的供求如下表所示。

价格(元)	需求量(万个)	供给量(万个)
10	13	4
11	11	6
12	9	9
13	7	12
14	5	15

问题：

(1)风筝的均衡价格和均衡数量是多少？

(2)如果下限比均衡价格高2元,则新的市场价格是多少？可以卖出多少个风筝？

(3)如果价格上限比(2)中的价格下限低1元,则新的市场均衡价格是多少？可以卖出多少个风筝？

4. 某种商品原先的价格为1.8元,销售量为1000公斤,该商品的需求价格弹性为0.4。如果降价为0.8元,此时的销售量是多少？降价后总收益是增加了还是减少了？增加或减少了多少？

5. 某小城镇对瓶装水的需求如下：

价格(元/瓶)	需求量(瓶)
1.00	500
1.50	400
2.00	300
2.50	200
3.00	100

①其需求曲线是否是直线型？为什么？

②计算价格从1.00元上升到1.50元时,对瓶装水的需求的价格弹性。该价格变化下的需求是富有弹性还是缺乏弹性？

③计算价格从2.50元上升到3.00元时需求的价格弹性。该价格变化下的需求是富有弹性还是缺乏弹性？

④依据本书中有关弹性理论,可知沿着需求曲线向下向右移动时,需求变得越来越无弹性,请用②和③中的答案证明这种关系。

⑤按照本书中弹性与总支出关系的理论,可知当需求缺乏弹性时,价格上涨会增加总支出;当需求富有弹性时,价格上涨将会减少总支出,请用②和③中的答案来证明这种关系。

第三章 效用理论

学习目标

本章的效用理论将着重分析消费者行为,研究消费者在既定条件下的消费均衡,以实现其最大限度的满足。也正是从这个意义上,效用理论一般也称为消费者行为理论。在微观经济学中,研究消费者行为要重点分析基数效用条件下以及序数效用条件下消费者均衡的实现及其实现条件,同时还要进一步说明消费者均衡的变动及其影响因素。

第一节 效用理论概述

消费者也称居民户,是指经济活动中能够作出统一消费决策的单位,它可以是个人,也可以是由若干成员组成的家庭。居民户向市场提供各种生产要素来获取收入,并将所得收入用于消费。他们消费的目的是为了获得效用也即欲望上的满足。因而,对于消费者行为的分析首先要从效用概念开始。本节在给出效用概念的基础上,介绍消费者偏好的基本假定以及消费者行为的两个理论——基数效用论和序数效用论。

一、欲望和效用

欲望是一种缺乏的感觉和求得满足的愿望。欲望是一种心理上的感觉。欲望的特点在于其无限性,一种欲望得到满足之后,其他欲望又会产生,可以说欲望是永无止境的。正是为了获得不断的欲望满足促使人类生产和消费,在消费过程中,消费者得到某种程度上的满足。因此,占有欲望是消费行为发生的心理因素,是消费行为的基本前提。在研究消费者行为时,一般假定欲望是不变的,在此条件下考察消费者购买商品所获得的满足程度,也即效用。所谓效用,即是指通过消费某种或某些商品中所得到的满足程度。消费商品所获得的满足程度高就是效用大,反之,满足程度低就表示效用小,如果消费者在消费商品中感觉到痛苦,就是负效用。

可以看出，效用是对欲望的满足，和欲望一样，效用也是一种心理感觉，是消费者的主观心理感受。商品效用的大小并没有统一标准尺度，完全取决于消费者在消费时的主观感受。例如，香烟对吸烟人来说可以有很大的效用，但对不吸烟人来说则可能没有效用，甚至于是负效用。可见，效用是因人而异的，同一商品给不同消费者所带来的满足程度是不同的，效用本身既没有客观标准，也没有伦理学含义，纯粹取决于消费者个人主观感受。

在理解商品效用概念与含义时，要注意其与商品使用价值的区别。商品使用价值是物品本身的自然属性，是由物品自身的物理性质或化学性质决定的，并且使用价值是客观存在的，不取决于个人的主观心理感受。例如，上面所提到的香烟，无论对吸烟人还是对不吸烟人来说，它都具有使用价值，在这点上不会因人而异。比较而言，效用侧重于消费某种商品所带来满足程度的主观感受，当然，效用要取决于使用价值，要以使用价值作为前提。但我们在分析消费者行为时，主要是强调效用的主观性。

效用是一种心理感觉，所以消费者行为理论也即效用理论主要偏重于心理分析，这是学习过程中应当注意的。

二、消费者偏好基本假定

上面分析了欲望是决定消费者行为的重要因素，除此之外，消费者偏好也在影响消费者行为的选择。例如，在现实生活中，有人喜欢读流行小说，有人喜欢读古典文学作品；有人喜欢听古典音乐，也有人喜欢听流行歌曲，上述这些不同的个人偏好当然会对消费者的消费决策产生强烈影响。因此，在分析消费者行为特征时，也要考察消费者偏好属性，以进一步理解消费者的消费行为。经济学家通常对消费者偏好作出三个基本假定：

第一，消费者偏好具有完全性。指消费者能够对任意两种商品的任意数量组合确定其喜好程度。如有 A、B 两种商品组合，消费者总是能够确定他是更加喜欢商品组合 A 呢，还是更加喜欢商品组合 B 呢，或者对这两种商品组合的喜好没有区别。换言之，偏好完全性是假定消费者总是可以比较和排列不同的商品组合，消费者总是可以把自己对不同商品组合的偏好程度评价准确表达出来。这一假定保证了消费者对于偏好的表达方式是完备的。

第二，消费者偏好具有传递性。是指消费者对于任意三个商品组合 A、B、C，如果消费者对 A 的偏好大于对 B 的偏好，同时对 B 的偏好又大于对 C 的偏好，则可以说消费者对 A 的偏好也必定大于对 C 的偏好。消费者偏好传递性假定保证了消费者偏好的一致性，因而也是理性的，如果不是这样，则消费者偏好是不可传递的，那将意味着他的偏好是矛盾的或是不一致的。

第三,消费者偏好具有非饱和性。是指在商品数量较多的商品组合和商品数量较少的商品组合之间,消费者总是偏好于前者而不是后者。这就是说,消费者总是认为数量多比数量少好,当然,这一假定是以消费者对这些商品的消费未达到饱和状态为前提,此外,这一假定还意味着消费者认为这些商品都是"好东西",而不是"坏东西",或是令人讨厌的东西。

以上三个基本假定,一般地说符合消费者理性,也是可以接受的。

三、基数效用论和序数效用论

既然效用是用来表示消费者消费商品时所得到的满足程度,因此,就产生了对这种"满足程度"即效用大小进行计算度量的需要,为此,经济学者先后提出了基数效用和序数效用的概念用以衡量效用大小,并在此基础上形成了分析消费者行为的两种理论观点:基数效用论和序数效用论。以下将分别予以介绍。

(一)基数效用论

基数效用论是分析消费者行为的一种理论。其基本观点是:效用和长度、重量等概念一样,是可以具体计量并相加求和的,并且,不同效用数量间的比较是有意义的。因而,效用大小可以用基数(1,2,3,…)表示,相应的计量单位称为效用单位。例如,可以说某个消费者喝杯咖啡的满足程度为3个效用单位,喝杯茶的效用为5个效用单位,等等。同时,可以计算消费所有商品所得到总的满足程度,即将效用进行相加并求和得到总效用,如可以将以上两种商品的效用值相加,就得到某消费者消费咖啡和茶的总效用为8个效用单位。根据这一理论,可以用具体数值来研究消费者通过消费商品得到最大的满足程度。

基数效用理论采用边际效用分析方法。

(二)序数效用论

序数效用论是为弥补基数效用论的缺点和不足而提出来的。其基本观点是:效用作为一种个人主观心理感受是无法用具体数值来计算的,并且也不能相加求和。效用之间的比较不能通过具体数字,而只能通过顺序或次序来比较。因而,效用只能用序数(第一,第二,第三,…)表示。如在上例中,某人消费了咖啡和茶叶,其从消费中得到的满足程度是无法计量求和的,也不能用基数来表示,但他可以比较消费这两种商品的效用大小,如果他认为消费咖啡得到的效用大于消费茶叶得到的效用,那就可以说,咖啡得到的效用第一,消费茶叶得到的效用第二。

序数效用论采用无差异曲线分析方法。

基数效用论和序数效用论都是用来分析消费者行为特征和规律的,尽管两种理论观点存在着一定差异,但这两种理论所得到的结论是相同的,只不过各自运用了不同的分析方法而已,以下各节中我们将进一步阐述这两种分析消费者行为的理论。

第二节 边际效用分析与消费者均衡

基数效用论除了提出商品效用要用基数来计量之外,还提出了基数效用论中一个重要的规律——边际效用递减规律,这一规律贯穿于整个基数效用论中,是基数效用论用于分析消费者行为,并进一步推导消费者需求曲线的基础,也是我们理解基数效用论的基点。本节将通过阐述边际效用递减规律来说明消费者如何实现消费均衡即消费者如何实现效用最大化。

一、总效用与边际效用

商品效用可分为总效用(TU)和边际效用(MU)。总效用是指消费者在一定时间内消费一定量商品所得到的效用量总和。边际效用是指某种商品的消费量每增加一单位时所带来的满足程度的增加,也即总效用的增加量。假定消费者对一种商品的消费量为 Q,则总效用函数可以表示为:

$$TU=f(Q)$$

相应的边际效用函数为:$MU=\dfrac{\Delta TU(Q)}{\Delta Q}$

当商品的消费增加量趋于无穷小时,也即 $\Delta Q\to 0$ 时,则有:

$$MU=\lim_{\Delta Q\to 0}\frac{\Delta TU(Q)}{\Delta Q}=\frac{dTU(Q)}{dQ}$$

必须要注意的是,边际分析方法是西方经济学中最基本也是最常用的分析方法之一,“边际”概念是经济学中很重要的一个基本概念,要注意理解和领会。边际的含义是指增量,指自变量增加所引起的因变量的增加量,或指一单位自变量的变化量所引起的因变量的变化量,可以用下式表示:

$$\text{边际量}=\frac{\text{因变量的变化量}}{\text{自变量的变化量}}$$

为了更好地理解总效用、边际效用及它们之间的关系,可以通过表 3.1 来说明,在表中,当商品的消费量由 0 单位增加到 1 单位时,商品总效用由 0 增加到 10 个效用单位,总效用的增量即边际效用为 10 个效用单位(10 - 0 = 10),当商品的消费量由 1 单位增加到 2 单位时,总效用由 10 增加到 18 个效用单位,总效用的增量即边际效用为 8 个效用单位(18 - 10 = 8)。依此类推,当商品消费量为 6 单位时,总效用达到最大值 30 个效用单位,而此时的边际效用为 0(30 -

30 = 0)，表明消费者对此商品的消费已经达到饱和状态，满足程度达到最大化。如果消费者继续增加商品的消费量至 7 单位时，此时的效用增量即边际效用为负值(26 - 30 = -4)，同时总效用也相应下降。可以看出，当边际效用为正数时，总效用是正值并且是增加的；当边际效用为零时，总效用达到最大化；而当边际效用为负值时，总效用是减少的。此即为总效用和边际效用的数量变动关系，这一关系也可以通过图 3.1(根据表 3.1 作出)反映出来。

表 3.1 某商品的总效用与边际效用

商品数量(Q)	总效用(TU)	边际效用(MU)	商品价格
0	0	0	—
1	10	10	5
2	18	8	4
3	24	6	3
4	28	4	2
5	30	2	1
6	30	0	0
7	26	-4	—

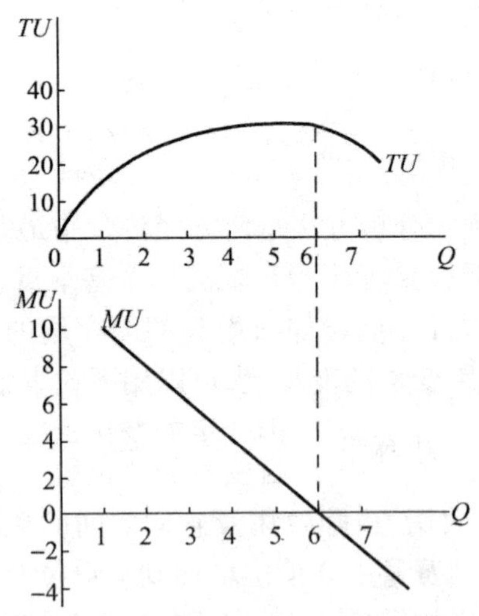

图 3.1 某商品的效用曲线

二、边际效用递减规律

从表 3. 1 和图 3. 1 中都可以看到，随着商品消费量的增加，效用量的增量即边际效用是递减的。这种情况存在于一切商品的消费中，所以称之为边际效用递减规律。这一规律可以表述如下：在一定时间内，随着消费者对某种商品消费量的连续增加，其从该商品连续增加的消费单位中所得到的边际效用是递减的。这种现象普遍存在，被称为边际效用递减规律。

边际效用递减规律之所以存在，可以由以下原因解释：

第一，由于生理或心理上的原因。消费者消费某种商品的数量越多，其从商品消费中得到的满足程度或对重复刺激的反应程度是递减的，这样，生理或心理上的满足程度就会日益降低，从而效用总量也是递减的。如一个人在饥饿的时候，吃第一个面包给他带来的效用即满足程度是很大的，这之后，随着所吃面包数量的逐渐增加，虽然总效用是持续增加的，但每个面包给他带来的边际效用却是递减的，当他吃面包直到吃饱时，面包的总效用达到最大值，而此时的边际效用降为零了，如果他继续吃面包，则会感到身体不适或不舒服，此时的边际效用进一步降为负值了，总效用也同步下降。

第二，商品本身用途的多样性也会产生边际效用递减。在生活中，每种商品都有多种用途，而这些用途的重要性却是不同的，这样，消费者总是将商品用于最重要的用途上，然后用于次要用途，最后用于不太重要用途上。当他有若干某商品时，将第一单位用于最重要用途上，其边际效用最大，把第二单位用于次要用途上，其边际效用就小了，这样下去，商品用途越不重要，其边际效用递减的程度就越大。这样的例子很多，如某人有三个苹果，他会将第一个用于最重要的用途，用于自身充饥以满足生理需要，将第二个赠送给朋友，满足其对于爱的需要，将第三个用于施舍以满足其在自我实现中对于友善的追求。可以看到，这三个苹果的重要性是不同的，从而其边际效用也是不同的。因而，边际效用递减规律是符合现实情况的。

三、消费者均衡

消费者均衡是研究单个消费者如何将有限的收入用于各种商品的购买上以获得最大的效用。在分析过程中，着重于考察消费者达到均衡的条件，以及其消费均衡的实现过程。

在研究消费者均衡时，需要假定如下：第一，消费者偏好不变，也就是说消费者对于各种商品的效用与边际效用的主观评价是既定不变的；第二，消费者收入既定，并且全部用于商品消费，没有剩余，每 1 元货币的边际效用对消费者都是相同的,是一个不变的常数,货币的边际效用不存在递减。第三,商品价格不变。消费者均衡正是在上述条件下分析其如何达到满足程度最大。

(一)消费者均衡的满足条件

在用边际效用分析法说明消费者均衡时,要满足的均衡条件是:消费者用全部收入所购买的各种商品的边际效用与价格之比相等,或者说,消费者应当使自己花费在各种商品上的最后一元钱所带来的边际效用都相等。此时,消费者才能实现其满足程度最大化。

现假定消费者的货币收入为 M,消费者用其全部收入 M 购买并消费两种商品 X 和 Y,相应的价格为 P_X、P_Y,购买数量分别为 Q_x、Q_x,X 商品和 Y 商品所带来的边际效用分别为 MU_X、MU_Y,每一单位货币的边际效用为 MU_m,由此,可以将消费者均衡条件表示为:

$$P_XQ_X + P_YQ_Y = M \tag{3.1}$$

$$\frac{MU_X}{P_X} = \frac{MU_Y}{P_Y} = MU_m \tag{3.2}$$

上式中,(3.1)式是限定条件,说明收入是既定的,购买这两种商品的花费不能超过收入,也不能小于收入,超过收入是无法实现的,小于收入则无法达到效用最大化。(3.2)式是消费者均衡条件,即每单位货币不论购买 X 商品还是 Y 商品,最终得到的边际效用都相等。

如果消费者是购买多种商品,我们假定多种商品的价格分别为 $P_1, P_2, \cdots P_n$,购买量为 $Q_1, Q_2, \cdots Q_n$,各种商品的边际效用分别为 $MU_1, MU_2, \cdots MU_n$,则可以将消费者均衡条件表示为如下:

$$P_1Q_1 + P_2Q_2 + \cdots + P_nQ_n = M \tag{3.3}$$

$$\frac{MU_1}{P_1} = \frac{MU_2}{P_2} = \cdots = \frac{MU_n}{P_n} = MU_m \tag{3.4}$$

(二)消费者均衡的举例

为了更好地理解消费者均衡条件,下面通过举例来进一步说明。设定消费者只购买两种商品 X 和 Y,假定收入 $M = 100$,$P_x = 10$、$P_Y = 20$,X 和 Y 的边际效用如表 3.2 所示,总效用体现于表 3.3 中。

表 3.2　X 和 Y 的边际效用

Q_X	MU_X	Q_Y	MU_Y
1	5	1	6
2	4	2	5
3	3	3	4

续表

Q_X	MU_X	Q_Y	MU_Y
4	2	4	3
5	1	5	2
6	0		
7	-1		
8	-2		
9	-3		
10	-4		

表 3.3 X 和 Y 的总效用

商品购买组合	$\frac{MU_X}{P_X}$与$\frac{MU_Y}{P_Y}$	商品的总效用
$Q_X=10, Q_Y=0$	$\frac{-4}{10}\neq\frac{0}{20}$	5
$Q_X=8, Q_Y=1$	$\frac{-2}{10}\neq\frac{6}{20}$	18
$Q_X=6, Q_Y=2$	$\frac{0}{10}\neq\frac{5}{20}$	26
$Q_X=4, Q_Y=3$	$\frac{2}{10}=\frac{4}{20}$	29
$Q_X=2, Q_Y=4$	$\frac{4}{10}\neq\frac{3}{20}$	27
$Q_X=0, Q_Y=5$	$\frac{0}{10}\neq\frac{2}{20}$	20

下面我们将根据以上两个表格说明为什么只有满足(3.1)式、(3.2)式才能使得消费者的效用最大化。

从表 3.3 中可以看到,商品购买的各种组合都满足(3.1)式,即都将收入全部用于商品消费,但只有在商品组合为 $Q_X=4, Q_Y=3$ 时,才能满足(3.2)式的条件,即两种商品的边际效用与其各自价格之比相等。而且,仅仅满足了这个条件之后,消费者的效用才能最大(29 个效用单位),而其他的商品组合所带来的效用总量都不是最大,因此,通过这个例子可以看到,只有满足了消费者均衡条件,通过商品消费所得到的效用总量即满足程度才能最大化。

（三）消费者均衡的数学证明

通过上述例子我们进一步理解了消费者均衡条件及其均衡的实现过程，但缺乏严格的证明，以下将通过数学方法证明消费者均衡条件的正确性。

消费者之所以要按照上述均衡条件的约定进行商品购买，是因为在收入水平既定的前提下，增加 X 商品的购买就要减少对于 Y 商品的购买，反之亦然。如果增加对于 X 商品的购买，则随着购买数量的增多，X 商品的边际效用递减，同时随着 Y 商品购买的减少，其所带来的边际效用是递增的。为了使 X 商品和 Y 商品的购买组合能带来最大效用，消费者就必须要不断调整其购买组合，直到自己花费在这两种商品上的最后一元钱所带来的边际效用都相等为止，也即都等于货币的边际效用，此时，商品的总效用达到最大。这样，消费者就不再调整 X 商品和 Y 商品的购买组合，从而就实现了消费者均衡。

以下用数学方法证明上述推理过程。这也就是把消费者均衡证明归结为求在收入既定条件下的商品效用函数的极大值问题。具体证明过程如下：

设定效用函数和收入限制条件分别为：

$$TU = U(X,Y) \tag{3.5}$$

$$P_XQ_X + P_YQ_Y = M \tag{3.6}$$

利用拉格朗日乘数求解效用函数的极大值。将(3.6)式改写为：

$$M - P_XQ_X - P_YQ_Y = 0 \tag{3.7}$$

构造拉格朗日函数：

$$Z = U(X,Y) + \lambda(M - P_XQ_X - P_YQ_Y) \tag{3.8}$$

上式中，λ 为拉格朗日乘数，是不为零的变量。由于 $M - P_XQ_X - P_YQ_Y = 0$ 成立，则 $\lambda(M - P_XQ_X - P_YQ_Y)$ 与原来的效用函数相加，并不会引起原来效用函数的任何改变，所以，求效用函数的最大值与求拉格朗日函数的最大值并无差别。这样，就可以通过求拉格朗日函数的最大值来得到效用函数的最大值。

由(3.8)式看到，Z 是 X、Y、λ 的函数。Z 存在最大值的必要条件是其所有一阶偏导数都为零，即有：

$$Z_X = \frac{\partial Z}{\partial X} = U_X - \lambda P_X = 0 \tag{3.9}$$

$$Z_Y = \frac{\partial Z}{\partial Y} = U_Y - \lambda P_Y = 0 \tag{3.10}$$

因为效用函数的两个一阶偏导数分别表示 X、Y 的边际效用，即有：

$$U_X = \frac{\partial U(X,Y)}{\partial X} = \frac{\partial TU}{\partial X} = MU_X \tag{3.11}$$

$$U_Y = \frac{\partial U(X,Y)}{\partial Y} = \frac{\partial TU}{\partial Y} = MU_Y \tag{3.12}$$

由(3. 9)式、(3. 10)式得到：

$$\frac{U_X}{P_X} = \frac{U_Y}{P_Y} \tag{3.13}$$

下式即为效用函数存在最大值的必要条件，即：

$$\frac{MU_X}{P_X} = \frac{MU_Y}{P_Y} \tag{3.14}$$

由此，通过数学方法证明了消费者均衡条件的正确性。

四、边际效用递减与需求定理

基数效用论以边际效用递减规律和建立在该规律基础上的效用最大化均衡条件来解释需求定理和推导消费者需求曲线。

需求定理表明：商品需求量与其价格间成反向变动关系。下面将说明，这个规律来源于边际效用递减。如上所述，消费者购买并消费商品是为了从中获得效用，这样，他愿意支付的商品价格就取决于商品的边际效用，如果某商品的边际效用越大，则消费者为此愿意付出的价格就越高，反则反之。由于边际效用递减规律的作用，随着某商品消费量的连续增加，商品的边际效用表现为递减，相应地，消费者愿意支付的最高价格即需求价格就越来越低，因此，运用边际效用递减规律可以解释需求定理。表 3. 4 说明了这一点。

表 3.4　边际效用递减与需求定理的关系

边际效用	某商品消费量	价格(元)
30	1	8
22	2	6
18	3	5
12	4	3
8	5	1

表 3. 4 中，当消费量为 1 时，相应的边际效用是 30 个效用单位，边际效用大，消费者愿意支付商品价格为 8 元，而当商品消费量增加到 2 个时，边际效用下降至 22 个效用单位，消费者愿意支出价格也下降到 6 元，当商品消费量增加到 5 个时，相应的边际效用进一步减少为 8 个效用单位，因而，消费者愿意支出价格也下降到 1 元。可见，商品需求量与价格间的反向变动关系就是因为边际效用递减的作用，这种反向变动关系也可以通过图 3. 2 的消费者需求曲线反映出来：

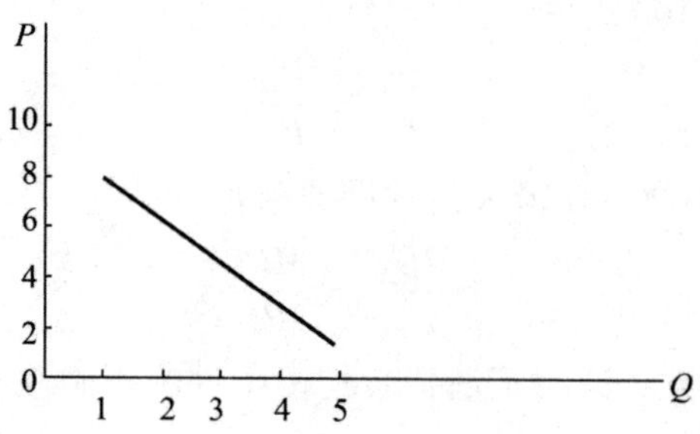

图 3.2　消费者需求曲线

综上,基数效用论运用边际效用递减假定来分析消费者行为,并推导出了需求定理以及相应的需求曲线,同时,解释了需求曲线向右下方倾斜的原因。

五、边际效用递减与消费者剩余

运用边际效用递减规律也可以解释另一个重要的概念——消费者剩余。

我们知道,消费者愿意为商品支付的价格高低取决于他从商品中得到的效用大小。由于商品的边际效用递减,所以,消费者愿意支付的商品价格也是逐步下降的。需要注意的是,消费者愿意为购买某商品所支付的价格并不等于该商品在市场上的实际价格,在生活中,消费者购买商品是按照其市场价格来支付的,这样,在消费者愿意支付的价格(可看做是意愿价格)和实际的市场价格间就产生了差额,这个差额就是所谓的消费者剩余。因此,消费者剩余是指消费者在购买某商品时愿意支付的最高价格和实际支付价格之间的差额。可以用表 3.5 来进一步说明。

表 3.5　消费者剩余举例

消费者意愿价格	某商品消费量	商品市场价格	消费者剩余
10	1	2	8
9	2	2	7
8	3	2	6
7	4	2	5
6	5	2	4

上表中,随着某商品消费量的持续增加,边际效用递减规律在产生作用,消费者愿意支付的价格是逐步降低的,如从 1 单位的意愿价格 10 元下降到 5 单位的意愿价格 6 元,而此时的商品市场实际价格是不变的,因为市场价格是由市

场供求关系决定的,并不取决于个人的主观评价或偏好,因此,市场价格是固定的。在本例子中,由供求关系确定的市场价格为2元,从表中可以看到,随着商品消费量的增加,消费者的意愿价格在逐步下降,而市场价格是既定不变的,因而,消费者随着所购买商品量的增多,其所得到的消费者剩余在逐步减少。

在理解消费者剩余这一概念时,要注意两点:第一,消费者剩余并不是消费者实际收入的增加,而只是一种心理感觉,是消费者的主观心理评价,它反映了消费者通过购买和消费商品所感受到的自身状态的改善或改进。因此,一般用来分析社会福利问题。第二,一般地说,生活必需品的消费者剩余较大,因为消费者对这些商品的主观评价高,愿意支付较高价格购买和消费,但这些商品的市场价格往往并不高。

根据以上分析可以看出,消费者剩余的概念实际仍然是边际效用递减规律的应用和延伸。正因为如此,边际效用递减规律在解释和理解消费者行为时非常重要,在学习过程中要加强理解和领会。

第三节　无差异曲线分析与消费者均衡

序数效用论运用无差异曲线这一工具来说明序数效用条件下的消费者均衡实现及其实现条件。本节将首先介绍这种分析所用的两个基本概念:无差异曲线与消费可能线,然后阐述消费者均衡条件。

一、无差异曲线

(一)无差异曲线含义

无差异曲线是用来表示两种商品不同数量的组合给消费者带来的满足程度完全相同的一条曲线。现假定消费者只消费两种商品 X、Y,这两种商品可以有五种数量上的组合,并且每种组合方式给消费者所带来的效用都是一样的,如表3.6所示:

表3.6　消费者购买商品的组合举例

组合方式	X 商品	Y 商品
1	5	40
2	10	30
3	20	18
4	30	10
5	40	5

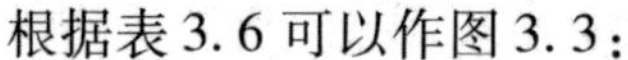
根据表3.6可以作图3.3：

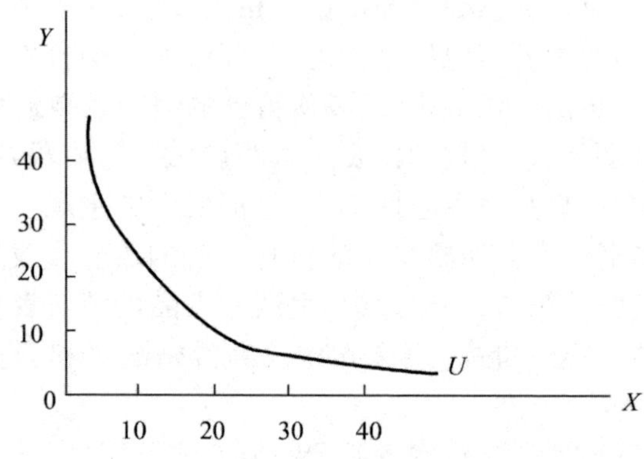

图3.3 无差异曲线图示

上图中，横轴代表 X 商品数量，纵轴表示 Y 商品数量，U 为无差异曲线。曲线上任意一点都是 X 商品和 Y 商品不同数量的组合，并且不同组合为消费者带来的效用都是相同的，没有差异，因此称为无差异曲线，也称为等效用曲线。在理解无差异曲线时要注意，序数效用论认为商品的效用是不能用具体数字来衡量的，因此，无差异曲线仅仅是指 X 商品和 Y 商品不同数量的组合给消费者带来的效用是相同的，而不管这种组合所带来的具体效用值是多少。

（二）无差异曲线特征

无差异曲线通常具有以下三个特征：

第一，如上图所示，无差异曲线是一条向右下方倾斜的曲线，其斜率为负。这说明：在消费者收入与商品价格既定前提下，消费者为了得到相同的效用水平，在增加一种商品消费时就必然要减少另一种商品消费量，两种商品消费量不能同时增加或减少，而只能一增一减。

第二，在同一坐标平面上可以有无数条无差异曲线，同一条无差异曲线代表相同的效用，不同的无差异曲线代表不同的效用。并且，距离原点越远的无差异曲线代表的效用也越大，距离原点越近的无差异曲线代表的效用也越小。另外，不同的无差异曲线之间不能相交。

第三，无差异曲线凸向原点，这是由商品的边际替代率（*MRS*）递减决定的。边际替代率（*MRS*）在序数效用论中是个非常重要的概念，下面将进行详细介绍和说明。

（三）商品的边际替代率（*MRS*）

上述在分析无差异曲线特征时已经说明了消费者为保持相同效用，必然会增加一种商品消费从而减少另一种商品消费，而不能同时增加或同时减少。这样,商品的边际替代率就是指消费者在保持相同效用时,所减少的一种商品数量与增加的另一种商品数量之比。

以 ΔX 代表 X 商品的增加量,以 ΔY 表示 Y 商品的减少量,以 MRS_{XY} 表示以 X 商品代替 Y 商品的边际替代率,则有:

$$MRS_{XY} = -\frac{\Delta Y}{\Delta X}$$

由于 ΔX 表示增加量,而 ΔY 表示减少量,因此,二者相比的结果肯定为负,为了使计算结果为正值以便于比较,就在公式中加了一个负号。

当商品数量的变化趋于无穷小时,则商品的边际替代率公式可以表示为:

$$MRS_{XY} = \lim^{\Delta X \to 0} -\frac{\Delta Y}{\Delta X} = -\frac{dY}{dX}$$

显然,无差异曲线上某一点的边际替代率也就是无差异曲线在该点上的斜率的绝对值。

根据上述分析,两种商品间具有相互替代关系,在相互替代过程中,存在着商品的边际替代率递减规律。所谓的边际替代率递减是指在保持效用水平不变的情况下,随着一种商品消费量的持续增加,消费者为得到每一单位这种商品所需要放弃的另一种商品的消费量是递减的。边际替代率递减的原因在于:随着一种商品消费量的增多,其给消费者带来的边际效用是递减的,而另一种商品消费量的减少,其带来的边际效用是递增的。这样,每增加一定数量的商品所能代替的另一种商品数量将越来越少。也就是说,在边际替代率公式中,整个比值将逐渐减少。

从几何意义上说,由于商品的边际替代率就是无差异曲线在该点上的斜率的绝对值,因此,边际替代率递减规律决定了无差异曲线斜率的绝对值也是递减的。即无差异曲线的形状是凸向原点的。

二、消费可能线

(一)消费可能线的含义

消费可能线又称家庭预算线或价格线,它是一条在消费者收入水平和商品价格既定条件下,消费者所能购买到的两种商品的数量最大组合的线。

消费可能线给出了消费者进行消费行为的限制条件。即消费者购买商品的全部支出不能大于收入,也不能小于收入,而是和收入相同。大于收入是消费者在收入既定前提下无法实现的,而小于收入则无法实现满足程度最大化。消费可能线的含义可以用下式表现:

$$P_X Q_X + P_Y Q_Y = M$$

上式也可以写为：

$$Q_Y=\frac{M}{P_Y}-\frac{P_X}{P_Y}Q_X$$

显然，上式是一个直线方程，斜率是 $-\frac{P_X}{P_Y}$。由于上式中消费者收入和两种商品的价格都是已知的常数，这样，只要给出 X 商品的消费量就可以求出 Y 商品的消费量。当然，给定 Y 商品的消费量也可以求出 X 商品的消费量。消费可能线如图 3.4 所示：

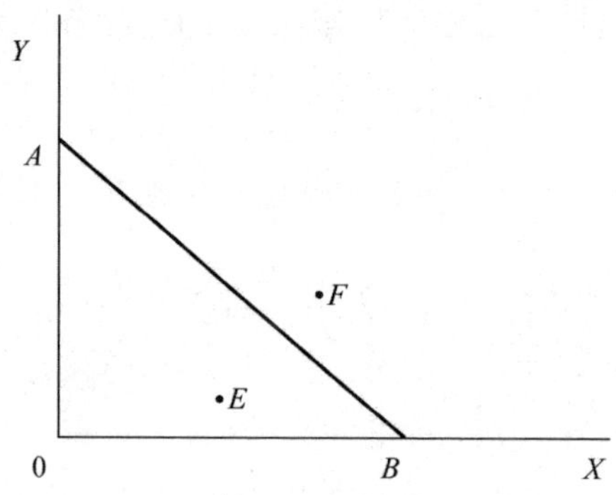

图 3.4 消费可能线

在图 3.4 中，AB 直线就是消费者购买 X 商品和 Y 商品的消费可能线。在这一直线上所有的点都是在收入和商品价格既定前提下，消费者能购买到的两种商品数量的最大组合，并且，所购买的两种商品的不同数量组合恰好用完全部收入。而在 AB 直线内的任何一点，如图中的 E 点，所购买的两种商品的不同组合是可以实现的，但却不是最大数量组合，即没有用完全部收入；在 AB 直线外的任何一点，如图中的 F 点，所购买的两种商品的不同组合是不能实现的，因为已经超过了既定收入。

（二）消费可能线的变动

图 3.4 的消费可能线是在消费者收入和商品价格既定条件下作出的。如果收入和商品价格发生了改变，则消费可能线也会随着变动。

如果商品价格不变而收入变动，则消费可能线会平行移动。即收入增加，消费可能线向右上方平行移动，而收入减少，消费可能线向左下方平行移动。如图 3.5 所示：

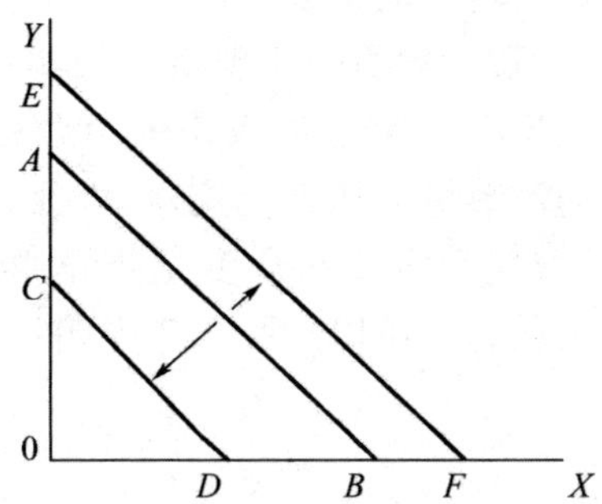

图 3.5　消费可能线的变动

在上图中，*AB* 线是原来的消费可能线，*EF* 线、*CD* 线分别为收入增加、减少后的消费可能线。

如果收入不变动，而两种商品价格同比例上升或下降，则消费可能线的变动形状与收入变动情况相同。

如果收入不变动，而两种商品价格的变动比例不相同时，则消费可能线也要移动，但不是平行移动。假如 *X* 商品价格下降，而 *Y* 商品的价格和收入不变时，则消费可能线的移动如图 3.6 所示：

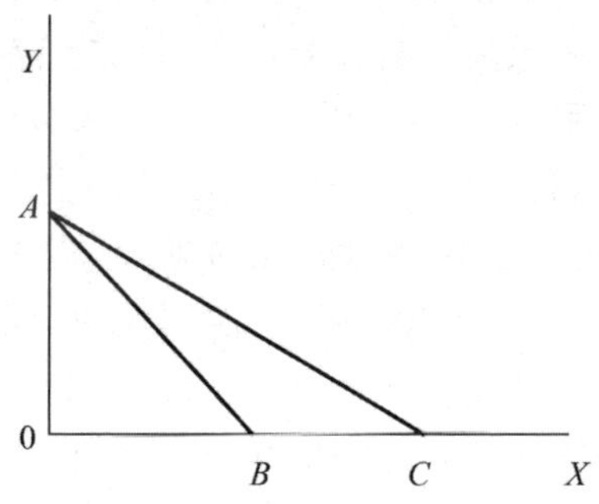

图 3.6　消费可能线的变动

在图 3.6 中，*AB* 线是原来的消费可能线，*AC* 线是变动后的消费可能线。当 *Y* 商品价格下降，而 *X* 商品的价格和收入不变以及两种商品价格同时变动但变动方向相反时的情况就请同学们来分析。

三、消费者均衡

以下将说明如何用无差异曲线分析法来分析消费者均衡条件。

（一）消费者均衡

前面已经分析了无差异曲线和消费可能线的形状、特征，接下来将把这两条曲线结合起来分析消费者均衡的实现。

根据上述分析可知，消费者均衡的实现要满足两个条件：第一，最优的商品购买组合必须是能够给消费者带来最大效用的组合；第二，能带来最大效用的商品组合必定位于既定的消费可能线上。这样，将无差异曲线和消费可能线结合在一个图上时，消费可能线肯定会和众多无差异曲线中的一条相切，在其切点上就达到了消费者均衡状态。可以用图 3.7 说明：

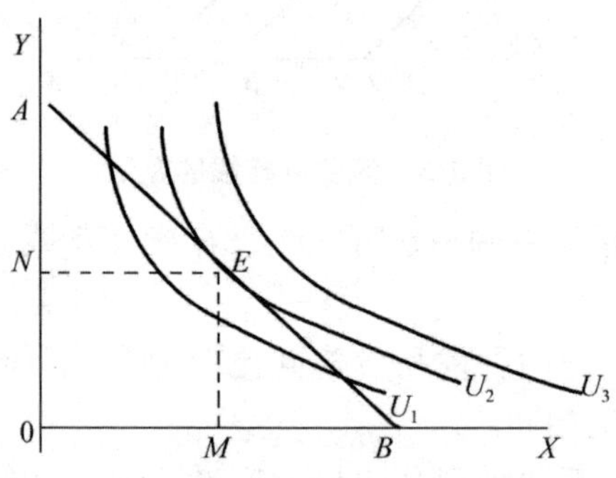

图 3.7 消费者均衡

在图中，AB 线为消费可能线，U_1、U_2、U_3为三条无差异曲线，同时有 $U_1 < U_2 < U_3$，E 点为消费可能线和无差异曲线的切点，即是消费者均衡点，只有在此点时，消费者才能达到满足程度最大。也就是说，在收入和价格既定条件下，消费者购买 OM 数量的 X 商品和 ON 数量的 Y 商品就能实现效用最大化。

为什么只有在 E 点上才能实现效用最大呢？在图中可以看到，尽管 $U_3 > U_2$，但 U_3 曲线与 AB 线既不相交也不相切，说明在 U_3 曲线上的所有商品组合都超过了消费者的收入能力，是无法实现的，当然就谈不上均衡了；由于 $U_2 > U_1$，且 U_2 与消费可能线相切于 E 点，说明 E 点的商品组合效用大于 U_1 曲线上的任何商品组合所带来的效用，同时 E 点的商品组合也是消费者用其全部收入所购买的最大数量组合，因此，满足了上述消费者均衡的两个条件，由此，E 点就是消费者均衡点。

（二）边际效用分析法与无差异曲线分析法比较

前面分别阐述了运用边际效用分析法和无差异曲线分析法说明理性消费者的最大化均衡条件及其实现过程。实质上，以上两种分析方法和分析工具最终所得到的结论是一致的，其对于消费者均衡条件的分析是完全相同的。

根据基数效用理论，消费者均衡的条件表述如下：

$$\frac{MU_X}{P_X} = \frac{MU_Y}{P_Y} \tag{3.15}$$

而根据序数效用理论，消费者均衡点是无差异曲线与消费可能线的切点，这样，在切点上有无差异曲线的斜率和消费可能线的斜率相等。在图3.7中，消费可能线的斜率是 OA 与 OB 之比。OA 是全部收入 M 用于购买 Y 商品的数量，表示为：

$$OA = \frac{M}{P_Y} \tag{3.16}$$

OB 是全部收入 M 用于购买 X 商品的数量，表示为：

$$OB = \frac{M}{P_X} \tag{3.17}$$

这样，通过 OA 与 OB 之比得到消费可能线的斜率：

$$\frac{OA}{OB} = \frac{P_X}{P_Y} \tag{3.18}$$

而根据上述分析，无差异曲线的斜率就是商品的边际替代率 MRS_{XY}，即：

$$MRS_{XY} = \frac{P_X}{P_Y} \tag{3.19}$$

由 $MRS_{XY} = \frac{\Delta Y}{\Delta X} = \frac{MU_X}{MU_Y}$ 可以得到消费者均衡条件：

$$\frac{MU_X}{MU_Y} = \frac{P_X}{P_Y} \tag{3.20}$$

（3.20）式即为根据无差异曲线分析法得到的消费者均衡条件，可以看到，这个条件和边际效用分析法得到的消费者均衡条件完全一致。由此可见，以基数效用理论为基础的消费者行为分析和以序数效用理论为基础的消费者行为分析并没有本质上的区别。

第四节 收入变化和价格变化对消费者均衡的影响分析

以上对消费者均衡的分析中已经假定了消费者收入和商品价格既定，事实上这两个变量也是经常变动的，这里就将考察当收入和商品价格变动时对于消费者均衡的影响，并在此基础上推导消费者需求曲线。

一、收入变动对消费者均衡影响

（一）收入—消费曲线

如上所述，在其他条件不变而只有消费者收入变动时，相应地也会改变消费者均衡点的位置，并由此得到收入—消费曲线，这是一条表示收入量变动与消费量变动关系的曲线。所谓的收入—消费曲线是指当消费者偏好和商品价格都不变前提下，与消费者的不同收入水平相联系的消费者均衡点的变动轨迹。下面通过图 3.8 说明：

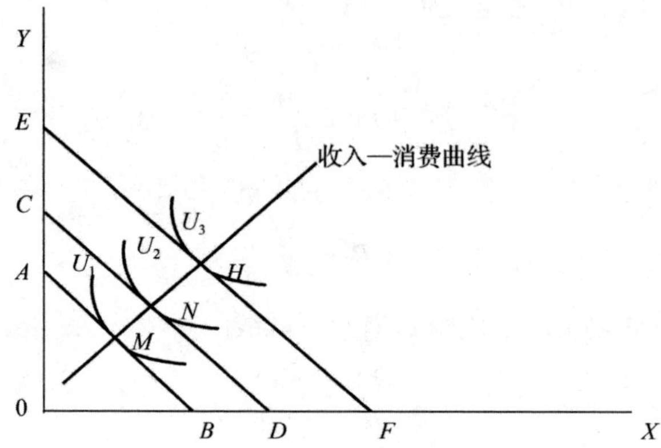

图 3.8 货币收入变动对消费者均衡影响

上图中，随着收入水平的不断增加，预算线由最初的 AB 线分别移动至 CD 线和 EF 线处，于是分别形成了三个不同收入水平下的消费者均衡点 M、N、H，如果消费者收入水平的变动是连续的，则就可以得到无数个这样的均衡点，将这些均衡点连接起来就得到了收入—消费曲线，如上图中所示。

（二）恩格尔曲线

由上述的收入—消费曲线可以推导出消费者的恩格尔曲线，恩格尔曲线表示某种商品的均衡购买量与收入水平的关系①，这种关系可以函数表示：$L=f(M)$，其中，L 为某商品的需求量，M 为收入水平，根据这一函数关系可作图3.9：

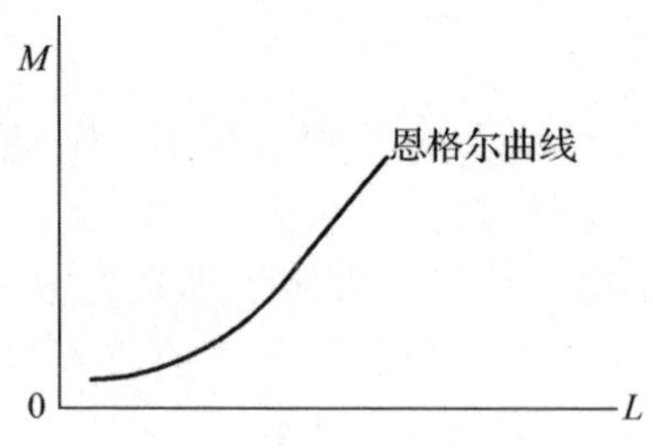

图 3.9 恩格尔曲线

在上述的收入—消费曲线分析中已经反映了消费者收入水平和商品需求

① 恩格尔是 19 世纪德国的统计学家，他最早对上述关系进行了统计研究，恩格尔曲线因此得名。

量之间存在着一一对应关系，这样，一般地说，随着收入水平的增多，商品需求量也将随之持续增长。把这样的收入水平和商品需求量的一一对应关系描绘在图3.9中，就得到了相应的恩格尔曲线。

恩格尔曲线的形状取决于特定商品的性质、消费者个人的偏好和既定不变价格水平。一般而言，生活必需品的需求量会随着收入增加而增加，但其增长率是递减的，也即恩格尔曲线将向左上方倾斜；而高档商品需求量随收入增长而增加的程度是递增的，也即恩格尔曲线将向右上方倾斜。可见，不同商品的恩格尔曲线表现出不同的形状。

（三）恩格尔定律

恩格尔在经过对大量家庭的消费支出数据进行统计后发现，随着收入水平的增长，家庭中用于食品的支出在全部收入中所占的比重越来越小，呈现出递减趋势。也就是说，家庭的收入水平越高则食品方面的支出越小，也即食品需求的收入弹性是比较低的，由此，通过计算一个家庭（或一个国家）用于食品支出在其全部收入中所占比重的大小就可以衡量这个家庭或国家的富裕程度，即比重越大则越贫穷，反之则越富裕，此即为恩格尔定律。

二、商品价格变动对消费者均衡的影响

以上我们分析了当消费者收入水平变动时对消费者均衡的影响，下面将考察当消费者收入水平不变而商品价格变化时对消费者均衡的影响，这种影响可用价格—消费曲线和相应的需求曲线表达。

（一）价格—消费曲线

在其他条件不变时，一种商品的价格变动将使消费者均衡点发生移动和变化，这样的变化可通过价格—消费曲线表示。所谓的价格—消费曲线是指在消费者偏好、收入水平和其他商品价格都不变前提下，与某种商品的不同价格水平相联系的消费者均衡点的变动轨迹。可用图3.10说明价格—消费曲线的形成。

在图3.10中，假定X商品的最初均衡点位于M处，相应的消费可能线为AB线，如果X商品的价格下降而Y商品的价格不变时，则对于X商品的需求量增加，同时消费可能线由AB线移动至AC线，并得到新的均衡点N；如果X商品的价格继续下降，则消费可能线将由AC线移动至AD线，并形成新的均衡点H。这样，在其他条件不变时，随着X商品的价格不断变动和调整，就可以找到无数个诸如M、N、H那样的均衡点，将这些均衡点连接起来，就得到了价格—消费曲线。

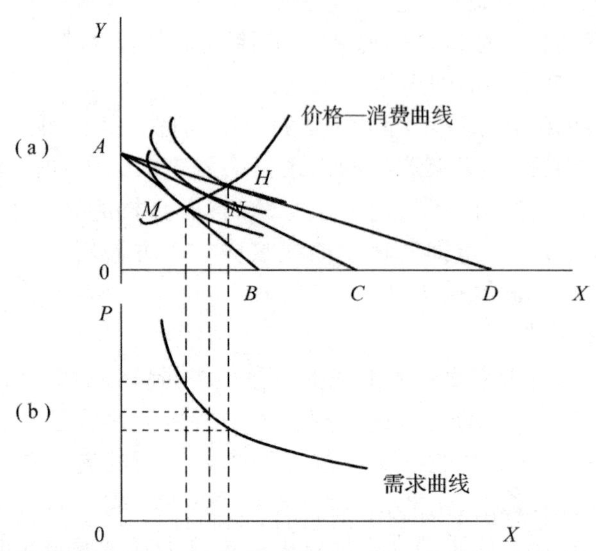

图 3.10 价格—消费曲线和消费者需求曲线

(二)消费者需求曲线

由上述的价格—消费曲线可以推导出消费者需求曲线。

在图 3. 10 中,价格—消费曲线上的三个均衡点分别表示出 X 商品的价格与其需求量之间的一一对应关系,即随着 X 商品的价格不断下降,则对于 X 商品的需求量呈现出持续增长的趋势,二者表现出反向变动关系,则根据 X 商品的价格和其需求量之间的对应关系,将每个 X 商品的价格数值和其对应的需求量数值绘制在商品的价格—数量坐标图上,就得到了消费者个体的商品需求曲线。即图 3. 10 中的 b 图。

第五节 从单个消费者需求曲线到市场需求曲线

前面已经分别从基数效用论和序数效用论角度分析了消费者行为规律,并从中推导出了消费者需求曲线。但是对于生产者来说,重要的是要知道和了解整个市场的消费者全体对某商品的需求量,而不是某个体消费者对其商品的需求量;另外,在第二章中也已经阐述了,决定商品市场均衡价格的是供求双方共同作用的结果,即是市场需求曲线和市场供给曲线互相作用产生了市场均衡价格。因此,有必要在消费者需求曲线基础上推导出市场需求曲线。

一种商品的市场需求是指在一定时期内各种不同的价格水平下所有消费者对某种商品的需求量,就是说,商品的市场需求量是在每一价格水平上的所有个人需求量的加总。因此,只要具有某商品市场的每个消费者的需求曲线或需求表,就可以通过加总的方法来得到某商品的市场需求曲线。或者说,某种商品的市场需求曲线就是该市场上所有消费者个人需求曲线的简单水平加总。下面以表 3.7 和图 3.11 说明:

表 3.7　个人需求表和市场需求表

商品价格	消费者 *A* 需求量	消费者 *B* 需求量	消费者 *C* 需求量	市场需求量
1	90	60	40	190
2	75	50	30	155
3	60	40	25	125
4	34	30	20	84
5	28	20	15	63

在上表中,假定市场上有三个消费者,他们各自在每一价格水平下的需求量如表所示,将三个消费者各自在每一价格水平下的需求量水平相加,就得到每一价格水平下的市场需求量。

同样,可以根据表 3.7 中三个消费者的个人需求表作出相应的三条个人需求曲线,然后将这三条个人需求曲线进行水平方向相加,就得到了相应的市场需求曲线。如图 3.11:

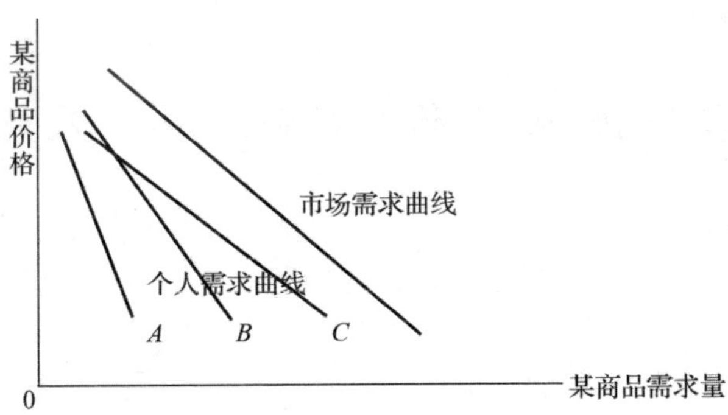

图 3.11　个人需求曲线与市场需求曲线

由于市场需求曲线是消费者个体需求曲线的水平相加,因此,如同消费者曲线的形状,市场需求曲线一般也是向右下方倾斜;另外,市场需求曲线表示在不同的价格水平下,市场上所有消费者愿意并且能够购买的商品总量,而且,市场需求曲线上的每一点都是全体消费者效用最大化的均衡点。

本章小结

本章主要分析和阐述了消费者行为规律，着重于分析消费者行为的两大规律：基数效用论和序数效用论。基数效用论运用边际效用分析法研究消费者个体行为选择，序数效用论运用无差异曲线分析法考察消费者行为，并且，这两种分析方法都论证了消费者效用最大化的实现条件及其实现过程，在本质上，二者的分析结论完全相同，仅仅区别于不同的研究方法和手段而已，在理性消费者追求效用最大化的假定条件下，当消费者收入水平和商品价格既定不变时，只有消费者购买不同商品所获得的边际效用和商品价格的比都相等时，才能达到满足程度的最大化。

基数效用论和序数效用论在分别阐述消费者均衡条件、实现过程的同时，也推导出向右下方倾斜的消费者个体需求曲线，通过个体需求曲线的水平相加可以得到市场需求曲线，从而为均衡价格的分析确立了严格的理论基础和逻辑基础。

本章中也分析了当消费者收入变动以及商品价格变动对消费者均衡的影响。收入变动对消费者均衡的影响可用收入—消费曲线表示，在收入—消费曲线基础上也可推导出恩格尔曲线及恩格尔定律。价格变动对消费者均衡的影响可用价格—消费曲线表示。

深度链接：商品的替代效应和收入效应

一种商品的价格变动会引起其需求量的变动，这种变动可以分解为两种效应：替代效应和收入效应。以下将讨论这两种效应，并进而分析不同商品的价格变动效应。

假定某消费者购买两种商品 X、Y，当商品 X 价格下降时，一方面，对于消费者来说，虽然其实际收入水平不变，但其现有货币的购买力增强了，这相当于其相对的收入水平提高了。相对收入水平提高会使消费者改变对这两种商品的需求量，从而达到更高的效用水平，此即为价格变动的收入效应。另一方面，由于商品 X 价格下降，会使其相对于价格不变的 Y 商品而言，更加便宜了，这将促使消费者增加商品 X 的购买而相应减少 Y 商品的购买，形成了数量上的商品 X 对 Y 商品的替代，此即为价格变动的替代效应。显然，替代效应不涉及消费者实际收入水平变动的影响，因此，并不改变消费者的效用水平，而收入效应由于涉及收入水平的变动影响，因而会改变消费者的效用水平。由上，一种商品的价格变动引起其需求量变动的总效应就被分解为替代效应和收入效应两个部分,即总效应 = 替代效应 + 收入效应。

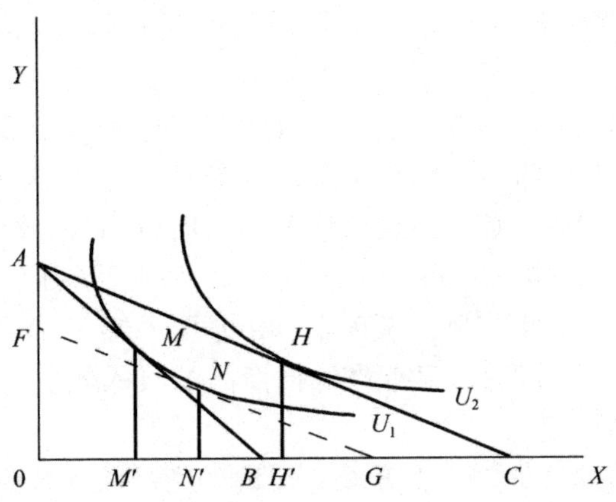

图 3.12　替代效应和收入效应

下面以图 3.12 说明价格变动的替代效应和收入效应。在图中,如果 X 商品价格下降,家庭预算线即消费可能线由原来的 AB 移动至 AC 处,相应的消费均衡点由 M 点移动至 H 处,这意味着消费者的效用水平提高了,由于 X 商品价格下降,导致对 X 商品的需求量由 OM'增加到 OH',这样,$OH' - OM' = M'H'$ 即为价格变动的总效应。

如果我们假定在 X 商品价格下降时能使消费者的收入适当减少,从而保持原有的效用水平不变,即使均衡点仍旧停留于 U_1 上,这将意味着有一条平行于 AC 的消费可能线(FG)与 U_1 相切,即图中的 N 点,替代效应就是指从原来的均衡点 M 移动至与假想的预算线相切的均衡点 N,或者说,当效用水平不变时,由价格变化所引起的商品需求量的变化,即为替代效应,也就是图 3.12 中的 $M'N'$。

现在我们将假想的预算线 FG 向右移动,与实际预算线 AC 重合,可以看到,预算线 FG 的移动标志着消费者实际收入水平的增加,由此而导致的从假想均衡点 N 到实际均衡点 H 的移动就是所谓的收入效应。

一般地说,商品的替代效应总是负的,在实际收入保持不变时,商品价格与其需求量之间成反向变动关系,而收入效应在多数情况下是正的,有些情况下,收入效应为零或为负。收入效应大于或等于零的商品,通常称为正常商品,收入效应为负的商品为低档商品,当价格变动的总效应为负时,这种商品就是所谓的吉芬商品。下面,将从替代效应和收入效应的几种组合中来判断哪些商品是正常商品,哪些商品是低档商品,哪些商品是吉芬商品。

(1)收入效应为正时,商品购买量随价格下降而增加;当收入效应为零时,这时只是替代效应使得商品 X 的消费量在增多,符合以上情况的都是正常商品。

(2)当收入效应为负但大于替代效应时,表明在商品 X 的价格下降时,总效应还是正的,即商品 X 的购买量还是增加了,符合这种情况的即是低档商品。

(3)当收入效应和替代效应都为负时,但收入效应绝对值大于替代效应绝对值,这意味着价格下降的总效应为负,说明尽管商品 X 的价格下降但其购买量还是减少了,此即为吉芬商品。由此可见,吉芬商品一定是低档商品,但低档商品不都是吉芬商品,只有当低档商品的收入效应大于其替代效应时,这种低档商品才是吉芬商品。

以上主要分析了商品价格下降时的商品收入效应和替代效应,同学们也可以自己利用相同的方法来分析价格上升的情况。

【案例 1】为什么水要比钻石便宜?

水对生命来说是重要的,所以它应该具有很高的价值。另一方面,钻石对生命来说是不重要的,所以人们应该认为它的价值比水低。但是,即使水能够提供更多的效用,它还是比钻石便宜得多。

讨论下列问题:

(1)水比钻石便宜体现了微观经济分析中的哪个基本原理?

(2)现实生活中还有哪些情况也符合这一原理,试举例说明。

(3)你认为这一经济学基本原理能够解释现实问题吗?为什么?

【案例 2】买"黄牛票"

黄牛票经常出现在音乐会、戏剧演出、运动会等场合,倒票者往往以高出他们原来成本的价格卖出这些票。通过收取市场可以承受的最高价格,倒票者有助于保证对门票支付意愿最高的人实际得到这些票。凯文·托马斯,是一个从布鲁克斯区高中退学并自学经商之道的人,他每周工作 7 个晚上,一年收入 4 万美元,在 26 岁时已有 7.5 万美元的储蓄,这些钱全是他在纽约的剧院与体育场门口提供黄牛票所赚来的。可见虽然各国政府都严厉打击黄牛票,但并不代表它没有市场,不符合需求定律。另一个例子是关于现代艺术博物馆的。在这个博物馆,人们排队等候两个小时来购买马蒂斯作品展览的门票。但在路边有另一个选择:避开了警察的票贩子以 20~50 美元的价格转售本来只售 12.5 美元的门票。"为了少花两个小时排队买一张马蒂斯作品展览的门票,而多花 10

美元或 15 美元不至于高估了你的时间价值吧!”康乃尔大学的经济学家理查德·H. 赛勒(Richard H. Thaler)说,“有些人认为让每个人都排队是公平的,但排队使每个人都从事毫无生产效率的活动,而且这是对那些富裕时间的人的一种歧视行为。倒卖门票也给了其他人一个机会。我认为把倒卖门票作为非法是没有道理的。”

(资料来源:金雪军:《西方经济学案例》,浙江大学出版社,2004 年 9 月出版)

讨论下列问题:

(1)为什么“黄牛票”屡禁不止?你认为禁止“黄牛票”是否合理,为什么?

(2)现实经济生活中是否还存在类似的例子,请举例说明。

(3)你认为应该如何解决“黄牛票”问题?试说明理由。

习　题

一、概念解释:

效用	总效用	边际效用
边际效用递减规律	无差异曲线	消费可能线
边际替代率	收入—消费曲线	恩格尔曲线
恩格尔定律	价格—消费曲线	替代效应
收入效应	个人需求曲线	市场需求曲线

二、简答:

1. 基数效用论和序数效用论是如何解释消费者均衡的?两种解释的异同何在?

2. 个人需求曲线和市场需求曲线是怎样推导出来的?其特点是什么?

三、计算题:

1. 已知某消费者每年用于商品 X 和商品 Y 的收入为 540 元,商品 X 和商品 Y 的价格分别为 20 元和 30 元,该消费者的效用函数为 $U=3XY^2$,则该消费者每年购买这两种商品的数量各是多少?每年从中得到的总效用是多少?

2. 假定某商品市场上只有 1、2 两个消费者,他们的需求函数分别为 $Q_1=20-4P$、$Q_2=30-5P$。

(1)列出这两个消费者的需求表和市场需求表;

(2)根据(1),绘制这两个消费者的需求曲线和市场需求曲线。

3. 假定某消费者的效用函数为 $U = X^{3/8}Y^{5/8}$,两种商品价格分别为 P_X,P_Y,消费者收入为 M,分别求消费者关于这两种商品的需求函数。

四、作图题:

分别用图分析正常商品、低档商品和吉芬商品的收入效应和替代效应。

第四章　生产理论

学习目标

经济学一般假定厂商的目标是追逐利润最大化,在这一假设前提下,生产者不仅要实现收益最大,还要达到成本最小的目标。本章着重从生产函数角度对上述问题进行分析。我们需要了解短期生产函数和长期生产函数的含义和性质;明确短期内厂商的生产要素合理投入阶段;掌握长期内厂商生产要素投入最优组合的确定等问题。

第一节　生产函数

经济分析中的厂商(Firm)这个词,意指市场经济中为赚取利润而从事生产的一个经济单位,它可以是一个个体生产者,也可以是一家规模巨大的公司。同消费者行为理论假定消费者以效用极大化为目标一样,在厂商行为分析中假定厂商以利润极大化为目标。就是说,假定厂商力求使销售的总收入与总成本之间的差额达到极大值。厂商的总收入取决于产品的销量与价格;厂商的总成本则等于投入的生产要素的数量与要素价格之积。

厂商进行生产的过程就是从生产要素的投入到产品产出的过程。其生产的目标是利润最大化。而实现这一目标的途径有两条:一是在投入量一定的条件下追求产量最大;二是在产量一定的条件下追求投入成本最低。在现实生活中,在特定的时期内,投入一定的要素所能得到的最大产出是一定的。经济学上将生产函数描述为投入与产出之间的关系。

一、生产函数

生产函数(Production Function)是描述生产技术状况给定条件下,生产要素的投入量与产品的最大产出量之间的物质数量关系的函数式。一般记为:

$$Q=f(X_1,X_2,X_3,\cdots\cdots,X_n)$$

式中 $X_1,X_2,X_3,\cdots\cdots,X_n$ 代表生产过程中的各种投入要素。如农业生产的土地、种子、肥料、农具等的数量,Q 代表在生产技术水平给定的条件下,投入任何一定数量的要素组合所能生产出来的产品的最大值。所以生产函数的投入和产出都是指物质数量,而不是货币表现的价值。一个生产函数表示多种生产要素的一定数量的组合在给定技术条件下可能产出的最大产量 。因此假如生产技术进步,一定投入量会产出更多的产量,或者既定产量所需投入较以前减少则表现为另一个生产函数。

在经济学的分析中,为了简化分析,通常假定生产中只适用劳动和资本这两种生产要素。若以 L 表示劳动投入数量,K 表示资本投入数量,则生产函数写为:

$$Q=f(L,K)$$

二、柯布—道格拉斯生产函数

柯布—道格拉斯(Cobb-Dauglas)生产函数,又称 $C-D$ 生产函数,是生产函数的一种特殊形式,是由美国数学家柯布和经济学家道格拉斯于 1982 年根据历史统计资料提出的。该生产函数的一般形式是:

$$Q=f(K,L)=AL^{\alpha}K^{\beta}$$

式中:Q 代表产量,L 和 K 分别代表劳动和资本的投入量,A、α 和 β 为参数,α 表示劳动贡献在总产量中所占的份额($0<\alpha<1$),β 表示资本贡献在总产量中所占的份额($0<\beta<1$)。

柯布—道格拉斯生产函数在经济理论研究中被认为是一种很有用的生产函数,这主要是因为,该函数不仅简单而且具备经济学家关心的一些性质,在经济理论分析和实证研究中都具有一定的意义。其中 α、β 的经济含义是:当 $\alpha+\beta=1$ 时,α 和 β 分别表示劳动和资本在生产过程中的相对重要性,α 为劳动所得在总产量中所占的份额,β 为资本所得在总产量中所占的份额。

柯布和道格拉斯通过对美国 1899—1922 年之间劳动、资本和产量的有关统计资料的估算,得出这一时期生产函数的具体形式为:

$$Q=1.01L^{\frac{3}{4}}K^{\frac{1}{4}}$$

这一生产函数表示:在资本投入量固定不变时,劳动投入量单独增加 1%,产量将增加 1% 的 3/4,即 0.75%;当劳动投入量固定不变时,资本投入量增加 1%,产量将增加 1% 的 1/4,即 0.25%。这就是该劳动和资本对总量的贡献比例为 3:1。

第二节　短期生产函数的决策区间

在经济学的分析中,通常将生产函数分为短期生产函数和长期生产函数。

短期是指生产者来不及调整全部生产要素的数量,至少有一种生产要素的数量是固定不变的时期。长期是指所有投入的生产要素(L,K)等都是可以变动的。相应地,在短期内,生产者可以调整变化的生产要素投入称为可变投入,如原材料、劳动等;生产者在短期内不可以进行数量调整的那部分要素投入称为不变要素投入,如厂房、机器设备等。在长期内,生产者可以根据生产和销售作出相应决策,改变短期内具备刚性的生产设备、厂房等固定投入要素。

在这里,短期和长期的划分是以生产者能否变动全部要素投入的数量作为标准的。

微观经济学常以一种可变生产要素的生产函数考察短期生产理论,以两种可变生产要素的生产函数考察长期生产理论。

一、一种可变要素生产函数

生产函数 $Q=f(L,K)$,其中 L 表示劳动投入量,K 表示资本投入量,假定资本投入量是固定的,用 $\overline{K}$ 表示,则 $\overline{K}$ 函数表达式为:

$$Q=f(L,\overline{K})$$

这是一种可变要素生产函数的基本形式,它也被称为短期生产函数。

二、总产量、平均产量、边际产量

(一)总产量、平均产量、边际产量的概念

劳动的总产量(Total Product)是指与一定可变要素劳动的投入量相对应的最大产量,用 TP_L 表示,其定义表达式为:

$$TP_L=f(L,\overline{K})$$

劳动的平均产量(Average Product)是指平均每个单位可变生产要素劳动所能生产的产量,用 AP_L 表示,其定义表达式为:

$$AP_L=\frac{TP_L(L,\overline{K})}{L}$$

劳动的边际产量(Marginal Product)是指每增加一单位可变要素劳动的投入量所引起的总产量的变动量,用 MP_L 表示,其定义表达式为:

$$MP_L=\frac{\Delta TP_L(L,\overline{K})}{\Delta L}$$

或者

$$MP_L=\lim_{\Delta L\to 0}\frac{\Delta TP_L(L,\overline{K})}{\Delta L}=\frac{dTP_L(L,\overline{K})}{dL}$$

类似地，我们还可以得到相应的资本的总产量、资本的平均产量、资本的边际产量的公式：

$$TP_K = f(\bar{L}, K)$$

$$AP_K = \frac{TP_K(\bar{L}, K)}{K}$$

$$MP_K = \frac{\Delta TP_K(\bar{L}, K)}{\Delta K}$$

或者

$$MP_K = \lim_{\Delta L \to 0} \frac{\Delta TP_K(L, \bar{K})}{\Delta K} = \frac{dTP_K(L, \bar{K})}{dK}$$

根据以上的定义公式，可以编制一种可变生产要素的生产函数的总产量、平均产量和边际产量的表列。表4.1就是一个例子。

表4.1 总产量、平均产量和边际产量

资本投入量 K	劳动投入量 L	总产量 TP_L	平均产量 AP_L	边际产量 MP_L
8	0	0	0	—
8	1	10	10	10
8	2	30	15	20
8	3	60	20	30
8	4	80	20	20
8	5	95	19	15
8	6	108	18	13
8	7	112	16	4
8	8	112	14	0
8	9	108	12	-4
8	10	100	10	-8

（二）总产量曲线、平均产量曲线和边际产量曲线

图4.1是根据表4.1绘制的产量曲线图。

图中横轴表示可变要素劳动的投入数量 L，纵轴表示产量 Q，TP_L、AP_L 和 MP_L 三条曲线依次表示劳动的总产量曲线、劳动的平均产量曲线和劳动的边际产量曲线。

总产量曲线的特点：初期随着可变投入的增加，总产量以递增的增长率上升，然后以递减的增长率上升，达到某一极大值后，随着可变投入的继续增加反而下降。

平均产量曲线变动的特点:初期,随着可变要素投入的增加,平均产量不断增加,到一定点达到极大值,之后随着可变要素投入量的继续增加,转而下降。

边际产量曲线变动的特点:边际产量在开始时,随着可变要素投入的增加不断增加,到一定点达极大值,之后开始下降,边际产量可以下降为零,甚至为负。边际产量是总量增量的变动情况,它的最大值在 *TP* 由递增上升转入递减上升的拐点。

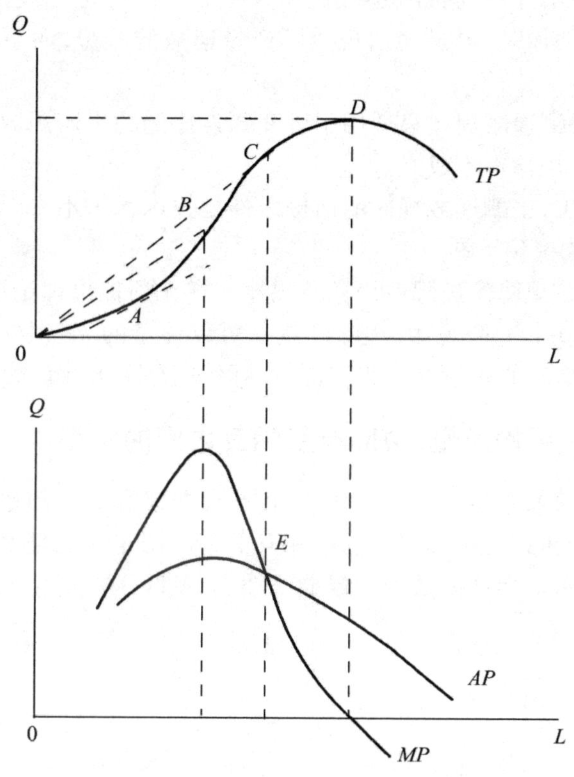

图 4.1　一种可变要素的生产函数的产量曲线(一)

三、边际报酬递减规律

由表 4.1 和图 4.1 可以清楚地看到,对一种可变生产要素的生产函数来说,边际产量表现出先上升而最终下降的特征,这一特征被称为边际报酬递减规律。

边际报酬递减规律(Law of Diminishing Marginal Returns)是指在技术水平不变的条件下,连续等量地把一种可变生产要素增加到其他数量不变生产要素的生产过程中，当这种生产要素的投入量小于某一特定值时，增加该要素投入所带来的边际产量是递增的，超过这个特定值后，所带来的边际产量是递减的。

对上述规律的正确理解需要注意以下几点：

首先，随着可变要素的连续增加，边际产量变化要经历递增、递减，最后变为负数的全过程。递增是因为固定要素在可变要素很少时潜在效率未充分发挥出来。一旦固定要素潜在效率全部发挥出来了，边际产量就开始出现递减。但是，边际产量递增并不与报酬递减规律相矛盾。因为这个规律的意义在于：当一种要素连续增加时，迟早会出现边际产量递减的趋势，而不是规定它一开始就递减。

其次，边际报酬递减规律只适用于可变要素比例的生产函数。如果要素比例是固定的，这个规律也不成立。

最后需要指出，报酬递减规律的前提条件是技术水平不变。若技术水平发生变化，这个规律就不存在。

边际报酬递减规律像边际效用递减规律一样无须提出理论证明，它是从生产实践中得来的基本生产规律，边际产量是可以计量的。与之相比，边际效用递减规律是从消费者心理感受中得来的，边际效用是不可计量的。

四、总产量、平均产量、边际产量相互之间的关系

西方经济学家通常将总产量曲线、平均产量曲线和边际产量曲线置于同一张坐标图中，来分析这三个产量之间的相互关系。图 4.3 就是这样一张标准的一种可变生产要素的生产函数的产量曲线图，它反映了短期生产的有关产量曲线相互之间的关系。

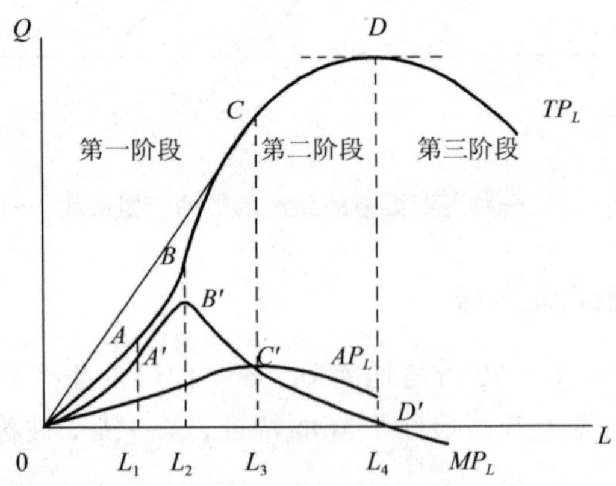

图 4.2　一种可变要素的生产函数的产量曲线(二)

图中纵轴代表产量 Q，横轴代表投入的可变要素 L，三条曲线都呈现出先上升，达到最大值以后，再下降的趋势。其中，劳动的边际产量 MP_L 最先达到最大值，而后开始下降并与劳动的平均产量 AP_L 的最大值相交。

（一）总产量与边际产量之间的关系

根据边际产量的定义公式可以推知，过 TP_L 曲线任何一点的切线的斜率就是相应的 MP_L 值。在图中，当劳动投入量为 L_1 时，过 TP_L 曲线上 A 点的切线的斜率，就是相应的 MP_L 值，它等于 $A'L_1$ 的高度。

正是由于每一个劳动投入量上的边际产量 MP_L 值就是相应的总产量 TP_L 曲线的斜率，所以，在图中曲线 MP_L 和曲线 TP_L 之间存在着这样的对应关系：在劳动投入量小于 L_4 的区域，MP_L 均为正值，则相应的 TP_L 曲线的斜率为正，即 TP_L 曲线是上升的；在劳动投入量大于 L_4 的区域，MP_L 均为负值，则相应的 TP_L 曲线的斜率为负，即 TP_L 曲线是下降的。当劳动投入量恰好为 L_4 时，MP_L 为零值，则相应的 TP_L 曲线的斜率为零，即 TP_L 曲线达极大值点。也就是说，MP_L 曲线的零值点 D' 和 TP_L 曲线的最大值点 D 是互相对应的。以上这种关系可以简单地表述为：只要边际产量是正的，总产量总是增加的；只要边际产量是负的，总产量总是减少的；当边际产量为零时，总产量达最大值点。

进一步地，由于在边际报酬递减规律作用下的边际产量 MP_L 曲线先上升，在 B' 点达到最大值，然后再下降，所以，相应的总产量曲线 TP_L 的斜率先是递增的，在 B 点达到拐点，然后再是递减的。也就是说，MP_L 曲线的最大值点 B' 和 TP_L 曲线的拐点 B 是相互对应的。

（二）总产量与平均产量之间的关系

根据平均产量的定义公式可以推知，连接 TP_L 曲线上任何一点和坐标原点的线段的斜率，就是相应的 AP_L 值。在图中，当劳动投入量为 L_1 时，连接 TP_L 曲线上 A 点和坐标原点的线段 OA 的斜率即 AL_1/OL_1，就是相应的 AP_L 值。

正是由于这种关系，所以，在图中当 APL 曲线在 C' 点达最大值时，TPL 曲线必然有一条从原点出发的最陡的切线，其切点为 C 点。

（三）平均产量与边际产量之间的关系

在图中，我们可以看到 MP_L 曲线和 AP_L 曲线之间存在着这样的关系：两条曲线相交于 AP_L 曲线的最高点 C'。在 C' 点以前，MP_L 曲线高于 AP_L 曲线，MP_L 曲线将 AP_L 曲线拉上；在 C' 点以后，MP_L 曲线低于 AP_L 曲线，MP_L 曲线将 AP_L 曲线拉下。不管是上升还是下降，MP_L 曲线的变动都快于 AP_L 曲线的变动。MP_L 曲线和 AP_L 曲线存在这样的关系是因为，就任何一对边际量和平均量而言，只要边际量大于平均量，边际量就把平均量拉上；只要边际量小于平均量，边际量就把平均量拉下。又由于边际报酬递减规律作用下的 MP_L 曲线是先升后降的，所以，当 MP_L 曲线和 AP_L 曲线相交时，AP_L 曲线必达最大值。

五、厂商的理性行为——生产要素的合理组合

第Ⅰ阶段（$O—L_3$ 阶段）：收益递增阶段，生产者不应停留的阶段。在这一阶段中，劳动的边际产量始终大于劳动的平均产量，从而劳动的平均产量和总产量都在上升，且劳动的平均产量达到最大值。说明在这一阶段，可变生产要素相对于不变生产要素投入量显得过小，不变生产要素的使用效率不高，因此，生产者增加可变生产要素的投入量就可以增加总产量。因此，生产者将增加生产要素投入量，把生产扩大到第Ⅱ阶段。

第Ⅱ阶段（$L_3—L_4$ 阶段）：收益递减阶段，劳动的边际产量小于劳动的平均产量，从而使平均产量递减。但由于边际产量仍大于零，所以总产量仍然连续增加，但以递减的变化率增加。在这一阶段的起点 L_3，AP_L 达到最大；在终点 L_4，TP_L 达到最大。

第Ⅲ阶段（L_4 之后）：负收益阶段，生产者不能进入的阶段。在这一阶段，平均产量继续下降，边际产量变为负值，总产量开始下降。这说明，在这一阶段，生产出现冗余，可变生产要素的投入量相对于不变生产要素来说已经太多，生产者减少可变生产要素的投入量是有利的。因此，理性的生产者将减少可变生产要素的投入量，把生产退回到第Ⅱ阶段。

由此可见，合理的生产阶段在第Ⅱ阶段，理性的厂商将选择在这一阶段进行生产。至于选择在第Ⅱ阶段的哪一点生产，要看生产要素的价格和厂商的收益。如果相对于资本的价格而言，劳动的价格相对较高，则劳动的投入量靠近 L_1 点对于生产者有利；如果相对于资本的价格而言，劳动的价格相对较低，则劳动的投入量靠近 L_4 点对于生产者有利。

第三节　长期生产函数的最优生产要素投入

上一节研究了短期生产函数，现在我们将它推广到长期。在长期内，所有的要素投入都是可变的，我们可以通过观察一系列等产量曲线和等成本曲线的形状来研究最优的要素投入组合点。

一、长期生产函数

考察企业的长期生产活动，通常以两种可变要素来简化生产函数。长期生产函数是指在长期内各种可变要素的投入组合与所获得的产量之间的函数关系。通过生产函数可以求出任一要素组合下，所能生产的最大产量。比如生产

函数可能是 $Q=10LK$,其中 Q 表示产量,K 表示资本投入量,L 表示劳动投入量。

二、等产量曲线

同无差异曲线相似,生产中的等产量曲线是指在其他条件不变时,生产一定产量产品所需要的两种投入要素的各种有效组合的轨迹。等产量曲线给出了厂商进行生产决策的可行空间,为得到特定的产出,厂商可以使用不同的投入品组合。表 4. 2 是某种产品产量为 10 时的四种不同要素投入组合。可以将该生产函数表示为如图 4. 3 所示的形式。

表 4.2　等产量表

组合方式	资本(K)	劳动(L)	产量(Q)
A	6	1	10
B	3	2	10
C	2	3	10
D	1	6	10

根据给定的生产函数,可以在坐标图中画出无数条等产量曲线,每一条等产量曲线都代表产量 Q 的一个给定值。等产量曲线上的任何一点都表示,为实现既定产量所需要的两种要素的投入组合。图 4. 3 中曲线 Ⅰ 表示 Q =4 时的等产量曲线,曲线 Ⅱ 表示 Q =6 时的等产量曲线,曲线 Ⅲ 表示 Q =10 时的等产量曲线。图中距离原点越远的等产量曲线所代表的产量越大;距离原点越近,所代表的产量就越小。

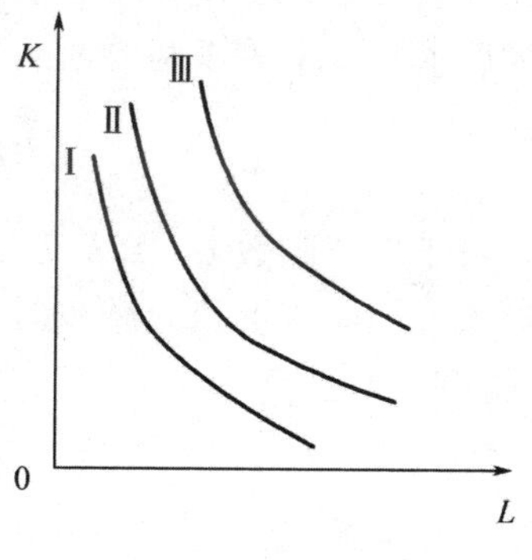

图 4. 3　等产量曲线

对该曲线的理解应注意两个问题:

1. 一个等产量图中的任何两条等产量曲线都不相交。这是因为,每条等产量曲线都代表在不同的要素组合所能达到的唯一产量,当两条等产量曲线相交时,则意味着交点所代表的劳动和资本的投入数量的组合可以生产出两种不同的产量。

2. 等产量曲线的斜率为负。这意味着在现有技术水平下,生产一给定产量的产品,两种投入要素间存在着相互替代的关系。如果增加劳动 L 的投入量,就应相应地减少资本 K 的投入量。如果同时增加两种要素的投入而没有提高产量水平,则意味着进行了无效率的生产。

上面的分析中,在同一条等产量曲线上,为了保持产量不变,在增加一种生产要素使用量的同时,必须减少另外一种生产要素的使用数量,二者之间的这种替代关系,可以采用边际技术替代率来表示。

所谓边际技术替代率(Marginal Rate of Technical Substitution,简称 MRTS)是指在保持产量不变的前提下,增加一单位某种要素投入所能够减少的另一种要素投入量。劳动—资本的边际技术替代率是指在保持产出不变的前提下,多投入一单位劳动,资本投入的减少量。这与消费者理论中的边际替代率(MRS)十分相似。像 MRS 一样,$MRTS$ 也一直为正数,在 Q 的水平一定时,其公式表达为:

$$MRTS_{LK} = -\frac{\Delta K}{\Delta L}$$

当$\triangle L$ 的变化趋于零时,$MRTS_{LK}$又可表示为:

$$MRTS_{LK} = \lim_{\Delta L \to 0} -\frac{\Delta K}{\Delta L} = -\frac{dK}{dL}$$

式中,ΔK 和 ΔL 分别为资本投入量的变化量和劳动投入量的变化量。公式中加一负号是为了使 $MRTS$ 值在一般情况下为正值,以便于比较。可以证明,边际技术替代率等于两要素的边际产量之比,即

$$MRTS_{LK} = -\frac{\Delta K}{\Delta L} = \frac{MP_L}{MP_K}$$

对于生产函数 $Q = f(K, L)$,用劳动代替资本维持产出水平不变意味着当劳动投入增加而资本投入减少时,产出水平保持为 $f(K, L) = Q°$,对该式进行全微分,得到

$$\frac{\partial f}{\partial L}\mathrm{d}L + \frac{\partial f}{\partial L}\mathrm{d}K = \mathrm{d}Q^0$$

$$-\frac{dK}{dL} = \frac{\partial f}{\partial L} / \frac{\partial f}{\partial K} = \frac{MP_L}{MP_K}$$

由边际技术替代率定义公式可得:

$$MRTS_{LK} = -\frac{dK}{dL} = \frac{MP_L}{MP_K}$$

通常,边际技术替代率是递减的。从经济学上讲,边际技术替代率递减是要素的边际报酬递减规律作用的结果。

在两种可变要素条件下,生产要素的合理投入区间可以用脊线来确定。如图 4.4 所示,对于一组等产量线,每一条等产量线上都有一个切线为水平或垂直的切点,把每一条水平切线的切点连接起来,得到一条脊线 OC,把每一条垂

直切线的切点连接起来，便得到另一条脊线 OB。

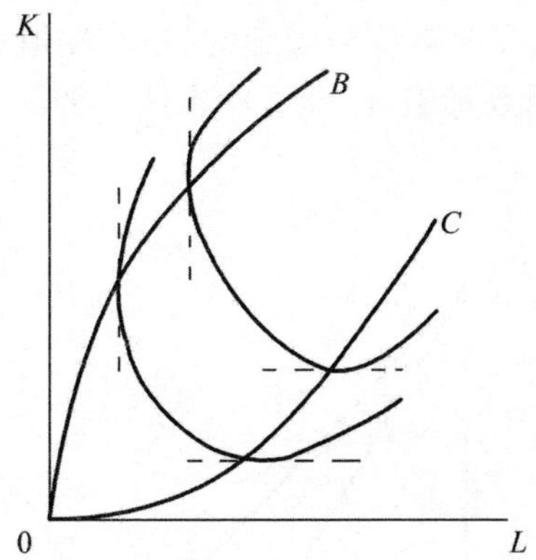

图 4.4　脊线与生产的经济区域

在脊线以外的等产量线上的点，均表示劳动对资本的边际技术替代率为负值。在脊线 OB 以外，表示生产同样产量，如果劳动量一定，需要使用等多的资本量；而在脊线 OC 以外，表示生产同样的产量，如果资本量一定，则需要使用更多的劳动量，因此，理性的厂商不会把生产安排在脊线以外的区域生产，故把脊线 OB、OC 以内的区域，称为厂商生产的经济区域，而这两条脊线以外的区域则为生产的非经济区域。至于厂商生产中要素的组合点的具体选择，在生产中还必须结合投入价格状况再作具体决定。

三、等成本曲线

厂商在要素市场上购买的生产要素的支付，构成了厂商的成本。在生产要素价格既定的情况下，厂商花费相同的成本可以购买到的两种生产要素的数量组合是不同的。那么厂商在生产过程中选择哪一种要素组合才最好呢？它取决于生产这些产量的总成本。而成本依存于要素价格，为此，要讨论最优组合，需要引入等成本线这个概念。

等成本曲线（Isocost Line）是指在既定的成本和既定的生产要素价格条件下，生产者可以购买到的两种生产要素的各种不同数量组合的轨迹。假定要素市场上劳动 L 的价格为既定的工资 w，资本 K 的价格为既定的利息率 r，厂商既定的成本支出 C，则厂商的成本可以表示为

$$C = wL + rK$$

该式表示厂商可以使用不同组合的生产要素，但消耗的成本是相同的。上式又可变换为：

$$K = -\frac{w}{r}L + \frac{c}{r}$$

根据上式可以计算出在要素价格既定时，生产中既定成本所对应的各种不同的劳动和资本 K 的使用数量组合，即等成本线。如图 4.5 所示。

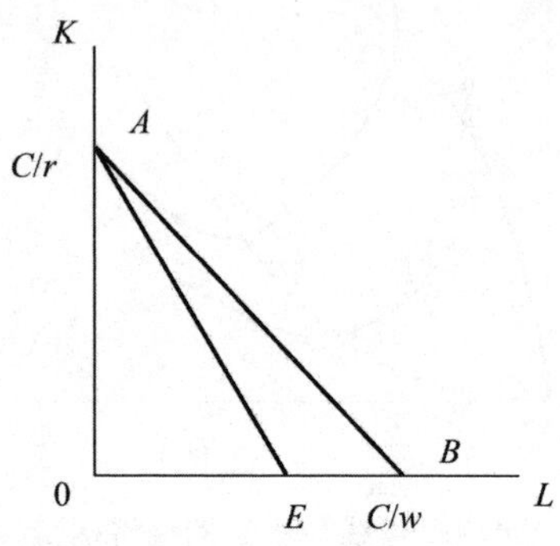

图 4.5 等成本线

A 点表示全部成本所能购买的资本的数量，即 C/r；B 点表示全部成本所能购买的劳动的数量，即 C/w。A、B 两点的连线为预算线，即为使用 C 单位的去陈本时在生产中所能得到的各种劳动与资本的数量组合轨迹。

等成本线是一条向右下方倾斜的直线。线内的区域是厂商可以购买到的要素组合，线外的区域是厂商在现在的成本约束下无法实现的要素组合。等成本线的斜率为 w/r，它是劳动与资本价格的比率。

当厂商花费的成本总量发生变动，而要素价格固定不变的情况下，等成本曲线 AB 向左或右平行移动。如果厂商花费的成本总量不发生变动，而要素价格变动，则等成本曲线 AB 会发生旋转。如要素 L 的价格变得更高，则等成本线将绕 A 点顺时针方向转动，如等成本线 AE，说明既定成本可以购买更少的劳动。

四、生产要素的最优投入组合

等产量线中脊线之内所表示的生产经济区域，仅说明有理性的厂商对两种要素投入组合的选择范围，还不能确定最优组合点。厂商的最优组合点，不仅取决于技术上是否可能，还取决于经济上是否合理（即成本状况），厂商的理性决策，就是同时考虑技术上和经济上两方面的因素，选择一种要素投入的组合，使得生产者能够在既定的产量下，所费成本最小，或者在既定的成本下所生产的产量最大。

无论产量既定，成本最小，或是成本既定，产量最大，要素投入的最优组合点,在图形上都是等产量线与等成本线相切的切点,即最优投入组合就是等产量线与等成本线的切点所代表的组合。现分两种情况分别说明如下:

(一)成本既定,产量最大

假设在某技术水平下,厂商用两种可变要素劳动 L 和资本 K 生产一种产品。劳动 L 的价格 w 和资本的价格 r 已知,且厂商用于购买这两种要素的总成本是固定的。那么厂商在成本固定的情况下,如何购买劳动与资本两种要素,才能实现劳动和资本的组合生产出最大的产量呢?等产量曲线和等成本曲线的结合对此问题进行了解答。

如图 4.6 所示,由于成本既定,所以只有一条等成本线 KL,Q_1、Q_2、Q_3 三条等产量线,其中 Q_3 代表的产量水平最高,Q_2 次之,Q_1 代表的产量水平最低。KL 与 Q_1 相交,与 Q_2 相切,与 Q_3 既不相交也不相切。这意味着,较低水平的产量 Q_1,可以在既定的成本条件下生产,但不经济;较高水平的产量 Q_3,虽经济,但在既定的成本条件下不可能达到;只有在 KL 与 Q_2 的切点 E 上才实现了生产要素的最优组合。这就是说,在成本既定的条件下,购买 OM 的劳动,ON 的资本可以获得最大产量。E 点为生产者均衡点。

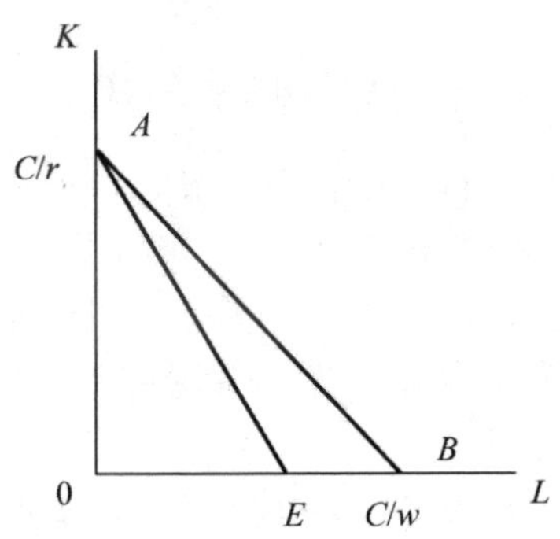

图 4.6　生产要素的最优组合:既定成本下产量最大化

对于理性的厂商而言,既然在 A、E、B 各点上生产所消耗的成本相同,因此在资本和劳动的哪个组合点进行生产就取决于该点所能带来的产量水平。因为在 A 和 B 都等于 Q_1 所代表的产量水平,所以,当厂商在等成本曲线上不断调整生产要素的组合时,当要素组合点为等产量线与等成本线的切点 E 时,厂商实现了既定成本下产量的最大化目标。当厂商选择了 E 点所代表的要素组合点后就不再对劳动和资本的组合比例进行调整,除非其所面对的技术水平有所变化,因此,E 点被称为厂商的生产要素最优组合点。

由于厂商的生产要素最优组合点恰好位于等产量线与等成本线的切点上,因此该点上的等产量线与等成本线的斜率相等。等产量线的斜率为要素的边

际技术替代率 $MRTS_{LK}$,等成本曲线的斜率的绝对值为两要素的价格之比 w/r。因此,厂商生产要素的最优组合点就是 $w/r = MRTS_{LK}$ 的点。这是因为,只要边际技术替代率与要素价格比不相等,厂商就可以在维持要素投入总成本不变的条件下,通过对要素组合的重新选择,使总产量得到增加。只有在两者相等的点上,生产者才实现生产的均衡。

同时由于边际技术替代率可以表示成两种要素的边际产量之比,所以 $MRTS_{LK} = MP_L/MP_K = w/r$。这一结论可以用拉格朗日条件极值求得。即 $C^0 = wL + rK$ 为约束条件,生产函数为:$Q = f(L,K)$,因此生产要素的最佳组合问题就是在成本约束条件下求出最大产量的要素组合问题。

设 t 为拉格朗日系数,则有拉格朗日方程:

$$N(L,K,t) = f(L、K) + t(C^0 - wL - rK)$$

则产量最大化的一阶条件为:

$$\frac{\partial_N}{\partial_L} = \frac{\partial_f}{\partial_L} - tw = 0$$

$$\frac{d_N}{d_L} = \frac{\partial_f}{\partial_K} - tr = 0$$

$$\frac{\partial_N}{\partial_t} = C^0 - wL - rK = 0$$

此时函数取得最大值。所以就有 $MP_L/MP_K = w/r$。进一步将公式变形可以得到类似于消费者均衡的条件,即 $MP_L/w = MP_K/r$。

这表示,当厂商花费在任何一种生产要素上的最后一单位货币所带来的边际产量都相等时,厂商实现了在既定成本下的最大产量,即生产者均衡。

(二)产量既定,成本最小

如图 4.7 所示,由于产量既定,所以只有一条等产量线 Q,K_1L_1、K_2L_2、K_3L_3 分别表示总成本为 C_1、C_2、C_3 的三条等成本线。其中 K_1L_1 代表的成本最低,K_2L_2 次之,K_3L_3 代表的成本最高。Q 与 K_3L_3 相交,与 K_2L_2 相切,与 K_1L_1 既不相交也不相切。这意味着,用较高的成本 C_3 可以生产产量 Q,但不经济;用较低成本 C_1 虽然经济,但无法生产产量 Q;而用成本 C_2 生产产量 Q,既可能又最经济。我们将既定的等产量线 Q 和等成本线 C_2 的切点 E 称做生产者均衡点,它表示该点的投入组合是既定产量时成本最小的组合。这表明在既定产量 Q 下,理性的厂商应该选择 E 点所代表的组合进行生产,此时的生产成本最小,厂商实现利润最大化。

这是因为 A 点和 E 点代表的产量水平是相同的,但是 E 点所代表的成本却明显地小于 A 点所代表的成本,理性的厂商总会选择成本最小的点进行生产。因为 E 点是等产量曲线和等成本曲线的切点,所以两者在该点的斜率相同,即边际技术替代率等于两种要素的价格比。因此产量既定条件下的最优生产要素所应满足的条件仍为：$MRTS_{LK}=MP_L/MP_K=w/r$。

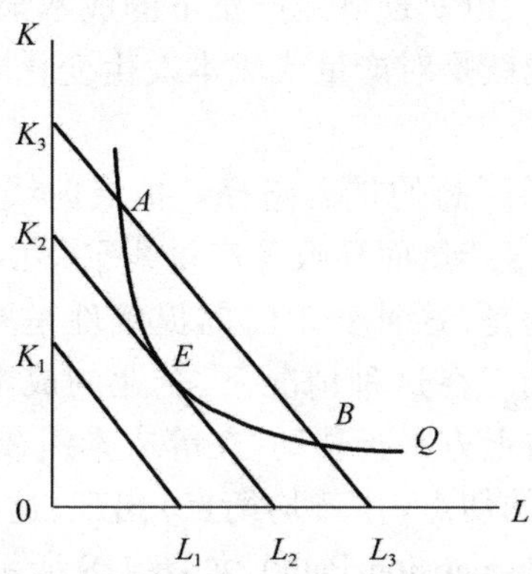

图 4.7　生产要素的最优组合：产量既定条件下的成本最小化

上述两种情况说明，要实现生产要素的最优投入组合，必须使一定的成本获得最大的产量，或者使一定的产量水平只需付出最小的成本。生产要素的最优投入组合意味着资源的最优配置。

显然，产量既定成本最小的要素组合条件，与成本既定产量最大的要素组合条件是一样的。借助同样方法，两种可变生产要素的最优组合可以扩展到多种，即两种以上可变生产要素的最优投入组合。

$$\frac{MP_A}{P_A}=\frac{MP_B}{P_B}=\frac{MP_C}{P_C}=\cdots\cdots=\frac{MP_N}{P_N}$$

即投放在各种要素上的每元钱所带来的边际产量相等。

如果 $MP_L/w\neq MP_K/r$，则生产者没有实现均衡，即没有实现生产要素的最优组合。如果 $MP_L/w>MP_K/r$，这意味着生产者用一单位货币购买的劳动所获得的边际产量，比生产者用一单位货币购买的资本所获得的边际产量大，因此，生产者就会增加对劳动的购买，而减少对资本的购买。又由于生产者总是将生产进行在边际产量的递减阶段，所以劳动的边际产量 MP_L 会随着劳动投入量的不断增加而递减，资本的边际产量 MP_K 会随着资本投入量的不断减少而递增，最后生产者将劳动和资本的投入量调整到使 $MP_L/w=MP_K/r$ 的均衡点。相反，如果 $MP_L/w<MP_K/r$，生产者就会减少对劳动的购买，而增加对资本的购买。在边际收益递减规律的作用下，最后也要将两要素的投入组合调整到使 $MP_L/w=MP_K/r$ 的均衡点上。

五、生产扩展曲线

关于生产要素最优投入组合的解释，说明了理性厂商在成本或产量约束下的经济行为，厂商会按照生产要素最优组合来组织生产要素的投入，以进行生产活动。在产量或成本发生变动的情况下，厂商为了实现利润最大化的目标，重新选择生产要素的组合，以实现既定产量下的成本最小化或者既定成本下的产量最大化。生产扩展线就是对产量或成本发生变化时，最优要素组合点变动的描述。

生产扩展曲线表示了厂商的扩展路径。扩展曲线是指因生产成本改变而导致等成本线平移，因改变产量而导致等产量线平移由这类移动形成的生产均衡点的轨迹。需要明确的是，这种变动的前提条件是要素价格、企业的生产技术和其他条件不发生变动。在这种情况下，企业的成本或产量发生变动，等成本线或等产量线就会向右上方平行移动，在等成本线或等产量线向右上方移动的过程中，就会有一系列的切点（生产均衡点）出现，这些切点（生产均衡点）的轨迹就是生产扩展曲线（Expansion Path），如图 4. 8 所示。

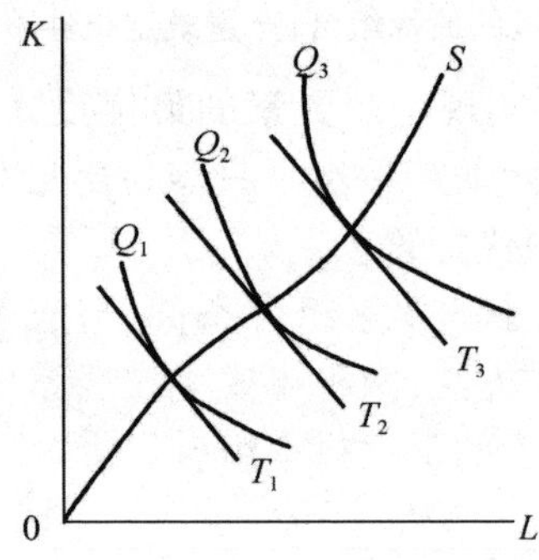

图 4.8　生产的扩展曲线

图中 OS 就是一条生产扩展线。由于生产要素价格保持不变，企业的技术水平不变，又因为生产均衡的条件是两要素的边际技术替代率等于两要素的价格比例，所以在生产扩展曲线上的所有点的边际技术替代率都是相等的。同时生产扩展线表示在生产要素价格、企业的技术水平和其他条件不变的条件下，厂商生产规模扩张或收缩时所遵循的路线。

在生产扩展曲线坐标中，如果等产量线向右上方平行移动，那么这组等产量线上边际技术替代率相等的点的切线都是平行的。因此称连接等产量线与等成本线的切点和原点的连线为等斜线（*Isocline*）。因此，等斜线是一组等产量曲线中两要素边际技术替代率相等的点的轨迹。

本章小结

厂商的技术约束可以通过生产函数来描述,它概括了一定时点上现有的技术的性质。

短期生产函数指的是一种可变生产要素的生产函数。而在长期生产函数中,不存在固定的生产要素,所有投入的生产要素都是可变的。

在短期生产理论中,边际收益递减规律相当重要,它既能说明总产量、平均产量和边际产量三条曲线的走势关系,还可以进一步解释在一定生产要素变动时生产者的合理投入区间。

边际收益递减规律是指在技术不变的前提下,连续增加同一种可变要素,与其他不变的生产要素相结合,起初边际产量可能是递增的,但达到一定程度后,边际产量会呈现递减的趋势。

等产量线类似于消费者行为理论中的无差异曲线,等成本线相当于消费者行为理论中的预算线。等产量曲线与等成本线的切点是生产要素的最优组合。

在两种可变生产要素的投入理论中,如果涉及的是两种生产要素按一定比例同时增加时其产量如何变化,即为规模报酬问题。规模报酬有递增、不变、递减三种情况。

深度链接1:固定投入比例生产函数

固定投入比例生产函数也称为里昂惕夫生产函数。该生产函数表示:在每一产量水平上任何一对要素的投入量之间的比例都是固定的,假设在生产过程中只使用资本(K)和劳动(L)两种要素,该生产函数可以表示为:

$$Q = \min\{L/u, K/v\}$$

式中:Q 为产量,L、K 分别为劳动和资本的投入量,u、v 分别为劳动和资本的生产技术系数,表示生产单一产品所需的劳动和资本的投入量是固定的。上式所表达的生产函数表示:产量 Q 取决于 L/u 和 K/v 这两个比值中较小的那一个,即使其中的一个比例数值较大,那也不会提高产量 Q。这是因为,这里 u、v 作为劳动和资本的生产技术系数是给定的,即生产必须按照资本(K)和劳动(L)之间的固定比例进行,当一种生产要素的数量不能变动时,另一种生产要素的数量再多,也不能增加产量。因此,为了简化,通常假设生产过程满足最小要素的组合要求,即生产过程可以继续且按照较小投入量的那个要素所要求产量进行生产,所以该函数又可以表示为:

$$Q = L/u = K/v$$

进一步,可以有:

$$K/L = v/u$$

上式清楚地体现了该生产函数的固定投入比例的性质,在这里,它等于两种要素的固定的生产技术系数之比。对一个固定投入比例生产函数来说,当产量发生变化时,各要素的投入量将以相同的比例发生变化,所以,各要素的投入量之间的比例维持不变。这一性质可以用几何图形来加以说明。

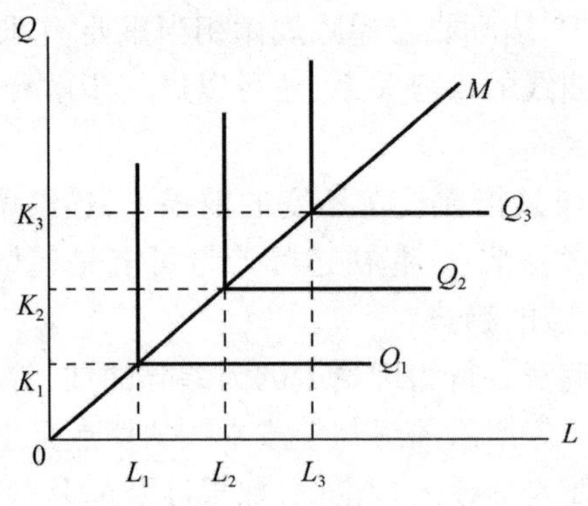

图 4.9　固定投入比例生产函数

图 4.9 中,含有直角的三对直线分别代笔了满足既定产量水平的资本(K)和劳动(L)的要素投入组合,如(K_1,L_1)的要素组合代表产量水平为 Q_1,在 K_1 的情况下,L_1 的投入无论你增加多少,都不会带来产量的增加;同样,(K_2,L_2)、(K_3,L_3)组合所代表的产量水平 Q_2和 Q_3 也不会在组合中的某个要素的投入量发生变化的时候改变。只有在投入要素资本和劳动同时改变,如劳动要素逐渐增加 $L_1 \rightarrow L_2 \rightarrow L_3$,而资本要素的投入以相同比例增加时,即 $K_1 \rightarrow K_2 \rightarrow K_3$时,产量水平才可能变化,即 $Q_1 \rightarrow Q_2 \rightarrow Q_3$。两种要素以同等比例增加,它们之间的搭配比例不发生变化。

因此,从原点出发的直线 OM 表示了这一固定比例生产函数的所有产量水平的最小要素投入量的组合。

深度链接 2:规模报酬问题

一、规模报酬

(一)规模报酬的含义

当厂商以相同的比例增加了所有的投入时,就意味着改变了工厂规模,所谓规模报酬是指所有的投入要素以相同比例变动时产量变动的比例。根据产出变动与投入变动之间的关系,我们可以将规模报酬总结为三种情况:

在生产规模变动过程中,如果产出增加的比例超过了投入要素增加的比例,那么,生产的规模报酬递增。所有投入要素如增加 λ 倍,则产出增加会大于 λ 倍。用公式表示,即:

$$f(\lambda L,\lambda K) > \lambda f(L,K),(\lambda > 0)$$

在生产规模变动过程中,如果投入与产出增加的比例相同,那么规模报酬不变。所有投入要素如增加 λ 倍,则产出会增加 λ 倍。用公式表示,即:

$$f(\lambda L,\lambda K) = \lambda f(L,K),(\lambda > 0)$$

在生产规模变动过程中,如果产量增加的比例小于投入要素增加的比例,那么,生产的规模报酬递减。所有投入要素如增加 λ 倍,则产出会少于 λ 倍。用公式表示,即:

$$f(\lambda L,\lambda K) < \lambda f(L,K),(\lambda > 0)$$

例如,假设一座月产量化肥 10 万吨的工厂所使用的资本为 10 个单位,劳动为 5 个单位,现在将企业的生产规模扩大一倍,即,使用 20 个单位的资本,10 个单位的劳动,这种生产规模的变化所带来的收益变化可能有如下三种情形:

1. 产量增加的比例大于生产要素增加的比例,即产量为 20 吨以上,这种情形叫做规模收益递增。

2. 产量增加的比例等于生产要素增加的比例,即产量为 20 吨,这种情形称为规模收益不变。

3. 产量增加的比例小于生产要素增加的比例,即产量为小于 20 吨,这种情形称为规模收益递减。

通常,一个企业在发展过程中会经历规模报酬递增、规模报酬不变和规模报酬递减三个阶段。

(二)规模报酬变动的原因

规模报酬递增主要源于四个方面:

1. 劳动分工使生产的专业化程度提高,从而提高劳动生产率。

2. 资源的集约化使用。同时集中使用数量较多且性能相似的机器设备,可以使厂商提高机器的使用效率,如因故障停工的概率降低,相同工种的劳动力集中在一起使统一的培训的成本降低等等。

3. 生产要素的不可分性。不可分性意味着某些生产要素只有在一定的限度和范围内才能发挥最大的生产能力,生产规模较大的生产者比之小规模的生产者能更有效地利用这些生产要素。

4. 大规模厂商的较强的讨价还价能力。生产规模大的厂商往往在原材料采购、分销渠道、产品运输等方面有着较强的讨价还价能力，可以以较低的价格购买原材料，使分销渠道能力较强，单位分销成本也较低。

造成规模报酬递减的主要原因有两个：

1. 生产要素可得性的限制。随着厂商生产规模的逐渐扩大，由于地理位置、原材料供应、劳动力市场等多种因素的限制，可能会使厂商在生产中需要的要素投入不能得到满足。

2. 生产规模较大的厂商在管理上效率会下降，如内部的监督控制机制、信息传递等，容易错过有利的决策时机，使生产效率下降。

规模报酬不变的原因：

规模报酬递增趋势不可能是无限的，当生产达到一定规模以后，促使规模报酬递增的因素趋势不再起作用，如，由于分工过窄，将使工人工作十分单调，从而影响工人工作的积极性；设备生产率的提高通常也要受到技术水平的限制。所以，工厂通常总要有一个最佳规模，这时，规模报酬基本处于不变阶段。这个阶段往往可以经历相当长的一个时期，但最终要进入规模报酬递减阶段。

（三）特殊生产函数规模报酬的判定

对于生产函数 $Q=f(L,K)$，如果

$$\lambda n \cdot Q = f(\lambda L, \lambda K)$$

其中，n 为任意常数，λ 为正实数，那么，这个生产函数称为 n 次齐次生产函数。对于这种生产函数，其规模报酬情况如下：

当 $n>1$ 时，规模报酬递增；

当 $n=1$ 时，规模报酬不变；

当 $n<1$ 时，规模报酬递减。

柯布—道格拉斯生产函数 $Q=f(K,L)=AL^{\alpha}K^{\beta}$ 是一种常见的齐次生产函数，其规模报酬情况可判断如下：

当 $a+b>1$ 时，规模报酬递增：

当 $a+b=1$ 时，规模报酬不变：

当 $a+b<1$ 时，规模报酬递减。

一种既定的技术，可以在生产的不同阶段顺次表现出规模报酬递增、规模报酬不变、规模报酬递减，但在现实中，三种情况并不一定必然要全部出现，一般情况下，厂商在享受了规模报酬递增的好处，生产开始转入规模报酬不变的阶段时，可以采用复制的方式扩大生产，而并不一定要将生产真正扩张到出现规模报酬递减之时。

【案例1】泛美航空公司的终结

1991 年 12 月 4 日是一个值得注意的日子，世界著名的泛美国际航空公司

寿终正寝。这家公司自 1927 年投入飞行以来,数十年中一直保持国际航空巨子的骄人业绩。有人甚至认为,泛美公司的白底蓝字徽记(*PAN AM*)可能是世界上最广为人知的企业标志。

但是对于了解内情的人来说,这个巨人的死亡算不上什么令人吃惊的新闻。1980—1991 年,除一年外,泛美公司年年亏损,总额接近 20 亿美元之巨。1991 年 1 月,该公司正式宣布破产。细心的读者一定注意到,这个日子同公司关闭之日相距将近一年。究竟是什么力量支持垂死的巨人又多活了一段时间?而且,就在 1980 年出现首次亏损后,为什么不马上停止这家公司的业务?又是什么因素使这家公司得以连续亏损经营长达 12 年之久?

从经济学角度看,这是以市场供求曲线为基础的企业进出(市场)模式作用的结果。可变成本是随生产规模变化而变化的成本。按照企业进出模式,只要企业能够提出一个高于平均可变成本的价格并被顾客接受,那么不管该价格是否低于市场平均价格而必将导致企业亏损,这个企业的经营就算是有经济意义的,也就可以继续存在。

当然,企业要想在亏损情况下继续经营,必须通过出售其原有资产来维持。泛美公司在几十年的成功经营中积累了巨大的资产财富。自 80 年代起,这家公司先后卖掉了不少大型财产,包括以 4 亿美元将泛美大厦卖给美国大都会人寿保险公司,国际饭店子公司卖了 5 亿美元,向美国联合航空公司出售太平洋和伦敦航线,还把位于日本东京的房地产转手。到 1991 年末,泛美已准备将自己缩减成以迈阿密为基地的小型航空公司,主要经营拉美地区的航线,而把其余全部航线卖给三角洲航空公司。换言之,在整个 80 年代,尽管泛美公司仍然坚持飞行,但同时已开始逐步撤出国际航空市场。其实,在现实世界里,“企业进出模式”中的“撤出”通常就意味着缩减规模。

至于市场经济是否应该加速企业撤出的问题,经济学家之间也是争论不休。从泛美公司的例子来看,撤出是一种渐进过程。让人们可以多安心工作一段时间,晚一点再考虑转换工作的事情。然而泛美的股票持有者不这么看。他们的利益全在公司经年积累的家当上,当然不同意公司出售资产维持经营。也许他们并不了解实情,仍然抱有一线希望,以为公司只要变卖一些家产就可以渡过难关,否则肯定会设法迫使它早些关门。

(资料来源:1. Brett Pulley, *Pan Am Ceases Operations*, *Race Opens to Get Its Valuable Latin American Routes*, Wall Streets Journal, December 5, 1991. ; 2. Agis Salpukas, *Its Cash Depleted*, *Pan Am Shuts*, New York Times, Times, December 5, 1991; 3. Severin Borenstein, *The Evolution of U. S. Airline Competition*, Journal of Economic Perspectives, Spring, 1992.)

讨论下列问题:

(1)结合案例进行分析,试说明企业何时应该停止生产?

(2)企业如何才能避免被淘汰,试说明理由。

(3)实际经济生活中许多亏损的企业仍然存在,你能找到这些企业继续存在的理由吗?

【案例 2】企业存在的经济学意义

如果价格体系已经能够协调需求和供给,那么企业这种容易滋生官僚主义的机构还有必要存在吗?1991 年诺贝尔经济学奖得主罗纳德·科斯在 1937 年提出了这个问题。他写道:

在企业外面,价格变动通过市场上的一系列交换来指导生产。而在企业内部,市场事务减少,取代复杂的市场架构及其交换事务的是企业协调人,他将对生产进行具体指导。可见,上述两种方式是协调生产的不同选择。但是,假如价格可以调节生产,也就根本不需要什么机构来组织生产,为什么还有那么多机构存在呢?

科斯的答案在于"交易成本"。同组织机构运行一样,拥有市场也需要一定的成木。市场体系可能降低某些事务的成本,而机构协调则可能减少另一些事务的花费。企业管理者的任务就是区分适合企业完成的工作以及应交由市场调节的项目。

科斯举例说,英国兰开夏郡的织布工则以赊账方式获得所需的场地、能源和其他物资,从而独自完成织布工作,不必进入上厂。很明显,由于织工是自己的雇主,与工厂工人不同,他无须同雇主分享其生产利润,于是他的生产积极性达到最高值。这种情况下。建立大型织布厂的成本便很难通过提高工作效率加以补偿,也就不存在什么企业了。

现代的大型购物商厦一般不会建成一家由中央管理机构控制的超级商场,而是出租铺面,供大小不同的各种店铺进场经营。这样,多由市场指导的小店铺和接受企业协调人管理的大商店共存一厦之内,使消费者有不同的选择:大商店可能提供更多款式,适合大众需求,且价格较低;而小店铺则以风格显著和服务良好为特色。

比方说,在快餐行业,一个店铺可能是从属于某个大企业,也可能是由个人拥有。个人拥有者承担的风险较大,由于信用比大企业低而难以借贷,即使获得贷款,其利率也较高。不过他无须上交其利润,因此有可能从较高的回报中得到补偿。麦当劳快餐连锁店中,只有 1/3 是由总公司所有,其余都是个人经营者独立维持。

当市场或现有技术发生改革时，企业和市场之间的均衡也会相应起变化。1991年，大型企业IBM公司宣布允许其各分部独立经营，自负盈亏。一旦这个改组计划施行成功，IBM就会变成许多小公司的保护伞，提出建议供小公司采纳，组织实施各公司之间的技术共享，不再发出直接介入具体事务的指令。

这样的例子可以找到许多，它们都证实企业管理者必须从实际出发，具体情况具体分析，才能把组织系统和市场调节用于最能发挥其作用之处，而不是将两者简单对立起来。

（资料来源：Ronald H. Coase, The Nature of the Firm, Economica, November 1937.）

讨论下列问题：

（1）企业存在的经济学意义是什么？你是否同意科斯的观点，为什么？

（2）你认为经济学中对企业存在意义的界定合理吗？为什么？

（3）除上述观点外，企业存在是否还有其他意义，试举例说明。

习　题

一、名词解释

生产函数　短期　长期　边际产量　边际报酬递减规律　等产量曲线　等成本线　规模报酬　规模经济　机会成本　显性成本　隐性成本　经济利润　正常利润　边际成本　内在经济　外在经济　包络线

二、选择题

1. 如果连续地增加某种生产要素，在总产量达到最大时，边际产量曲线（　　）

A. 与纵轴相交　　B. 经过原点

C. 与平均产量曲线相交　　D. 与横轴相交。

2. 当APL为正但递减时，MPL是（　　）

A. 递减　B. 负的　C. 零　D. 上述任何一种

3. 下列说法中错误的一种是（　　）

A. 只要总产量减少，边际产量一定是负数

B. 只要边际产量减少，总产量一定也减少

C. 随着某种生产要素投入量的增加，边际产量和平均产量增加到一定程度将趋于下降，其中边际产量的下降一定先于平均产量

D. 边际产量曲线一定在平均产量曲线的最高点与之相交。

4. 等产量曲线是指在这条曲线上的每个点代表 ( )

A. 为生产同等产量投入要素的各种组合比例是不能变化的

B. 为生产同等产量投入要素的价格是不变的

C. 不管投入各种要素量如何,产量总是相等的

D. 投入要素的各种组合所能生产的产量都是相等的

5. 如果等成本曲线在坐标平面上与等产量曲线相交,那么要生产等产量曲线表示的产量水平 ( )

A. 应增加成本支出　　B. 不能增加成本支出

C. 应减少成本支出　　D. 不能减少成本支出

6. 等成本曲线平行向外移动表明 ( )

A. 产量提高了

B. 成本增加了

C. 生产要素的价格按相同比例提高了

D. 生产要素的价格按不同比例提高了

7. 规模报酬递减是在下述情况下发生的 ( )

A. 按比例连续增加各种生产要素

B. 不按比例连续增加各种生产要素

C. 连续地投入某种生产要素而保持其他生产要素不变

D. 上述都正确

8. 如果规模报酬不变,单位时间里增加了 20% 的劳动使用量;但保持资本量不变,则产出将 ( )

A. 增加 20%　　B. 减少 20%

C. 增加大于 20%　　D. 增加小于 20%

9. 如果确定了最优的生产要素组合, ( )

A. 在生产函数已知时可确定一条总成本曲线

B. 就可以确定一条总成本曲线

C. 在生产要素价格已知时可确定一条总成本曲线

D. 在生产函数和生产要素价格已知时可确定总成本曲线上的一个点

10. 当某厂商以最小成本生产出既定产量时,那他 ( )

A. 总收益为零　　B. 一定获得最大利润

C. 一定未获得最大利润　　D. 无法确定是否获得最大利润

三、简答题

1. 如果总产量曲线是一条经过原点的直线,说明并作出平均产量曲线和边

际产量曲线。这样的总产量曲线是否可能出现？为什么？

2. 在生产的三个阶段中，问：

(a)为什么厂商的理性抉择应在第二阶段？

(b)厂商将使用什么样的要素组合？

(c)如果 $P_L=0$，或 $P_K=0$，或 $P_L=P_K$ 厂商应在何处经营？

3. 用图说明总产量、边际产量和平均产量之间的关系。

4. 等产量曲线的特征是什么，它和无差异曲线有何本质的区别？

四、计算与证明题

1. 已知生产函数 $Q=f(K,L)=KL-0.5L^2-0.32K^2$，$Q$ 表示产量，K 表示资本，L 表示劳动。令上式的 $K=10$

(a)写出劳动的平均产量函数和边际产量函数。

(b)分别计算当总产量、平均产量和边际产量达到极大值时厂商雇佣的劳动。

(c)证明当 AP_L 达到极大时 $AP_L=MP_L=2$。

2. 假设产品和生产要素的价格不变且利润 $\pi>0$，试证明：在生产要素投入的区域Ⅰ中不存在使利润最大的点。

3. 已知某厂商的生产函数为 $Q=L^{3/8}K^{5/8}$，又设 $P_L=3$ 元，$P_K=5$ 元。

(a)求产量 $Q=10$ 时的最低成本支出和使用的 L 和 K 的数量。

(b)求产量 $Q=25$ 时的最低成本支出和使用的 L 和 K 的数量。

(c)求总成本为 160 元时厂商均衡的 Q、L 与 K 的值。

第五章　成本理论

学习目标

通过本章的学习,重点掌握各类成本的概念与区别,熟悉短期各类成本的函数图形及之间的关系,掌握各类长期成本曲线图形及特点,理解长期成本的概念,了解机会成本在企业决策中的作用。

第一节　成本概述

成本是经济主体进行经济决策时必须考虑的重要因素。因此,在进行决策时,必须知道都有哪些成本,如何利用这些成本进行决策。如上所述,厂商进行经营决策必须要进行成本分析,而成本分析有赖于对成本概念的正确理解。所以,接下来,我们介绍几个主要的成本概念。

一、成本概念

成本(cost)又称生产费用,是生产中所使用的各种生产要素的支出,某种产品的生产成本,是该产品供给价格的主要决定因素。厂商愿意按照一定的供给价格提供一定数量的商品,厂商索取其产品的供给价格按什么依据来确定,最主要、最基本的决定因素就是产品的生产成本。因此西方经济学家往往把成本看做是特定主体为了达成特定目的所作出的"牺牲"。这种牺牲通常指耗费或放弃的经济资源。在市场经济条件下,"没有完全免费的午餐",做什么事情,都必须有所耗费。换句话说,成本是市场交易的结果,是"为了得到自己所需要的有价值的东西而放弃的自己所拥有的有价值的东西"。

成本是在西方经济学理论中,是主要的考察对象之一。在经济学中,分析成本的出发点是研究生产与产出量之间存在的一种基本关系,而不是单纯为计算购买生产要素的货币支出。这是经济学中的成本与会计学中的成本的重要区别。

二、显成本与隐成本

显成本是指厂商在生产要素市场上购买或租用所需要的生产要素的实际支出。例如,某厂商投资生产服装,需要雇佣一定数量的服装工人和购买布匹等原料,还需要从银行取得一定数量的贷款,以获得流动资金,并租用一定数量的土地进行生产,为此,这个厂商就需要向工人支付工资,向银行支付利息,向土地出租者支付地租,并支付水电、原料等费用。这些实际的货币支出显而易见,因此也就是该厂商生产的显成本。

隐成本是厂商本身自己所拥有的且被用于该企业生产过程的那些生产要素的总价格。例如,厂商在生产过程中使用自己的自有资金、自有设备、自己参加经营管理活动等。看起来企业使用的是自己的生产要素不用花钱,即不发生货币费用支出。但从另一个角度来看,企业如果把自己的资金借给别人可以获得利息,把设备租给别人可以获得租赁收入,自己到别的企业工作也可以获得报酬,这些是企业使用自有要素的机会成本。所以,企业使用自己的生产要素也是需要成本的,这些成本一般不计入会计账户,相对来说没有那么显而易见,所以称为隐成本。

三、会计成本与经济成本

会计成本是指企业在生产中按市场价格所购买的生产要素的货币支出。会计成本又称为显成本,因为这种成本在企业中是显而易见的,它是相对于经济成本的一个概念。会计成本可以用货币来计量,且能够在会计账目上直接反映出来。会计成本是过去的支出,所以也称为历史成本。例如,企业雇用工人所支出的工资、向银行贷款所支付的利息、租用土地所支付的地租、购买原材料和动力所支付的费用等。经济成本是指企业在生产过程中所发生的显成本与隐成本之和。

四、机会成本

经济学家们认为,经济学是研究一个经济社会如何对稀缺的经济资源进行合理配置的问题理论。由于经济资源的稀缺性,当一个社会或一个企业用一定的经济资源生产一定数量的一种或者几种产品时,这些经济资源就不能同时被用来进行其他生产。这就是说,这个社会或这个企业所获得的一定数量的产品收入,是以放弃用同样的经济资源来生产其他产品时所获得的收入作为代价的。由此,便产生了机会成本的概念。

所谓机会成本,从生产者角度来说,它是指由于使用某一投入要素而必须放弃的该要素其他用途的最高代价；从要素所有者角度来说，则是这一要素在一切可能的机会中的最高的报酬。概言之，机会成本是指当把一定资源用于生产某种经济物品时所放弃的其他用途所能产生的最大收益。也就是说，决策者在资源既定的条件下，为获得某种收入所放弃的其他机会的最高收入。

在理解机会成本时应该注意的问题：

第一，机会成本是一种作出某项选择时观念上的成本或损失，不是实际支付的费用或损失。机会成本与一般意义上的成本即会计成本有着很明显的差别：首先，机会成本不是企业的实际支出，会计成本是企业的实际支出。其次，机会成本在会计账目上不能反映出来，所以人们又称其为隐成本。但是会计成本可以在会计账目上反映出来，所以人们又称其为显成本。

第二，机会成本是显成本、隐成本的衡量尺度。首先，显成本的使用从机会成本角度考虑，即必须做到这些支出的成本等于这些相同的生产要素使用在其他最好用途时所能得到的收入。否则，这个企业就不能购买或租用到这些生产要素，并保持对它们的使用权。其次，隐成本的使用从机会成本角度考虑，即必须做到企业自有生产要素所能得到的收入在其最佳用途中，否则，厂商会把自有生产要素转移出本企业，以获得更高的报酬。

第三，一种要素的机会成本可能不等于它的历史成本。虽然通常的会计规则很重视历史成本，但经济学家认为，必须从机会成本的角度对历史成本进行鉴别。历史成本是企业在这种要素上实际支付的成本。例如，一个企业花了20万元购买了一套质量低劣的设备，它的历史成本就是20万元，而在经济学家看来，无论对企业还是对社会来说，这套设备的价值都不是20万元，也就是说它的机会成本绝对没有20万元；如果这种设备质量不存在问题，但是它很快过时了，与新的、效能更高的设备比较，它的继续运行已经不经济，那么它的价值显然不到20万元。

第四，机会成本是作出一种选择时所放弃的其他若干种可能的选择中最好的一种，而不是其他。

第五，资源的用途决定一种要素的机会成本。例如，一吨铝用于制造飞机的机会成本并不等于一吨铝用于制造炊具、门窗或易拉罐的机会成本，在实际中铝将会从价值较低的用途转移到价值较高的用途，直到铝在各种用途中的收益相等(如果所有的铝是同质的)，那么这四种用途的机会成本存在趋向一致动力，但受用途的限制，实际中很难一致。如果铝是不同质的，它的各种机会成本就不会相等。

第六，一种要素的机会成本在长期比在短期的差别更大。例如，在短期，一个合同工人通常不能进入与其毫无联系的需要专门技能的工作领域，但如果给他足够的时间,他也能够获得其他技能,从而成为一个技师。在长期,替换性往往比短期更大更多,由于人们往往只以短期来看要素的替换用途,所以一种要素的机会成本往往会被低估。

机会成本的概念给我们一个有用的提示,即实际货币支出并不总是真实成本的准确衡量指标。例如,若政府决定通过一个公园修筑一条高速公路,需要征用的土地在支出额或预算成本上看起来是廉价的。但是,使用公园土地的机会成本可能是高昂的,这是因为,人们可能会失去享受更多的野餐、散步或野营旅行。正因如此,在经济分析中我们一般都使用机会成本概念以便真正合理作出决策,使各种生产要素用于最佳用途,做到资源的最优配置。

五、短期成本与长期成本

在短期中,厂商不能根据他所要达到的产量来调整其全部生产要素的时期,其中不能在短期内调整的生产要素的费用,属于固定成本(fixed cost,简写为 FC)。如厂房和设备的折旧、管理人员的工资等。固定成本不随产量的变动而变动。在短期内可以调整的生产要素的费用,如原料、燃料的支出和工人工资,属于可变成本(variable cost 简写为 VC)。可变成本随产量的变动而变动。

在长期中,厂商可以根据他所要达到的产量来调整其全部生产要素,因此一切成本都是可变的,不存在固定成本和可变成本的区别。

由此可见,无论短期还是长期,关于总可变成本、平均可变成本和边际成本关系的分析都是其中的基本部分,对于短期成本分析只要将其加上固定部分即可,对于长期成本分析,其基本规律更是一致的,只要考虑到同短期关系进一步加以具体化就行了。短期与长期的区别在于生产规模是否发生变化。

六、私人成本与社会成本

私人成本(private cost)是指私人生产者生产过程中按要素市场价格直接支出的费用。它反映了生产者可以得到的资源的最好替换用途。通常按照企业所使用的资源的市场价格来计算。

社会成本(social cost)是指整个社会为某个厂商或某一生产要素投入所付出的成本。例如,某炼铁厂可能会向附近的河流排放废水,对工厂而言,排放废水的成本仅仅是把废水从工厂输送到河流里所发生的费用;对整个社会而言,会造成社会环境的水污染,社会必须为此支付一笔费用以治理污染,从而构成社会成本。

七、交易成本

交易成本是指由于交易契约所产生的各种成本。交易成本可以分成两类:

一类是签约时交易双方面临的偶然性因素所带来的损失。这些因素可能因为难以预见而未写入契约,也可能预见了但难以写入契约。另一类是签订契约以及监督和执行契约所发生的成本。

一般而言,厂商在市场中进行交易时都是需要交易成本的。这个交易成本包括寻找合适的供应商、签订合同和监督合同的执行等的费用。厂商可以在内部自己生产一部分中间产品,不但可以降低部分交易成本,同时还可以保证生产不受制于人,保证质量等。厂商还可以在自己内部生产专门化产品,如果企业需要某种特殊的专门化产品,供应商一般不会去投资只有一个买主的专门化产品,因为有很大的风险。厂商也往往通过雇佣设计人员、质量控制人员等一些专门人才,替代从其他厂商购买相应的服务来降低交易成本。

但是厂商在降低市场交易成本的同时,也会增加内部生产管理成本。首先,厂商要对雇用的工人和管理者支付报酬,进行监督,激励他们努力工作,这些都要花费成本。其次,随着厂商规模的增大而导致层次增多,上级向下级和下级向上级的信息传递都容易因为路径的增长而失真,下级为了自己的利益,往往容易隐瞒或故意传递错误信息,使上级作出有利于下级的选择,或者只执行有利于自身利益的决策。这些都会导致企业效率的降低和成本的增加。所以,厂商通过规模增加降低市场交易成本是有限度的。企业通过规模扩大,降低交易成本的尺度时在这一点上再扩大规模,内部生产管理所花费的成本等于通过市场进行交易所花费的成本。产生生产管理成本的根本原因是信息不对称。

第二节 短期成本曲线

如上所述,企业生产中存在短期与长期之分。在短期中,厂商不能根据他所要达到的产量来调整其全部生产要素的时期,其中在短期内的生产要素的费用,统称为短期成本。

一、短期成本的分类

厂商的短期成本可以分为短期总成本、短期平均成本和短期边际成本。其中,短期总成本包括固定成本和可变成本,短期平均成本包括平均固定成本、平均可变成本。因此,厂商的短期成本包括以下几种成本:总成本、固定成本、可变成本、平均成本(平均固定成本和平均可变成本)、边际成本。

(一)短期总成本

短期总成本(short - run total cost 简写 STC)是指短期内生产一定量产品所

需要的成本总和。短期总成本包括短期总可变成本和短期总固定成本。

短期总固定成本（*STFC*）是企业在短期内必须支付的固定生产要素的全部费用，其中主要指厂房和设备的折旧以及管理人员的工资等。短期总固定成本是短期内不可调整生产要素的费用，也就是说短期总固定成本一般不随产量的变动而变动，因而在短期内是固定的。例如，不管一个企业是否进行生产，以及生产多少产品，它的厂房和机器设备都要进行折旧，都要缴纳财产税，都必须照常支付管理人员的工资等等，这些费用不随企业产量的增加而增加，也不因产量的减少而减少，它是企业固定发生的一部分生产费用。

短期总可变成本（*STVC*）是企业在短期内必须支付的可变生产要素的全部费用，其中主要指原料、工人工资、动力等。短期总可变成本是短期内可调整生产要素的费用，也就是说短期总可变成本随产量的变动而变动，因而在短期内是可变的。短期内，随着企业产量的增加，需要投入的可变要素也在上升，因此总可变成本也在增加。例如，制鞋厂要增加鞋产量，它就需要使用较多的皮革以及雇佣更多的工人，皮革以及工人这种可变要素的总成本就会增大。总可变成本的函数形式为：

$$STVC=f(Q)$$

由于总成本是厂商在短期内为生产一定量的产品对所有生产要素所付出的全部成本，是总固定成本和总可变成本之和，用公式表示则有：

$$STC=STFC+STVC$$

（二）短期平均成本

短期平均成本（short-run average cost 简写 SAC）是指短期内生产每一单位产品平均所需要的成本。它等于短期总成本 *STC* 除以产量所得之商，用公式表示为 $SAC=STC/Q$。短期平均成本包括短期平均可变成本和短期平均固定成本。

短期平均固定成本（*SAFC*）是厂商在短期内平均生产每单位产品所消耗的固定成本。短期平均固定成本是固定成本除以产量的商。用公式表示为：

$$SAFC(Q)=STFC/Q$$

短期平均可变成本（*SAVC*）是厂商在短期内平均每生产一单位产品所消耗的可变成本。短期平均可变成本是可变成本除以产量的商，用公式来表示为：

$$SAVC(Q)=STVC/Q$$

总结一下，有：

$$SAC=SAFC+SAVC=STVC/Q+STFC/Q=SAFC+SAVC$$

（三）短期边际成本

短期边际成本（short-run marginal cost 简写 SMC）是指厂商每增加一单位产量所增加的总成本的增量。如果以 *SMC* 代表短期边际成本，ΔSTC 代表短期总

成本的增量,ΔQ 代表增加的产量,则有:

$$SMC = \Delta STC / \Delta Q$$

求极限,有:$SMC = \lim_{\Delta Q \to 0} \frac{\Delta STC}{\Delta Q} = \frac{dSTC}{dQ}$

短期总成本、短期平均成本、短期边际成本是互相联系、密切相关的,而其中短期边际成本的变动又是短期总成本和短期平均成本变动的决定性因素。

二、各类短期成本曲线

各类短期成本随产量增加而变动的规律及其关系,可以通过表 5.1 所列数字表示出来。

表 5.1 短期成本变动情况表

产量 Q(1)	固定成本 STFC(2)	可变成本 STVC(3)	总成本 STC(4) = (2) + (3)	边际成本 SMC(5)	平均固定成本 SAFC (6) = (2)/(1)	平均可变成本 SAVC (7) = (3)/(1)	平均成本 SAC(8) = (6) + (7)
0	64	0	64	—	—	—	—
1	64	20	84	20	64	20	84
2	64	36	100	16	32	18	50
3	64	51	115	15	21.3	17	38.3
4	64	64	128	13	16	16	32
5	64	80	144	16	12.8	16	28.8
6	64	111	175	31	10.7	18.5	29.2
7	64	168	232	57	9.1	24	33.1

(一)短期固定成本曲线、可变成本曲线和总成本曲线

图 5.1 是根据表 5.1 绘制的短期固定成本曲线图。短期固定成本曲线 *STFC* 是一条平行于横轴的水平线,表明固定成本是一个既定的数量(本例为 64),它不随产量的增减而改变。

在图 5.2 中,*STVC* 曲线描绘的是相应的短期总可变成本曲线。短期可变成本 *STVC* 是产量的函数,是一条向右上方倾斜的曲线。其变动规律是从原点出发,随着产量的增加,成本相应增加,也就是说可变成本先是随产量的增加而以越来越慢的速度增加,而后转为以越来越快的速度增加。在 *STVC* 曲线上,在拐点之前,总可变成本曲线的斜率是递减的,在拐点之后,总可变成本曲线的斜率是递增的。

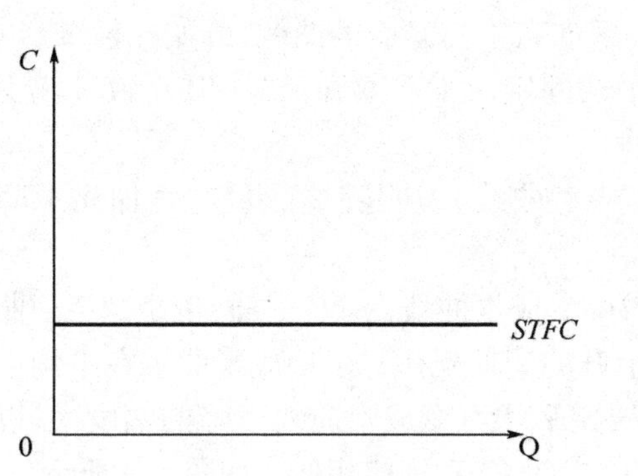

图 5.1　STFC 曲线

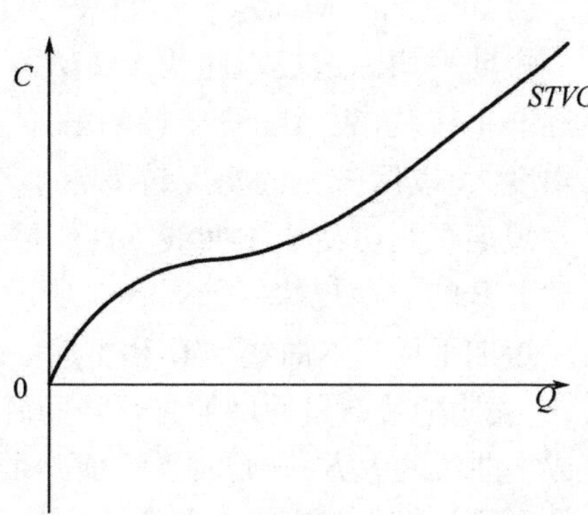

图 5.2　STVC 曲线

由于短期总成本就是短期总固定成本与短期总可变成本之和。所以短期总成本 *STC* 曲线是由固定成本曲线与可变成本曲线相加而成，即将总固定成本与总可变成本在各个产量水平上相加就可以得到相应的总成本，总成本曲线形状与可变成本曲线一样，是一条由水平 *STFC* 曲线与纵轴的交点出发的向右上方倾斜的曲线，且在总可变成本曲线的正上方，只不过是可变成本曲线向上平行移动一段相当于 *STFC* 大小的距离，即总成本曲线与可变成本曲线在任一产量上的垂直距离等于固定成本 *STFC*，但 *STFC* 不影响总成本曲线的斜率，即不改变总成本曲线的形状。因此，总固定成本的大小与总成本曲线的形状无关，而只与总成本曲线的位置有关。在每一个产量点上，不仅 *STC* 曲线的斜率和 *STFC* 曲线的斜率相等，而且，*STC* 曲线和 *STVC* 曲线之间的垂直距离都等于不变的总固定成本 *STFC*。

三种成本曲线的形状如图 5.3 所示。

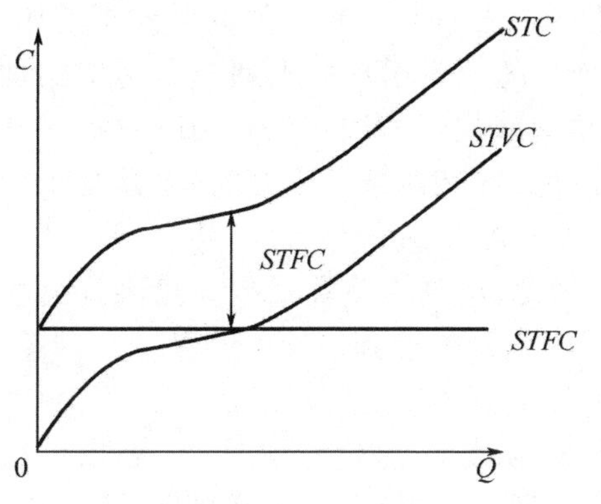

图 5.3　STFC、STVC 和 STC

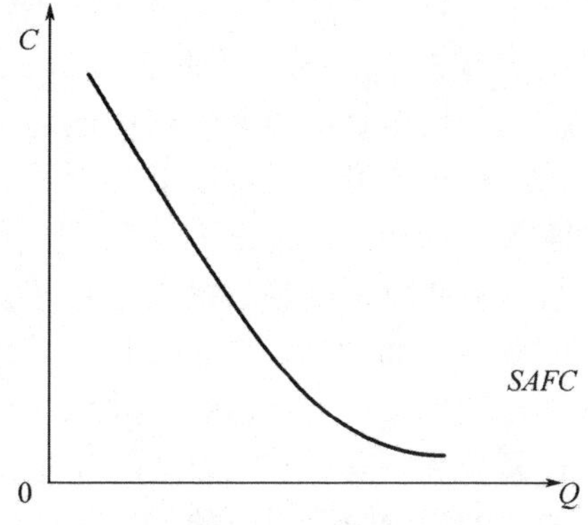

图 5.4　SAFC 曲线

（二）短期平均固定成本曲线、平均可变成本曲线和平均成本曲线

短期平均固定成本曲线 *SAFC* 是一条向右下方倾斜的曲线，开始比较陡，以后逐渐平缓，这表示随着产量的增加，平均固定成本一直在减少，但开始时减少的幅度大，以后减少的幅度越来越小。

短期平均可变成本曲线 *SAVC* 是"*U*"型曲线，表明随着产量的增加先下降而后上升的变动规律。如图 5.5 所示 。

短期平均成本曲线 *SAC* 和短期平均可变成本曲线 *SAVC* 一样，也是"*U*"型曲线，它表明随着产量的增加先下降而后上升的变动规律。平均成本曲线在平均可变成本曲线的上方，开始时平均成本曲线比平均可变成本曲线下降的幅度大，以后的形状与平均可变成本曲线基本相同，二者的变动规律相似。如图 5.6 所示。

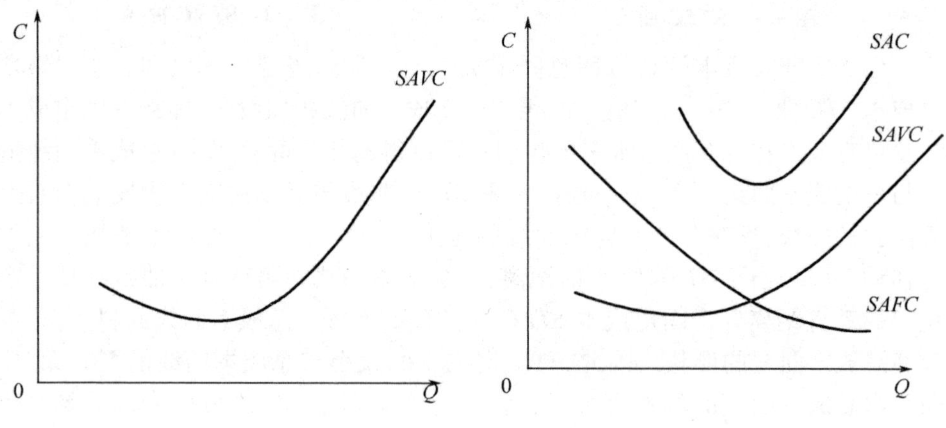

图 5.5　SAVC 曲线

图 5.6　SAFC、SAVC 和 SAC 曲线

（三）短期边际成本曲线

短期边际成本 *SMC* 曲线是一条先下降而后上升的 *U* 型曲线，开始时，边际成本随产量的增加而减少，当产量增加到一定程度时，就随产量的增加而增加。*SMC* 曲线的 *U* 型特征表现了边际成本 *SMC* 随产量增加而先递减后递增的性质。这一性质是由短期生产中的边际收益递减规律所决定的。边际收益递减规律的作用也可以通过以下的形式表示出来：在其他条件不变时，尤其是不变要素投入量和要素价格不变时，当产量由零开始不断增加时，起初由于可变要素投入量相对不变要素投入量是较少的，因此，增加可变要素投入量会提高生产效率，边际成本是递减的，但当可变要素投入量增加到最佳比例以后，再继续增加可变要素投入量，就会降低生产效率，边际成本是递增的。这就说明，短期生产函数和短期成本函数之间存在着某种对应关系。这种对应关系表现为：边际收益的递增阶段对应的是边际成本的递减阶段，边际收益的递减阶段对应的是边际成本的递增阶段，与边际收益的极大值相对应的是边际成本的极小值。

正因为如此,*SMC* 曲线表现出先降后升的 *U* 型特征,造成 *SMC* 曲线和 *SAVC* 曲线"*U*"型的原因都是由于投入要素的边际成本的递减或递增,也就是边际收益率的递增或递减,但两种成本的经济含义和几何含义不同,*SMC* 曲线反映的是 *STVC* 曲线上的一点的斜率。而 *SAVC* 曲线则是 *STVC* 曲线上任一点与原点连线的斜率。

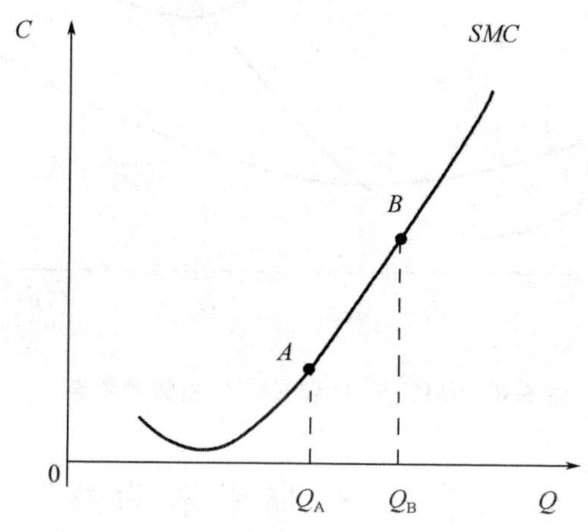

图 5.7　SMC 曲线

(四)短期边际成本 *SMC* 和短期平均可变成本 *SAVC*、短期平均成本 *SAC* 的关系

1. 短期边际成本 *SMC* 和短期平均可变成本 *SAVC* 的关系

如图 5.8 所示,*SMC* 曲线与 *SAVC* 曲线相交于 *SAVC* 曲线的最低点 *A*。由于边际成本对产量变化的反应要比平均可变成本灵敏得多,因此,不管是下降还是上升,*SMC* 曲线的变动都快于 *SAVC* 曲线,*SMC* 曲线比 *SAVC* 曲线更早到达最低点。在 *A* 点上,*SMC* = *SAVC*,即边际成本等于平均可变成本。在 *A* 点之左,*SAVC* 在 *SMC* 之上,*SAVC* 一直递减,*SAVC* > *SMC*,即边际成本小于平均可变成本。在 *A* 点之右,*SAVC* 在 *SMC* 之下,*SAVC* 一直递增,*SAVC* < *SMC*,即边际成本大于平均可变成本。

2. 短期边际成本 *SMC* 和短期平均成本 *SAC* 的关系

短期边际成本 *SMC* 和短期平均成本 *SAC* 的关系与短期平均可变成本 *SAVC* 的关系相同。如图 5.8 所示,*SMC* 曲线与 *SAC* 曲线相交于 *SAC* 曲线的最低点 *B*。在 *B* 点上,*SMC* = *SAC*,即边际成本等于平均成本。在 *B* 点之左,*SAC* 在 *SMC* 之上,*SAC* 一直递减,*SAC* > *SMC*,即平均成本大于边际成本。在 *B* 点之右,*SAC* 在 *SMC* 之下,*SAC* 一直递增,*SAC* < *SMC*,即平均成本小于边际成本。

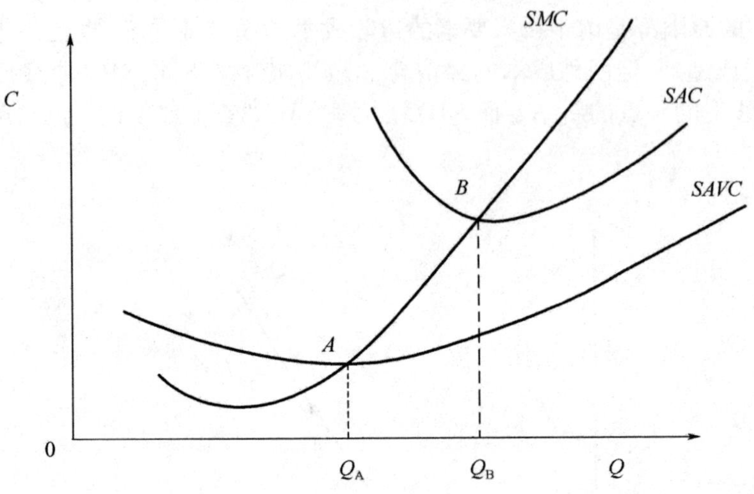

图 5.8 SMC、SAC 和 SAVC 曲线的关系

第三节 长期成本曲线

长期成本包括长期总成本、长期平均成本和长期边际成本。

一、长期总成本曲线

长期总成本(long-run total cost 简写 LTC)是长期中生产一定量产品所需要的成本总和。长期总成本随产量的变动而变动。没有产量时就没有总成本。*LTC* 曲线是一条由原点出发向右上方倾斜的曲线,表示长期总成本随着产量的增加,总成本在增加。在开始生产时,要投入大量生产要素,而产量少时,这些生产要素无法得到充分利用,因此,成本增加的比率大于产量增加的比率。当产量增加到一定程度后,生产要素开始得到充分利用,这时成本增加的比率小于产量增加的比率,这也是规模经济的效益。最后,由于规模

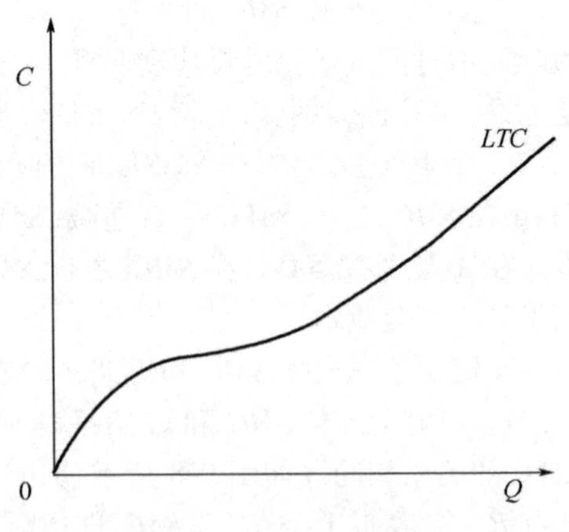

图 5.9 LTC 曲线

收益递减,成本的增加比率又大于产量增加的比率,如图 5.9 所示。

二、长期平均成本曲线

(一)长期平均成本

1. 长期平均成本(long-run average cost 简写 LAC)是长期中平均每一单位产品的成本。它等于长期总成本 LTC 与产量 Q 之商,即:

$$LAC = LTC/Q$$

2. 长期平均成本曲线的特征

长期平均成本曲线表明了当资本和劳动都可以变动时达到的最低平均总成本与产量之间的关系。它随着产量的增加而变动,开始时呈递减趋势,达到最低点后转而递增,是一条先下降然后缓慢上升的"U"型曲线。

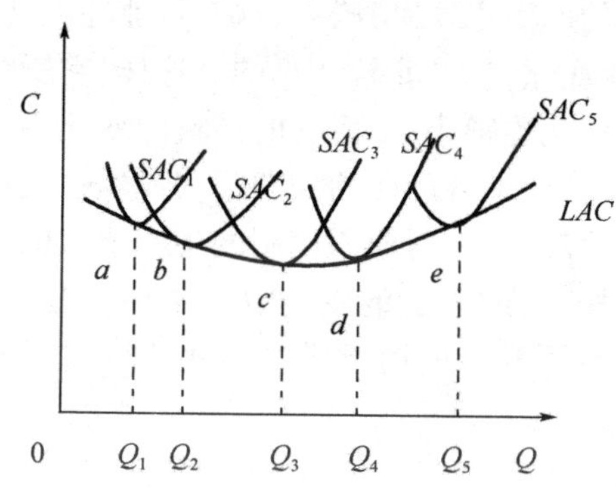

图 5.10　LAC 曲线

从图 5.10 可以看出,五条短期平均成本曲线分别表示不同生产规模上平均成本的变化情况,越是往右,代表生产规模越大,每条 SAC 与 LAC 不相交但相切,并且只有一个切点,从而形成一条包络曲线。之所以这样,就是为求降低成本而选择生产规模的结果。生产者要根据产量的大小来决定生产规模,其目标是使平均成本达到最低。在产量 OQ_1 时,要选择 SAC_1 这一规模,因为这时平均成本 aQ_1 是最低的。以此类推,当产量 OQ_2 时,则要选择 SAC_2 这一规模,这时平均成本 bQ_2 是最低的;当产量 OQ_3 时,则要选用 SAC_3 这一规模,这时平均成本 cQ_3 是最低的,等等。所以,长期平均成本曲线就是由无数条短期平均成本曲线集合而成,从而就表现为一条与无数条短期平均成本曲线相切的曲线。

在长期中,生产者按这条曲线作出计划,确定生产规模,因此,这条长期平均成本曲线又称为计划曲线或包络曲线。

长期平均成本曲线与短期平均成本曲线的区别在于:长期平均成本曲线无论在下降时还是上升时都比较平坦,这说明在长期中平均成本无论是减少还是增加都变动较慢。这是由于在长期中全部生产要素都可以随时调整,从规模收益递增到规模收益递减有一个较长的规模收益不变阶段,而在短期中,规模收益不变阶段很短,甚至没有。

(二)不同行业的长期平均成本

以上对长期平均成本的讨论都假设生产要素的价格是不变的。如果考虑到生产要素价格的变动,则各行业长期平均成本变动的特点又有所不同。一般可以根据长期平均成本变动的情况把不同的行业分为三种情况:成本不变、成本递增、成本递减。

1. 成本不变的行业

这种行业中各厂商的长期平均成本不受整个行业产量变化的影响,无论产量如何变化,长期平均成本是基本不变的。这种行业就是"成本不变行业"。形成这些行业成本不变的原因主要有:第一,这一行业在经济中所占的比重很小,也就是说,与其他行业相比,它是非常微小的。这样,它所需要的生产要素在全部生产要素中所占的比例也很小,从而它的产量的变化不会对生产要素的价格发生影响。因此,这一行业中各厂商的长期平均成本也就不会由于这一行业产量的变动而变动了。第二,这一行业所使用的生产要素的种类与数量与其他行业成反方向变动。这样,它的产量的变动也就不会引起生产要素价格的变动,从而保持长期平均成本不变。适用于成本不变的行业一般是一些小商品生产或特殊行业。

2. 成本递增的行业

这种行业中各个厂商的长期平均成本要随整个行业产量的增加而增加。这种行业在经济中属于普遍的情况。形成这些行业成本递增的原因是,由于生产要素是有限的,所以整个行业产量的增加就会使生产要素价格上升,从而引起各厂商的长期平均成本增加,即由于外部因素,一个行业扩大给一个厂商所带来的"外在不经济"。这种情况在以自然资源为主要生产要素的行业中更为突出,如农业、矿业等行业。

3. 成本递减的行业

这种行业中各个厂商的长期平均成本要随整个行业产量的增加而减少,即"外在经济"。形成这些行业成本递减的原因是,外在经济对这种行业特别重要。例如,在同一地区建立若干汽车制造厂,各厂商就会由于在交通、辅助服务等方面的节约而产生成本递减。但特别应该指出的是,这种成本递减的现象只是在一定时期内存在。在长期中,外在经济必然会变为外在不经济。因此,一个行业内的成本递减无法长期维持下去。

（三）影响长期平均成本因素

1. 规模经济与规模不经济

规模经济是指由于生产和经营规模不断扩大而导致长期平均成本下降、收益不断增加的情况。原因在于：规模扩大后劳动分工更细、专业化程度更高、技术更强、管理更合理等。

规模不经济是指企业规模过大使得管理无效而导致长期平均成本上升的情况。原因在于：规模过大造成信息不畅、决策不灵、内部联系费用增加、内部摩擦增加等。

2. 学习效应

学习效应是指在长期生产过程中，企业的工人、技术人员、经理人员等可以积累起产品生产、产品的技术设计以及管理方面的经验，从而导致长期平均成本的下降。

3. 范围经济与范围不经济

范围经济是指在相同的投入下，由一个单一的企业生产关联产品比多个不同的企业分别生产这些关联产品中每一个单一产品的产出水平要高。企业同时进行多产品生产称为联合生产。企业采取联合生产的方式可以通过使多种产品共同分享生产设备或其他投入物而获得产出或成本方面的好处，也可以通过统一的营销计划或统一的经营管理获得成本方面的好处。

范围不经济是指在相同的投入下，由一个单一的企业生产关联产品比多个不同的企业分别生产这些关联产品中每一个单一产品的产出水平要低，则称该种生产过程为范围不经济。原因是将不同的产品放在一起生产会发生生产上的冲突。

三、长期边际成本曲线

长期边际成本（long-run marginal cost 简写 LMC）是长期中增加每一单位产品所增加的成本。如果以 LMC 代表长期边际成本，ΔLTC 代表长期总成本的增量，ΔQ 代表增加的产量，则有：

$$LMC = \Delta LTC / \Delta Q$$

长期边际成本也是随产量的增加先减少而后增加的，因此，长期边际成本曲线也是一条先下降而后上升的"U"型曲线，但它也比短期边际成本曲线要平坦。

长期边际成本与长期平均成本的关系和短期边际成本与短期平均成本的关系一样，即在长期平均成本下降时，长期边际成本小于长期平均成本（$LMC < LAC$）；在长期平均成本上升时，长期边际成本大于长期平均成本（$LMC > LAC$），在长期平均成本的最低点，长期边际成本等于长期平均成本。这一点可用图

5.11来说明。

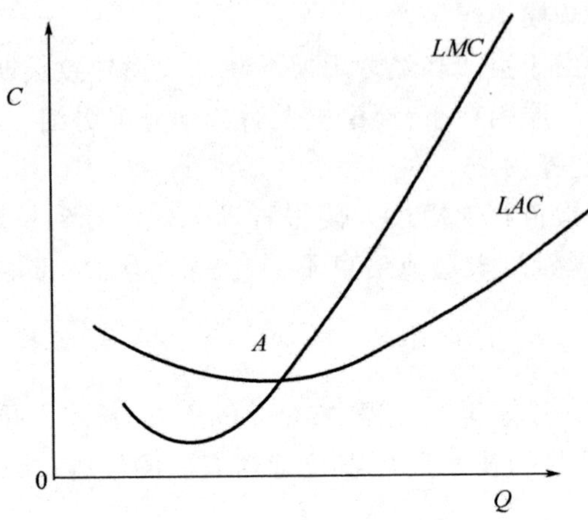

图 5.11　LMC 曲线

LMC 曲线与长期平均成本曲线 *LAC* 相交于 *LAC* 的最低点 *A*。在 *A* 点，*LMC* = *LAC*，即长期边际成本等于长期平均成本。在 *A* 点之左，*LAC* 在 *LMC* 之上，*LAC* 一直递减，*LAC* > *LMC*，即长期平均成本大于长期边际成本。在 *A* 点之右，*LAC* 在 *LMC* 之下，*LAC* 一直递增，*LAC* < *LMC*，即长期平均成本小于长期边际成本。

本章小结

本章分析了短期成本及其变动规律和长期成本及其变动规律。成本是指厂商对购买和耗费的生产要素的货币支出。成本函数是指在技术水平和要素价格既定的前提下，成本和产出之间的相互关系。

机会成本解决的是把一定资源用于生产某种经济物品时所放弃的其他用途所能产生的最大收益问题，它并不是实际的货币支出，而是一种观念上的成本。用机会成本的计算方法可以更好地利用资源。

短期成本包括短期总成本、短期平均成本和短期边际成本。短期总成本是短期内生产一定量产品所需要的成本总和；短期平均成本是短期内生产每一单位产品平均所需要的成本；短期边际成本是厂商每增加一单位产量所增加的总成本量。

长期成本包括长期总成本、长期平均成本和长期边际成本。长期总成本是长期中生产一定量产品所需要的成本总和；长期平均成本是长期中平均每一单位产品的成本；长期边际成本是长期中增加每一单位产品所增加的成本。

深度链接：产量曲线与成本曲线的对应关系

生产厂商为了获得最大利润，必须考虑收益也就是产量和成本的关系。假定生产要素的价格是既定的，根据前面所学的知识可知：

成本函数为：$TC(Q)=TFC+TVC(Q)$

$$TVC(Q)=w\cdot L(Q)$$

式中 w 代表劳动价格，即工资。

据此有：$AVC=TVC/Q=w\cdot L/Q=w\cdot 1/AP$

$$MC=\frac{dTC}{dQ}=\frac{dTVC}{dQ}=w\frac{dL}{dQ}=w\frac{1}{MP_L}$$

据此可绘出产量曲线和成本曲线，如图 5.12：

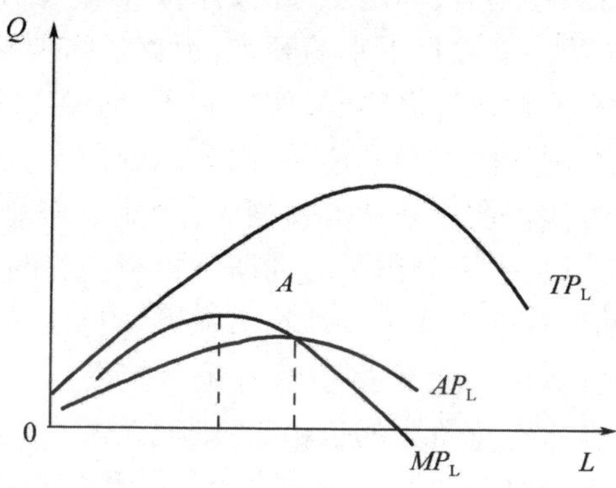

图 5.12(a)　TP、AP 和 MP 曲线

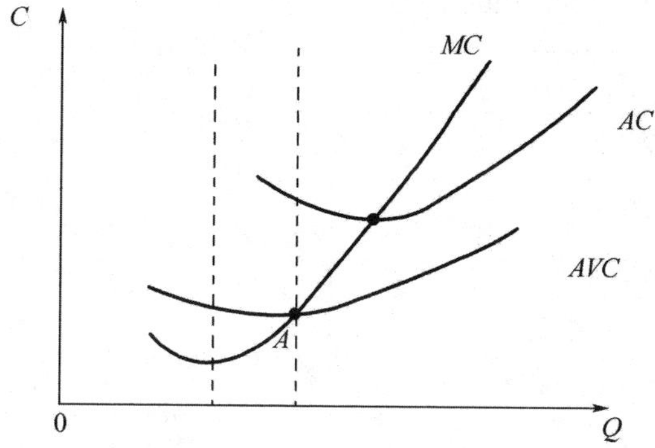

图 5.12(b)　MC、AC 和 AVC 曲线

AP_L 和 AVC 二者有如下关系:第一,平均产量曲线 AP_L 递增时,平均可变成本曲线 AVC 递减;平均产量曲线 AP_L 递减时,平均可变成本曲线 AVC 递增;平均产量曲线 AP_L 的最高点与平均可变成本曲线 AVC 的最低点对应。第二,边际成本曲线 MC 和平均可变成本曲线 AVC 的交点与边际产量曲线 MPL 和平均产量曲线 AP_L 的交点是对应的。

MP_L 和 MC 二者有如下关系:边际产量曲线 MP_L 的上升阶段对应边际成本 MC 曲线的下降阶段;边际产量曲线 MP_L 的下降阶段对应边际成本曲线 MC 的上升阶段;边际产量曲线 MP_L 的最高点对应边际成本曲线 MC 的最低点。

【案例 1】迈克尔进军房屋粉刷业

房屋粉刷业只在夏季出现,因为那时白天又长又热,高中和大学的学生们正好放暑假,可以胜任这个技术要求不高的工作。为了赚点零花钱,迈克尔打算在上完经济学入门课程之后,利用夏天的时间开设普列斯特粉刷公司。

开设公司肯定涉及一笔数目不小的开支,迈克尔需要购买一辆二手汽车作运输之用,当然也少不了其他许多物资,例如刷子、油漆以及方便顾客联络用的电话线路和应答装置,制作广告和宣传单,雇人四处散发,还要印刷名片和估价单据等等。不过,因为他将在户外从事粉刷工作,他不需要另外寻找办公地点,可以省下一笔租金。下页下表列出了普列斯特粉刷公司的固定成本。

迈克尔雄心勃勃地开始工作了。他给潜在顾客打电话,上门估计粉刷房屋可能需要多少钱,然后提出一个价格看对方是否接受。当然,他面对许多竞争对手,除非他可以提出具有竞争力的价格,否则他就做不成生意。

作为雇主,迈克尔同时必须留意劳动力市场的价格情况。他发现目前的劳动力价格是每小时 10 美元,而在现实世界里他还需要考虑添加刷子和油漆的成木。为简化起见,我们假设他在开工之前已经买好足够的刷子和油漆。于是他公司的可变成本就与他所雇用的劳动力有关。

固定成本	金额(美元)
二手汽车	5 000
刷子和油漆	2 000
广告和宣传单	1 200
名片和估价单据	500
电话线路和应答装置	300
总额	9 000

可变成本不能忽略粉刷一幢房子所需要的时间。如果你雇到最好的人手，派给他们最简单的工作，工作当然可以迅速完成。反过来，如果你只雇到没有多少经验的生手，派给他们最复杂的工作，工作进度自然放慢。下表显示普列斯特公司的可变成本。

粉刷房屋数	雇用劳动小时数	工资支出(美元)
5	100	1000
10	300	3000
15	600	6000
20	1000	10000
25	1500	15000
30	2100	21000

由此迈克尔可以计算出普列斯特公司的成本(单位:美元)如下表。

房屋数(幢)	可变成本	总成本	平均成本	每幢房屋边际成本
0	0	9000	—	—
5	1000	10000	2000	2000
10	3000	12000	1200	400
15	6000	15000	1000	600
20	10000	19000	950	800
25	15000	24000	960	1000
30	21000	30000	1000	1200

最困难的是如何计算粉刷一幢房屋需要多少时间。确实，谁能预计工人的熟练程度以及粉刷一幢常见房屋可能花费的时间呢？迈克尔当然可以从经验中学习，不过，如果他在计算当中犯了一个严重错误，那么这个夏天结束之后他可能亏本。

根据他的边际利润和成本曲线，迈克尔认为，如果市场情况允许他为粉刷一幢常见房屋开价 1 000 美元或以上，那么他就会在粉刷至少 25 幢房屋之后开始赢利。大致而言，这就是他的夏季计划：每幢房屋收取 1 000 美元，一共粉刷 25 栋，最后盈利 1 000 美元。

确切地说这只是他的想法。在上述表格中迈克尔并没有考虑到他的时间的机会成本。他粉刷房屋的报酬其实没有每小时 10 美元那么多，因为他在粉刷房屋之外还要忙于接洽生意,雇用和组织工人,接听顾客电话,处理顾客投诉。

假设现在还有另外一份餐厅侍者的工作摆在迈克尔面前,就是在暑假工作12星期,每星期40小时,工资是每小时6美元(含小费),那么他在这个夏天就能赚取2 880美元,而且没有什么压力或风险。如果把这个机会成本计算在他自己开设公司的固定成本里,他显然一定亏本。如果普列斯特公司不能赚回成本,并且补偿他自己开设公司所承担的风险和压力,那么他还不如放弃粉刷房屋,到餐厅去服务顾客好了。

(资料来源:斯蒂格利茨:《经济学小品和案例》,中国人民大学出版社,1998年版。)

讨论下列问题:

(1)上述案例体现了经济学中的哪些原理?请简单说明。

(2)如果你是迈克尔,在实际生活中会像他一样思考吗?为什么?

(3)除了上述因素之外,还有哪些因素会影响迈克尔是否进入粉刷市场?

【案例2】迈克尔·乔丹应该自己修剪草坪吗

迈克尔·乔丹是一个优秀的运动员,是NBA中最优秀的篮球运动员之一,他能跳得比其他大多数人高,投篮也比其他大多数人准。他在其他活动中也出类拔萃。例如,乔丹修剪自己的草坪大概比其他任何人都快。但是仅仅由于他能迅速地修剪草坪,就意味着他应该自己修剪草坪吗?

为了回答这个问题,我们可以用机会成本和比较优势的概念。比如乔丹能用2个小时修剪完草坪。在这同样的2小时中,他能拍一部运动鞋的电视商业广告,并赚到1万美元。与他相比,住在乔丹隔壁的小姑娘杰尼弗能用4个小时修剪完乔丹家的草坪。在这同样的4个小时中,她可以在麦当劳店工作赚20美元。

在这个例子中,乔丹修剪草坪的机会成本是1万美元,而杰尼弗的机会成本是20美元。乔丹在修剪草坪上有绝对优势,因为他可以用更少的时间干完这件活。但杰尼弗在修剪草坪上有比较优势,因为她的机会成本低。

在这个例子中,贸易的好处是巨大的。乔丹不应该修剪草坪,而应去拍广告,他应该雇佣杰尼弗去修剪草坪。只要他支付给杰尼弗的钱大于20美元而低于1万美元,双方的状况都会更好。

(案例来源:曼昆:《经济学原理》,北京大学出版社,1999年9月版)

讨论下列问题:

(1) 结合案例说明市场交换的好处。

（2）结合案例说明现实中的职业差别问题，从经济学的角度看，按照什么标准选择职业？

【案例3】巨人的倒下

史玉柱，一个曾经响彻大江南北的名字，巨人集团的创始人。1984 年毕业于浙江大学，获数学学士学位，1989 年毕业于深圳大学软科学管理系研究生班。1989 年 7 月，他辞去安徽省统计局工作，携东挪西借的 4000 元钱和自己开发的 *M*－6401 桌面排版印刷系统回到深圳开始创业。8 月承包了天津大学深圳科技工贸发展公司电脑部。然后利用《计算机世界》先打广告后付款的时间差，做了一个 8400 元的广告。广告打出 13 天后，8 月 15 日，史玉柱的银行账户第一次收到三笔汇款共 15820 元。巨人事业由此起步。9 月下旬，收款数字升到 10 万元。史玉柱全部取出再次投入广告，4 个月后，*M*－6401 销售一举突破百万元大关，奠定巨人创业基石。

1991 年 4 月，珠海巨人新技术公司注册成立，公司共 15 人，注册资金 200 万元。11 月，*M*－6403 汉卡销售量跃居全国同类产品之首，纯获利达 1000 万元。

1992 年 7 月，巨人公司实行战略转移，将管理机构和开发基地由深圳迁至珠海。9 月，巨人公司升格为珠海巨人高科技集团，注册资金 1.19 亿元。9 月 27 日，时任国务院副总理朱镕基视察巨人集团。12 月底，巨人集团主推的 *M*－6403 汉卡销售 2.8 万套，销售产值共 1.6 亿元，实现纯利润 3500 万元，年发展速度 500% 。

1993 年 12 月，巨人集团发展到 290 人，在全国各地成立了 38 家全资子公司，集团在一年内推出中文手写电脑、中文笔记本电脑、巨人传真卡、巨人中文收款机、巨人钻石财务软件、巨人防病毒卡、巨人加密卡等产品。与此同时，巨人实现销售额 3.6 亿元，利税 4600 万元，成为中国极具实力的计算机企业。1994 年 1 月，中国计算机界划时代产品——巨人中文手写电脑投入全国市场，市场反应良好。2 月 2 日，时任国务院总理李鹏视察巨人集团，并为巨人科技大厦题词。同日，高 70 层、投资 12 亿元的巨人科技大厦破土开工，标志着巨人涉足房地产业。6 月 17 日，时任中共中央总书记、国家主席、国家军委主席江泽民视察巨人集团，在试写手写电脑时，他说："中国人就应该做巨人。"8 月巨人推出"脑黄金"并投放市场，随后陆续推出生物工程保健产品系列。当年，史玉柱被评为"中国十大改革风云人物"，达到他事业的巅峰。1995 年 5 月 18 日，"巨人三大战役"正式在全国打响，三大战役包括电脑、保健品、药品三大系列 30 多个产品。同年底，"巨不肥"产品问世。10 月 2 日，史玉柱又发动了"秋季战役”。1996年3月,“巨不肥”会战打响。7月,保健品销售量开始急剧下滑。下半年,巨人大厦面临资金问题,史玉柱决定抽调生物工程流动资金,去支撑大厦建设资金,活钱变成了死钱。由于保健品的销量没有起色,以致巨人集团财务运作日益窘迫,营销状况衰势尽显,员工士气不振。债务危机、销售危机、财务危机和管理危机一并爆发。

(案例来源:金雪军:《西方经济学案例》,浙江大学出版社,2004年9月第1版)

讨论下列问题:

(1)你认为巨人倒下的根本原因是什么?为什么?

(2)企业在发展过程中如何才能平衡?

习　题

一、名词解释

机会成本　短期边际成本　长期平均成本　收益　会计成本与经济成本　私人成本与社会成本　长期平均成本与长期边际成本　利润最大化的原则

二、简答题

1. 什么是短期固定成本、可变成本和总成本?
2. 短期边际成本与短期平均成本的关系如何?
3. 计算并填写表格

产量	固定成本	可变成本	总成本	边际成本	平均固定成本	平均可变成本	平均总成本
0	10	0					
1	10	30					
2	10	90					
3	10	160					
4	10	280					
5	10	360					
6	10	490					
7	10	640					
8	10	820					
9	10	980					
10	10	1300					

4. 在西方经济学中,长期和短期的划分标准是什么?

5. 短期平均成本曲线与长期成本曲线都呈"*U*"型,这是什么原因造成的?如何利用 *SAC* 曲线说明 *LAC* 曲线的形成?

三、计算题

假设某企业的短期成本函数是 $TC(Q) = Q^3 - 80Q^2 + 500$,(1)指出该短期成本函数中的可变成本部分和不变成本部分。(2)写出下列相应的函数:$TVC(Q)$,$AVC(Q)$,$AFC(Q)$,$AC(Q)$,$MC(Q)$。

第六章 市场理论(上)

学习目标

本章与下章的内容构成了微观经济学的市场理论。本章主要分析了市场类型、特征,完全竞争市场的均衡。学习重点在于掌握完全竞争市场均衡时的利润变化情况。

第一节 市场

在不同的历史时期和不同的场合,人们对市场的理解有所不同。一般来说,市场是指买卖双方进行物品交易的场所或接洽点。市场可以是一个有形的买卖物品的交易场所,是物品交换关系的总和,这种意义上的市场至今仍然是最为普遍的存在形式。如百货商店、书店、超级市场、农贸市场、证券交易所等,即都是具有固定位置的交易地点。然而,由于现代通讯和大众传媒的发展,尤其是互联网的日趋发达,现代的市场并不局限于一个固定的交易地点,甚至根本就没有地点。例如,电子商务活动的出现使市场当事人根本就无须见面就可从事交易活动,这种无地点的交易活动在现代社会中已变得越来越普遍。所以从本质上讲,市场是物品买卖双方相互作用并得以决定其交易价格和交易数量的一种组织形式或制度安排。

任何一种交易物品都有一个市场。在经济中有多少种交易物品,就相应地有多少个市场。例如,原油市场、农产品市场、电子产品市场、期货市场、劳动力市场、土地市场等等。就市场而言,可以将经济中所有的可交易的物品分为商品和生产要素两大类,相应地,经济中所有的市场也可以分为商品市场和生产要素市场两类。本章主要是研究市场理论中的商品市场。

一、市场的类型

市场的类型是根据不同的标准而划分的,市场的分类方法很多。如从市场主体角度看,可分为所有权市场、占有权市场和使用权市场;从市场客体看,可分为消费品市场、生产资料市场、资金市场、劳动力市场、技术市场、信息市场、房地产市场等;从市场时序的角度看,可分为现货市场和期货市场;从市场区域结构看,可分为城市市场、农村市场、地方市场、全国市场、世界市场。

上述市场具有不同的结构类型。所谓市场结构,通常定义为对市场内竞争程度及价格形成等产生战略性影响的市场组织的特征。根据不同的市场结构特征或者市场的竞争程度,可以将市场分为四种不同的类型。即完全竞争市场、垄断竞争市场、寡头垄断市场和完全垄断市场。为判明市场的竞争或垄断程度,有必要对市场形态加以划分,决定市场结构划分的主要因素可以概括为以下四点:第一,某一特定市场厂商的数目;第二,同一市场中厂商所生产的产品的差别化程度;第三,单个厂商对某一产品市场价格的控制程度;第四,厂商进入或退出一个行业的难易程度(进入壁垒和退出壁垒)。关于完全竞争市场、垄断竞争市场、寡头垄断市场和完全垄断市场的划分及其相应的特征可以用表6.1来概括。

表6.1　市场类型的划分和特征

市场类型	厂商数目	产品差别程度	对价格控制的程度	进出一个行业的难易程度	接近哪种商品市场
完全竞争	很多	完全无差别	没有	很容易	一些农产品
垄断竞争	很多	有差别	有一些	比较容易	一些轻工产品、零售业
寡头垄断	几个	有差别或无差别	相当程度	比较困难	钢、汽车、石油
完全垄断	一个	唯一的产品且无相近的替代品	很大程度,但经常受到管制	很困难,几乎不可能	公用事业如水、电

与市场这一概念相对应的另一个概念是行业(有些场合称做"产业")。行业是指同一个商品市场生产和提供商品的所有厂商的总体。市场和行业这两个概念在微观经济学中基本上是一致的。如完全竞争市场对应的是完全竞争行业,垄断竞争市场对应的是垄断竞争行业。

为什么在经济理论研究中要区分不同的市场结构呢?正如在前几章中所讨论的,市场的均衡价格和均衡数量取决于市场的需求曲线和供给曲线。消费者追求效用最大化的行为决定了市场的需求曲线,厂商追求利润最大化的行为决定了市场的供给曲线。厂商的利润取决于收益和成本。其中,厂商的成本主要取决于厂商的生产技术方面的因素,而厂商的收益则取决于市场对其产品的需求状况。在不同类型的市场结构条件下,厂商所面临的对其产品的需求状况是不相同的,所以,在分析厂商的利润最大化的决策时,要区分不同的市场类型。

二、完全竞争市场及其特征

完全竞争(*Perfect Competition*)又称为纯粹竞争,指的是一种不存在任何垄断因素,市场机制在资源配置方面的作用不受任何阻碍和干扰的市场结构。它是指这样一种状态,即某种商品在市场上有无数的生产者,任何生产者影响不了供给价格;这种商品在市场上有无数的需求者,他们谁也影响不了需求价格;市场上的均衡价格是在供求规律的作用下形成的,谁也不能改变。一个完全竞争市场必须具备以下四个条件:

第一,在同一市场上存在相当多的买者和卖者。由于同一市场上买者众多,单个买者其购买量在市场总量中所占份额很小,从而不会对市场的价格水平产生任何的影响。同样,由于卖者众多,单个买者所提供的产品数量在市场总量中所占份额也很小,因而也不会对市场价格的形成产生任何影响。在这样的市场中,单个的买者和卖者都是价格的接受者,他们只能被动地接受既定的市场价格买进和卖出他们愿意的任何数量的产品,而不会对市场价格产生任何影响。

第二,市场上每一个厂商所提供的商品完全同质。这里的商品同质指厂商之间提供的商品是完全无差别的。它不仅指在商品的质量、规格、款式、包装、性能、商标等物理特性方面完全相同,还包括买方主观印象、购物环境、销售的地理位置、售后服务等任何表示商品消费特性方面也都完全相同,即无产品差别化。对于消费者来说,所有厂商的产品具有完全替代性,或者说,购买任何一家厂商的产品都是一样的。在这种情况下,如果单个厂商提价,消费者就会转而购买其他厂商的产品,其产品就会完全卖不出去。当然,单个厂商也没有必要降价。因为单个厂商总是可以按照既定的市场价格实现属于自己的那一份相对来说很小的销售份额。所以厂商既不会单独提价,也不会单独降价。可见,这个条件,进一步强化了市场上每一个买者和卖者都是被动的既定市场价格的接受者的说法。

第三,所有的资源具有完全自由流动性。这意味着所有资源可以在各厂商之间和各行业之间完全自由地流动。任何一种资源都可以及时地投向能获得最大利润的生产,并及时地从亏损的生产中退出。在此过程中,缺乏效率的企业将被淘汰,取而代之的是具有效率的企业。也就是说,不存在任何障碍阻止新厂商进入该行业或原有厂商退出该行业,任何想要进入的企业都能够与市场上的现有企业有相同的经营条件。

第四,买卖双方信息是完全的。市场上每一个买者和卖者对商品的质量和价格信息有充分的掌握。这样买者不会以高于市场的价格进行购买,卖者也不会以低于市场的价格销售。因此,一种商品只有一种价格。完全信息的假设排除了由于信息不通畅而可能导致的一个市场同时按照不同的价格进行交易的情况。

符合以上四个假设的市场被称为完全竞争市场。可见,完全竞争市场是一个非个性化的市场。因为,市场中的单个买者和卖者都是市场价格的被动接受者,既不会也没有必要去改变市场价格;每一个厂商生产的产品都是完全相同的,具有完全替代性;所有的资源都可以完全自由地流动,不存在同种资源之间的报酬差距;市场上的信息是完全的,任何一个交易者都不具备信息优势。因此,完全竞争市场中不存在交易者的个性。

由以上条件可以看出,理论分析中所假设的完全竞争市场的条件是非常苛刻的。在现实经济生活中完全符合以上四个假设条件的纯粹的完全竞争市场是不存在的。一般情况下,通常只是将一些农产品市场,如大米市场、小麦市场等,看成是有些类似或比较接近完全竞争市场。主要是因为某些农产品的生产厂商很多,产品差别较小,进入或退出该行业障碍较小。既然在现实经济生活中并不存在完全竞争市场,那么,建立和研究这样一种完全竞争市场结构有什么意义呢?这是因为,从对完全竞争市场构造的分析中,可以得到关于市场机制及其配置资源的一些基本原理,而且也可以为其他类型市场的经济效率分析和评价提供一个参照系。由此可见,完全竞争市场理论是其他类型市场结构理论的基础。

第二节　完全竞争市场的均衡

一、完全竞争厂商的需求曲线

在完全竞争市场上,单个厂商的销售量仅仅占整个行业销售量的一小部分,所以某一个厂商出售多少产品数量对该产品的市场价格没有影响,所以,完全竞争厂商的需求曲线是一条由既定市场价格水平出发的水平线,如图6.1所示。在图(a)中,市场的需求曲线D和供给曲线S相交的均衡点E所决定的市

场的均衡价格为 P_e，相应地，在图(b)中，由给定的价格出发的水平线 d 就是厂商的需求曲线。水平的需求曲线表明，每个厂商只能被动地接受给定的市场价格，厂商既不会也没有必要去改变这一价格水平。

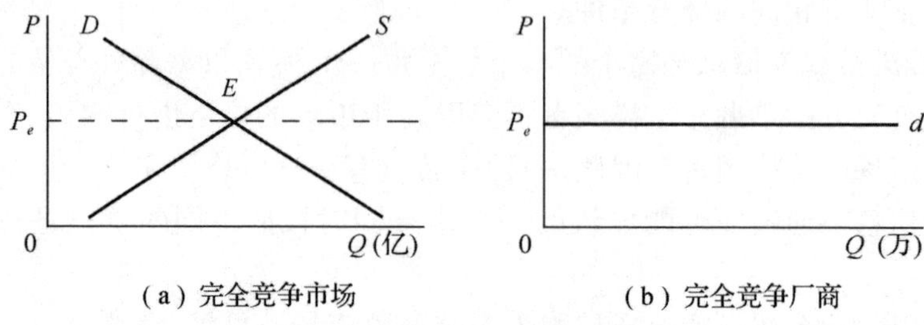

图 6.1 完全竞争厂商的需求曲线

需要强调的是，在完全竞争市场中，单个消费者和单个厂商无力影响市场价格，他们中的每一个主体都是被动地接受既定的市场价格，但这些并不意味着完全竞争市场的价格是固定不变的。在其他一些因素的影响下，如经济中消费者收入水平的普遍提高、先进技术的推广或政府有关政策的变化等等，使得众多消费者的需求量和众多生产者的供量发生变化时，供求曲线的位置就有可能发生移动，从而形成市场的新的均衡价格。在这种情况下，就会得到由新的均衡价格水平出发的一条水平线，如图 6.2 所示。在图中，最初的市场需求曲线为 D_1，供给曲线为 S_1，均衡价格为 P_1，相应的厂商的需求曲线是由价格水平 P_1 出发的一条水平线 d_1。当市场需求曲线的位置由 D_1 移至 D_2，供给曲线的位置由 S_1 移至 S_2 时，市场均衡价格上升为 P_2，于是相应的厂商的需求曲线是由新的价格水平 P_2 出发的另一条水平线 d_2。虽然厂商的需求曲线可以出自各个不同的给定的市场的均衡价格水平，但是它们总是呈水平线的形状。

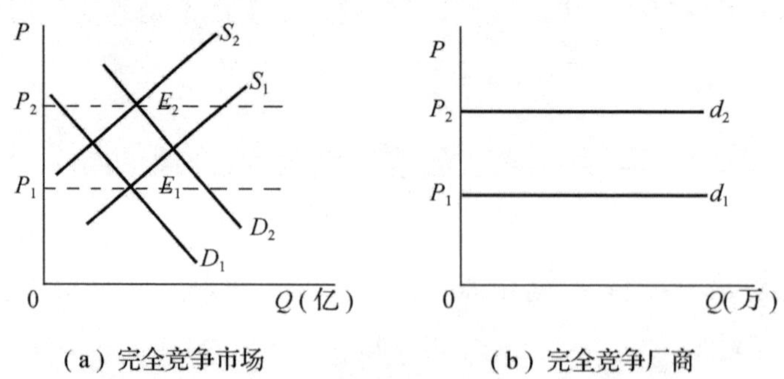

图 6.2 完全竞争市场价格的变动和厂商的需求曲线

二、完全竞争厂商的收益曲线

厂商的收益就是指厂商的销售收入。可分为总收益、平均收益和边际收益。依次表示为 TR、AR 和 MR。

总收益是指厂商按一定价格出售一定数量产品时所获得的全部收入。以 P 表示既定的市场价格,以 Q 表示销售总量,其公式为:

$$TR(Q) = P \cdot Q \tag{6.1}$$

平均收益是指厂商在平均每一单位产品销售上所获得的收入。其公式为:

$$AR(Q) = TR(Q)/Q \tag{6.2}$$

边际收益指厂商增加一单位产品销售所获得的总收入的增量。其公式为:

$$MR(Q) = \Delta TR(Q)/\Delta Q \tag{6.3}$$

或者

$$MR(Q) = \lim_{\Delta Q \to 0} \frac{\Delta TR(Q)}{\Delta Q} = \frac{dTR(Q)}{dQ} \tag{6.4}$$

由(6.4)式可知,每一销售量水平上的边际收益值就是相应的总收益曲线的斜率。

厂商的收益取决于市场上对其产品的需求状况,或者说,厂商的收益取决于厂商的需求曲线的特征。在不同的市场类型中,厂商的需求曲线具有不同的特征。

在完全竞争市场中,由于平均收益恒等于产品价格,所以在价格固定不变的条件下,平均收益也不随产量变动,平均收益曲线是与厂商面临的需求曲线重叠的水平直线。而在价格不变的条件下,每增加一单位产出所带来的收益增加量直接等于不变的产品价格或平均收益,故边际收益曲线是与需求曲线和平均收益线重叠的水平。以既定市场价格为高度的水平直线,既是厂商面临的需求曲线,也是平均收益曲线和边际收益曲线,即 $P = AR = MR$。

在完全竞争条件下,总收益等于固定不变的价格和产量的乘积,总收益与产量成等比例变化。当产量为零时,总收益也为零。每增加一单位所产出所带来的总收益增量直接等于不变的价格。

三、完全竞争市场的短期均衡和短期供给曲线

(一)厂商实现最大利润的均衡条件

厂商进行生产的目的是为了追求最大化的利润,那么,在什么条件下厂商的利润达到最大？在这里,将以完全竞争厂商的短期生产行为为例来推导利润最大化的均衡条件。

所谓短期是指在这样一段期间,厂商的厂房设备的规模(固定成本)是固定

不变的，但它可以通过调整可变要素（可变成本）的使用量来调整其产量。从整个行业来看，在短期内，不仅该行业现有厂房设备规模是固定不变的，该行业厂商的人数也是不变的，因为时间很短，不允许厂商建造出新厂房设备进入到该行业中来。

在完全竞争市场上，厂商能够按既定的市场价格售出他愿意销售的任何销量。那么，厂商会生产并销售多少产品呢？这取决于产品的成本状况。也就是说，厂商根据既定的市场价格和他的成本状况来决定他提供的产量，以便该产量所提供的利润达到最大。能使利润达到最大的产量，就是厂商的短期均衡产量，因为这时厂商不再调整其产销量，从而达到均衡状况。

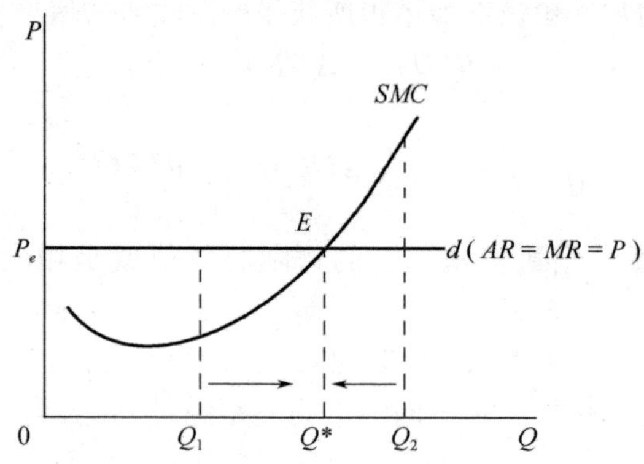

图 6.3 利润最大化（一）

如图 6.3 所示，图中横轴表示厂商的销售量 Q，纵轴表示价格 P。由于纵轴表示的是货币数量，所以，它也可以同时用来表示收益 R、成本 C 和利润 π（在以后类似的图中，均作相同的处理）。从图 6.3 中可知，某完全竞争厂商的短期生产的边际成本曲线 SMC 和一条由既定价格 P_e 出发的水平的需求曲线 d 相交于 E 点。E 点就是厂商实现最大利润的生产均衡点，相应的产量 Q^* 就是厂商实现最大利润时的均衡产量。这是因为，当产量小于均衡产量 Q^* 时，例如为 Q_1 时，厂商的边际收益大于边际成本，即有 $MR > SMC$。这表明厂商最后一单位产量所产生的收益大于所付出的成本，这时，厂商增加产量是有利的，可以使利润增加。所以，如图中指向右方的箭头所示，只要 $MR > SMC$，厂商就会增加产量。随着产量的增加，厂商的边际收益 MR 保持不变而厂商的边际成本 SMC 却逐步增加，直到 $MR = SMC$ 时为止。在 $MR = SMC$ 这一点的产量上，厂商得到了他所能得到的最大利润。相反，当产量大于均衡产量 Q^* 时，例如为 Q_2 时，厂商的边际收益小于边际成本，即 $MR < SMC$，这表明厂商最后一单位产量所带来的总收益小于最后一个单位产量所耗费的总成本，厂商生产最后一个单位产量是亏损

的。要减少亏损,厂商将会减少产量。随着产量的减少,边际成本下降,直到下降到等于边际收益时即 $MR = SMC$ 时,亏损消失了。在 $MR = SMC$ 这一点的产量上,厂商该避免的损失都避免了。此时,厂商的利润达到了最大。

由此可以看出,不管是增加产量,还是减少产量,厂商都是在寻找能够带来最大利润的产量,而这个产量就是 $MR = SMC$ 时的产量。可见,边际收益 MR 等于边际成本 MC 是厂商实现利润最大化的均衡条件。下面用图 6.4 来进一步说明这一均衡条件。

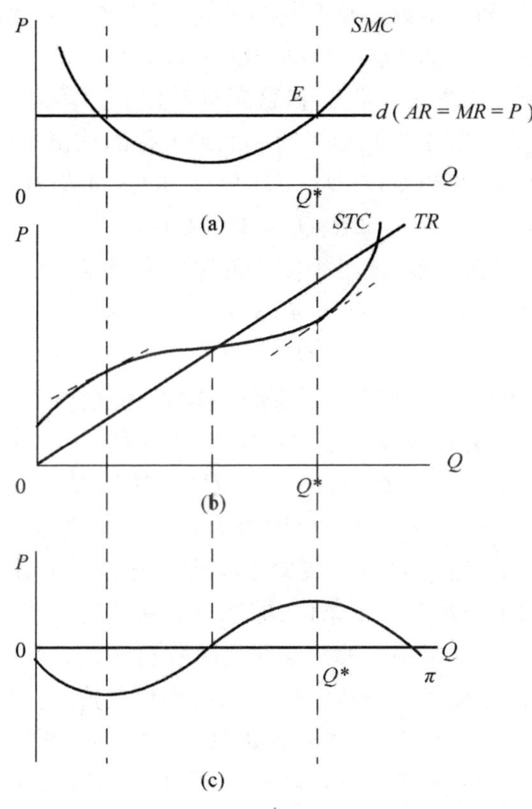

图 6.4　利润最大化(二)

在图中 MR 曲线和 SMC 曲线的交点 E 就是利润最大化的均衡点,相应的利润最大化产量是 Q^*。与图(a)相对应,在图(b)中,在均衡产量水平 Q^*,总收益 TR 曲线和总成本 STC 曲线的切线的斜率相等,这两条曲线之间的垂直距离表示厂商所实现的最大利润。在图(c)中,利润曲线在均衡产量水平 Q^* 达到最高点。

以上是以完全竞争厂商的短期生产为例推导利润最大化的均衡条件的,但是,这一均衡条件对于非完全竞争市场也是成立的,而且对于长期生产也是适用的。总之,无论是完全竞争,还是不完全竞争;无论是短期,还是长期,一般地说,边际收益等于边际成本始终是厂商实现最大利润的均衡条件,通常写为 $MR=MC$。

用数学方法推导利润最大化的均衡条件更加清楚地表明了这一均衡条件的一般性。

对于任何厂商,利润都等于总收益与总成本之差。由于总收益与总成本又都是产量的函数,故利润函数也是产量的函数,用公式表示就是:

$$\pi(Q) = TR(Q) - TC(Q) \tag{6.5}$$

边际收益和边际成本是总收益和总成本函数的一阶导数,因此,对产量求导等于零(即边际产量等于零),就可得利润最大化的均衡条件:

$$d\pi(Q)/dQ = dTR(Q)/dQ - dTC(Q)/dQ = MR(Q) - MC(Q)$$

即

$$MR(Q) = MC(Q) \tag{6.6}$$

为了满足极值是极大值,还必须使二阶导数小于零:

$$d^2\pi(Q)/dQ^2 = MR'(Q) - MC'(Q) < 0$$

于是有:

$$MR'(Q) < MC'(Q) \tag{6.7}$$

由利润最大化的一阶条件和二阶条件可以得到这样的结论:厂商获得最大利润的条件是:第一,边际收益等于边际成本,即 $MR=MC$;第二,边际收益曲线的斜率小于边际成本曲线的斜率,即 $MR'(Q)<MC'(Q)$。这两个条件缺一不可的。这意味着利润最大化条件不仅要求边际收益曲线与边际成本曲线相交,而且还要求在交点上,边际收益曲线斜率小于边际成本曲线的斜率。如果,只满足第一个条件而不满足第二个条件,那就不能保证边际收益等于边际成本时利润是最大的。例如,如果两条曲线是在边际收益曲线斜率大于边际成本曲线斜率的情况下相交,那交点上的产量是利润最小化的产量。虽然两个条件缺一不可,但在微观经济学分析中,尤其是初级微观经济学分析中,通常只谈一个条件:即边际收益等于边际成本或 $MR=MC$。不过,在讨论厂商均衡时,通常是在满足第二个条件下进行的。例如,在图6.4中,在 Q^* 的均衡产量上,不仅有 $MR=MC$,而且有 $MR'(Q^*)=0$,$MC'(Q^*)>0$,即 $MR'(Q^*)<MC'(Q^*)$。显然,图6.4(a)中左边的 MR 曲线和 SMC 曲线的交点不是利润最大化的均衡点。因为,在该点上,虽然 $MR=SMC$,但 $MR'>SMC'$,即利润最大化的二阶条件不成立,它恰恰满足利润最小化的二阶条件。

最后,需要说明的是 $MR=SMC$ 的均衡条件,有时也被称为是亏损最小的均衡条件。这是因为,当厂商实现 $MR=SMC$ 的均衡条件时,并不意味着厂商一定能获得利润,从更广泛的意义上讲,实现 $MR=SMC$ 的均衡条件,能保证厂商处于由既定的成本状况(由给定的成本曲线表示)和既定的收益状况(由给定的收益曲线表示)所决定的最好的境况之中。这就是说,在 $MR = SMC$ 时,如果厂商能够获得利润,那就是最大的利润;如厂商不能获得利润而是遭受亏损,那也是最小的亏损。

(二)完全竞争厂商的短期均衡

在完全竞争厂商的短期生产中,市场的价格是给定的,且生产中的不变要素的投入量是无法变动的,即生产规模也是给定的。因此,在短期,厂商是在既定的生产规模下,通过对产量的调整来实现 $MR = SMC$ 的利润最大化的均衡条件。

上一部分已经提到,当厂商实现 $MR = SMC$ 时,有可能获得利润,也可能亏损,把各种可能的情况都考虑在内,完全竞争厂商的短期均衡可能会出现如图6.5中表示的五种情况。

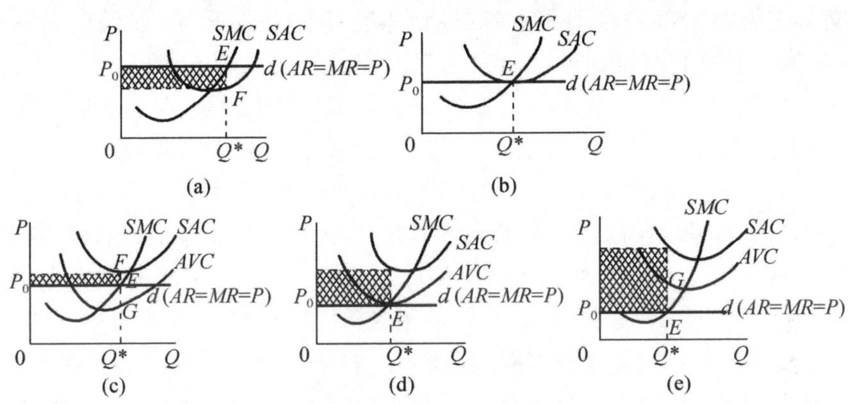

图6.5　完全竞争厂商短期均衡的各种条件

在图(a)中,根据 $MR = SMC$ 的均衡条件,均衡点为 E,相应的均衡产量为 Q^*,在这一均衡产量上,平均收益为 EQ^*,平均成本为 FQ^*。由于平均收益大于平均成本,厂商获得利润(即超额利润)。在图中,厂商的单位产品的利润(即在 Q^* 的产量上的平均利润)为 EF,产量为 OQ^*,两者的乘积 $EF \cdot OQ^*$ 等于总利润,它相当于图中阴影部分的面积。

在图(b)中,E 点即为 MR 曲线与 SMC 曲线的交点,因此,E 点上的产量即为利润最大化产量;同时,E 点也是需求曲线 d 与 SMC 曲线的切点。在这一点上价格(平均收益)等于平均成本,即都等于 EQ^*。因此,在均衡产量上,厂商的利润(超额利润)为零。当然,在这种情况下,厂商还可以获得正常利润,如前所述,正常利润是包括在成本之中的。由于在这种均衡条件下厂商既无利润也无亏损,所以,该均衡点也被称为厂商的收支相抵点。

在图(c)中,由均衡点 E 和均衡产量 Q^* 可知,厂商的平均收益小于平均成本,厂商是亏损的,其亏损量相当于图中阴影部分的面积。但由于在 Q^* 的产量上,厂商的平均收益 AR 大于平均变动成本 AVC,所以,厂商虽然亏损,但仍继续生产。这是因为,只有这样,厂商才能在用全部收益弥补全部变动成本之后还有剩余,以弥补固定成本的一部分。否则,在短期内如果厂商不进行生产,他将遭受全部的固定成本损失。所以,在这种亏损的情况下,生产要比不生产强。

在图(d)中,厂商的需求曲线 d 相切于 AVC 曲线的最低点,这一点是 AVC 曲线和 SMC 曲线的交点,这一点恰好也是 $MR=SMC$ 的均衡点。在均衡产量 Q^* 上,厂商是亏损的,其亏损相当于图中阴影部分的面积。此时,厂商的平均收益 AR 等于平均变动成本 AVC。厂商可以继续生产,也可以不生产,也就是说,厂商生产或不生产的结果都是一样的。这是因为,如果厂商进行生产,则全部收益只能弥补全部的变动成本,固定成本得不到任何弥补;如果厂商不进行生产,虽然不必支付变动成本,但是,全部固定成本仍然存在,即在短期内,无论厂商是生产还是不生产,都得承受相当于固定成本的损失。由于在这一均衡点上,厂商处于关闭厂商的临界点,所以,该均衡点也被称为停止营业点或关闭点。

在图(e)中,在均衡点上,需求曲线 d 位于平均变动成本曲线 AVC 的下方,这意味着该厂商生产的产品的价格是如此之低,甚至于连平均变动成本也无法弥补。在均衡产量 Q^* 上,厂商的亏损量相当于图中阴影部分的面积。此时,平均收益 AR 小于平均变动成本 AVC,厂商将停止生产。因为在这种亏损情况下,若厂商还继续生产,则获得的全部收益连变动成本都无法得到弥补,就更谈不上对固定成本的弥补。即厂商遭受的损失大于固定成本损失;如果厂商停止生产,变动成本就可以降为零。显然,此时不生产要比生产强,因此,此种状况是不可能发生的,这种均衡事实上是不存在的。

综上,完全竞争厂商短期均衡的条件是:$MR=SMC$。式中,$MR=AR=P$。在短期均衡时,厂商的利润可以是正值、零或负值,但负值的绝对值不能大于厂商在短期内的固定成本值。

(三)完全竞争厂商的短期供给曲线

所谓供给曲线是用来表示在每一个价格水平厂商愿意而且能够提供的产品的数量。在完全竞争市场上,厂商的短期供给曲线可以用短期边际成本 SMC 曲线的一部分来表示。

对于完全竞争厂商来说有 $P=MR$,所以,完全竞争厂商的短期均衡条件又可以写为 $P=MC(Q)$,此式可以这样理解:在每一个给定的价格水平 P,完全竞争厂商应该选择最优的产量 Q,使得 $P = MC(Q)$ 成立,从而实现最大的利润。这意味着在价格 P 和厂商的最优产量 Q(即厂商愿意而且能够提供的产量)之间存在着一一对应的关系,而厂商的 SMC 曲线恰好准确地表明了这种商品的价格和厂商的短期供给量之间的关系。图 6.6(a)提供了厂商短期均衡的四种可能的情况。

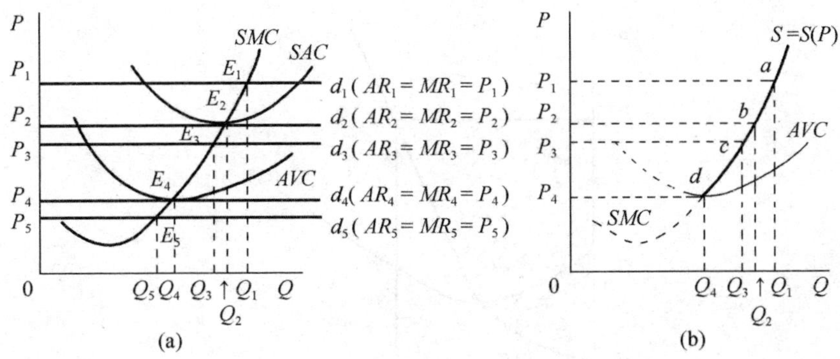

图 6.6　由完全竞争厂商的短期边际成本曲线到短期供给曲线

由图可以看到,当市场价格分别为 P_1、P_2、P_3 和 P_4 时,厂商根据 $MR = SMC$(即 $P = SMC$)的原则,选择的最优产量依次是 Q_1、Q_2、Q_3 和 Q_4。很清楚,SMC 曲线上的 E_1、E_2、E_3 和 E_4 点明确地表示了这些不同的价格水平与相应的不同的最优产量之间的对应关系。但必须注意到,厂商只有在 $P \geqslant AVC$ 时,才会进行生产;而在 $P < AVC$ 时,厂商会停止生产。所以,厂商的短期供给曲线应该用 SMC 曲线上高于或等于 AVC 曲线最低点的部分来表示,即用 SMC 曲线大于和等于停止营业点的部分来表示。如图 6.6(b)所示,图中 SMC 曲线上的实线部分就是完全竞争厂商的短期供给曲线 $S = S(P)$,该线上的 a、b、c 和 d 点分别与图(a)中的 E_1、E_2、E_3 和 E_4 相对应。

由图 6.6(b)中可见,完全竞争厂商的短期供给曲线是向右上方倾斜的,它表示了商品的价格和供给量之间同方向变化的关系。更重要的是,完全竞争厂商的短期供给曲线表示厂商在每一个价格水平的供给量是能够给他带来最大利润或最小亏损的最优产量。

(四)生产者剩余

生产者剩余是指厂商在提供一定数量的某种产品时实际接受的总支付和愿意接受的最小总支付之间的差额。它通常用市场价格线以下、厂商的供给曲线(即 SMC 曲线的相应的部分)以上的面积来表示。如图 6.7 生产者剩余中的阴影部分面积所示。其原因在于:正如前文讨论的,在短期生产中,只要价格大于边际成本,完全竞争厂商进行生产总是有利的。这时厂商就可以得到生产者剩余。因此,在图中,在零到最大产量 Q^* 之间的价格线以下和供给曲线(即短期边际成本曲线)以上的阴影部分面积表示生产者剩余。其中,价格线以下的矩形面积 OP^*EQ^* 表示总收益即厂商实际接受的总支付;供给曲线(即短期边际成本曲线)以下的面积 $OHEQ^*$ 表示总边际成本即厂商愿意接受的最小总支付,这两块面积之间的差额构成生产者剩余,如图中的 HEP^* 面积所示。

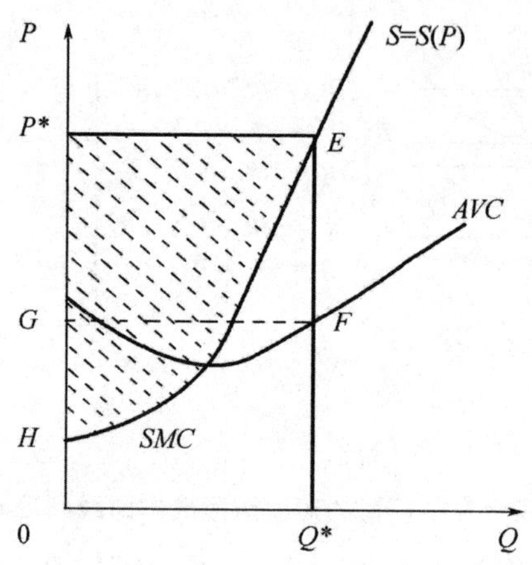

图 6.7 生产者剩余

此外,在短期内,由于固定成本是无法改变的,所以,总边际成本必然等于总变动成本。这样一来,生产者剩余也可以用厂商的收益和总变动成本的差额来定义。在图 6.7 中,生产者剩余也可以由矩形 GP^*EF 给出,它等于总收益(OP^*EQ^*)减去总变动成本($OGFQ^*$)。其实,从本质上讲,在短期中,由于固定成本不变,所以,只要总收益大于总变动成本,厂商进行生产就是有利的,就得到了生产者剩余。

以上我们分析了单个生产者剩余,类似的分析对于由多个厂商组成的市场的生产者剩余也是适用的。

四、完全竞争行业的短期供给曲线

在任何价格水平上,一个行业的供给量等于行业内所有厂商的供给量的总和。据此,假定生产要素的价格不变,则一个行业的短期供给曲线由该行业内所有厂商的短期供给曲线的水平加总而得到。或者说,把完全竞争行业内所有厂商的 SMC 上等于和高于 AVC 曲线最低点的部分的水平相加,便构成了该行业的短期供给曲线。下面,用图 6.8 来说明完全竞争行业的短期供给曲线。

在图 6.8 中,假定某完全竞争行业中共有 100 个相同的厂商,每个厂商都具有相同的短期成本曲线和相应的短期供给曲线。用图(a)中的实线 S 表示。将这 100 个相同的厂商的短期边际成本曲线水平相加,便得到曲(b)中的行业的短期供给曲线 S。可以清楚地看到,在每一个价格水平,行业的供给量等于这 100 个厂商的供给量的总和。例如,当价格为 P_1 时,每个厂商的供给量为 10,则行业的供给量为 1000;当价格为 P_2 时,每个厂商的供给量为 25,则行业的供给量为 2500,如此等等。

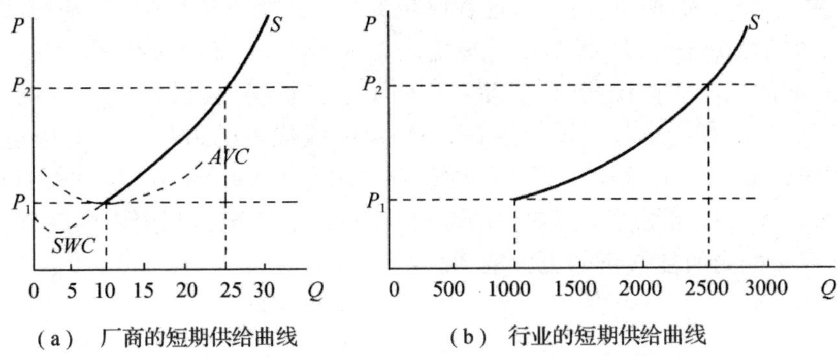

(a)　厂商的短期供给曲线　　(b)　行业的短期供给曲线

图 6.8　完全竞争行业的短期供给曲线

现可以将厂商的短期供给函数和行业的短期供给函数之间的关系用公式表示为:

$$S(P) = \sum s_i(P) \tag{6.8}$$

式中,$s_i(P)$为第 i 个厂商的短期供给函数;$S(P)$表示行业的短期供给函数。如果行业内的 n 个厂商具有相同的短期供给函数,则(6.8)式可以写成:

$$S(P) = n \cdot s(P) \tag{6.9}$$

显然,完全竞争行业的短期供给曲线保持了完全竞争厂商的短期供给曲线的基本特征。这就是:行业的短期供给曲线也是向右上方倾斜的,它表示市场的产品价格和市场的短期供给量成同方向的变动。而且,行业的短期供给曲线上与每一价格水平相对应的供给量都是可以使全体厂商在该价格水平获得最大利润或最小亏损的最优产量。

五、完全竞争厂商的长期均衡与长期供给曲线

在完全竞争厂商的长期生产中,所有的生产要素投入量都是可变的,厂商可以通过对全部生产要素的调整来实现利润最大化。在完全竞争市场价格给定的条件下,厂商在长期生产中对全部生产要素的调整可以表现为两个方面:一方面表现为对最优的生产规模的选择,另一方面表现为对进入或退出一个行

业的决策。

（一）厂商对最优生产规模的选择

首先，分析一下厂商在长期生产中对最优生产规模的选择。下面通过图6.9最优规模的选择加以说明。在图中，假定完全竞争市场的价格为 P_0。在 P_0 的价格水平，厂商应该选择哪一个生产规模才能获得最大的利润呢？在短期内，假定厂商已拥有的生产规模以 SMC_1 曲线和 SAC_1 曲线表示。由于在短期内生产规模是给定的，所以，厂商只能在既定的生产规模下进行生产。根据 $MR=SMC$ 的短期均衡条件，厂商选择的最优产量为 Q_1。所获得的利润为图中矩形 FP_0E_1G 的面积。而在长期内，情况就不同了。在长期内，根据 $MR=LMC$ 的长期均衡条件，厂商会选择 SAC_2 曲线和 SMC_2 曲线代表的最优生产规模进行生产。相应的最优产量为 Q_2。所获得的超额利润为图中矩形 HP_0E_2I 的面积。在长期内，厂商通过对最优生产规模的选择，使自己的状况得到更大的改善，从而获得比在短期内所能获得的更大的利润。

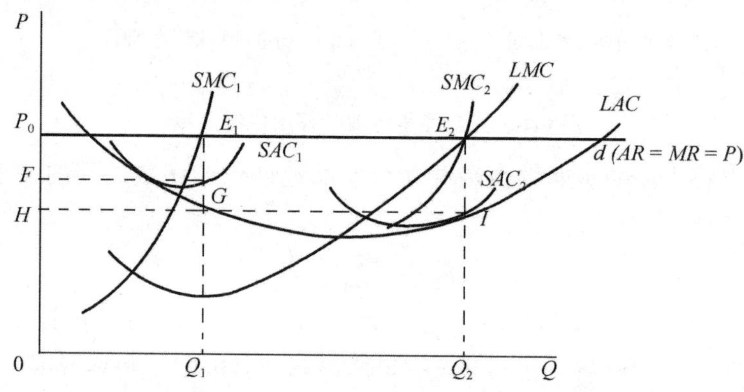

图6.9 长期生产中厂商对最优生产规模的选择

（二）厂商进出一个行业的决策

其次，分析一下厂商在长期生产中进入或退出一个行业的决策及其对单个厂商利润的影响。以图6.10来说明。

厂商在长期生产中进入或退出一个行业，实际上意味着生产要素在各个行业之间的调整，从而，生产要素总是会流向能获得更大利润的行业，也总是会从亏损的行业中退出。正是行业之间生产要素的这种调整，使得完全竞争厂商长期均衡时的利润为零。如图6.10，如果开始时的市场价格较高为 P_1，根据 $MR=LMC$ 的均衡原则，厂商选择的产量为 Q_1，相应的最优生产规模以 SAC_1 曲线和 SMC_1 曲线代表。此时，厂商获得利润，这便会吸引一部分厂商进入到该行业生产中来。随着行业内厂商数量的逐步增加，市场上的产品供给就会增加，而

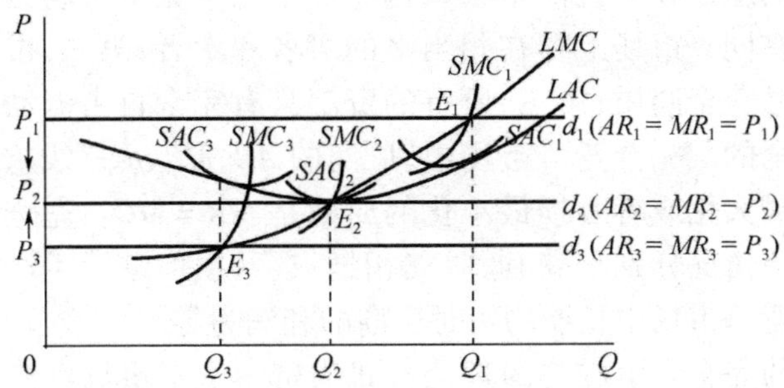

图 6.10 厂商进入或退出行业

需求仍然假定不变,结果就会出现供给过剩,市场价格就会逐步下降。相应地,单个厂商的利润就会逐步减少。只有当市场价格水平下降到使单个厂商的利润减少为零时,新厂商的进入才会停止。相反,如果市场价格较低为 P_3 时,则厂商选择的产量为 Q_3,相应的最优生产规模以 SAC_3 曲线和 SMC_3 曲线代表。此时,厂商是亏损的,这使得行业内原有厂商中的一部分会退出该行业的生产。随着行业内厂商数量的逐步减少,市场上的产品供给就会减少,市场价格就会逐步上升。相应地,单个厂商的亏损就会减少。只有当市场价格水平上升到使留下来的单个厂商的亏损消失即利润为零时,原有厂商的退出才会停止。总之,不管是新厂商的进入,还是原有厂商的退出,最后,这种调整一定会使市场价格达到等于长期平均成本的最低点的水平,即图中的价格水平 P_2。在这一价格水平,行业内的每个厂商既无利润,也无亏损,但都实现了正常利润。于是,厂商失去了进入或退出该行业的动力,行业内的每个厂商都实现了长期均衡。

图中的 E_2 点是完全竞争厂商的长期均衡点。在 E_2 上,*LAC* 曲线达最低点,相应的 *LMC* 曲线经过该点,厂商的需求曲线与 *LAC* 曲线相切于该点;厂商的需求曲线与代表最优生产规模的 SAC_2 曲线相切于该点,相应的 SMC_2 曲线经过该点。总之,完全竞争厂商的长期均衡出现在 *LAC* 曲线的最低点。这时,生产的平均成本降到长期平均成本的最低点,商品的价格也等于最低的长期平均成本。

可得到完全竞争厂商的长期均衡条件为:

$$MR = LMC = SMC = LAC = SAC \qquad (6.10)$$

式中,$MR = AR = P$。此时,单个厂商的利润为零。

本章小结

完全竞争市场指的是一种不存在任何垄断因素,市场机制在资源配置方面的作用不受任何阻碍和干扰的市场结构。一个完全竞争市场必须具备以下四个条件:第一,在同一市场上存在相当多的买者和卖者;第二,市场上每一个厂商所提供的商品完全同质;第三,所有的资源具有完全自由流动性;第四,买卖双方信息是完全的。完全竞争市场中,厂商的 AR、MR、d 三线重合。完全竞争厂商实现利润最大化或者亏损最小化的原则是 $MR = MC$。完全竞争市场中短期内的五种均衡情况分别是获利、收支相抵点、亏损但继续生产、停止生产、停止营业。完全竞争市场中长期均衡时厂商的利润为零。

本章建立的完全竞争经济的理论模式为资本主义市场经济描绘了一个完美的境界。但实际上,在很多地方还是不能令人信服的,如过于抽象的假设条件、利润最大化目标等等。

深度链接:完全竞争市场的长期供给曲线

一个行业的长期供给曲线与短期供给曲线有显著区别,前面分析过,在短时期内,在厂商生产要素价格不变的情况下,通过对厂商供给的简单加总可以得到行业的供给曲线。而行业长期供给曲线并不是厂商长期供给曲线简单加总,原因是在长期内,行业的扩张、收缩会引起生产要素价格的变化,不可能通过对单个厂商供给的简单加总得到该行业的供给曲线。即使厂商投入的生产要素价格在长期不发生变化,也不能通过对单个厂商供给的简单加总得到行业的供给曲线。在长期,厂商自由进出该行业,对哪些企业的供给进行加总,无法统计。又因为达到长期均衡状态时,与行业供给量相对应的价格和成本不是边际成本,而是厂商平均成本(LAC)曲线最低点的平均成本。因此,行业长期供给曲线反映的是不同价格市场将有的供给量,是市场需求引起行业供求平衡时各厂商长期平均成本曲线(LAC)最低点的轨迹。所以,长期供给曲线形状可能有三种情况,水平直线、右上方倾斜和右下方倾斜直线等。他们分别对应行业成本状况固定不变行业、成本递增行业和成本递减行业。

一、不变成本行业

不变成本行业是指它的产量变化所引起的生产要素需求量的变化,不对生产要素的价格发生影响。行业长期供给曲线为一水平线的行业。所谓行业长期供给价格是指;当该行业每个厂商进行生产规模和厂商的数目自由最优调整后,生产该行业每一种产量水平所需的最低价格。不变成本行业的要旨在于行业的长期供给价格是不变的。其假定的条件是厂商所使用的生产要素的市场是完全竞争的市场,因此,行业的扩张不会引起生产要素价格的上升。

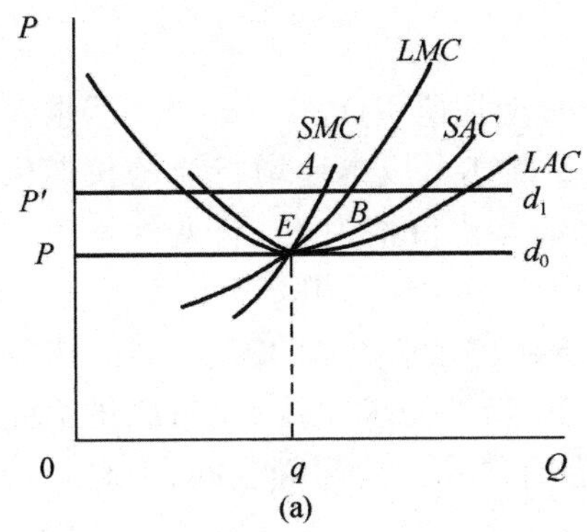

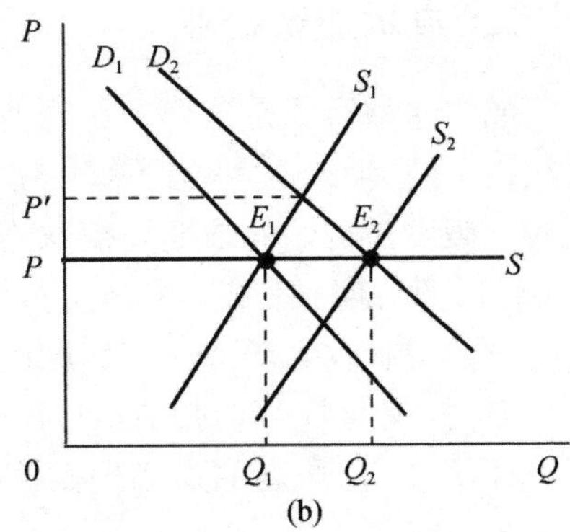

图 6.11　不变成本行业

图(a)描绘了厂商的成本曲线与需求曲线;图(b)描绘了行业的供给曲线与需求曲线。假定该长期市场均衡点为 E,价格为 P(它等于 LAC 最低点的平均成本),均衡产量为 q。现假设市场对该产品的需求从 D_1 扩到 D_2。在短时间内该行业产品的需求增加,在行业供给不变的情况下,市场均衡价格提高,由 P 提高到 P',厂商的需求曲线由 d_0 提升到 d_1。这说明该行业既有厂商利用原有设备扩大供给量,并赚得超过平均利润的超额利润,由于行业的扩张不会引起生产要素价格的上升,因此行业的扩张不会造成厂商成本的变化,厂商仍然以图(a)所显示的成本状况进行生产。

行业供给量增加,吸引新的厂商进入该行业。新厂商的加入使该行业的产品供给量增加,导致供给曲线由 S_1 移动到 S_2。新的供给曲线 S_2 与需求曲线 D_2 交于 E_2 点,可以看出,新进的厂商逼使价格下跌,这一交点所形成的均衡价格必须等于最初的均衡价格 E,因为只要存在超额利润,新厂商的进入和行业产量的增加就会继续下去,只有这一价格才能既弥补厂商的长期平均成本,又使厂商不具有超额利润,从而达到长期均衡。否则,供给调整将会继续下去,直到形成均衡价格 P 为止。例如当形成的均衡价格低于 P,表明低于厂商的成本价格生产,厂商长期处于亏损状态,因此会有部分厂商停止生产或是退出市场,导致供给减少,供给曲线左移,回归均衡价格 P。当均衡点高于均衡价格 P,同样不稳定,超额利润的诱因会吸引新的厂商进入,供给增加,价格下降,最终趋于均衡价格 P。整个的过程是一个动态的过程。这些均衡点的均衡价格都是 P。连接这些均衡点,我们在图(b)中得到一条水平的供给曲线,用 S 表示。所以不变成本行业的长期供给曲线是一条水平的线。

二、成本递增行业

成本递增行业是这样一种行业，它的产量增加所引起的生产要素需求量的增加，会导致生产要素的价格上升。图 6.12 描述了成本递增行业的长期供给曲线。假设在初始的长期均衡状态下，产品的均衡价格为 P_1，行业的均衡产量为 Q_1，厂商短期和长期的平均成本曲线为 SAC_1 和 LAC_1，相交于均衡点 E_1。现在假设消费者收入增加或其他原因使得市场对该行业产品的需求增加，市场需求从 D_1 扩大为 D_2，在供给曲线不变的条件下，新的需求曲线 D_2 与原供给曲线 S_1 交于 B 点，形成新的市场均衡价格 P_3。原有厂商获得超额利润，引起新的厂商进入该行业。

市场的需求扩大导致整个行业的扩张会产生两种结果，一是产量的扩大，对生产要素的需求增加，引起生产要素价格升高，导致新旧厂商的成本升高，成本的提高将会降低厂商的超额利润，因此 LAC 曲线向左上方移动由原来的 LAC_1 上移到 LAC_2。二是行业供给曲线因厂商的进入导致该行业的供给曲线 S_1 移到 S_2，供给的增加导致价格下降，引起厂商生产规模的调整以及行业供给的调整，最终调整到新的市场均衡价格能够弥补每个企业上升的成本，即均衡点 E_2 等于上移的 LAC_2 曲线最低点。重新调整后，图形上看 D_2 与新的供给曲线 S_2 的交点 F 点，最终价格为 P_2。此时，超额利润完全消失，行业与厂商再次处于均衡状态。如果需求继续扩大，则该行业将趋向另一更高的均衡。因此，当市场对该行业产品的需求连续变动时，可以得到类似于从均衡点 A 点到 F 点的轨迹，如图(b)中曲线 S。

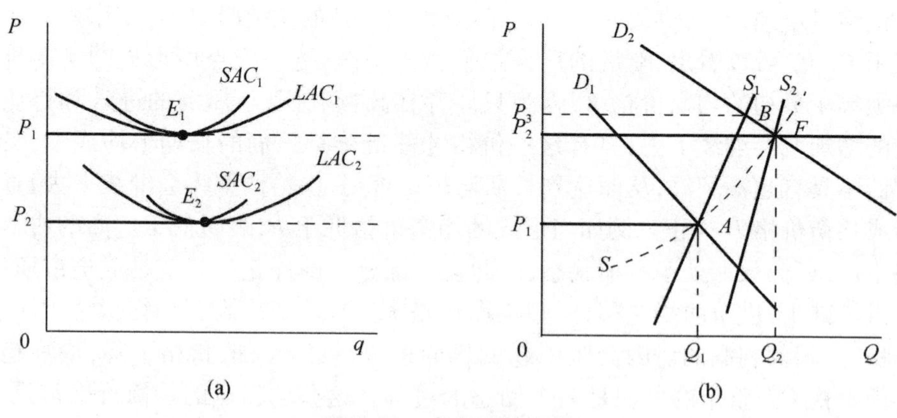

图 6.12 成本递增行业

三、成本递减行业

成本递减行业与成本递增行业正好相反，是指产量增加所引起的生产要素需求量的增加,反而使生产要素的价格下降了。因为行业的扩张并不总是引起投入物价格的上升。有时候有些行业会由于规模扩大的优势而获得较便宜的投入,行业的扩张还有可能改进运输系统,降低运输成本等。这都有可能降低厂商的长期平均成本,导致向右下方倾斜的长期行业供给曲线。

现在用图6.13来分析递减成本行业的长期供给曲线。设开始时,行业的均衡点为E_1,价格为P_1,均衡产量为Q_1。当需求增加时,D_1移动到D_2,短时间内价格上升,原有厂商会扩大产量,由此赚得超额利润。同时,超额利润吸引新的厂商进入该行业,厂商人数的增加,导致市场供给扩大。行业供给的增加所导致的对生产要素需求的增加,却使得生产要素的市场价格下降,厂商生产成本降低。它使得图中原来的LAC_1曲线与SAC_1曲线的位置向下移动。成本降低由此导致S_1移到S_2。厂商的LAC_1曲线下降到LAC_2,价格下降为P_2,即长期平均成本LAC_2曲线的最低点,超额利润完全消失。连接AB两个均衡点,可得到向下倾斜的行业长期供给曲线。

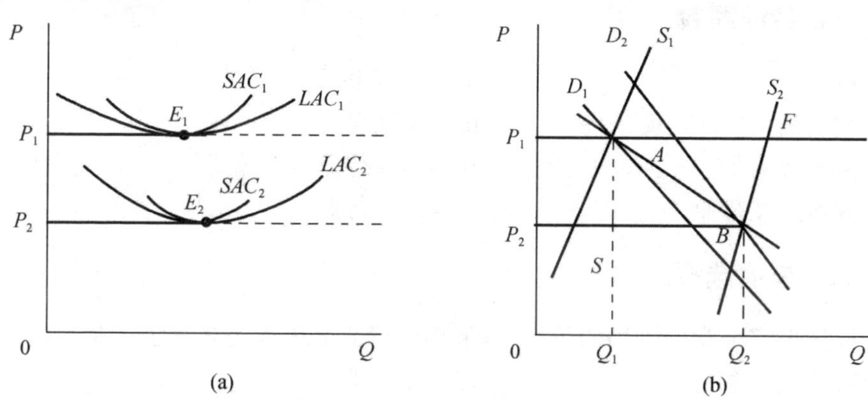

图6.13　成本递减行业

【案例1】如果竞争企业获得零利润,为什么它们还在经营?

乍一看,竞争企业在长期中获得零利润似乎是荒唐的。人们办企业毕竟是要获得利润的。如果企业最终使利润为零,看来就不会有什么理由再经营了。

为了更充分地理解零利润条件,回想一下,利润等于总收益减总成本,而总成本包括企业的所有机会成本。特别是,总成本包括企业所有者用于经营的时间和金钱的机会成本。在零利润均衡时,企业的收益应该补偿所有者期望用于使其企业维持的时间和金钱。

例如,假设一个农民一定要投入100万美元去开垦他的农场,他必须放弃一年能赚到2万美元的其他工作。这样,农民耕作的机会成本包括他从100万美元中赚到的利息以及放弃的2万美元工资。即使他的利润为零,他从耕作中的收益也弥补了他的这些机会成本。

要记住会计师衡量成本的方法与经济学家不同。正如我们之前讨论的,会计师只关注流入和流出企业的货币,因此,没有包括所有机会成本。在零利润均衡时,经济利润是零,但会计利润是正的。

(资料来源:曼昆:《经济学原理》,北京大学出版社,1999 年 9 月第 1 版)

讨论下列问题:

(1)结合案例说明零利润条件在经济分析中的重要意义。

(2)结合案例说明假设条件在经济学分析中的作用。

(3)结合案例说明关于成本的各种考察方式。

习　题

一、名词解释

市场	完全竞争市场
利润最大化的均衡条件	收支相抵点
生产者剩余	成本不变行业
成本递减行业	成本递增行业

二、单项选择题

1. 根据完全竞争市场的条件,以下哪个行业最接近完全竞争行业 (　　)

A. 自行车行业　　B. 玉米行业

C. 糖果行业　　D. 服装行业

2. 在 MR = MC 的均衡产量上,企业 (　　)

A. 必然得到最大利润

B. 不可能亏损

C. 必然得到最小的亏损

D. 若获利润,则利润最大;若亏损,则亏损最小

3. 如果在厂商的短期均衡产量上,AR 小于 SAC,但大于 AVC,则厂商 (　　)

A. 亏损,立即停止生产　　B. 亏损,但继续生产

C. 亏损,生产或不生产都可以　　D. 获得正常利润,继续生产

4. 在厂商的停止营业点上,应该有 (　　)

A. AR = AVC　　B. 总亏损等于 TFC

C. P = AVC　　D. 以上说法都对

5. 完全竞争厂商的短期供给曲线应该是　(　　)

A. SMC 曲线上超过停止营业点的部分

B. SMC 曲线上超过收支相抵点的部分

C. SMC 曲线上的停止营业点和超过停止营业点以上的部分

D. SMC 曲线上的收支相抵点和超过收支相抵点的部分

E. SMC 曲线的上升部分

6. 在完全竞争厂商的长期均衡产量上,必有　(　　)

A. $MR = LM \neq CSMC$,式中 $MR = AR = P$

B. $MR = LMC = SMC \neq LAC$, 式中 $MR = AR = P$

C. $MR = LMC = SMC = LAC \neq SAC$, 式中 $MR = AR = P$

D. $MR = LMC = SMC = LAC = SAC$,式中 $MR = AR = P$

7. 当一个完全竞争行业实现长期均衡时,每个企业　(　　)

A. 显成本和隐成本都得到补偿

B. 利润都为零

C. 行业中没有任何厂商再进出

D. 以上说法都对

三、简答

1. 为什么完全竞争厂商的需求曲线、平均收益曲线和边际收益曲线是重叠的?

2. 用图说明完全竞争厂商短期均衡的形成及其条件。

3. 为什么完全竞争厂商的短期供给曲线是 SMC 曲线上等于和高于 AVC 曲线最低点的部分?

4. 用图说明完全竞争厂商长期均衡的形成及其条件。

5. 分别用图推导完全竞争市场条件下成本不变行业、成本递增行业和成本递减行业的长期供给曲线。

四、计算题

已知某完全竞争行业中的单个厂商的短期成本函数为 $STC = 0.1Q^3 - 2Q^2 + 150Q + 10$。试求:

(1)当市场上产品的价格为 $P = 55$ 时,厂商的短期均衡产量和利润。

(2)当市场价格下降为多少时,厂商必须停产。

(3)厂商的短期供给函数。

第七章　市场理论(下)

学习目标

通过本章的学习,要求学生了解垄断厂商的差别定价;理解垄断厂商的短期均衡和长期均衡原则。了解垄断竞争市场和寡头垄断市场的特点;掌握垄断竞争市场厂商均衡的条件;掌握寡头垄断市场中的价格和产量的决定。

第一节　完全垄断市场的均衡

所谓完全垄断(complete monopoly),是指市场处于完全由一家厂商所控制的状态,或者说是指一家厂商所控制商品市场的市场结构。完全垄断亦称垄断或独占。

一、完全垄断市场的特征与条件

(一)完全垄断市场的主要特征

1. 在完全垄断市场中,垄断厂商生产的商品没有相近的替代品。对于垄断市场的产品来说,没有相近的替代品。这是因为,如果存在着相近的替代品,该厂商就得面对其他厂商(相近替代品的生产者)的竞争,从而也就不能控制垄断市场。

2. 垄断厂商是某种产品的唯一生产者,任何其他厂商难以进入市场,市场上存在着进入的障碍,行业中只有唯一的一个生产厂商,厂商与行业合为一体,厂商就是行业,厂商不是价格的接受者,而是价格的制定者。即垄断市场中垄断厂商不存在竞争对手,因而也不存在任何竞争。

在现实中,人们把完全由政府控制的邮政业务、铁路运输、城市自来水公司、煤气公司等,都看成独家垄断。

(二)完全垄断市场的形成条件

构成垄断的条件有很多,西方经济学家一般认为主要有以下几方面:

1. 一个厂商控制了用于生产某种产品的某种基本投入的全部供给。如果对关键性原料的独家占有,从而使其他厂商很难进入该行业,该厂商就可能成为一个垄断者。

2. 独家占有某产品专门的生产技术或专利权。一个厂商可能由于唯一地具有生产某种产品所必需的技术或生产某种产品的唯一权利而成为垄断者。通常,这种使用某种生产技术或生产一定产品的独占权是由政府以专利的形式赋予的。

3. 某些产品生产需很大的规模,规模经济十分显著。这种情况一般称为自然垄断。自然垄断是指这样一些行业,由于大规模高效生产相对于整个市场需求来说非常大,以致只需要一家厂商即可满足需要,若几家厂商共同生产则造成很大的浪费。自然垄断在公用事业如特定地区内的供电、供水和电话服务中最为普遍。此外,由于地理、交通等原因,行业的需求不足以满足一个以上的生产者也会形成垄断,这被称为是一种近似垄断。比如,某城镇只有一家产科医院、一家药店、一家殡仪馆。它们都为本城镇服务,受本城镇以外同类厂商的竞争程度小。当然随着该地区交通及人口的发展,它们之间的竞争会增加,其垄断地位将被打破。

4. 政府特许独家经营。一个厂商可能会由于政府赋予它某种市场特许经营权而成为垄断者。厂商可以得到政府所给予的在一定地区生产某种产品或劳务的特权,作为交换条件,厂商同意政府对其某些行为和经营活动进行调节。

二、完全垄断厂商的需求曲线

在完全垄断市场上,一个行业只有一个厂商,一个厂商就是一个行业,因此,完全垄断行业的需求曲线与完全垄断厂商的需求曲线是一条。完全垄断市场产品价格高时,需求小;产品价格低时,需求大,因此,完全垄断厂商的需求曲线是一条自左向右下方倾斜的曲线。

在完全垄断市场上,当产销量增加后,最后增加的那个单位产品的价格比先前降低了,因而每增加销售一单位产品所带来的总收益的增量,总是小于单位产品的售价。因而完全垄断厂商的平均收益曲线和边际收益曲线是具有不同负斜率的两条曲线,并且边际收益曲线必然位于平均收益曲线的下方。

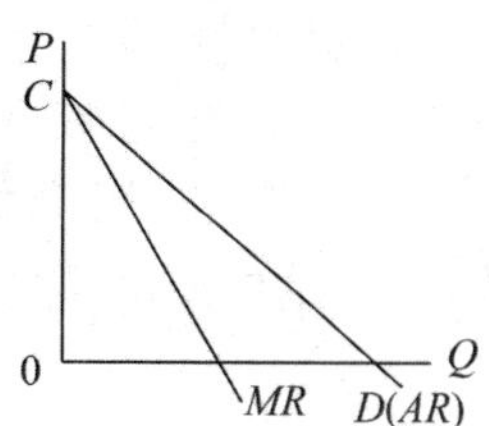

图 7.1 垄断厂商需求曲线与边际收益曲线的关系

如图 7.1 所示,假设完全垄断厂商的需求曲线是线性的,需求曲线 $D(AR)$ 是自左向右下方倾斜的直线,与 D 相应的边际收益曲线 MR。边际收益曲线 MR 位于平均收益曲线 AR 的下方。当需求曲线为线性时,设其线性方程为 $P=a-bQ$,其中 a 为纵轴截距,b 为需求曲线的斜率。根据收益的定义则有:

$$TR = P \cdot Q = (a - bQ)Q = aQ - bQ^2$$

$$MR = a - 2bQ$$

线性需求曲线 D 与曲线 MR 的这种关系,决定了边际收益曲线 MR 位于平均收益曲线 AR 的下方。

三、完全垄断厂商的短期均衡

在短期内,垄断厂商要遵循 $MR=MC$ 的原则,通过调整变动投入以实现最大利润或最小亏损。在短期内,垄断厂商并不能一定获得垄断利润,垄断利润的获得取决于市场需求所决定的可能市场价格和厂商成本状况。如果根据 $MR=MC$ 所决定的市场价格高于厂商 AC 时,厂商才能获得垄断利润;当市场价格等于 AC 时,厂商只能获得正常利润;当市场价格低于 AC 时,厂商出现亏损。当市场价格高于 AVC 时,厂商可取回一部分固定成本;市场价格等于 AVC 时,厂商只能收回变动成本;当市场价格低于 AVC 时,不仅不能收回固定成本,而且不能全部收回变动成本,厂商将停止生产。下面,我们就具体分析这三种情况。

第一种情况,获得垄断利润。如图 7.2 所示,在短期内垄断厂商为了实现最大化的利润,仍然遵守均衡 $MR=MC$ 的原则。当 $MR=MC$ 时,MR 与 MC 曲线相交的交点所对应的产销量(Q_0),就是能给厂商带来最大利润的产销量。当产销量小于 Q_0 时,$MR>MC$。

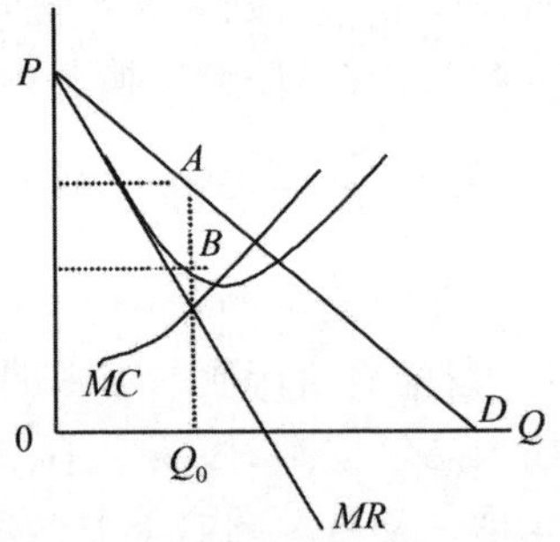

图 7.2 垄断厂商获得垄断利润的短期均衡

当增加一单位的产量带来的收益大于支出的成本,继续增产仍可增加收益,即总利润未达到最大值。反之,如果产量大于 Q_0,$MR<MC$,表示扩大产量反而使利润总量减少,所以 $MR=MC$ 时的产销量,是可以实现利润最大化的产量。此时,市场价格为 Q_0A,单位产品成本为 Q_0B,则垄断厂商的垄断利润总额 $=OQ_0(Q_0A-Q_0B)$。

第二种情况,存在正常利润。由于市场需求降低,产品销售价格处于均衡时,在短期完全垄断厂商会出现存在正常利润的情况。

在图 7.4 中,需求曲线与短期平均成本曲线相切于 SAC 的 A 点,厂商出现亏损。为使亏损达到最小,厂商仍然按 $MR=MC$ 的原则来决定其产销量和价格,短期均衡产量为 OQ_0,价格为 Q_0A。由于厂商的平均成本 SAC 等于市场价格 Q_0A,厂商存在正常利润。收益能弥补全部的成本。于是,厂商既不赢利也不亏损。第三种情况,存在亏损。由于市场需求降低,产品销售价格很低,在短期完全垄断厂商会也会出现亏损的情况。

在图 7.3 中,需求曲线 D 位于短期平均成本曲线 SAC 的左下方,厂商出现亏损。为使亏损达到最小,厂商仍然按 MR = MC 的原则来决定其产销量和价格,短期均衡产量为 OQ_0,Q_0A 为均衡价格。当产量小于 OQ_0 时,MR > MC,这意味着每增加一单位产品可使净收益(MR - MC)增加,从而亏损数额减少;反之,当产量大于 OQ_0 时,MR < MC,这表明增加产销量会使亏损额增加。在图 7.3 中,由于厂商的平均成本 AC 大于市场价格,即 $Q_0F > Q_0A$,厂商发生亏损,其亏损额为 FA 与 OQ_0 的乘积。由于厂商此时的短期平均可变成本 SAVC 与需求曲线 D 相切于 A 点,价格 Q_0 即平均收益仍能弥补全部的可变成本。如果需求继续下降,市场价格低于 Q_0A 时,垄断厂商则关闭停产。在现实经济运行中,垄断厂商出现亏损的情况是十分少见的,一旦出现这种情况会采取各种方式避免亏损,增加利润。

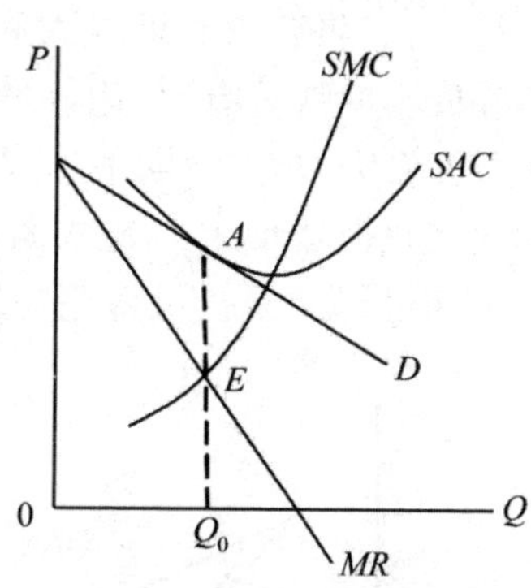

图 7.3　垄断厂商存在正常利润的短期均衡

四、垄断厂商的长期均衡

垄断厂商在长期内,可以调整全部生产要素的投入量,也就是可以调整生产规模,从而实现最大的利润。垄断行业排除了其他厂商加入的可能性,所以垄断厂商与完全竞争厂商不同。

如果垄断厂商在短期内获得利润,他的利润在长期内不会因为新厂商的加入而消失,垄断厂商在长期内是可以保持利润的;如果垄断厂商在短期内有亏损或利润较小,那么在长期内,他通过最优生产规模的选择,通过调整生产规模来摆脱亏损甚至获得更大的利润。我们用图来说明。

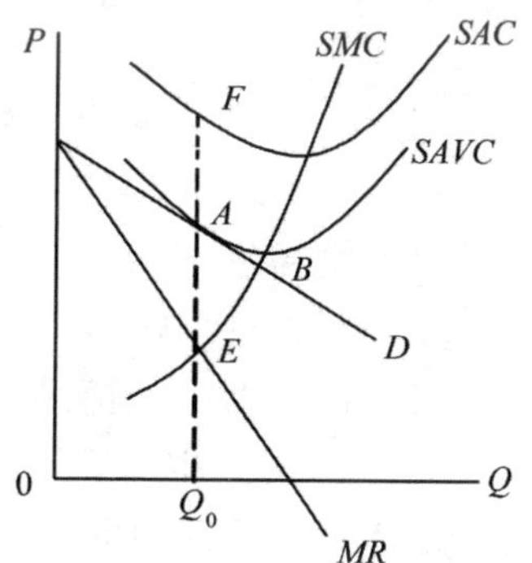

图 7.4　垄断厂商存在亏损的短期均衡

如图 7.5 所示,假定垄断厂商的需求曲线为 d,边际收益曲线为 MR,长期平均成本曲线 LAC 和长期边际成本曲 LMC,厂商目前生产规模相对应的短期平均成本和短期边际成本曲线分别为 SAC_1 和 SMC_1。在短期内，厂商将生产单位产量 OQ_1，并把价格定为 OP_1。由于短期平均成本为 Q_1A，所以，厂商的短期总利润将是四边形 P_1HAB 的面积。然而，在长期内，厂商可以调整其生产规模以获得更大的利润。显然，当垄断厂商选择长期边际成本等于长期边际收益的产量水平时，它将获得长期最大利润。如图 7.5 所示，当产量为 OQ_2 时，厂商的长期边际成本曲线 LMC 与边际收益曲线 MR 相交，与此相对应的长期平均成本为 Q_2I，价格为 OP_2，短期平均成本和边际成本曲线分别为 SAC_2 和 SMC_2，这时的总利润将是四边形 P_2GIK 的面积，这是垄断厂商在长期内所能获得的最大利润。

通过以上分析可得垄断厂商的长期均衡条件为：$MR = LMC = SMC$。

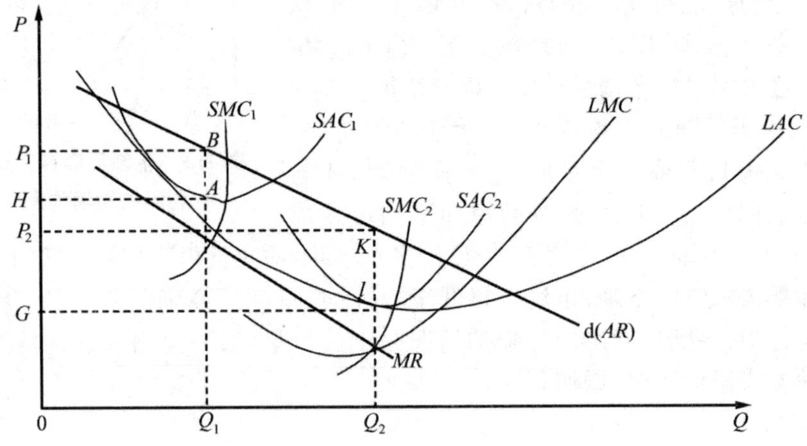

图 7.5　垄断厂商的长期均衡

在完全垄断市场上，企业（厂商）在短期内没办法改变既定的生产规模，只能通过产量和价格的调整来实现利润最大化。在长期中，垄断企业可能调整全部的生产要素，也就是可以调整生产规模来适应市场需求，以保持超额利润。但也可能成本太高，超额利润消失。

另外，我们知道，完全垄断产生的原因有政府特许、对某种资源的控制等。这些进入行业的封锁条件一旦被解除，那么行业内的高额利润就会吸引别的厂商（企业）进入该行业形成多个厂商竞争的局面。所以，完全垄断，在长期中，也不是太现实的，但某种程度的垄断会使企业（厂商）实行价格歧视。

完全垄断厂商是市场价格的制定者，而不是价格的接受者。完全垄断厂商为了获取最大利润按照均衡的条件确定价格。完全垄断厂商在确定价格过程中，必须考虑与垄断产品需求弹性之间的关系。

在图 7.6 中，当市场价格为 OE 时，需求弹性 $E_d = AB/BC$，由于

$AB/BC = OE/EC = OE/BF = OE/(BD - FD)$，而 FD 是市场价格为 OE 时的

边际收益,则 $E_d = P/(P - MR)$

所以 $MR = P - (P/E_d) = P(1 - 1/E_d)$

上式表明,当 $E_d > 1$ 时,$MR > 0$,TR 呈现递增趋势;当 $E_d = 1$ 时,$MR = 0$,TR 取最大值;当 $E_d < 1$,$MR < 0$,TR 呈现递减趋势。

如图 7.7 为收益曲线与需求价格弹性、边际收益与需求价格弹性的关系图形。

图 7.6　垄断产品需求弹性之间的关系

五、对完全垄断市场的认识

(一)垄断利润来源于对消费者福利的掠夺

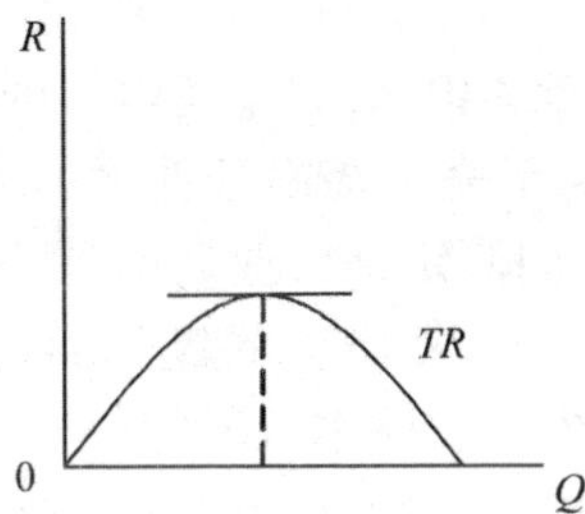

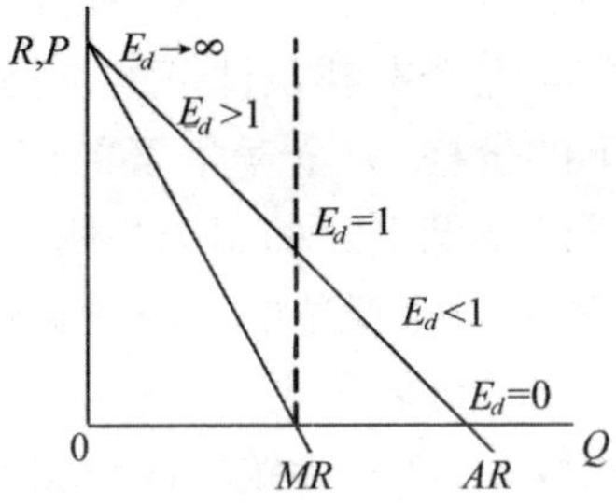

图 7.7　收益曲线与需求价格弹性

在垄断市场的条件下,垄断者赚得垄断利润。之所以称之为垄断利润,是因为垄断者所得到的利润超过了不存在垄断力量时其所能获得的利润,从而说明了垄断者的利润来源。具体而言,垄断利润来源于消费者的福利。如图 7.8 所示,把一个完全竞争市场和一个完全垄断市场进行比较,d 是完全竞争市场的价格曲线,而 D 完全垄断市场的价格曲线。我们可以看到由于垄断的作用,使收入分配发生了变化。在完全竞争市场中消费者福利为三角形 P_0P_2C,在完全垄断市场上,三角形 P_0P_2C 中长方形面积 P_0P_1BA 则成为垄断厂商的经济利润。较高的价格降低了消费者的实际购买力或实际收入,并使消费者的收入更多地转移到垄断厂商手里。所以,垄断利润来源于对消费者福利的掠夺。

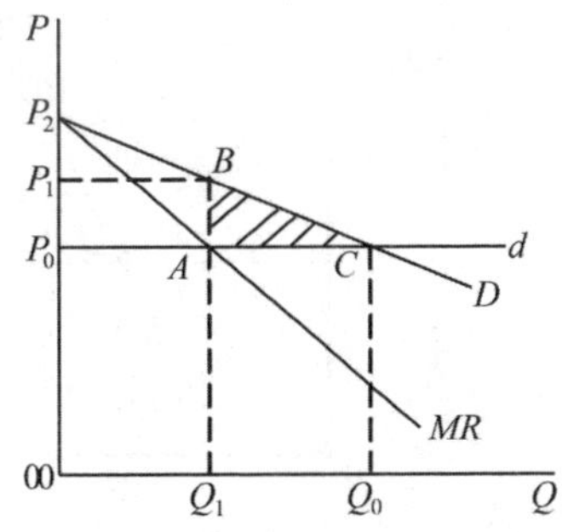

图 7.8　完全竞争市场与完全垄断市场的比较

因此,垄断对收入分配的影响是不被广大消费者所接受的。当消费者支付高于成本的价格时,他们是受到损害了,但是,价格高于成本的余额成了垄断者的利润,消费者之所失,正是垄断阶层之所得。

（二）造成消费者剩余的净损失

从图 7.8 中可以看出，当竞争市场转换成垄断市场时，消费者福利的损失为长方形 P_0P_1BA 和 $\triangle ABC$。从资源配置的角度看，消费者福利中的一部分即长方形 P_0P_1BA 作为利润被垄断者获得了，$\triangle ABC$ 是消费者福利损失的另一部分，但是，这一部分消费者福利损失并没有被垄断者所占有。经济学把 $\triangle ABC$ 的面积有时也称之为福利三角形。它是消费者福利的损失与被垄断者获得消费者福利的差额，也称为消费者剩余的净损失，或者叫做由垄断所造成的福利损失。这是由于垄断者效率低下产生的。在完全垄断市场上，垄断厂商以较高的价格 P_1 而不是以 P_0 出售产品，他所获得的利润为长方形 P_0P_1BA，但却没有获得 $\triangle ABC$ 这部分利润。

（三）效率低下

完全竞争与完全垄断条件下的价格和产量相比，完全竞争下的价格低于完全垄断条件下的价格，完全竞争下的产量高于完全垄断条件下的产量，因此完全垄断条件下效率低下。如图 7.9 所示，我们假定某行业最初是一个成本不变的完全竞争市场，完全竞争的厂商价格 P_0，产量为 OQ_0，垄断厂商价格 P_1，产量为 OQ_1。通过比较可以看出，$Q_0 > Q_1$，$P_1 > P_0$。在成本状况完全相同的条件下，同完全竞争比较，垄断将导致较高价格和较少产量。这就意味着垄断者凭借垄断市场的权力导致效率的低下。因此，从社会的角度来看，生产资源被用于该产品的生产相对不足。

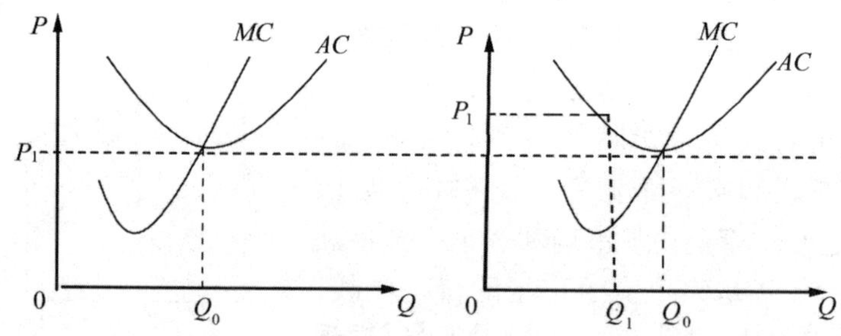

图 7.9 完全竞争市场与完全垄断市场的比较

虽然垄断有各种缺点，但是也有一些经济学家认为，垄断也有一些自己的优点。首先，在垄断市场上，不存在重复建设的浪费。垄断者对产品的生产和供应有统一计划，所以不会造成重复建设。其次，垄断市场厂商拥有雄厚的资金和优势资源，能够进行大规模的技术创新，推动技术的进步。尽管如此，经济学家一般认为，总体上垄断是利大于弊。

第二节　垄断竞争市场的均衡

现实经济中,完全竞争市场和垄断市场这样的极端市场结构情况是很少见的,大部分市场是介于这两个极端市场之间的市场结构,也就是说现实中的市场一般既有垄断,又有竞争,既不是完全垄断,也不是完全竞争。经济学家将其划分为两类市场,一类是竞争因素起主要作用,接近于完全竞争的垄断竞争市场;另一类是垄断因素起主要作用,接近于完全垄断的寡头垄断市场。

一、垄断竞争的含义及特点

垄断竞争是指既有竞争因素,又存在一定垄断因素,有许多企业生产和销售有差别的同种产品的市场结构。它是一种垄断和竞争兼而有之的市场。

垄断竞争市场主要有以下几个特点:

第一,垄断竞争市场内产品是有差别的。垄断竞争市场内厂商间的产品差别,首先是同类商品,其次才是商品间具有差别性,所以产品的差别不是大得不能互相替代,但又不能完全互相替代。这些产品彼此之间都是非常接近的替代品。例如,牛肉面和鸡丝面。产品差别大致可区分成两类:一类是"心理的"差别,另一类是"真实的"差别。如果两种产品除了商标或包装不同之外,在产品构造、质量、功能、外形等其他方面均完全相同,则这样的产品差别是心理的;反之,如果两种产品在构造、质量、功能、外形等方面确实存在差异,则产品差别就是真实的。在实践中,心理的差别比较少见,大多数同类商品之间均或多或少地存在真实的差别。相对而言,心理的差别在商业领域较多见,同样的产品在不同商店出售,可以因为服务态度的不同而被视为不同的商品,并影响消费者的需求,甚至同样的产品在不同的地段出售,也会对消费者的心理产生微妙的影响。

第二,垄断竞争市场中存在着许多厂商。垄断竞争市场中的企业数量较多,以至于每个厂商都认为自己的行为影响很小,不会引起竞争对手的注意和反应,因而自己也不会受到竞争对手的报复措施的影响。

第三,垄断竞争市场上厂商进出行业比较容易。垄断竞争中厂商的规模一般都不太大,资本一般都不太多,因此进出市场阻碍不大,比较容易。这点不同于完全垄断市场,垄断竞争市场上阻碍新厂商进入的主要因素,是现有厂商已经建立起来的信誉,然而这对新厂商而言并不是不可逾越的障碍。由于新厂商进入行业比较自由,在长期中垄断竞争市场上的经济利润将趋于零。垄断竞争的市场结构在现实生活中很常见。

二、垄断竞争厂商的需求曲线与收益曲线

（一）垄断竞争厂商的需求曲线

垄断竞争市场既垄断又竞争，厂商的垄断性是指因厂商自己的产品与其他厂商有差别而表现出的某种独占性，表现在市场上就是对自己生产的产品具有定价权，定价高低影响市场对其产品的需求量。厂商的竞争性是指其产品在市场上有许多相近的替代品，而这又限制了厂商的定价自主权。与完全竞争市场不同，垄断竞争市场个别厂商不是市场价格的接受者，其需求曲线不是一条垂直于纵轴、平行于横轴的直线。由于厂商很多，存在着激烈的竞争，个别厂商的行为受竞争者力量的制约，因而也不可能像垄断厂商那样对市场价格有完全的控制权。因此，在垄断竞争市场中，厂商的需求曲线不再是有无限弹性，而是一条向右下方倾斜的曲线。那么，垄断竞争市场厂商的需求曲线应是什么样的曲线呢？具体来说，垄断竞争厂商的需求曲线依赖于其他厂商的反应。如果其他厂商对该厂商调价没反应，那么，在此条件下我们可得到一条厂商的需求曲线；如果其他厂商对该厂商调价有反应，我们将会得到另一条需求曲线。具体如下，其他厂商不反应时的需求曲线，被称为“感觉到的需求曲线”，用 d 表示；其他厂商有反应时的需求曲线，被称为“成比例的需求曲线”，用 D 表示。如图 7.10 所示。

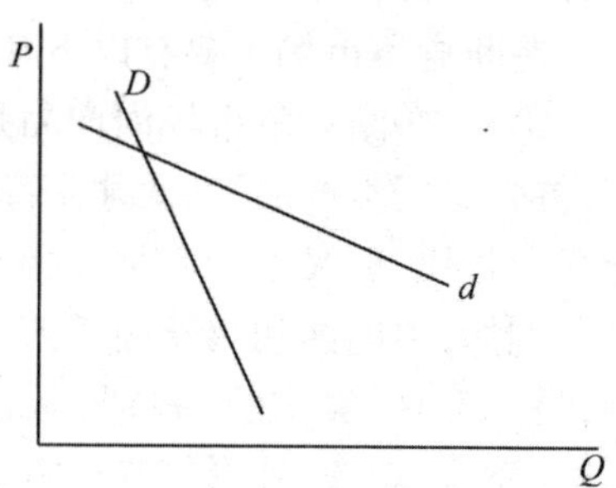

图 7.10　垄断竞争厂商的需求曲线

在图 7.11 中，假设某一垄断竞争厂商使其价格从 P_1 降为 P_2，如果其他企业不作反应，那么，该企业的需求量沿着需求曲线 d 从 Q_1 到 Q_3。但是其他企业也会采取降价策略，因此，该企业的需求量沿着需求曲线 D 从 Q_1 到 Q_2。如果它意识到这一点后，它所感觉到的需求曲线便从 d 移到 d'。如果个别厂商在价格下降到 P_2 时，行业内所有厂商产品价格都随之下跌到 P_2 水平，则个别厂商的销售量就不会增加到 Q_3，而只能增加到 Q_2。从个别厂商原来的需求曲线 d 角度看，行业中所有厂商价格下，意味着 d 向下移动到 d' 曲线水平，价格与销售量在 d' 曲线上的交点为 F。同样地，如果行业中厂商与个别厂商同时提高或降低价格，

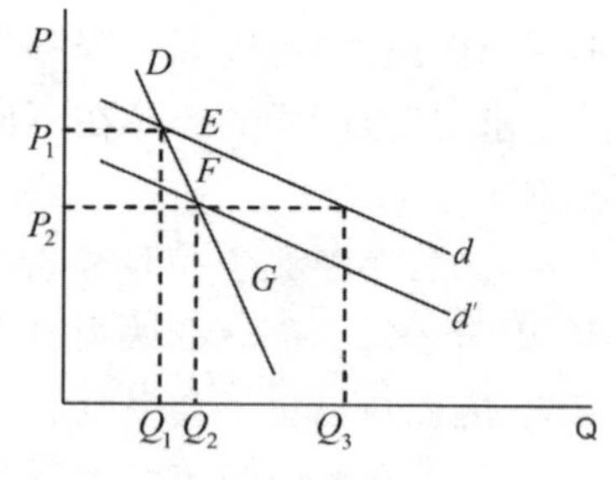

图 7.11　垄断竞争厂商的需求曲线

个别厂商的需求曲线 d' 也将不断移动,产生一系列新的价格与销售量的交点 G、H、……连接这些点,便是需求曲线 D,它反映了行业中其他厂商的行为对个别厂商价格变动所引起需求量变化的影响。价格波动具有趋于一致的倾向,因而 D 曲线可以看做厂商的长期需求曲线。在垄断竞争市场上,由于竞争的作用,从长远看,个别厂商的价格变动同行业内所有厂商的 D 需求曲线的关系还可以表示垄断竞争生产集团内的单个厂商在每一市场价格水平的实际销售额。不管全体 n 个厂商将市场价格调整到何种水平,D 需求曲线总是表示每个厂商的实际销售份额为市场总销售量的 $1/n$。概言之,D 和 d 需求曲线的关系是,当所有厂商以相同方式改变价格时,单个垄断竞争厂商的 d 需求曲线沿 D 需求曲线平移;d 需求曲线和 D 需求曲线相交意味着垄断竞争市场供求相等,d 需求曲线的弹性大于 D 需求曲线。垄断竞争市场上,厂商面临两条需求曲线的情况在其他市场结构中是不存在的。

(二)收益曲线

由于厂商的平均收益 AR 总是等于该销售量下的价格 P,因此平均收益曲线就是厂商的需求曲线。需求曲线向右下方倾斜,则平均收益曲线也是向右下方倾斜的,且两线重合。平均收益递减,则边际收益必定也是递减的,并且小于平均收益。所以与垄断厂商类似,垄断竞争厂商的边际收益(MR)曲线也是位于平均收益 AR 曲线之下且较 AR 曲线更为陡峭。

三、垄断竞争厂商短期均衡

如前所述,所谓厂商均衡是指厂商实现利润最大化的状态。一般而言,其均衡的条件是:$MR=MC$。由于利润是厂商收益与成本的差额,所以,只要已知厂商的收益曲线(函数)和成本曲线(函数),就能够求得厂商利润最大的解。而这些曲线或函数分析的方法或工具包括两个方面:(1)总收益与总成本对比的分析方法,即所谓的总量对比分析法;(2)边际收益与边际成本对比的分析法,即所谓的边际分析法。本节仅采用边际分析法。

在垄断竞争条件下,在短期内,厂商可通过变动价格、变化产品特征,或调整广告及其他销售开支三个方面来影响销售量,使利润达到最大化。

在图 7.12(a)中,SAC 曲线和 SMC 曲线表示厂商的现有生产成本及其规模,d 曲线和 D 曲线表示厂商的两种需求曲线,MR_1 曲线是 d_1 曲线的边际收益曲线,MR_2 曲线是 d_2 曲线的边际收益曲线。假定厂商最初在 d_1 曲线和 D 曲线相交的 A 点上进行生产。就该厂商在 A 点的价格和产量而言,与实现最大利润的 $MR_1=SMC$ 的均衡点 E_1 所要求的产量 Q_1 和价格 P_1,相差很远。于是,该厂商决定将生产由 A 点沿着 d_1 需求曲线调整到 B 点,即将价格降低为 P_1,将产量

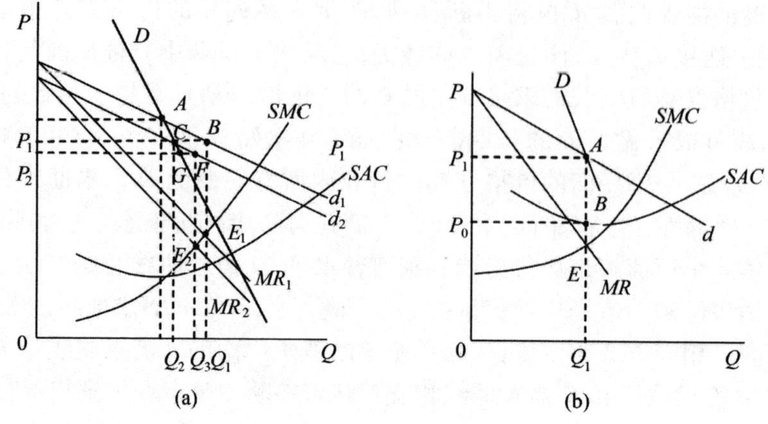

图 7.12 垄断竞争厂商的短期均衡

增加为 Q_1。

然而,由于生产集团内每一个厂商所面临的情况都是相同的,而且,每个厂商都是在假定自己改变价格而其他厂商不会改变价格的条件下采取了相同的行动,即都把价格降为 P_1,都计划生产 Q_1 的产量。于是,事实上,当整个市场的价格下降为 P_1 时,每个厂商的产量都毫无例外是 Q_2,而不是 Q_1。相应地,每个厂商的 d_1 曲线也都沿着 D 曲线运动到了 d_2 的位置。所以,首次降价的结果是使代表性厂商的经营位置由 A 点沿 D 曲线运动到 C 点。在 C 点位置上,d_2 曲线与 D 曲线相交,相应的边际收益曲线为 MR_2。很清楚,C 点上的代表性厂商的产品价格 P_1 和产量 Q_2 仍然不符合在新的市场价格水平下的 $MR_2 = SMC$ 的均衡点 E_2 上的价格 P_2 和产量 Q_3 的要求。因此,该厂商又会再一次降价。与第一次降价相似,厂商将沿着 D 曲线由 C 点运动到 G 点。相应地,d_2 曲线将向下平移,并与 D 曲线相交于 G 点。以此类推,代表性厂商为实现 $MR = MC$ 的利润最大化原则,会继续降低价格,d 曲线会沿着 D 曲线不断向下平移,并在每一个新的市场价格水平与 D 曲线相交。上述过程一直要持续到代表性厂商没有理由再继续降价为止,即一直要持续到厂商所追求的利润最大化的均衡条件实现为止。如图 7.12(b)所示,代表性厂商连续降价的行为的最终结果,将使得 d 曲线和 D 曲线相交点上的产量和价格,恰好是 $MR = MC$ 时的均衡点 E 所要求的产量 Q 和价格 P。此时,厂商便实现了短期均衡,并获得了利润,其利润量相当于图 7.12(b)中 P_0P_1AB 的面积。当然,垄断竞争厂商在短期均衡点上并非一定能获得最大的利润,也可能是最小的亏损。这取决于均衡价格是大于还是小于 SAC。在厂商亏损时,只要均衡价格大于 AVC,厂商在短期内总是继续生产的,只要均衡价格小于 AVC,厂商在短期内就会停产。垄断竞争厂商短期均衡的条件是:$MR = SMC$。

四、垄断竞争厂商的长期均衡

在长期中,垄断竞争厂商亦可根据市场需求情况来调整生产规模。此外,类似完全竞争市场情况,垄断竞争市场上厂商可自由进出行业。这样,长期中垄断竞争厂商可能面临两个方面的调整:一方面,随着新厂商进入行业或原有厂商离开市场,厂商的长期需求曲线会出现左右移动。在垄断竞争市场上存在经济利润时,会吸引新的厂商加入行业,这就引起厂商的 d_1 曲线向下移动及 D_1 曲线向左移动。如图 7.13所示,厂商的两条需求曲线分别由 d_1 移动到 d_2 及 D_1 移动到 D_2。这是因为,行业中厂商数目增加,将导致每个厂商在原价格水平下的销售量减少。相反,如果垄断竞争市场上出现亏损,又会引起部分厂商退出行业,使厂商的 d_2 曲线向上移动,D_2 曲线向右移,厂商退出行业。如图 7. 13 中,d_2 移动到 d_1,D_2 移动到 D_1,它表明由于行业内厂商数目减少,在原价格水平下,个别厂商的需求量增加。

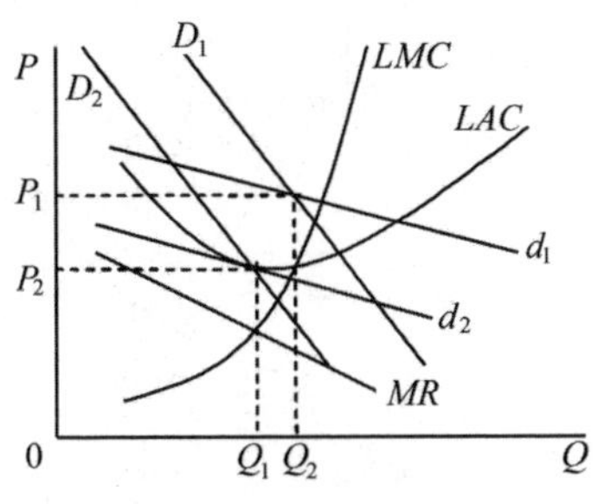

图 7.13　垄断竞争厂商的长期均衡

另一方面,随着行业中厂商数量的增减,及厂商生产规模的调整,对生产要素需求量的变化会引起厂商成本曲线的变化。一般来说,在市场中存在经济利润,大量厂商涌进行业的情况下,可能引起生产要素价格的上涨,因而使各个厂商的成本曲线向上移动。相反,在市场萧条情况下,可能出现生产要素供给过剩,要素价格下跌,使行业内厂商的成本曲线向下移动。由于长期中厂商所面临的需求与供给两个方面的不断调整,市场上的价格和产量也会不断出现变动,直至达到长期均衡为止。下面利用图 7. 14 来说明垄断竞争市场的长期均衡调整过程。

在图 7. 14(a)中,假定代表性厂商开始时在 I 点上经营。在 I 点所对应的产量 Q_1 上,最优生产规模由 SAC_1 曲线和 SMC_1 曲线所代表;厂商的边际收益曲线、长期边际成本 LMC 曲线和短期边际成本 SMC 曲线相交于 E_1 点,即存在均衡点 E_1;d 曲线和 D 曲线相交于 I 点,即市场供求相等;厂商获得利润,其利润量相当于图中的阴影部分面积。

由于生产厂商存在着利润,新的厂商就会被吸引进来。随着生产集团内厂商数量的增加,在市场需求规模不变的条件下,每个厂商所面临的市场销售份额就会减少。相应地,代表性厂商的 D 曲线便向左下方平移,从而使厂商原有的均衡点 E_1 的位置受到扰动。当厂商为建立新的均衡而降低价格时,d 曲线便

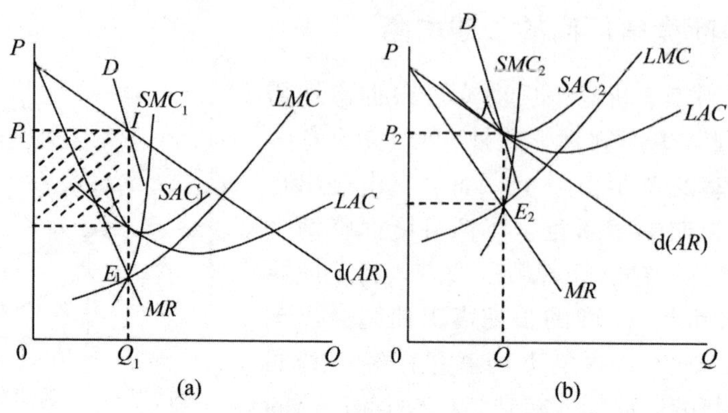

7.14 垄断竞争市场的长期均衡调整过程

沿着 D 曲线也向左下方平移。这种 D 曲线和 d 曲线不断地向左下方移动的过程,一直要持续到不再有新厂商加入为止。也就是说,一直要持续到生产集团内的每个厂商的利润降到零为止。最后,厂商在图 7.14(b)中的 E_2 点实现长期均衡。在代表性厂商的长期均衡产量 Q 上,SAC_2 曲线和 SMC_2 曲线表示生产量 Q 的最优生产规模;MR 曲线、LMC 曲线和 SMC_2 曲线相交于同一点均衡点 E_2,即有 $MR=SMC=LMC$;d 曲线与 LAC 曲线相切于 SAC_2 曲线与 MC_2 曲线的切点 J,即有 $AR=SAC=LAC$,厂商的超额利润为零;D 曲线与 d 曲线也相交于 J 点,即意味着市场上的供求相等。

以上分析了代表性厂商由赢利到利润为零的长期均衡的实现过程,至于代表性厂商由亏损到利润为零的长期均衡的实现过程,其道理是一样的,只是表现为生产集团内一部分原有厂商退出的一个相反的过程而已。对这一过程的分析,在此从略。

总而言之,垄断竞争厂商的长期均衡条件为:

$$MR = SMC = LMC$$

$$AR = LAC = SAC$$

在长期的均衡产量上,垄断竞争厂商的利润为零,且存在一个 d 需求曲线和 D 需求曲线的交点。不过,值得注意的是在垄断竞争市场达到长期均衡时,厂商并不是在最小成本条件下生产,存在“过剩”的生产能力。

五、对垄断竞争市场的认识

垄断竞争市场是否有利于经济资源有效配置,是否存在较高的经济效率,对此,西方经济学界曾经展开过一场争论。一般说来,西方经济学认为,与完全竞争市场相比,垄断竞争厂商的产量较低,而价格较高;与完全垄断市场相比,垄断竞争厂商的产量较高,而价格较低。下面利用图 7.15 加以说明。

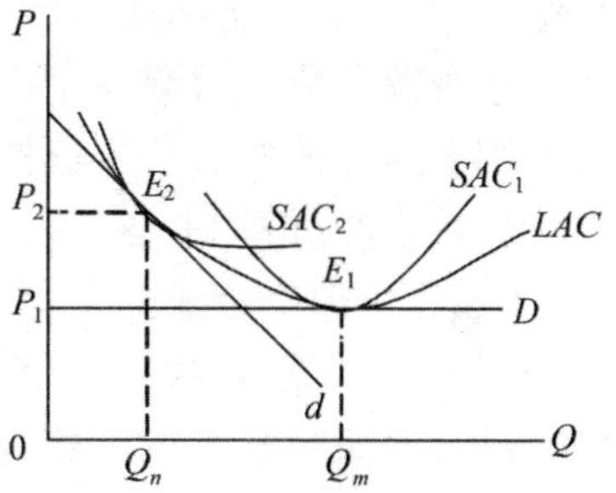

图 7.15　垄断竞争市场资源的有效配置

E_1 为完全竞争厂商长期均衡点,对应的均衡产量是 Q_m,价格为 P_1。我们曾说明,在完全竞争市场上,由于竞争作用和产品具有同质性,厂商在 $P=MR=SMC=SAC=LAC$ 条件下达到长期均衡,经济利润为零且在长期平均成本最低点生产,实现了经济资源的有效配置。对于垄断竞争市场均衡,如图 7.15 中 E_2 为垄断竞争厂商长期均衡点,对应的均衡产量是 Q_n,价格为 P_2。同完全竞争厂商长期均衡相比较,垄断竞争导致较少的产量(图中减少的产量为 Q_nQ_m),而消费者则需要支付较高的价格(图中增加的价格量为 P_2-P_1),因此,从经济效率角度看,垄断竞争厂商长期均衡选择的生产规模并不是最适度的生产规模。由图形可以看到,在垄断竞争厂商达到长期均衡情况下,由于厂商的需求曲线向右下方倾斜,其长期平均成本曲线(LAC)与需求曲线(d)相切于 LAC 曲线最低点的左侧。这表明,在垄断竞争厂商达到长期均衡时,长期平均成本尚处在递减阶段,所选择的生产规模不是最适度的生产规模,而是小于最佳生产量的生产规模。不但如此,垄断竞争厂商长期均衡时,对比较小的生产规模亦不能充分发挥作用,以生产最适度产量;因为这时厂商的短期平均成本也还处于递减阶段。这就是说,垄断竞争厂商的生产设备并没有充分利用。如果继续增加产量,平均成本亦可下降。但垄断竞争厂商不愿意做到这一点,因为它已处在均衡条件下,即 $MR=MC$。由此,可得到一个重要的结论:在垄断竞争市场上,存在着过剩的生产能力。这种过剩的生产能力表现在两个方面,一方面对个别厂商而言,垄断竞争厂商总是在较大的生产规模下经营。这点已作说明。另一方面,对整个行业来说,存在过度的供给能力。由于垄断竞争市场中每个厂商的生产规模都小于理想规模且产量低于适度水平,行业内厂商数目必然多于实际市场的所需量。若市场上每个厂商都能选择最适度生产规模,并使生产量达到理想水平,则一定市场供给量所需要的厂商数量将会明显少于垄断竞争市场的实际厂商数量。这种“过度”的供给能力,在现实经济生活中表现为众多同样商品生产厂商、大量的零售商店、餐馆、加油站等等,市场上拥挤着“多余”的供给者。因此,从经济资源有效配置出发,垄断竞争市场占用了过多的资源,没有发挥最大的经济效率。

然而,西方赞同垄断竞争的学者认为,垄断竞争市场存在着这种资源浪费是不可避免的,这是为了增加社会经济福利所必须付出的代价,具体可以用两点来说明。其一,垄断竞争市场可以满足消费者多种欲望的需要。垄断竞争造成上述资源浪费的根源在于产品的差异性,而消费者的嗜好是千差万别的,产品差别正是使消费者有了选择的余地,可以满足人们多样化的需要。这本身就是一种社会经济福利,这是生产单一产品的完全竞争市场所无法达到的。其二,垄断竞争理论考虑到了运输成本问题。在现实经济生活中,空间是不可克服的因素,任何商品的转运都必须支付运输成本。在完全竞争市场分析中,假定产品是同质时并未考虑到空间距离的差异。若涉及运输成本,对特定消费者则不存在同质的商品。因为即使是同样一件物品,尽管品质、价格相同,但消费者在近处购买与较远处购买显然不同,后者需要加上运输成本(比如交通费)和时间损失。因此,完全竞争市场只能是一种理想的理论模式,而垄断竞争市场上众多服务网点的设置,不但方便了消费者,而且从整个社会经济角度看也是一种运输成本的节约。总之,权衡垄断竞争的得失,可以认为这种市场结构更接近于经济现实,具有较高的经济效率。

与完全垄断市场比较,垄断竞争经济效率较高。这是因为,垄断厂商的长期均衡是以垄断利润的存在为前提的,而在垄断竞争市场上,由于厂商可以自由进出行业,在竞争作用下厂商达到长期均衡时只能获得正常利润。因此,垄断竞争厂商比垄断厂商的价格要低,产量较高。相比较而言,垄断竞争市场对经济资源的利用率要高于完全垄断市场。

第三节　寡头垄断市场的几种均衡模型

寡头垄断(oligopoly)又称寡头、寡占,一种由少数卖方(寡头)主导市场的市场结构。英语中这个词来源于希腊语中"很少的卖者"。寡头垄断是同时包含垄断因素和竞争因素而更接近于完全垄断的一种市场结构。与垄断竞争市场比较,这是一种以垄断因素为主、同时存在竞争、更接近于完全垄断的市场形态。寡头垄断不同于完全垄断,在这种市场上同时存在着为数不多的几家垄断性厂商,他们在进行着激烈的竞争。它也不像完全竞争(或垄断竞争)市场那样存在大量的厂商彼此竞争,在这种市场上垄断是少数几家厂商的基本行为。寡头垄断是现实经济中较为普遍的市场结构。例如,汽车业、钢铁业、石油业、计算机业、炼铝业等都被看成寡头垄断市场。

一、寡头垄断的分类及特点

寡头垄断市场,根据其产品有无差别可以分为两类:

纯粹寡头,又称无区别的寡头垄断,它是指各厂商生产的产品没有差别,如钢铁、水泥、石油、化工等行业，顾客购买这类产品时可以不选具体牌子，只需根据品种、规格等技术指标订货，不一定要求是哪家厂商生产的。这种无差别的寡头垄断厂商之间的依存程度很高，一家厂商在产量和价格上的变动必然会对竞争对手的产销量发生重大影响，迫使其对手采取对策。

差别寡头，它是指生产有差别的商品寡头，如汽车、电视、冰箱产品等。差别寡头一般都是通过广告宣传，增加产品特点来尽可能地把自己变成有区别的寡头垄断，使顾客按牌子来购买其名牌产品，从而扩大自己的市场，使自己的需求曲线陡一些。

寡头垄断市场形成的主要原因：

其一，某些产品的生产与技术特点决定产品生产的规模经济性。在许多行业中，由于某些产品的生产与技术特点，使厂商在产品生产或销售方面，若达不到很大的规模，就不可能降低生产成本，实现规模经济，例如在汽车制造业中，如果汽车生产及销售达不到一定规模，就不可能有经济效益甚至亏损。这就使得这些行业内厂商数量变得非常少，促使寡头垄断形成。

其二，进入行业的障碍存在。在许多行业中，老厂商无论在生产规模、资金、信誉、原材料等方面都占有绝对优势，使新厂商难以进入行业同老厂商竞争，从而形成寡头垄断。

其三，寡头垄断组织存在。寡头厂商为保持自身地位而采取的种种排他性措施，以及政府对某些寡头厂商的扶持政策等，也可促进寡头垄断市场的形成。在有些行业中，如石油、汽车、钢铁等行业，少数几家厂商为获取经济利润，减轻竞争的压力，往往形成寡头垄断组织（如卡特尔）统治市场，使行业内厂商数目减少。

寡头垄断市场的主要特点：

寡头垄断市场的显著特点是少数几家厂商垄断了某一行业的市场，这些厂商的产量占全行业总产量中的比例很高，从而控制着该行业的产品供给。

相互依存是寡头垄断市场的基本特征。由于厂商数目少而且占据市场份额大，不管怎样，一个厂商的行为都会影响对手的行为，影响整个市场。所以，每个寡头在决定自己的策略和政策时，都非常重视对手对自己这一策略和政策的态度和反应。作为厂商的寡头垄断者是独立自主的经营单位，具有独立的特点，但是他们的行为又互相影响、互相依存。这样，寡头厂商可以通过各种方式达成共谋或协作，形式多种多样，可以签订协议，也可以暗中默契。

寡头垄断厂商行为的结果具有不确定性。任何寡头垄断厂商的销售都同其竞争对手的行动密切相关，这就使寡头垄断厂商对自己的决策结果具有很大的不可预见性。因此，对寡头垄断厂商达到均衡状态的价格和产量，都无法从理论上得到确定的答案。这点不同于前面所述的市场结构的情形。不论在完全竞争(垄断)或垄断竞争市场上,只要能说明消费者的需求曲线和生产者的供给曲线,结合两者就可以得到既定需求及供给状况下的均衡价格和产量。但在寡头垄断市场上,个别厂商的行为依存于其他厂商的反应,因而个别厂商的需求曲线是无法确定的。所以,除非对竞争者反应作出某种假设,否则对寡头垄断厂商的均衡价格与产量要做出确切的结论是很困难的。

寡头垄断市场价格一旦形成便具有稳定性。寡头垄断市场中,不论产品有无差别,一旦价格确定便很少变动。这是因为,寡头垄断市场内的厂商都具有一定垄断性,在少数几个厂商间往往势均力敌。他们通常把价格竞争视为一种危险的手段,这很可能导致一场毁灭性结果的价格战。寡头垄断厂商通常采用非价格手段作为竞争武器,在这方面变换产品特征、提高产品质量和开展以广告为中心的销售活动是常用的方式。这种市场产品的价格比其他市场要稳定,这是寡头垄断市场的又一特征。

二、寡头垄断市场的均衡模型

(一)古诺模型

古诺模型是法国经济学家古诺于1838年提出的。古诺模型通常被作为寡头理论分析的经典模型。古诺模型是一个只有两个寡头厂商的模型,该模型也被称为“双头垄断模型”。古诺模型的结论可以推广到在n个以上的寡头垄断厂商的情况中去。

古诺模型分析的是两个出售矿泉水的生产成本为零的寡头垄断厂商的情况。古诺模型的假设是:

(1)每个寡头厂商的产品是无差别的;

(2)每个寡头厂商的生产成本为零;

(3)两家分享市场,市场总需求是线性的;

(4)每个厂商都确切知道总需求的变化;

(5)每个厂商都能根据对手采取的行动而相应地采取应对行动;

(6)每个厂商都是通过调整产量来实现利润最大化。

在图7.16中,D曲线为两个厂商共同面临的线性市场需求曲线。由于生产成本为零,故图中无成本曲线。开始时假定A厂商是唯一的生产者,A厂商面临D市场需求曲线,为使利润最大,将产量定为市场容量的$\frac{1}{2}$,即产量$OQ_1 = \frac{1}{2}O\overline{Q}$(在$Q_1$点,实现$MR = MC = 0$,因为此时厂商的边际收益曲线是$PQ_1$),价格为$OP_1$,A厂商利润量相当于图中矩形$OP_1FQ_1$的面积(由于假定生产成本为零,所以,厂商的收益就等于利润)。当 B 厂商进入该行业时,B 厂商准确地知道 A 厂商留给自己的市场容量为 $Q_1\bar{Q}=\frac{1}{2}O\bar{Q}$,B 厂商为求利润最大也将生产它所面临的市场容量的$\frac{1}{2}$,即产量为 $Q_1Q_2=\frac{1}{2}\times\frac{1}{2}Q_1\bar{Q}=\frac{1}{4}O\bar{Q}$(在 Q_2 点,实现 $MR=MC=0$)。此时,市场价格下降为 P_2,B 厂商获得的利润相当于图中矩形 Q_1HGQ_2 的面积。而 A 厂商的利润因价格的下降而减为矩形 OP_2HQ_1 的面积。B 厂商进入该行业后,A 厂商发现 B 厂商留给他的市场容量为$\frac{3}{4}O\bar{Q}$。为了实现利润最大,A 厂商将产量定为自己所面临的市场容量的$\frac{1}{2}$,即产量为$\frac{1}{2}\times\frac{3}{4}O\bar{Q}=\frac{3}{8}O\bar{Q}$。A 厂商调整产量后,B 厂商的市场容量扩大为$\frac{5}{8}O\bar{Q}$,B 厂商将生产自己所面临的市场容量的$\frac{1}{2}$的产量,即产量为$\frac{5}{16}O\bar{Q}$,这样,两个寡头垄断厂商将不断地调整各自的产量,为求利润最大,每次调整都是将产量定为对方产量确定后剩下的市场容量的 $\frac{1}{2}$。这样,根据无穷等边级数可知:A 厂商的均衡产量 $=O\bar{Q}\left(\frac{1}{2}-\frac{1}{8}-\frac{1}{32}-\cdots\right)=O\bar{Q}\left(1-\frac{\frac{1}{2}}{1-\frac{1}{2^2}}\right)=\frac{1}{3}O\bar{Q}$, B 厂商的均衡产量 $=O\bar{Q}\left(\frac{1}{4}+\frac{1}{16}+\frac{1}{64}+\cdots\right)=O\bar{Q}\left(\frac{\frac{1}{4}}{1-\frac{1}{2^2}}\right)=\frac{1}{3}O\bar{Q}$。可见,在均衡时,A、B 两个厂商的产量都为市场总容量的$\frac{1}{3}$,即每个厂商的产量为$\frac{1}{3}O\bar{Q}$,行业总产量为$\frac{2}{3}O\bar{Q}$。

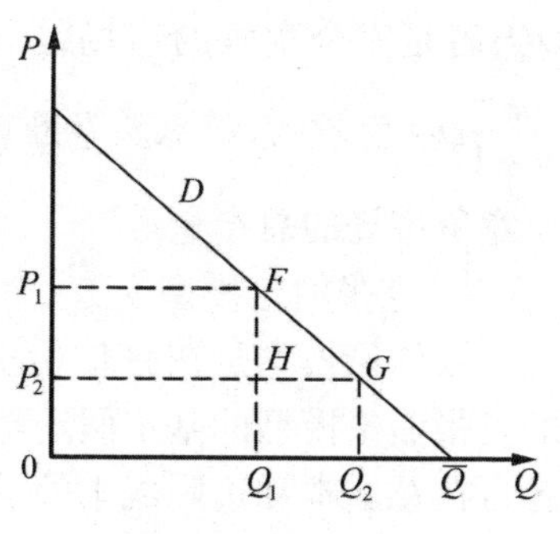

图 7.16　古诺模型

古诺模型的结论可以推广。令寡头垄断厂商的数量为 m,则可以得到一般的结论如下:每个寡头垄断厂商的均衡产量为$\frac{1}{m+1}O\bar{Q}$,行业的均衡总产量为$\frac{m}{m+1}O\bar{Q}$。与其他市场结构比较可知,若是完全垄断市场,厂商的均衡产量为$\frac{1}{2}$

$O\overline{Q}$;若是完全竞争的市场,厂商的数目越多,单个厂商的产量越少,而总产量$\frac{m}{m+1}O\overline{Q}$就越大,故寡头垄断市场的总产量大于完全垄断市场的总产量,小于完全竞争市场的总产量。

(二)张伯伦模型

张伯伦模型是在张伯伦1933年发表的代表作《垄断竞争理论》中提出来的。张伯伦模型的基本假定与古诺模型是一样的:市场上存在A、B两个企业,各自在总成本和边际成本等于零的情况下售矿泉水,市场对这两家产品的共同需求曲线为D。两个寡头认识到他们在市场上的相互依赖性并且以此为出发点来确定自己的价格和产量。

如图7.17所示,A厂商首先开始行动,它以全部市场需求量作为自己最大可能的需求量,即以需求曲线D作为自己的需求曲线d_A,并选择600个单位为自己的产量,价格相应地为6元。B厂商接着进入该行业参与竞争。B厂商行动时断定A厂商会继续维持600个单位的产量,因而认为留给自己的市场容量为600个单位。B厂商以此判断为据建立自己的需求曲线d_B,并选择B点组合点所示的产量(300个单位)和价格(3元)。至此,张伯伦的分析与古诺模型完全相同,不同之处在这以后。按照古诺模型的假定,A厂商认为B厂商不管自己采取什么行动,总会把产量维持在300个单位的水平上。张伯伦则假定A厂商能够认识到B厂商会对自己的行动作出反应,经过反复仔细的考虑,A厂商终于能明智地认识到:如此相互竞争的结果对于双方都不利,若双方共同分享总的市场需求,从而分享全部利润,则双方都更为有利可图。在此模型中,行业最大利润的产量为600个单位,价格为6元。于是A厂商自动把自己的产量减少到行业产量的一半,即300个单位,而B厂商也自动增加自己的产量至300个单位,两家厂商都以6元的价格出售,各自获得1800元的利润。在古诺模型中两家各自生产全部产量的三分之一。即400个单位,价格为4元,各自获得1600元的利润。在张伯伦模型,两个厂商达成默契,像一个完全垄断者那样行事,按照6元价格共同生产600个单位的产量(一家一半),各自获得1800元利润,比古诺模型设想的利润多200元。

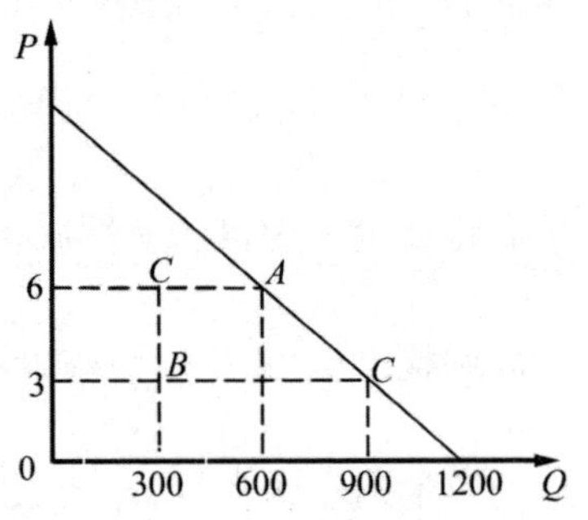

图7.17 张伯伦解图

张伯伦模型并不表明寡头厂商之间是有意串通的合谋。他设想由于行业内部寡头数目极少,相互之间的竞争及其影响极为显著,因而当寡头们认识到相互之间的依赖性及竞争可能的伤害后便有可能达成一种避免竞争、瓜分市场的默契。

(三)斯威齐模型

斯威齐模型是美国经济学家斯威齐于1939年提出用以说明寡头垄断市场价格刚性现象的寡头垄断模型。它又被称做弯折的需求曲线模型。

斯威齐认为,寡头垄断厂商推测其他厂商对自己价格变动的态度是跟跌不跟涨。这就是说,如果一个寡头垄断厂商提高价格,行业中的其他寡头厂商都不会跟着改变自己的价格,因而提价的寡头厂商的销售量的减少是很多的;如果一个寡头厂商降低价格,行业中的其他寡头厂商会将价格下降到相同的水平,以避免销售份额的减少,因而该寡头厂商的销售量的增加是很有限的。在上述情况下,寡头垄断厂商的需求曲线就是弯折的。现用图7.18说明。

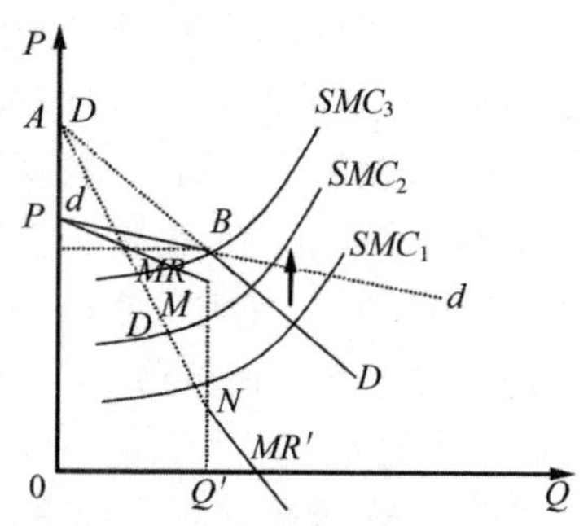

图7.18　弯折的需求曲线

上图中有某寡头厂商的一条 *dd* 需求曲线和一条 *DD* 需求曲线,它们与上一节分析的垄断竞争厂商所面临的两条需求曲线的含义是相同的。*dd* 需求曲线表示该寡头厂商变动价格而其他寡头厂商保持价格不变时的该寡头厂商的需求状况,*DD* 需求曲线表示行业内所有寡头厂商都以相同方式改变价格时的该厂商的需求状况。假定开始时的市场价格为 *dd* 需求曲线和 *DD* 曲线的交点 *B* 所决定的 *P*,那么,根据斯威齐的观点,该垄断厂商由 *B* 点出发,提价所面临的需求曲线是 *dd* 需求曲线上的 *dB* 段,降价所面临的需求曲线是 *DD* 曲线上的 *BD* 段,于是,这两段共同构成的该寡头厂商的需求曲线为 *dBD*。显然,这是一条弯折的需求曲线,折点是 *B* 点。这条弯折的需求曲线表示该寡头厂商从 *B* 点出发,在各个价格水平所面临的市场需求量。

由弯折的需求曲线可以得到间断的边际收益曲线。图中与需求曲线 *dB* 段所对应的边际收益曲线为 *MR*,与需求曲线 *BD* 段所对应的边际收益曲线为 *MR′*,两者结合在一起,便构成了寡头厂商的间断的边际收益曲线,其间断部分为垂直虚线 *MN*。利用间断的边际收益曲线,便可以解释寡头市场上的价格刚性现象。只要边际成本 *SMC* 曲线的位置变动不超出边际收益曲线的垂直间断范围,寡头厂商的均衡价格和均衡数量都不会发生变化。除非成本发生很大变化,如成本上升使得边际成本曲线上升为 SMC_3 曲线的位置,才会影响均衡价格和均衡产量水平。

在斯威齐模型中,是把价格 *OP* 作为既定的条件来说明价格刚性的问题。模型中并没有说明价格 *OP* 是怎样形成的,所以斯威齐模型只是关于寡头定价行为的未完成的模型。

三、对寡头垄断市场的认识

西方经济学界目前尚未找到一种能代表寡头垄断市场一般情况的模型，因而对寡头垄断与其他市场结构的比较问题并没有一致的意见。一般说来，以下几方面得到多数西方经济学者所认同：

第一，在价格方面，一般认为寡头垄断市场价格高于完全竞争市场。两种市场价格的差别将依据寡头垄断行业厂商数量的多少和进入该行业的难易程度而有所不同。寡头垄断市场内厂商数目越多，新厂商进入越容易，两种市场价格就越接近。而垄断因素在寡头垄断市场中越占据重要地位，则通常该市场中的价格比完全竞争条件下的价格越缺乏弹性。

第二，在产量方面，如果两个市场上的需求量相同，一般寡头垄断下的产量将低于完全竞争市场产量。不过，由于寡头垄断厂商大量的广告支出和产品多样化的开支，使得需求曲线右移，市场需求量扩大，所以在实际上寡头垄断市场的价格比完全竞争市场高，而产量往往也较大。

第三，对于寡头垄断厂商大量广告和产品特征变换支出是否增进社会经济福利问题，西方经济学界看法不一致。部分学者认为，寡头垄断厂商的这些行为使消费者有了更多的选择机会，增进了社会经济福利。但不少学者认为，在许多寡头垄断行业中，这类开支已超过了社会经济福利增加量，造成经济资源的浪费。

第四，在利润方面，各种模型的结论及实际调查都表明，寡头垄断条件下可得到的平均利润水平将高于完全竞争市场的水平。

本章小结

完全垄断是市场结构的一个极端情况。完全垄断意味着一个产业内仅有一个厂商，并且不存在与这一厂商的产品相近的替代品。造成自然垄断的基本原因是由于厂商规模相对于市场太大或市场相对于厂商的规模经济显得太小。垄断厂商面对的需求曲线就是市场需求曲线，厂商的利润最大化行为决定了垄断厂商在富于弹性的产量范围内经营。利用对市场的影响程度，垄断厂商可实行三类价格差别政策。这些政策比实行单一价格可产生更大的利润，甚至可以使单一价格条件下不可能生存的产业存在下去。相对完全竞争厂商，完全垄断厂商有较低的产量，较高的价格，由此带来了低效率，这种低效率表现为额外净损失。从资源有效配置的角度来看，对垄断厂商进行管制是必要的，但是管制本身是复杂的。对非自然垄断,现代经济学倾向于减少或取消管制。

垄断竞争是一种界于完全竞争与垄断之间,与完全竞争比较接近的市场结构。垄断竞争中厂商的垄断来源于产品差异,竞争是由于大量厂商的存在,进入与退出不受限制。垄断竞争厂商间存在着价格竞争与非价格竞争。垄断竞争厂商在价格竞争中的短期均衡表现为厂商利润最大化,不存在改变价格与产量的诱因。而长期均衡依赖于利润最大化条件和无厂商进入条件。非价格竞争表现为产品差异和改变销售费用。在一定条件下,非价格竞争的均衡可借助于价格竞争模型来分析。

寡头市场是指少数几个厂商控制一个产业。寡头市场的形成是由于存在进入障碍。寡头市场的主要特征是厂商在决策中存在着明显的相互影响。古诺模型描述了厂商通过独立决策达到均衡。厂商间的竞争是数量竞争。在古诺模型中,厂商在预期对手产量固定的条件下决定自己的产量。

深度链接:完全垄断厂商的价格歧视

价格歧视又称价格差别,是指垄断厂商在同一时间以同一产品向不同的购买者索取不同的价格。一般来说,同一产品以不同的价格出售,取决于很多因素,主要有购买者的收入水平、消费偏好、性别、年龄、地理位置,产品本身的性质、服务和时间,以及取得替代品的难易程度等。比如,医生和律师依据服务对象的收入水平来收费;厂商对少量购买者的较高价格,对大买主的优惠价格和数量折扣;较高的国内售价和较低的国外售价(倾销);商业网点少的偏僻地区或地点价格高,繁华地区和地点价格低;长途电话、旅游、旅馆高峰时间服务的较高价格,非高峰时间或淡季的较低价格;精装本书比平装本书卖价更高……但价格歧视并不单纯反映生产成本的差别。垄断者对同一产品索取不同价格的程度,大体分为三种类型,即一级价格歧视、二级价格歧视和三级价格歧视。

价格歧视是垄断定价的具体化,垄断者之所以实行有差别的价格,是因为这种方法比单一价格能获得更多的利润。但要使这种定价方法得以实现,还需具备一定的条件。从垄断者自身的条件看,他的产品具有一定倾斜的需求曲线,由于任何具有倾斜的需求曲线的卖主都可以独立定价,即高价少销、低价多销,因而垄断厂商具备了实行差别价格的可能性。而这种可能性真正转化为现实性还需具备以下两个市场条件:

第一,相互封闭的市场。如果一个厂商不能将市场或市场各部分有效地分离开来,其全部买主将会在价格最低市场进行购买,或是把低价购进的商品转卖到高价市场。市场的分割,一方面,可通过垄断者采取相应的控制手段来实现,比如,电力公司通过安装相应的电力计量装置和不同管理方法,可以有效地将电力市场分割,对商业、工业、居民等不同用户以及高峰和低谷不同时间采取不同的收费价格;另一方面,可利用市场存在的不完全性,如区域间商品流转的运输成本,消费者的不知情以及国家之间的贸易壁垒等来实现。

第二,各市场之间需求弹性的不同。如果某个垄断厂商将同一产品投放在两个分割的市场上,并以不同的价格销售出去,客观上就要求该产品在两个市场上具有不同的需求弹性。垄断厂商根据不同的需求弹性就可以在同一时间以同一产品向不同的购买者索取不同的价格。

一、一级价格歧视

一级价格歧视是指垄断厂商非常熟悉每个消费者对任何数量产品愿意并能够支付的最高价格,即需求价格,他就可以按照每个消费者的需求价格逐个制定差别价格,从而将每个消费者剩余全部榨光。这就是一级价格歧视,亦称为完全价格歧视。

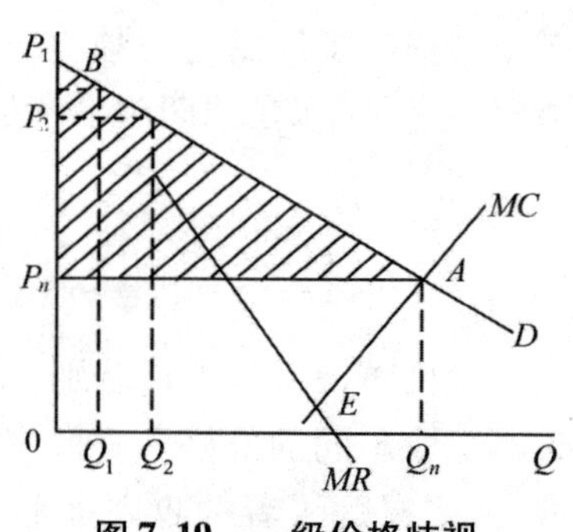

图 7.19 一级价格歧视

图 7.19 表明,垄断者能够对销售产品的每一个单位索取最高的价格。当消费者购买第一单位时,价格为 P_1;购买第二单位时,价格为 P_2;购买第 n 单位时,价格为 P_n。按照通常的市场交易价格,如果消费者购买 Q_n 产品,只需全部按照 P_n 价格付款,厂商获得的总收益 $TR = P_nQ_n$,即四边形 OP_nAQ_n 的面积。而采取一级价格歧视的垄断厂商,却按照消费者的需求价格逐个索价。如果价格和数量都是连续函数,则垄断厂商的总收益等于四边形 OP_nAQ_n 的面积再加上三角形 P_nBA 的面积,结果消费者从购买 Q_n 数量产品中本应得到的消费者剩余(即阴影部分)都被垄断厂商所榨光。垄断厂商在实行了完全价格歧视之后,原有的需求曲线或平均收益曲线就成为边际收益曲线,其均衡点 E 向左上方移动到 A 点。一级价格歧视的典型事例,是一位身处偏僻山村的医生,根据求医者不同的支付能力和愿意支付的最高价格,对相同的治疗收取不同的医疗费。

二、二级价格歧视

二级价格歧视是指垄断厂商把产品分成若干个组,按组制定不同的价格,这样可以榨取相当一部分消费者剩余。

二级价格歧视与一级价格歧视之间的区别,仅仅在于它较为粗糙。从图

7.20可见,二级价格歧视所包含的步骤与垄断厂商索价种类(P_1、P_2 和 P_3)比一级价格歧视要少得多。此时,垄断厂商榨取的消费者剩余(相当于阴影部分),要比一级价格歧视少。一般来说,当某种商品或劳务市场内部的购买者数量增加时,二级价格歧视就会更多地出现,在现实经济生活中,二级价格歧视往往是以大宗交易时每单位价格较低的所谓"下降税率表"的形式表现出来。比如,某些电力公司对居民每一追加的用电量要价较低,使用任何数量电力的居民都可以在较低的价格下消费更多的电量。二级价格歧视通过提供数量折扣吸引更多的消费。这种数量折扣阶梯式地被制造出来,它也称为多方面定价。

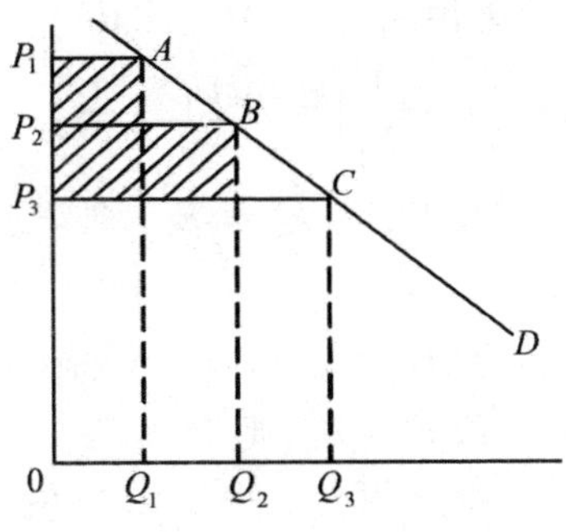

图 7.20 二级价格歧视

三、三级价格歧视

三级价格歧视是指垄断厂商在不同市场上对同样的商品索取不同的价格。具体来说,垄断厂商为了获取更多的利润,必须使他销售到所有市场上的产品边际收益等于边际成本。如果任一市场的 $MR > MC$,利润就能够通过扩大销售(降低价格)而增加,反之,如果任一市场上的 $MR < MC$,利润可以通过削减销售(提高价格)而增加。在此条件下,将总销售量分配到各个市场,然后按照各市场不同的需求弹性,分别制定不同的价格。

三级价格歧视的最简单的分析性例证,是在两个独立市场上出售某种现货的垄断厂商。这个问题与在即期市场上进行销售的垄断者所产生的问题相类似,即由于有既定数量的产品要出售,垄断者的成本便可视为不变或不予考虑。为获取最大利润,垄断厂商在两个市场同时销售时,每个市场销售量应调整到使两个市场的边际收益相等的水平,这是等边际原理的另一种表现形式。

在图 7.21 中,我们假定某一垄断厂商将其产品市场分割为 A、B 两个子市场,厂商的边际成本固定不变。两市场的边际收益曲线分别与 MC 水平直线相交于 E_a 和 E_b,在 E_a 和 E_b 处,$MR_a = MC = MR_b$,两市场的数量分别为 Q_a 和 Q_b,价格分别为 P_a 和 P_b。从图形上看,由于随产品数量增加,边际收益递减,假如此时垄断厂商在 A 市场上多卖一单位产品,则 B 市场就要少卖一单位产品,而 A 市场多卖一单位产品所增加的收益(即 MC 与 MR_a 的差额值),必然少于 B 市场少卖一单位产品所减少的收益(即 MR_b 与 MC 的差额值)。反之亦然。因此,使厂商收益最大的销售比例,必然满足每个市场中边际收益都相等的这一条件。尽管 A 、B 两市场的 $MR_a = MR_b = MC$,但 $P_a > P_b$。这可利用 $MR = P(1 - 1/$

E_d)来说明:由于$MR_a = MR_b$

$$P_a\left(1 - \frac{1}{E_d^a}\right) = P_b\left(1 - \frac{1}{E_d^a}\right)$$

所以,若 $E_d^a > E_d^b$,则 $P_a < P_b$

若 $E_d^a = E_d^b$,则 $P_a = P_b$

若 $E_d^a < E_d^b$,则 $P_a > P_b$

由此可见,各个市场的价格与其需求价格弹性呈反方向变动,弹性大则价格低。图 7.21 中,A 市场的需求弹性比 B 市场要小(在任何既定的价格水平上),因而 A 市场的价格高于 B 市场。

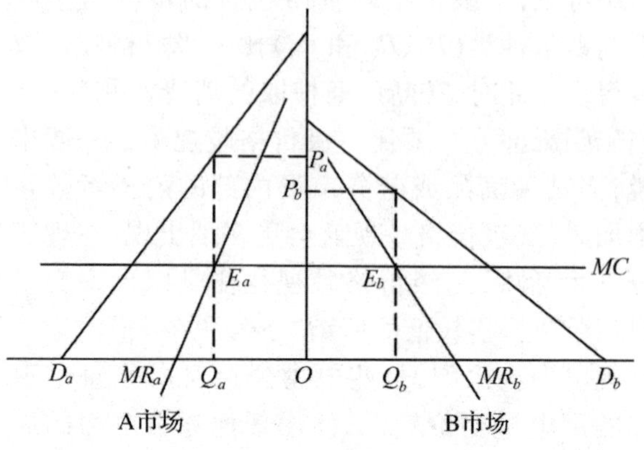

图 7.21 三级价格歧视

【案例 1】IBM:从垄断的边缘到竞争的边缘

IBM 公司从 50 年代起致力于计算机行业,并很快在大型计算机中枢系统的业务上占据了主导地位。IBM 生产的机器在技术上常常是最先进的,在某些情况下,他们即使可能不是最好,但由于出色的服务和技术支持,他们仍有卓越的信誉。在过去,计算机对于使用者来说还很神秘,信誉是举足轻重的。

但是,IBM 从未成为真正意义上的垄断者。在整个 60 年代和 70 年代,竞争来自众多的企业,像 Control Data、Honeywell、Sperry Univac、Burroughs 和 NCR。不过到 1980 年为止,IBM 仍占据着全球计算机中枢市场上超过 80% 的份额。在该公司,销售额每年以两位数增长是平常事。

在 80 年代中期,IBM 的行政人员公开预测,公司在 1990 年将从销售中赚得 1000 亿美元。事实证明,该以司只赚了 690 亿美元。该公司仍是全美第四大企业,但它与公司增长目标有着一段远得令人尴尬的距离。到底出来什么事?

80 年代,计算机工业发生了戏剧性的变化。例如,在 1980 年,对于一个大学生来说,有一台自己的电脑是很不寻常的。现在,个人电脑正在逐步取代打字机。在商业界公司里各个部门或许都有了自己的计算机系统,高层管理人员中有了一个新说法:"我们过去的目标是在每张桌上放一台计算机。现在,我们的目标是在每张桌上只放一台计算机。"

尽管 IBM 仍然是世界大型计算机中枢的主导生产者,但在这个由个人电话、手提电脑、笔记本式计算机、小型机器网以及用笔或鼠标控制的计算机组成的新世界里,它面临的是为了提高竞争力而挣扎。在与苹果、康柏、东芝、戴尔以及众多其他公司的竞争中,没有哪家能称雄。80 年代,计算机行业处于垄断竞争时期,某个公司在技术上领先几个月或一年,然后被竞争对手超越。90 年代早期,计算机业中最热的是计算机的专业应用和联网。

计算机技术已向"开放型系统"的方向发展。举例说,有可能主机是一个公司制造的,显示器是另一个公司的,打印机又是第三个公司的,软件是第四个公司的,将这些组合起来使整个系统得以运行。IBM 非但没有压倒较小的对手,反而在高度竞争,甚至是恶性竞争的市场中,被全方位地一点一点地吞食。

1969—1982 年,IBM 是政府反托拉斯案的起诉对象,它被指控为在计算机行业中过于接近垄断,应该被拆散。在一阵难以想象的风暴般的书面工作之后,政府停止检控并于 1982 年撤销了该检控。但当政府执法者撤销该案时,IBM 为竞争而做的挣扎才刚开始。80 年代计算机市场的骤变,显示了市场和竞争的力量,它甚至能影响一个年销售额达数百亿美元的大公司。

(资料来源:Joel Dreyfuss The New IBM,Business Week,December 16,1991.)

讨论下列问题:

(1)垄断和竞争的区别何在?

(2)企业如何获得与维持垄断力量?

(3)为什么要反垄断?

【案例 2】未能实施的联手图谋

大公司联手进行价格垄断是很让人头疼的事情,因为参与者总是想方设法隐蔽自己的行动。不过也有例外,1983 年,在美国的美洲航空公司和布兰尼夫航空公司被起诉一案中,两位公司总裁罗伯特·克兰德尔和霍华德·普特南之间的一段电话录音成了控方最有力的证据。在此以前,这两家在达拉斯航空市场居于寡头垄断地位的航空公司,都曾削价而相互竞争。录音相当精彩,值得一读。

克兰德尔:情况真是糟透了。……如果我们互相打斗,都得完蛋。我们两家如果都要留在这里,"三角洲" 就该开路了。因为,唉,我根本看不出有什么理由要让我们两个滚蛋。

普特南:你有什么好建议吗?

克兰德尔:对,我是有一个建议。把你的该死的票价提高 20%,明天一早我也会这么做的。……那么你我就都可以赚大钱了。

普特南:我们大概不应该谈论价格问题。

克兰德尔:咳,霍华德,我们当然可以谈论我们想谈的任何该死的问题。

司法部在法庭上播放的这一段录音清楚地暗示两个公司曾经有过的企图,但是这段录音能否成为定罪证据还得看有关法律的定义。经过几个月的诉讼,联邦法官以证据不足为由驳回起诉。而且，法官还指出，克兰德尔的建议最多只能算是违反了职业道德，其用词也过于粗鲁。然而关键是当他提出建议时，普特南并没有采纳。因此这两个公司之间也就不存在什么垄断阴谋。克兰德尔是幸运的，如果他的谈话不是上述这个样子，又或者普特南接受他的建议，那么他就肯定会被定罪。人们就这个案件提出的问题是，在政府监听范围以外，还有多少类似的密谋电话正在各大公司总裁之间进行呢？

（资料来源：Robert E. TayIor and Dean Rothart, American Air Accused of Bid to Fix Prices, Wall Street Journal, February 24, 1983; Dean Rothart, American Air, Its President Get Trust Suit Voided, Wall Street Journal, September 14, 1983.）

讨论下列问题：

（1）案例中反映了何种经济现象？

（2）除了法律手段之外，还有哪些方法可以防止垄断？试举例说明。

【案例3】可口可乐与百事可乐的兼并较量

可口可乐与百事可乐两大公司共同统治美国碳酸化软饮料市场。1986年初，两家公司同时想到通过兼并扩大自己的规模。同年1月，百事可乐首先提出以3.8亿美元收购“七喜”，后者是美国第四大软饮料生产商。2月，可口可乐不甘落后，抛出购买第三大软饮料生产商“辣椒博士”的计划，价钱是4.7亿美元。

兼并将使强者更强。两个可乐所占市场份额分别为39％和28％，“辣椒博士”和“七喜”则为7％和6％，远远落后。接着是拥有“加拿大干啤”和“新奇士”两个商标的R. J. 宙诺兹公司，仅占5％。

几个月后，美国联邦贸易委员会经过一系列调查核算，宣布反对上述两个兼并计划。政府在类似情况下使用的法则叫做“简尔芬达尔——希尔施曼指数”（简称HHI）。这个指数就是市场各个份额的百分数的平方和。假设整个产业只有一家公司，$HHI=(100)^2=10\ 000$。如果这个产业包含1 000家公司，每家占有0.1％的市场份额，那么$HHI=(0.1)^2\times 1\ 000=10$。由此可见，HHI越大，产业竞争越小。

1982年，美国联邦政府将产业划分为三种类型，规定相应对策，成为有关兼并守则。见下表。

HHI水平	产业类型	建议对策
小于1 000	不集中	允许兼并，政府不加干预
介于1 000～1 800之间	中等集中	若兼并将使HHI提高100以上，必须加以干预
大于1 800	集中	若兼并将使HHI提高50以上，必须加以干预

在兼并之前,软饮料产业的 HHI 由下面的计算可见。为计算方便,我们假设上述 5 大公司余下的 15% 市场份额份由 15 家小公司均分,每家占 1%。

$$HHI = 39^2 + 28^2 + 7^2 + 6^2 + 5^2 + 15 \times 1^2 = 2\ 410$$

如果我们代入百事可乐兼并“七喜”之后的 34% 的市场份额,单单这个兼并计划就会将 HHI 提高到 2 766。两个兼并计划同时进行就会将 HHI 变成 3 312。

从这些数字不难看出美国政府必将对这次行动进行干预。实际上,百事公司马上取消了兼并计划。但是可口可乐却继续争取兼并“辣椒博士”,直到 1986 年 8 月,一名美国联邦法官裁定该项计划是“赤裸裸的不加掩饰的”旨在消除竞争的行为,“完全没有道理”,可口可乐才放弃。

这场官司公开了一个秘密。法院判决揭露了可口可乐公司在百事公司提出兼并“七喜”之后的 2 月做过的一些备忘录。在备忘录中,可口可乐行政人员担心联邦贸易委员会可能将兼并守则置于脑后,容许百事公司兼并“七喜”。可口可乐决定公布兼并“辣椒博博士”的计划,希望引起联邦贸易委员会的注意,出面同时制止两家公司的兼并行动,从而阻止百事公司通过兼并扩大市场占有额,逼近可口可乐。

(资料来源:Timothy K. Smith and Scott Kilman, *C'oke to Acquire Dr. Pepper Co. for $470 million*, Wall Street Journal, Febrary21, 1986; Andy Pasztor and Smith, *FTC Opposes Purchases Plans by Coke, Pepsi*, Wall Street Journal, June 23, 1986)

讨论下列问题:

(1)百事可乐与可口可乐的竞争体现了哪种市场结构?

(2)为什么要阻止两大企业的兼并?

习　题

一、概念

完全垄断　自然垄断　价格歧视　垄断竞争　寡头垄断　古诺模型　斯威齐模型

二、选择题

1. 垄断厂商平均收益曲线为线性时,边际收益曲线　(　　)

A. 在平均收益曲线的上面　　B. 与平均收益曲线平行

C. 在平均收益曲线的下面　　D. 与平均收益曲线垂直

2. 实行差别定价的厂商是（　　）

A. 垄断厂商　　B. 完全竞争厂商

C. 垄断竞争厂商　　D. 寡头垄断厂商

3. 完全垄断厂商的价格 P（　　）

A. 一定大于平均成本　　B. 一定等于平均成本

C. 一定小于平均成本该　　D. 无法判断

4. 一个完全垄断厂商（　　）

A. 一定有超额利润　　B. 一定有正常利润

C. 一定不会亏损　　D. 无法判断

5. 完全竞争长期均衡与完全垄断长期均衡的差别是（　　）

A. 完全竞争的产量更多　　B. 完全竞争市场的价格更低

C. 完全竞争市场 $P = MC$,完全垄断市场 $P > MC$

D. 完全竞争在 LAC 最低点生产,完全垄断不在

6. 垄断厂商利润为零时（　　）

A. Ed > 1　　B. MR < 1　　C. MC < O　　D. D = S

7. 以下都是垄断的特征,其中哪一种不是垄断竞争行业的特征（　　）

A. 有进入限制

B. 企业以利润最大化为目标

C. 企业面临着向右下方倾斜的需求曲线

D. 企业生产有差别产品

8. 在相关的产量上,当 MR > MC 时,厂商每增加一单位产量（　　）

A. 就增加一份净利润　　B. 就增加一份亏损

C. 就减少一份净利润　　D. 无法判断

9. 属于产品差别的是（　　）

A. 同一种产品在质量、构造、外观等方面的差别

B. 不同种产品在质量、构造、外观等方面的差别

C. 同一种产品在商标等方面的差别

D. 不同种产品在商标等方面的差别

10. 如果市场价格超过平均成本,边际收益大于边际成本,垄断厂商多卖一个单位产品时（　　）

A. 对利润没有影响,但会缩小边际收益与边际成本之间的差额

B. 总利润会减少

C. 总收益会减少,其数额为价格与平均成本的差额

D. 总收益会增加,并缩小边际收益与边际成本之间的差额

三、计算题

1. 在一个完全垄断的产品市场中,对产品的需求函数为 $Q=4800-8P$,(1)求垄断厂商的收益曲线、边际收益曲线;(2)求产品价格为多少时使总收益最大,此时需求价格弹性为多少?

2. 假设某厂商是其产品市场和要素市场的完全垄断者,该厂商的生产函数为 $Q=3L$,其中 L 为厂商使用的劳动量。如果厂商的需求函数为 $P=110-Q$,劳动供给函数为 $W=3L+90$,求利润最大化时的 L、W 和 P 的值。

3. 某完全垄断厂商能够把他的产品在不同的三个市场实行差别价格,其总成本函数为 $TC=8Q+100$,三个市场的需求函数分别为:$Q_1=10-0.5P_1$,$Q_2=40-P_2$,$Q_1=80-P_3$。

(1)计算利润最大时三个市场的销售量和销售价格。(2)证明需求价格弹性较高的市场上销售价格较低。

4. 已知市场需求曲线为 $P=100-Q$,其中 P 为价格,Q 为需求量或产量,又已知垄断厂商边际成本曲线 $MC=60+2Q$,试求该垄断厂商的均衡产量与均衡价格。

第八章　分配理论

学习目标

从商品的角度来看，微观经济学可以分为两个部分，即关于“产品”的理论和关于“要素”的理论。前者讨论产品的价格和数量的决定，后者讨论要素的价格和数量的决定。产品理论通常被看成是“价值”理论，要素理论通常被看成是“分配”理论。本章重点讨论关于不同市场结构下的生产要素的需求原则、需求曲线，以及劳动、土地、资本等生产要素的供给等内容。

第一节　分配理论概述

社会成员收入的分配与他们提供的生产要素的多少、作用程度如何有着直接的关系，所获得收入的多少就是提供要素价格的高低。因此要素价格决定论是收入分配理论的重要组成部分。相应于各种要素：劳动、资本资产、土地、企业家才能的价格，即形成各种收入：工资、利息、地租、利润（正常利润）。分配理论还包括了各生产要素收入在国民收入中所占的比例，即收入分配差异或平等程度及其原因的研究，国家对收入分配与再分配的调节等内容。

一、生产要素

要进行生产活动，就要投入各种经济资源。为进行生产和服务活动而投入的各种经济资源叫做生产要素。我们通常将生产要素分为两大类：原始生产要素和中间生产要素（或者叫中间产品）。

原始生产要素的所有者是消费者，消费者提供要素的目的是为了实现效用最大化。在经济学中原始生产要素包括以下四种：

1. 劳动：人类在生产活动中所付出的体力或智力的活动，是所有生产要素中最能动的因素。劳动者是劳动这一生产要素的基本所有者。

2. 资本：人类生产出来又用于生产中的经济货物，包括机器、厂房、工具等生产资料。从企业的角度看，既包括有形的资产，也包括无形资产，如商标、信誉和专利权等。通常货币资本并不计入生产要素中去。

3. 土地:包括土地、河流、森林、矿藏、野生生物等一切的自然资源,它们得自于大自然的恩赐,是最稀缺的经济资源。

4. 企业家才能:综合运用其他生产要素进行生产、革新、从事企业组织和经营管理的能力,以及创新和冒险精神。

中间生产要素是指厂商生产出来又投入到生产过程中去的产品,这类要素的所有者是厂商,厂商提供中间生产要素的目的是实现利润最大化;对某一个企业来说是中间产品的东西,对另一个企业来讲可能就是最终产品。比如,钢铁对于汽车厂来讲是中间产品,但它对于钢铁厂来讲就是最终产品,而对于产品的供求及价格决定问题,我们在厂商理论的各章中已经讲过。所以本章主要研究原始生产要素的供求问题,而对中间产品的问题不予论述,如不特别指明的话,我们所说的生产要素指的都是原始生产要素。

二、生产要素市场价格的确定

要素的市场价格与其他商品价格一样,也由其需求和供给两个方面来决定,只是对要素的需求来自厂商,而要素的供给为居民,且对要素的需求和要素的供给具有不同于一般商品的需求和供给的特点,不同的要素其供给曲线也不同,因此决定了不同要素均衡价格决定上的不同特点。

生产要素有两种价格的区分:源泉价格和服务价格。源泉价格指的是买卖生产要素的服务"载体"(或称源泉)的价格;服务价格指的是买卖要素提供的服务本身的价格。比如土地,我们可以一次性地买断土地的所有权和使用权,这个价格就是源泉价格;也可以租用别人的土地,每年交付一定的租金,这个价格就是服务价格。有的生产要素的源泉及其服务都可以在市场中进行交易,如土地、资本,它就具有两种价格;有的生产要素的服务可以交易,而其源泉是不能够交易的,如劳动、企业家才能,所以只有服务价格,而没有源泉价格。为了避免引起混淆,也为了统一起见,本章所讲的要素价格除非特别指明,指的都是要素的服务价格。

生产要素的价格构成厂商生产的成本,同时也构成生产要素所有者的收入,所以要素的价格决定也是国民收入在要素所有者之间的分配问题,因此,要素的价格决定实际是经济学分配理论的一个重要部分。

三、生产要素的需求——引致需求

引致需求是由阿尔弗雷德·马歇尔在其《经济学原理》一书中首次提出的经济概念,引致需求的英语原文是 *Derived demand*,而 *derive* 是派生出、衍生的意思,从字面上来看,引致需求就是派生出的需求。事实上,西方学者认为,对生产要素的需求不是直接需求,而是"间接"需求,这种生产要素的需求又叫"派生"需求或者"引致需求"。具体地说,产品市场上的需求和生产要素市场上的需求具有很不相同的性质。在产品市场上,需求来自消费者。消费者为了直接满足自己的吃、穿、住、行等需要而购买产品。因此,对产品的需求是所谓"直接"需求。与此不同,在生产要素市场上,需求不是来自消费者,而是来自厂商。厂商购买生产要素不是为了自己的直接需要,而是为了生产和出售产品以获得收益。例如,购买一台机器并不能直接提高某个人的效用,而只能是增加生产的能力。更进一步来看,厂商通过购买生产要素进行生产并从中获得收益,部分要取决于消费者对其所生产产品的需求。如果不存在消费者对产品的需求,则厂商就无法从生产和销售产品中获得收益,从而也不会去购买生产资料和生产产品。例如对医生和护士的需求,受到对保健服务需求的影响。由此可见,厂商对生产要素的需求是从消费者对产品的直接需求中派生出来的。

产品市场上的需求和生产要素市场上的需求具有很不相同的性质。在产品市场上,对产品的需求是所谓的"直接"需求;在生产要素市场上,对生产要素的需求不是直接需求,而是"间接"需求。厂商对生产要素的需求是从消费者对产品的直接需求中派生出来的。从这个意义上说,西方学者认为,生产要素的需求又是所谓"派生"需求或"引致"需求。我们把这种由于消费者对于产品的需求而引起的厂商对生产要素的需求,叫做引致需求。

对生产要素的需求有个特点,就是所谓"共同性",即对生产要素的需求是共同的、相互依赖的需求。这个特点是由于技术上的原因,即:生产要素往往不是单独发生作用的。

最后需要说明的是,从表面上看,企业在生产过程中似乎有两个不同的问题:第一,购买多少要素?这是所谓的要素需求问题,是企业生产成本问题。第二,生产多少产量?这是所谓的产品供给问题,即生产多少产量才能实现利润最大化问题。

实际上,这两个问题是一回事。这是因为,在企业的要素需求和产品供给之间存在着一定的关系:如果要减少要素的需求,在技术水平一定的条件下,则产品的供给也不得不减少;反之,如果要增加产品的供给,在技术水平一定的条件下,要素的需求也不得不增加。二者之间的关系就是所谓的生产函数:$Q=Q(L)$。这里,L 代表企业使用的劳动要素数量。Q 代表使用劳动要素所生产的产品数量。

第二节　完全竞争厂商使用生产要素的原则

美国经济学家J. B. 克拉克最早提出,在其他条件不变和边际生产力递减的前提下,一种生产要素的价格取决于其边际生产力。后来的经济学家对克拉克的理论作了改进,认为生产要素价格不仅取决于边际生产力,还取决于其他因素,如厂商使用要素的边际成本。只有当使用要素的边际成本和要素的边际生产力(边际收益)相等时,厂商才能在要素使用上达到利润最大化。

一、完全竞争厂商

在分析产品市场时,曾经给完全竞争市场和完全竞争厂商下过一个定义。在那里,完全竞争市场被描述为具有如下特点:大量的具有完全信息的买者和卖者买卖完全相同的产品。显然,这种完全竞争厂商实际上只是产品市场上的完全竞争厂商。一旦从产品市场的分析扩展到要素市场,则仅仅是产品市场完全竞争,还不足以说明厂商的完全竞争性,还必须要求要素市场也是完全竞争的。完全竞争要素市场的基本性质可以描述为:要素的供求双方人数都很多;要素没有任何区别;要素供求双方都具有完全的信息;要素可以充分自由地流动,等等。显然,完全满足这些要求的要素市场在现实生活中也是不存在的。我们把同时处于完全竞争产品市场和完全竞争要素市场中的厂商称为完全竞争厂商。按照上述规定,不完全竞争厂商包括如下三种情况:

第一,在产品市场上完全竞争,但在要素市场上不完全竞争;

第二,在要素市场上完全竞争,但在产品市场上不完全竞争;

第三,在产品市场和要素市场上都不完全竞争。

这里重点讨论上面定义的完全竞争厂商的要素使用原则以及对要素的需求。至于不完全竞争厂商的要素使用原则以及对要素的需求将在本章后面的“深度链接”中展开详细分析。

二、完全竞争厂商使用要素的原则

在这里,假定完全竞争厂商只使用一种生产要素,生产单一产品,追求利润最大化。在这些假定条件下,我们首先论述完全竞争厂商使用生产要素的一般原则。利润最大化要求任何经济活动的“边际收益”和“边际成本”必须相等。这一点不仅适用于产品数量的决定,而且也适用于要素使用量的决定。只不过在这两种决定中,他们的“边际收益”和“边际成本”的含义有所不同。而由于不同的含义,“边际收益”(或“边际成本”)又有不同的名称。下面先来考察厂商使用要素的“边际收益”，然后考察使用要素的“边际成本”。

(一)使用要素的“边际收益”——边际产品价值

在介绍完全竞争产品市场理论时，曾提到一种厂商的收益函数，它等于产品价格与产品产量的乘积，用公式可以表示为：

$$R(Q) = Q \cdot P \tag{8.1}$$

式(8.1)中，R、Q 和 P 分别表示厂商的总收益、产量和产品价格。在完全竞争市场中，对于单个厂商和消费者而言，产品价格 P 是既定常数。这是因为，在完全竞争条件下，产品买卖双方数目很多且产品毫无差别，故任何一家厂商单独增加或减少其产量都不会影响产品价格。换句话说，产品价格与单个厂商的产量多少没有关系。在产品市场分析中，收益只被看成是产量的函数而与生产要素无关。一旦转入要素市场，则应进一步看到，产量本身又是生产要素的函数。假定完全竞争厂商使用的生产要素为劳动 L，则使用一定量的劳动要素将创造出一定量的产量。要素与产量之间的这种数量关系，就是所谓的生产函数：

$$Q = Q(L) \tag{8.2}$$

式(8.2)是我们在生产理论中提及的生产函数的简化形式。若将上式带入式(8.1)，则可以将收益看做生产要素的复合函数：

$$R(L) = Q(L) \cdot P \tag{8.3}$$

由于仍然是局限于讨论完全竞争的情况，上式中的产品价格仍然是固定不变的常数。在产品市场理论中，收益是产量的函数。因此，收益可以对产量求导数。收益对产量的导数就是所谓产品的边际收益 MR。而在完全竞争条件下，这个边际收益等于产品的价格，即 $MR = P$。现在研究的是生产要素的使用问题。在要素市场理论中，收益成了要素的复合函数。因此，为了求得要素的边际收益，必须以要素为自变量求取导数。下面以劳动要素为例，考虑收益函数的一阶导数：

$$\frac{\mathrm{d}(R(L))}{\mathrm{d}L} = \frac{\mathrm{d}(Q(L))}{\mathrm{d}L} \cdot P = MP \cdot P \tag{8.4}$$

MP 就是要素的边际产量(或边际生产率)，它表示增加使用一个单位要素所增加的产量。要素边际产量 MP 与既定产品价格 P 的乘积 $MP \cdot P$ 显然就表示增加使用一单位要素所增加的收益。通常把使用要素的“边际收益”叫做边际产品价值，并用 VMP 表示。

$$VMP = P \cdot MP \tag{8.5}$$

它表示在完全竞争条件下，厂商增加使用一个单位要素所增加的收益。这里再次强调，应注意边际产品价值 VMP 与产品的边际收益 MR 的区别：产品的边际收益或者简称为边际收益通常是对产量而言，故称为产品的边际收益；边际产品价值则是对要素而言，是要素的边际产品价值。

由于要素的边际产量 *MP* 是产量对要素的导数，故它是要素的函数。为了表示这层意思，有时也把它写成 *MP*(*L*)。根据所谓的边际生产力递减规律，该函数曲线也是向右下方倾斜，即随着要素使用量的增加，其边际产量将不断下降。更进一步，要素的边际产品价值 *VMP* 也是要素的函数，也可以写成 *VMP*(*L*)，并且由于产品价格 *P* 为正的常数。所以，*VMP* 也是向右下方倾斜。表 8.1 给出了某个只使用劳动要素的厂商的边际产品价值的部分数据。

表 8.1　厂商的边际产量和边际产品价值

要素数量 *L*	边际产品 *MP*	产品价格 *P*	边际产品价值 *VMP*
1	10	4	40
2	9	4	36
3	8	4	32
4	7	4	28
5	6	4	24
6	5	4	20
7	4	4	16
8	3	4	12
9	2	4	8
10	1	4	4

图 8.1 则是根据表 8.1 中这部分数据绘制的。图中，横轴表示劳动要素的数量 *L*。纵轴表示边际产量 *MP* 和边际产品价值 *VMP*。由图 8.1 可见，边际产量曲线和边际产品价值曲线一样均向右下方倾斜，但二者位置不同。一般来说，边际产品价值曲线的位置高低取决于两个因素：要素的边际产量 *MP*(*L*) 和产品的价格 *P*。随着价格水平或要素边际产量的上升，边际产品价值曲线将向右移动。反之则向左移动。边际产品价值函数与边际产量函数的相对位置关系则取决于产品价格是大于 1 还是小于或等于 1。如果产品价格大于 1（如上例中 $P=4$），则对

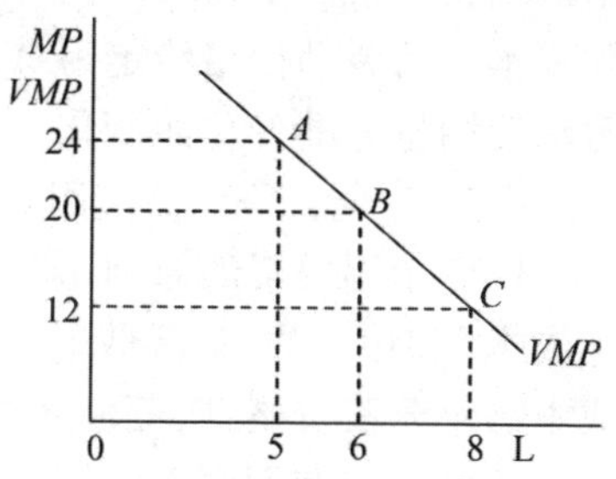

图 8.1　厂商的边际产量和边际产品价值

于给定的某个要素数量,边际产品价值大于边际产量,因而整个边际产品价值曲线高于边际产量曲线。如果产品价格小于1,则情况恰好相反,边际产品价值曲线将位于边际产量曲线的下方。产品价格若等于1,则边际产品价值恰好等于边际产量,边际产品价值曲线与边际产量曲线完全重合。

(二)使用要素的"边际成本"——要素价格

本书前面曾专门讨论过厂商的成本函数。在那里,成本函数是表示厂商的成本与产量水平之间的各种关系,或简言之,成本仅被看成为产量的函数:

$$C = C(Q) \tag{8.6}$$

由于产量本身又取决于所使用生产要素的数量,故成本也可以直接表示为生产要素的函数,假定仅考虑劳动要素成本,则生产要素的函数可以表述为:

$$C = W \cdot L \tag{8.7}$$

由于要素价格为既定常数,使用要素的"边际成本"即成本函数对要素的导数恰好就等于劳动价格:

$$\frac{dC(L)}{dL} = W \tag{8.8}$$

它表示完全竞争厂商增加使用一单位生产要素所增加的成本。由于使用要素的成本被看成是要素数量的函数,故它对要素的导数即使用要素的边际成本亦是要素数量的函数。不过在完全竞争条件下,这个函数采取了最为简单的形式:它实际上是一个常数。因此,该函数曲线在图形上表现为一条水平直线(参见图8.2),图中横轴为要素数量,纵轴为使用要素的边际成本。若劳动价格给定为 W_0,从而使用劳动的边际成本也为 W_0,则 W_0 不随劳动使用量 L 的变化而变化。

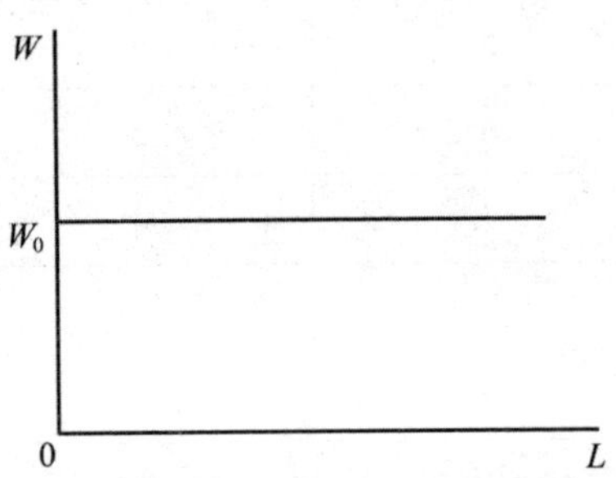

图8.2 使用劳动要素的边际成本

(三)完全竞争厂商使用要素的原则

厂商使用要素的原则是利润最大化,它可以简单地表述为:使用要素的"边际成本"和相应的"边际收益"相等。在完全竞争条件下,厂商使用要素的边际成本等于要素价格 W,而使用要素的边际收益是所谓边际产品价值 VMP,因此,完全竞争厂商使用要素的原则可以表示为:

$$VMP = W \tag{8.9}$$

或者

$$P \cdot MP_{(L)} = W \tag{8.10}$$

当上述原则或条件被满足时,完全竞争厂商达到了利润最大化,此时使用的要素数量为最优要素数量。

为了更好地理解这个原则,我们不妨先考虑 $VMP \neq W$ 时的情况。如果 $VMP > W$,则增加使用一单位生产要素所带来的收益就会大于所引起的成本,于是厂商将决定增加要素的使用以提高利润。随着要素使用量的增加,要素的价格不变,而要素边际产量下降从而边际产品价值将下降,从而最终使 $VMP = W$;反之,如果 $VMP < W$,则减少使用一单位要素所损失的收益就会小于所节省的成本,因而厂商将决定减少要素的使用以提高利润。随着要素使用量的减少,要素的边际产量上升从而边际产品价值上升,最终也将达到 $VMP = W$。概言之,不论是 $VMP > W$,还是 $VMP < W$,只要二者不相等,厂商都未达到利润最大化,要素使用量都不是最优的,厂商都将改变要素使用量。只有当 $VMP = W$ 时,即边际产品价值恰好等于要素价格时,厂商的要素使用量才使利润达到最大。

三、完全竞争厂商对生产要素的需求曲线

完全竞争厂商对生产要素的需求函数反映的是:在其他条件不变时,完全竞争厂商对要素的需求量与要素价格之间的关系。这个关系用要素需求表来表示。

表 8.2　完全竞争厂商的要素需求表

要素数量 L	边际产品 MP	产品价格 P	边际产品价值 $VMP = MPP$	要素价格 W
1	10	6	60	60
2	9	6	54	54
3	8	6	48	48
4	7	6	42	42
5	6	6	36	36
6	5	6	30	30
7	4	6	24	24
8	3	6	18	18
9	2	6	12	12
10	1	6	6	6

表 8.2 是只使用一种生产要素的某个完全竞争厂商的要素需求表。与表 8.1 相比,增加了要素价格项。其中,要素价格也与产品价格一样是既定不变的

常数。为了保障利润最大化，厂商使用的要素必须使要素价格与要素的边际产品价值相等，因此，要素需求表8.2中最后一列与倒数第二列的数字完全一样。现在给定单位劳动要素价格为60，为了使要素使用量达到最优，边际产品价值也必须为60，而与边际产品价值60相对应的要素数量为1，因此，要素价格为60时，要素需求量为1。给定另外一个要素价格，例如54，由表8.2可以找到另外一个相应的要素需求量为2。以此类推。表8.2的最后一列和第一列合起来就表示厂商的要素需求曲线。

劳动的需求函数反映的是企业对劳动需求的数量与劳动的价格之间的关系。完全竞争企业的劳动需求曲线是指，在其他条件不变时，完全竞争企业对劳动的需求量 L 与劳动价格 W 之间的关系。根据我们在前面所推导的结论，我们知道，完全竞争企业要想实现利润最大化，必须满足如下的条件：

$$MP(L) \cdot P = W$$

由于边际产量 MP 可以看做是劳动数量的函数，因此

$$MP = MP(L)$$

故上式可以写成

$$MP(L) \cdot P = W \tag{8.11}$$

由于产品价格 P 为常数，上式实际上确定了一个从劳动价格 W 到劳动数量 L 之间的函数关系，即确定了完全竞争企业对劳动的一个需求函数。

我们考察这个函数的特点。假定一开始时，企业使用的劳动数量为最优数量，即上式已经满足，现在让劳动价格 W 上升，于是有 $MP(L) \cdot P < W$。为了重新回复均衡，企业必须调整劳动使用量 L。根据边际生产力递减这一性质，只有通过减少劳动使用量才能使 $MP(L)$ 上升，进而 $MP(L) \cdot P$ 上升。这样便得到结论：随着劳动价格的上升，企业对劳动的最佳使用量即需求量将下降。因此，完全竞争企业的劳动需求曲线与其边际产品价值曲线一样向右下方倾斜。

我们进一步考察上式发现，在完全竞争的条件下，企业在短期内对单一可变的劳动要素的需求曲线将与其边际产品价值曲线完全重合。

首先，根据上式我们可以知道，$VMP = P \cdot MP$，由此我们可以获得一个有关劳动量与边际产品价值的函数关系，即有一个劳动量就会有一个相应的边际产品价值与之对应。因此，我们得到了一条向右下方倾斜的 VMP 曲线。

其次，根据劳动市场完全竞争的假设，单个企业改变其劳动使用量不会影响劳动价格的变化。这说明单个企业面临的是一条水平的劳动价格即工资率曲线，只要给定一个工资率 W，就有一条水平线 W。

最后，根据劳动要素的使用原则 $VMP = W$，在短期内，完全竞争的企业如果不调整其他生产要素，仅调整劳动要素，则对劳动的需求曲线与劳动的边际产

品价值曲线恰好重合。

现在来考虑完全竞争厂商对要素的需求曲线。完全竞争厂商实现利润最大化必须遵循 $VMP = W$ 的原则，同时劳动的价格 W 也是由市场决定的，厂商只能被动地接受。如图 8.3 所示，假定市场的劳动价格是 W_1，按照 $VMP = W$ 的原则，厂商对生产要素的需求量将是 L_1，因为只有使用 L_1 的劳动，它才能够实现利润最大化；假定市场的劳动价格下降到 W_2，这时 $VMP > W_2$，对厂商来讲增加要素的使用所带来的收益增量将大于成本的增量，因而厂商对劳动的需求将增加，在图中是增加到 L_2；如果市场的劳动价格下降到 W_3，那么厂商对劳动的需求将提高到 L_3……依此类推。可以看出，厂商对劳动的需求曲线有两个重要特点，一是需求曲线和厂商的边际产品价值曲线即 VMP 曲线是重合的，二是需求曲线向右下方倾斜。

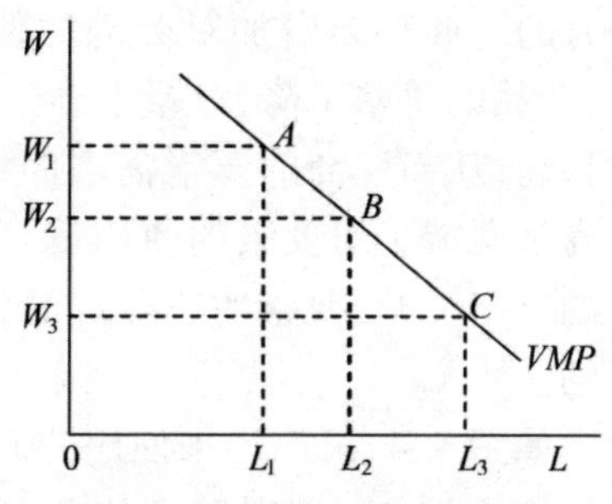

图 8.3　完全竞争厂商的要素需求曲线

要素的边际产品价值曲线和要素的需求曲线重合意味着，当要素的价格发生变化时，要素的边际产品价值曲线是不变的。由于 $VMP = P \cdot MP$，所以上述特点实际上隐含着两个条件：(1)产品的价格不受要素价格变化的影响；(2)要素的边际产量 MP 曲线不受要素价格变化的影响。显然，如果我们只考虑一种可变要素，完全竞争的厂商满足这两个条件；如果我们考虑厂商使用多种可变生产要素的情况，则条件二不能被满足；如果考虑多个厂商的要素调整，条件一也不能满足(详细讨论见市场需求曲线的推导部分)。由此可知，只要所考虑的情况不能满足上述全部两个条件，则要素需求曲线就会偏离边际产品价值曲线。

四、完全竞争市场中，生产要素的市场需求曲线

在上面的讨论中，我们已经推导了厂商对要素的需求曲线。我们知道，在完全竞争的产品市场上，市场需求曲线可以由单个消费者的需求曲线简单地横向加总得到，那么我们能否通过将单个厂商的要素需求曲线简单地横向加总来得到市场需求曲线呢？答案是否定的。原因在于，我们前面所推导的需求曲线都附加了一定的前提。我们推导厂商需求曲线的时候，实际上假定了当市场中要素价格变动的时候，其他厂商的要素使用量是不变的，从而产品的供给不变，产品的价格也就是不变的。当我们的研究对象不是单个的厂商而是整个市场的时候，这个假设显然就不适宜了。

我们考虑一个单要素的市场。当完全竞争市场中劳动的价格下降的时候，所有的厂商都会增加对劳动的使用量，于是产品的市场供给曲线将会向右移动，产品的价格下降，产量上升。产品的价格下降，将会导致边际产品价值曲线的移动，从而厂商的要素需求曲线也会发生变动。当要素的价格上升时，所有厂商都会减少对要素的使用量，于是产品的市场供给曲线会向左移动，从而产品的价格上升，要素的边际产品价值曲线也会发生移动，要素的需求曲线跟着移动。

如图 8.4，厂商原来使用的劳动是 L_0，劳动的价格是 W_0，此时产品的价格是 P_0，边际产品价值 $VMP_0 = P_0 \cdot MP_L$，因而厂商处于 VMP_0 曲线上一点 H。如果完全竞争市场中的劳动价格下降到 W_1，则行业内所有厂商都会增加劳动的使用量，从而所有厂商的产品供给曲线都会向右移动，市场的产品供给曲线当然也会向右移动，这样产品的价格将下降到 P_1。由于 $VMP = P \cdot MP$，产品价格的下降将导致边际产品价值曲线也下降为 VMP_1。从图 8.4 可知，在 W_1 的价格下，厂商对生产要素的需求将不是与 $W_1 = VMP_0$ 相对应的 L_2，而是 $W_1 = VMP_1$ 所决定的 VMP_1 上的一点 I，劳动需求量将是 L_1。同样道理，在不同的劳动价格下，我们可以得到一系列劳动需求与劳动价格的组合点，将这些点连接起来就得到厂商对劳动的需求曲线 d_m。由于该需求曲线考虑了要素价格改变时行业内所有厂商共同行动所引起的全部调整，所以又被称为行业调整曲线。行业调整曲线也是向右下方倾斜的，但斜率要更陡一些。

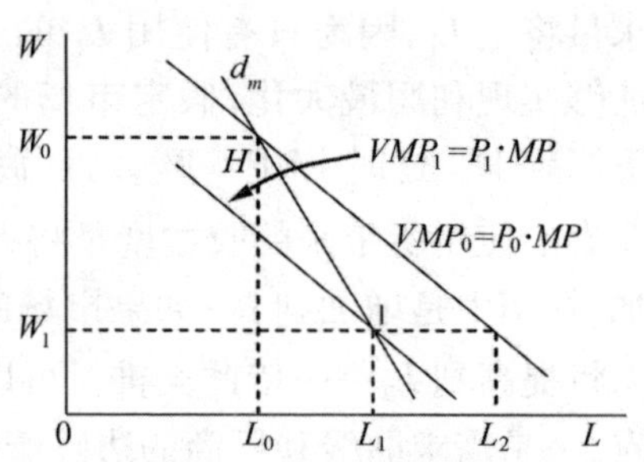

图 8.4　行业调整曲线

整个市场的要素需求曲线可以看做是行业调整曲线的简单的水平相加。如完全竞争的市场共有 n 个厂商，市场需求曲线可以表示为：

$$D = \sum_{m=1}^{n} d_m \tag{8.12}$$

如果 n 个厂商的情况均一样的话，即：$d_1 = d_2 = \cdots\cdots = d_n$，则市场的要素需求曲线就是：$D = \sum_{m=1}^{n} d_m = n \cdot d_m$，式中，$d_m$ 可以是任何一个厂商的要素需求曲线。

第三节　生产要素供给的原则

上面的分析从要素的使用者角度讨论了要素的需求。现在要转到要素所有者方面来研究要素的供给，并把要素的供给和需求结合起来，得出要素价格和最优使用量的决定理论,从而完成对要素市场的分析。

一、生产要素所有者、最大化行为和供给问题(要素供应者的确定)

生产要素所有者有两种:作为生产者的中间要素所有者;作为消费者的原始要素所有者。所有者不同,其市场供给的行为目标也不同。从理论上来说,要素供给理论要分成两个并列的部分分别加以讨论:根据生产者的利润最大化行为来讨论作为生产者的中间要素的供给,根据消费者效用最大化行为来讨论作为消费者的原始要素的供给。作为生产者的中间要素的供给就是一般产品供给,这在完全竞争市场的分析中已经详细讨论过了,本章只讨论要素所有者为消费者、其行为目的为效用最大化的原始要素的供给问题。原始要素在一定时间内是有限的,原始要素供给实际上是原始要素供给者在一定的要素价格水平下,将其全部既定资源在"要素供给"和"保留自用"两种用途上进行分配以获得最大效用。或者说,"要素供给"是指你的精力是给老板使用的;"保留自用"是指你的精力是留给自己使用的。

二、要素供给原则

(一)基本原则(将要素比作资金看待)

作为"要素供给"的资源的边际效用要与作为"保留自用"的资源的边际效用相等。当两者不相等时,要从边际效用小的部分转移一部分要素到边际效用大的要素用途中去,这样才能使生产要素供给的总效用最大。例如,给老板打工的总体收获如果要比自己自由闲暇的总体收获大时,则会尽力挤出时间去打工;反之则不会去打工,而会充分地享受自由闲暇的美好时光。

(二)要素供给边际效用含义与表达式

$$\frac{\mathrm{d}U}{\mathrm{d}L}=\frac{\mathrm{d}U}{\mathrm{d}Y}\times\frac{\mathrm{d}Y}{\mathrm{d}L} \tag{8.13}$$

要素供给的效用是所谓的间接效用:要素供给通过收入而与效用相联系,即要素供给的边际效用等于要素供给的边际收入与收入的边际效用的乘积。

又由于在完全竞争的市场上,要素的边际收入等于要素的价格,则有 $dY/dL=W$,于是有:

$$\frac{\mathrm{d}U}{\mathrm{d}L}=W\times\frac{\mathrm{d}U}{\mathrm{d}Y} \tag{8.14}$$

这便是完全竞争条件下消费者要素供给的边际效用公式。

(三)自用资源的边际效用

自用资源既可以带来间接效用(干家务),也可以带来直接效用(休息、闲暇)。我们这里只假定自用资源的效用是直接的,即不考虑干家务这类现象。

若用 L_0 表示自用资源数量,在此假定下,则有:dU/dL_0,它代表自用资源的边际效用,即增加一单位自用资源所带来的效用增量。

(四)要素供给原则

1. 在基数效用条件下,借助于上面指出的要素供给的间接效用和自用资源的直接效用概念,可以将效用最大化条件表示为:

$$\frac{\mathrm{d}U}{\mathrm{d}L_0} = W \times \frac{\mathrm{d}U}{\mathrm{d}Y}$$

如考虑有所谓"收入的价格"W_Y,显然有 $W_Y = 1$,则有:

$$\frac{\frac{\mathrm{d}U}{\mathrm{d}L_0}}{\frac{\mathrm{d}U}{\mathrm{d}Y}} = \frac{W}{W_Y} \tag{8.15}$$

符合这一条件的要素供给能实现效用最大化。

2. 在序数效用条件下,为无差异曲线与消费者预算曲线的切点,在这一切点上,能实现效用最大化。在切点上,有预算线的斜率等于无差异曲线的斜率。

3. 序数效用条件下的要素供给原则与基数效用条件下的要素供给原则的结论是一致的。如果假定效用可以用基数来衡量,则资源供给的边际替代率可以表示为自用资源和收入的边际效用之比。下面分别讨论不同种类要素供给方面的特点。

第四节　劳动供给曲线和工资的决定

在消费者既定的时间资源中,我们假定:(1)消费者每天可以自由支配的时间为24小时-8小时睡眠=16小时;(2)消费者每天可以自由支配的时间用于劳动与闲暇,而闲暇时间只是用来享受,而不用来干家务。在此假定之下,消费者每天可以自由支配的时间资源怎么使用?换句话说,消费者的劳动供给就是消费者如何在闲暇和劳动收入之间进行选择。

一、劳动的供给曲线(劳动供给量的变化规律)

从图8.5劳动供给曲线中可以读出:劳动供给曲线与一般的供给曲线不同,即它有一段"向后弯曲"的部分。当工资较低时,随着工资的逐步上升,劳动者会逐步减少闲暇,逐步增加劳动供给量。但是,当工资涨到一定程度后,劳动的供给量不但不会逐步增加,反而会逐步减少。这如何解释?

劳动的供给曲线为什么会向后弯曲?劳动的供给曲线向后弯曲其实也就是闲暇商品的需求曲线为什么向前倾斜。我们可以换一个角度来研究这个问

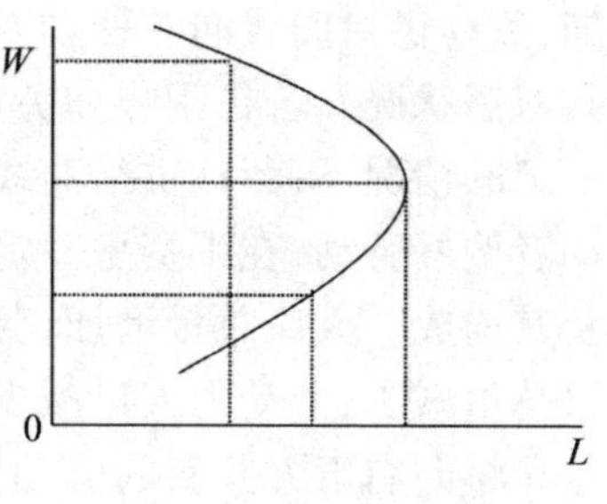

图 8.5　劳动的供给曲线

题:劳动的供给就是闲暇的需求的反面。在时间资源总量既定的情况下,劳动供给的增加就是闲暇需求的减少;劳动的价格——工资就是闲暇的机会成本,增加了一单位时间的闲暇,意味着失去本来可以得到的一单位劳动的收入——工资。于是工资也就是闲暇的价格;劳动供给量随工资而变化的关系即劳动供给曲线也可以用闲暇需求量随闲暇价格而变化的关系即闲暇需求曲线来加以说明。

造成这一状况的原因是闲暇商品的替代效应和收入效应的独特性所致。就一般商品而言,替代效应和收入效应的共同作用使其需求曲线向右下方倾斜。但闲暇商品则不同。从替代效应来分析,由于替代效应,消费者会减少对它的购买,而转向其他替代品,这一点与其他正常商品一样。但从收入效应来看,闲暇商品完全与众不同。假定其他条件不变,对于一般商品,价格上升意味着消费者的实际收入下降,但闲暇价格的上升却意味着消费者的实际收入上升。消费者将增加对闲暇商品的消费。结果,由于收入效应,闲暇需求量与闲暇价格的变化相同。这样一来,在一般正常商品场合于同一方向起作用的替代效应和收入效应,在闲暇商品场合却起相反的作用。因此,随着闲暇价格的上升,闲暇商品的需求量究竟是下降还是上升要取决于两种效应的大小。如果替代效应大于收入效应,则闲暇商品需求量随其价格上升而下降;反之,如果收入效应大于替代效应,则闲暇需求量随其价格上升而上升。这就意味着劳动的供给曲线向后弯曲。最后,最为引人注目的是闲暇商品价格变化的收入效应往往会超过替代效应。

所有这一切,用一般语言来说就是:当工资的提高使人们富足到一定的程度后,人们会更加珍视闲暇。因此,当工资达到一定高度而又继续提高时,人们的劳动供给量不但不会增加,反而会减少。

二、劳动的市场供给曲线和均衡工资的决定

将所有单个消费者的劳动供给曲线水平相加,即得到整个市场的劳动供给曲线。尽管许多单个消费者的劳动供给曲线可能会向后弯曲,但劳动的市场供给曲线却不一定如此。因为在较高的工资水平上,现有工人也许不肯提供较多的劳动,但高工资会吸引新的工人进来,因而总的市场劳动供给曲线仍然是向右上方倾斜的。

影响劳动供给曲线变化的因素有:(1)非劳动收入的大小。非劳动收入增

加,劳动供给曲线向左移动,非劳动收入减少,劳动供给曲线向右移动。(2)社会习俗状况。若在闲暇和劳动两种正常商品之间,劳动者偏好闲暇,在工资率一定的情况下,劳动供给曲线向左移动;若在闲暇和劳动两种正常商品之间,劳动者偏好劳动,在工资率一定的情况下,劳动供给曲线向右移动。(3)人口总量及其构成。人口总量增加,劳动力人口总量增加,劳动供给曲线向右移动,若人口总量减少,劳动力人口减少,则劳动供给曲线向左移动。

将向右下方倾斜的劳动需求曲线和向右上方倾斜的劳动供给曲线综合起来,即可决定均衡工资水平。

第五节　土地的供给曲线和地租的决定

我们这里讨论的土地均是指土地的服务、土地服务的供给以及土地服务的价格。其中:土地服务的价格称为地租。

一、单个土地所有者的土地供给曲线

单个土地所有者供给土地的行为目的也是效用最大化。他的土地供给其实是两种选择:土地出租与自用土地。其效用函数可以写为

$$U = U(Y,q)$$

Y,q 分别为土地出租收入和自用土地数量。

一般来说,土地自用只占用土地总量的很微小的部分,可以忽略不计。从而效用函数可以简化为

$$U = U(Y)$$

在土地效用只取决于土地收入这种情况下,为了获得最大效用,就必须使土地收入达到最大化,也就是要全部出租。由于土地所有者拥有的土地数量有限,例如为 Q,故无论土地价格 R 为多少,他将供给的土地最多只为 Q,因此,单个土地所有者的土地供给曲线将在 Q 的位置垂直。

单个土地所有者的土地供给曲线将在 Q 的位置垂直这一结论还可以通过无差异曲线分析方法得到。

推而论之,我们可以作出一般性的陈述:任意一种资源,如果只能(或假定只能)用于某种用途,而无其他用处,则该资源对该种用途的供给曲线就一定是垂直的。借用机会成本的概念则可以这样说:任意一种资源,如果它在某种用途上的机会成本等于零,则它对该种用途的供给曲线就垂直。

二、使用土地的价格和地租的决定(土地的市场供给曲线与土地的均衡价格)

将单个土地所有者的土地供给曲线水平相加,即得到整个市场的土地供给曲线。再将向右下方倾斜的土地的市场需求曲线与土地供给曲线相结合起来,即可决定土地的均衡价格。这一均衡价格常常被称做为“地租”。如图8.6,在完全竞争的经济中,土地的市场供给曲线S是垂直的,土地的市场需求曲线D是向右下方倾斜的,因此,土地的市场供给曲线和市场需求曲线的交点E是土地供求实现均衡的均衡点,在E点的地租为R_E。

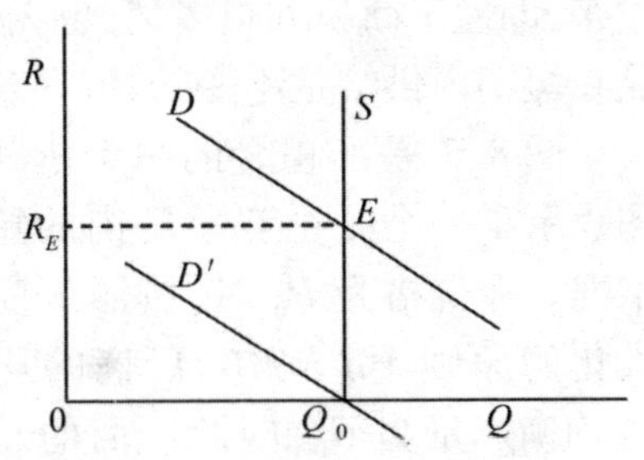

图8.6　均衡地租的决定

当土地供给曲线垂直时,地租完全由土地的需求曲线决定,而与土地的供给曲线无关。

地租是随着对土地需求的变化而变化。从图8.6可以看出,在土地的供给不变的情况下,如果需求不断下降,即需求曲线下移,当需求曲线下降到一定程度的时候,均衡的地租水平将变为0。随着土地的需求不断上升,地租也会不断地提高。所以说,产生地租的根本原因在于土地是稀缺的,供给不能增加,而需求不断上升。如果土地的供给不变,则地租的产生纯粹是由于土地的需求的不断提高。

三、租金、准租金和经济租金

(一)租金

租金指供给同样固定不变的一般资源的服务价格。如前所述,土地的供给曲线是固定不变的,由于需求的增加,土地所有者可以得到的收入叫做地租。我们看到,地租提高,土地的供给量也不会提高;地租降低,土地的供给量也不会减少。在经济中还存在着其他的一些要素,比如某些人的天赋才能等,其供给数量也是不变的,不受价格涨落的影响,这些要素所得到的价格,我们统称为租金。可以看出,土地是一种特有的资源,所以地租只是租金的一个特例,是租金的一种,而租金是一般化的地租。

(二)准租金

准租金指对任何供给量暂时固定的(短期内相对固定)生产要素的支付。除土地外,任何一种在短期内供给量相对固定的生产要素的使用都须支付一定的价格。在现实中，有些要素在短期内是不变的，在长期中可变，这类要素所获得的收入，就叫做准租金。比如厂商投资建设的厂房、机器等物品，在短期内即使厂商不能赢利，它也无法把它们从现有的用途中转移到收益较高的领域，反过来，即使厂商赢利很多，它也无法迅速增加这些物品的供给。因此，这些资本品在短期内供给是不变的，但在长期内却是可变的。

图 8.7 是准租金的一个示意图。该图表示了一个完全竞争厂商的短期决策情况。在价格为 P_0 时，按照厂商利润最大化的原则 $MR = MC$，厂商的均衡点为 C，均衡产量为 Q_0，因此厂商的总收益为 OP_0CQ_0 的面积。由于 $OGBQ_0$ 可以看做是对可变要素支付的成本，因而固定要素的总收益就可以表示为 P_0CBG 的面积，如图中的阴影部分所示，这一部分的收入就是固定要素所获的准租金。可以看出，准租金等于不变成本与经济利润之和。如果准租金大于不变成本，表示厂商赢利，利润为准租金减去不变成本的差；如果准租金小于不变成本，表示厂商亏损，亏损额也等于准租金与不变成本的差。

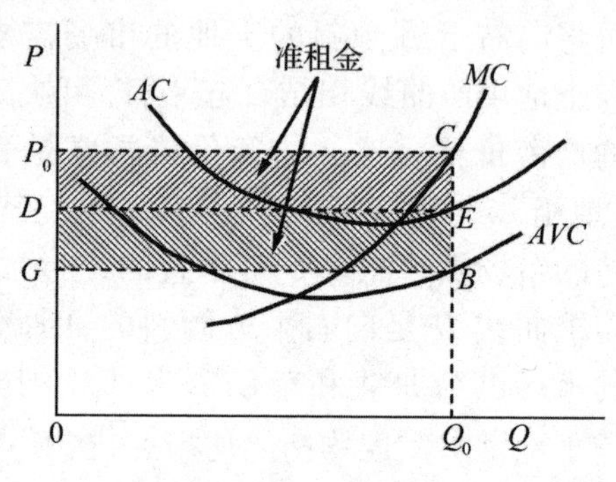

图 8.7 准租金

（三）经济租金

经济租金可以定义为生产要素所得到的收入超过其在其他场所可能得到的收入部分。可以理解为要素的当前收入超过其机会成本的部分，简言之，经济租金等于要素收入减去机会成本。

从租金的分析可以看出，租金的特点在于要素价格的变化不会影响到租金的供给。有一部分要素收入类似于租金，即从要素收入中减去该部分并不会影响要素的供给。我们把要素的这一部分收入称为经济租金。也就是说，经济租金并不是吸引该要素用于当前使用所必须的。

图 8.8 是要素的供给曲线和需求曲线，均衡时，要素的价格是 R_0，要素的使用量是 Q_0。供给曲线告诉了我们要素所有者提供要素所要求的最低价格或者说是要素所有者在某一价格下愿意提供的要素的数量，所以要素所有者为提供 Q_0 的要素所能够接受的最低总价格相当于 $OAEQ_0$ 的面积，也就是供给曲线以下、均衡供给 Q_0 左面的区域。假定所研究的是劳动市场，在完全竞争的劳动市场上，所有工人得到的工资率都是 R_0，这一工资率是用来使最后一个"边际"工人提供其劳动的，但是所有其他"边际内"工人都获得了同样的工资，他们得到的工资大于使他们工作所需要的工资。要素所有者所获得的总收益相当于

OR_0EQ_0 的面积,因此图中供给曲线以上、价格线以下部分,即图中阴影部分的面积就是要素所有者所得到的收益超过其提供要素所要求的最低收入的部分,即经济租金。

从图8.8可以看出,如果需求增加,即需求曲线向右移动,要素的价格会提高从而经济租金提高。在需求不变的条件下,如果要素供给具有完全弹性,即供给曲线水平,经济租金为0;当要素的供给弹性降低,即供给曲线变陡,经济租金就会增大;当要素的供给完全无弹性,即曲线变得垂直时,所有生产要素的支付金额都是经济租金,因为这时无论要素价格多高或者多低,要素的供给都不变,这时经济租金变得最大,这时的经济租金就是租金。可以看出,租金只是经济租金的一个特例。经济租金实质是价格差,由此引出有关寻租行为分析的理论。经济租金现象存在于许多方面,如球星年薪问题等。

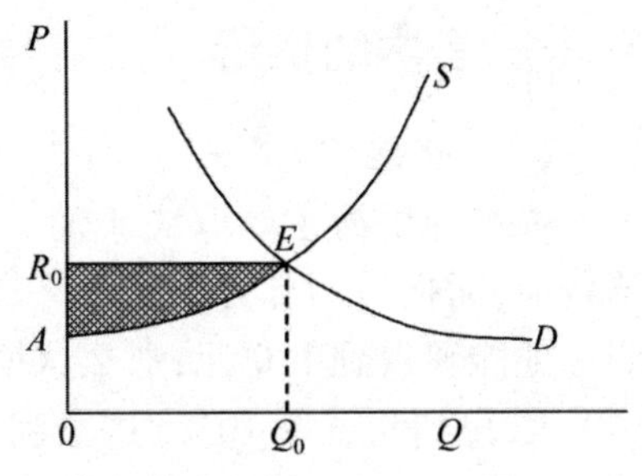

图8.8　经济租金

第六节　资本的供给曲线和利息的决定

资本是由经济制度本身所生产出来的并被用作投入要素以便进一步生产更多的商品和服务的物品。因此,作为资本需具备如下特征:(1)资本是由人类的经济活动所生产,因而它的总量是可以改变的;(2)它之所以被生产出来,并非为了消费,而是为了能够生产出更多的商品和劳务;(3)它在生产过程中被作为投入要素长期使用。由上述特点可知,资本区别于一般的消费品,也区别于土地和劳动等要素。

资本的供给来自消费者的储蓄。我们把消费者的货币收入中除消费以外的部分叫做储蓄,消费者的储蓄被企业借贷之后用于购买资本品,便转化为资本。为了将问题简化,我们假定储蓄全部转化为资本。这样资本供给问题就转化为消费者的储蓄决策问题。

资本的需求方是厂商,厂商购买资本品的目的是为了使用这些资本品以生产更多的产品和劳务从而实现自己的利润最大化。厂商购买资本品的行为称为投资,因此投资形成了资本的需求。所以研究资本的需求问题可以转化为研究厂商的投资决策问题。

资本的源泉价格为资本价值,资本的服务价格为利息。利息指资本的服务价格,指为使用资本而支付的报酬。单位资本的服务价格用利息率表示。利息率等于资本服务的年收入与资本价值之比。r 表示利息率，Z 表示年收入，P 表示资本价值。则：

$$r = Z / P$$

一、资本的供给

（一）储蓄

资本的供给主要取决于消费者的储蓄决策。消费者会把他的收入一部分消费掉，而把另一部分储蓄起来，留待以后消费。假设消费者今年储蓄100元，明年他能够得到110元，那么这增加的10元就是利息，以10元利息除以储蓄额100元，得到利息率10%，这个利息率就是资本供给的价格。这里可以看出，消费者之所以没有把他的所有收入都在今年消费掉，而是储蓄了一部分，正是为了获取利息，这样今年他减少消费100元，明年他可以消费110元，可见消费者今年减少一些消费正是为了以后能够多消费。

可以发现，消费者对于消费和储蓄的决策实际是一种跨时期决策，他要决定的是今年消费多少、明年消费多少，而前面所讲的消费者对土地和劳动的决策则是一种即期决策。消费者直接把收入消费掉，当然直接地就增加了他的效用；他把收入的一部分储蓄起来明年消费，可以得到一个额外的收入即利息，可以提高他的效用水平。消费者的目的是实现他的效用最大化，在这里就是要实现今年的效用和明年的效用的总和的最大化。下面我们用无差异曲线作为工具来具体分析消费者的决策。

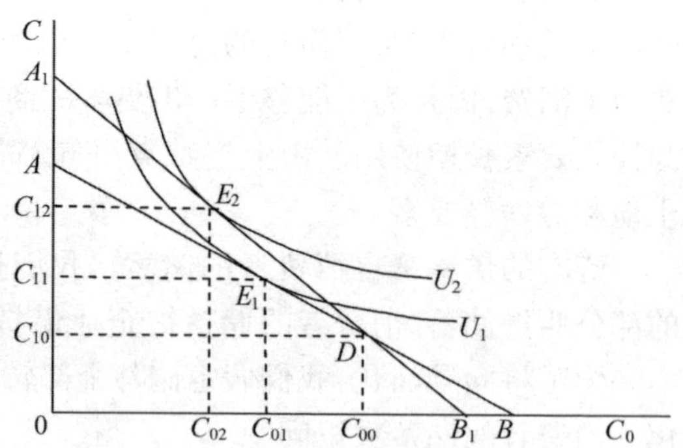

图 8.9 消费者的跨时期选择

假定将研究的时间限定为今年和明年两年。图8.9表示了消费者的跨时期决策情况。图中横轴为今年的消费。纵轴为明年的消费，D 为消费者的今明两年收入组合点，即他今年收入 C_{00}，明年收入 C_{10}。AB 为消费者的预算线，所以 AB 必定要通过 D 点。如果沿着预算线向左上方移动，表明消费者减少今年的消费，增加储蓄，如果沿预算线向右下方移动，表明消费者今年就提前借了明年的收入。假设利息率为 r，那么今年消费者增加1元的储蓄，明年他就可以消费 $(1+r)$ 元，显然预算线的斜率是 $-(1+r)$。图中 U_1、U_2 是消费者的无差异曲线，它反映了消费者对今年消费与明年消费之间的偏好。消费者的无差异曲线与预算线相切于 E_1 点，E_1 是消费者的均衡点，所以消费者在均衡时选择的是今年消费 C_{01}、明年消费 C_{11}，显然消费者把一部分收入储蓄起来，储蓄额是 $(C_{01} - C_{00})$。

假设消费者的收入组合不变，但是市场的利息率提高，预算线将沿着收入组合点 D 顺时针旋转，假定旋转到 A_1B_1。新的预算线与无差异曲线 U_2 相切于 E_2 点，因此 E_2 点就是新的消费者均衡点。均衡时消费者选择今年消费 C_{02}、明年消费 C_{12}。可见由于利息率提高消费者减少了今年的消费，增加了储蓄。从这个简单的模型可以看出，利息率提高使消费者减少当前消费、增加储蓄，利息率降低使消费者增加当前消费、减少储蓄。

上述现象可以由替代效应和收入效应得到解释。利率的改变相当于改变了今年消费和明年消费的相对价格，即提高利率相当于提高今年的消费价格，降低明年的消费价格。由于替代效应，消费者将减少今年消费，增加明年消费，也就是说，利率提高的替代效应使消费者增加储蓄；利率提高的收入效应则趋于使消费者增加今年消费，减少明年消费，因此储蓄减少。所以利率提高时，储蓄是增加还是减少取决于替代效应和收入效应的总效应，如果替代效应大于收入效应，储蓄将增加，如果收入效应大于替代效应，储蓄将减少。一般来讲，利息收入只占消费者收入的一个很小的比例，所以替代效应往往是大于收入效应，但是当利息率提高到一定程度的时候，收入效应就可能超过替代效应，消费者会增加消费从而使储蓄减少。

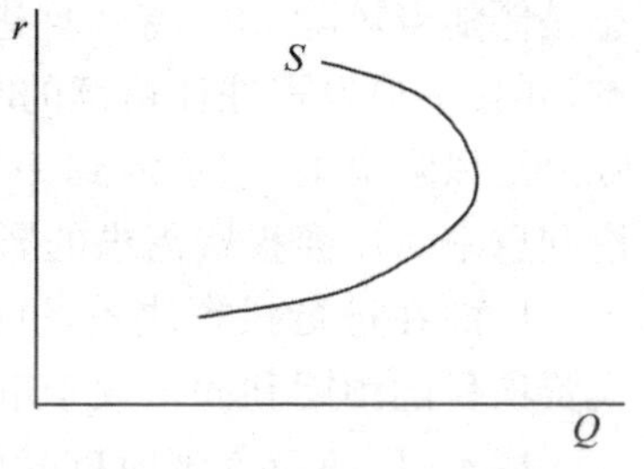

图 8.10　储蓄或贷款供给曲线

从以上论述可知，储蓄或贷款的供给曲线是一条向后弯曲的曲线，如图 8.10。曲线的下半部分向右上方倾斜，是正常的供给曲线形状，而上半部分向左上方倾斜，是利率很高时收入效应大于替代效应出现的异常的供给曲线。

（二）资本供给曲线

储蓄是资本供给的源泉，但资本供给曲线并不等于储蓄曲线。就一个社会、一定时期而言，资本形成取决于过去已形成的储蓄量，同时假定资本的自用价值为 0，因此在短期里，资本供给曲线为一条垂直于横轴的直线。但在长期里，随着利率的上升，储蓄量的增加，则资本供给曲线则被不断推向右方。如图 8.11。

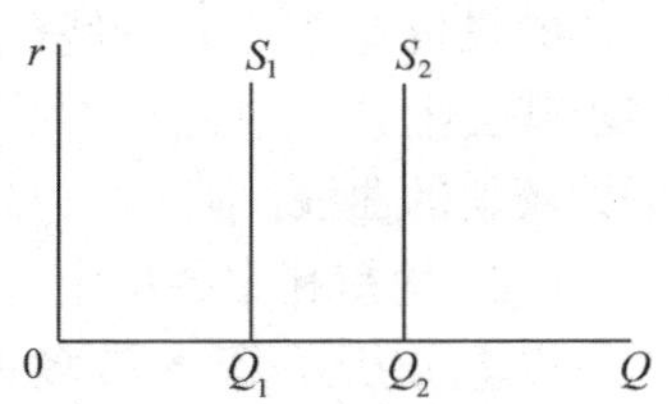

图 8.11　短期资本供给曲线

将单个消费者的资本供给曲线水平加总就可以得到市场供给曲线,但市场供给曲线是正常的向右上方倾斜的曲线,没有出现向后弯曲的现象。原因在于,虽然利率很高时,就单个消费者来讲有可能出现收入效应大于替代效应的情况,但就整个经济来讲,替代效应仍大于收入效应,储蓄仍是增加的。在现实经济中,我们并没有发现资本供给曲线向后弯曲的例子,就是这个原因。

二、均衡利率的决定

(一)资本的需求

从整个社会来看,对资本的需求主要来自厂商。前已述及,厂商的投资行为形成了对于资本的需求。那么影响厂商投资决策的因素是什么呢? 在厂商进行投资决策时,它追求的是利润最大化,它所考虑的主要方面是预期利润率和利息率,另外还要考虑到投资风险。这一点与土地、劳动等要素是不同的,当土地所有者和劳动者提供要素时,无论厂商是赢利还是亏损,土地所有者和劳动者都能根据合同获取相应的报酬;而对于资本的投资则不是这样,因为投资总是伴随着风险。厂商一旦进行投资,其所花费的大部分成本就变为沉淀成本,并且一项投资往往持续的时间很长,所需资金庞大,所以厂商的投资决策实际上是风险决策,它牵涉到一系列影响因素,我们这里略过不谈。我们主要讨论利息率对厂商投资需求的影响。

厂商在进行投资决策的时候,由于利息构成了厂商的成本,所以如果一个投资项目的预期利润率大于市场的利息率,那么就意味着厂商预期的资本收益大于成本,厂商投资该项目就可以获得利润;如果一个投资项目的预期利润率小于市场的利息率,那么厂商的预期资本收益小于成本,厂商就会亏损,所以厂商会放弃该项目或转而去寻求其他合适的项目。注意,如果厂商的投资所用资金是自有资金,利息可被看成是机会成本,上述分析依然有效。如果厂商的各个投资项目的预期利润率不变,而市场利率提高,就会有许多的投资项目被否定,从而厂商的投资意愿降低,投资就会下降,从而对可贷资本的需求下降;如果利息率降低,厂商的成本降低,就会使一些原本不合算的项目变得有利可图,厂商的投资意愿上升,投资增加,对可贷资本的需求就会上升。因此资本的需求曲线也是向右下方倾斜的曲线。

(二)均衡利率的决定

以上分析了资本市场的供给和需求的决定,下面来看资本市场的均衡问题。如图 8. 12,横轴表示资本数量 Q,纵轴表示利率 r,S 是市场

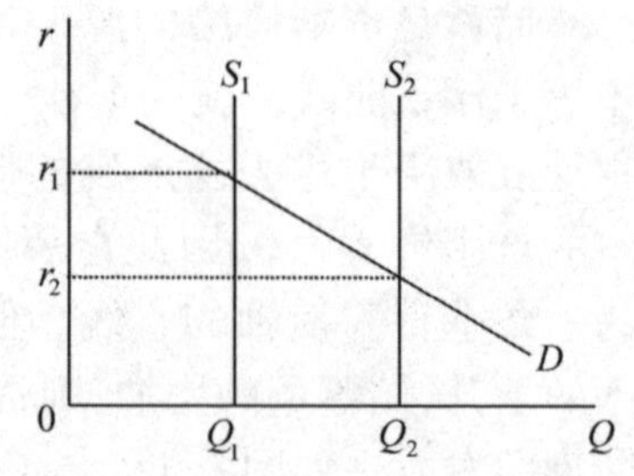

图 8. 12　资本市场的均衡

资本供给曲线，D 是市场的资本需求曲线。资本的供给曲线和需求曲线的交点表示了资本市场的均衡点。

在短期里资本供给曲线 S_1 与需求曲线相交，形成短期均衡利率 r_1 和均衡资本量 Q_1，较高的利率会促使储蓄进一步增加，从而资本供给曲线向右移动，S_2 与需求曲线在较低的利率水平上相交，形成均衡利率 r_2 和均衡资本量 Q_2。在 r_2 上，利率降到储蓄量与投资量恰好和资本存量相等上，于是资本存量稳定在 Q_2 水平上，资本市场达到了长期均衡，除非资本的需求曲线上移或者人们对未来消费偏好增强。

第七节　洛伦兹曲线和基尼系数

前面的要素价格决定理论是分配论的一个重要部分，但并不构成分配论的全部内容。分配论还包括收入分配的不平等程度的研究。于是引出洛伦兹曲线和基尼系数的研究。

一、洛伦兹曲线(Lorenz Curve)

洛伦兹曲线是由美国统计学家 M. O. 洛伦兹于 1905 年提出来的，旨在用以比较和分析一个国家在不同时代，或者与不同国家在同一时代的收入和财富的平等情况。具体做法是，首先按照经济中人们的收入由低到高的顺序排队，然后统计经济中收入最低的 10% 人群的总收入在整个经济的总收入中所占的比例，再统计经济中收入最低的 20% 的人群的总收入在整个经济的总收入中所占比例，依此类推。注意：这里的人口百分比和收入百分比在统计时都是累积百分比。将得到的人口累积百分比和收入累积百分比的统计数据投影在图 8.13 中，得到一系列的点，将这一系列的点用平滑的曲线连接得到一条曲线，这条曲线就叫做洛伦兹曲线。

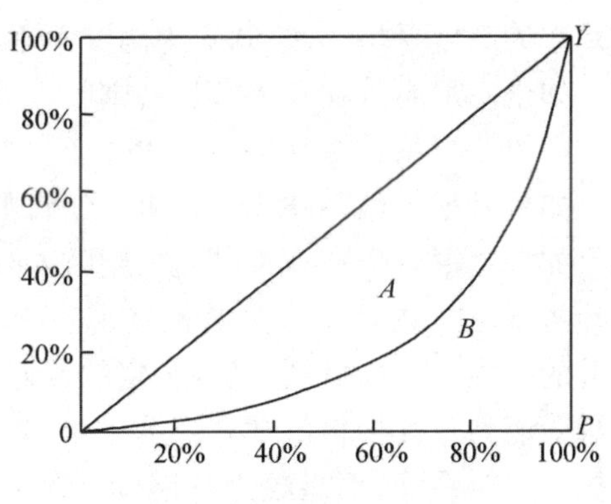

图 8.13　洛伦兹曲线

图 8.13 中的对角线 OY 具有特殊的含义，因为 OY 是 45°线，在这条线上横坐标与纵坐标相等，即经济中收入最低的 10% 的人得到社会 10% 的收入，收入最低的 20% 的人得到社会总收入的 20%，也就是人口累积百分比等于收入累

积百分比，因此 OY 表示了经济社会中每个人得到了同样的收入，因而 OY 又被叫做绝对平均线。而折线 OPY 则表示了相反的收入分配状况，它意味着经济中极少数的人得到了社会 100% 的收入，因而这条线又叫做绝对不平均线。一个国家的收入分配状况既非绝对平均，又非绝对不平均，因而实际的洛伦兹曲线位于绝对平均线与绝对不平均线之间。洛伦兹曲线将 OYP 三角形分成了两部分，一部分为 A，另一部分为 B。显然 A 的面积越小，洛伦兹曲线与绝对平均线越接近，说明收入分配越平等，A 的面积越大，即洛伦兹曲线弯曲的弧度越大，它与绝对不平均线越接近，它所代表的收入分配就越不平等。

二、基尼系数

在洛伦兹曲线中，面积 A 部分称为“不平等面积”；面积 $A+B$ 部分称为“完全不平等面积”。不平等面积与完全不平等面积之比，称为基尼系数，是衡量一个国家贫富差距的标准。基尼系数是意大利经济学家基尼提出的定量测定收入分配差异程度的指标。它的经济含义是：在全部居民收入中用于不平均分配的百分比。基尼系数最小等于 0，表示收入分配绝对平均；最大等于 1，表示收入分配绝对不平均；实际的基尼系数介于 0 和 1 之间。一般认为：基尼系数小于 0.2 为高度平均，大于 0.6 为高度不平均，国际上通常将 0.4 作为警戒线。

如果基尼系数在 0.19 以下，则收入分配相当平均；

如果基尼系数在 0.19 ~0.25 之间，则收入分配比较平均；

如果基尼系数在 0.25 ~0.40 之间，则收入分配基本平均；

如果基尼系数在 0.40 以上，则收入分配很不平均，会出现社会动乱。

将基尼系数 0.4 作为监控贫富差距的警戒线，应该说，是对许多国家实践经验的一种抽象与概括，具有一定的普遍意义。但是，各国国情千差万别，居民的承受能力及社会价值观念都不尽相同，所以这种数量界限只能用作各国宏观调控的参照系，而不能成为禁锢和教条。在现实生活中，也确实有一些国家的基尼系数超过 0.4 却并没有出现大的社会动荡。比如，据 1999 年世界银行的《世界发展指标》报告书介绍，1994 年南非的基尼系数达到了 0.59、美国达到了 0.40、菲律宾达到了 0.43，1995 年巴西达到了 0.60、墨西哥达到了 0.54，委内瑞拉达到了 0.47，1996 年俄罗斯达到了 0.48。

三、分配标准

西方经济学家认为：收入分配有三种标准：第一个是贡献标准，即按生产要素的价格进行分配；第二个是需要标准，即按社会成员对生活必需品的需要来分配国民收入；第三个是平均标准，即按公平的准则来分配国民收入。第一个标准有利于提高经济效率,但会引起社会的不平等;第二、第三个标准有利于社会平等,但却有损于经济效率。于是引出经济学中的永恒的矛盾:公平与效率问题。但在市场经济国家中,分配原则是效率优先的,收入不公问题主要通过经济政策来解决。

本章小结

劳动供给问题可以看成是消费者如何决定其拥有的既定时间资源在闲暇和劳动供给两种用途上的分配。单个消费者的劳动供给曲线一般向右上方倾斜,即单个劳动者的劳动供给量将随工资的增加而增加,但是很高的工资水平上,也可能随工资的增加而减少,此时,即出现劳动供给曲线向后弯曲。

土地的自然供给是固定不变的。土地的市场供给在假定不考虑自用土地的效用时也是固定不变的。在这种情况下,土地的供给曲线就是一条垂直线。但是,在考虑土地的自用效用或者土地具有多种用途的情况下,土地的供给曲线也会向右上方倾斜。

资本是由经济制度本身生产出来并被用作投入要素以便进一步生产更多商品和劳务的物品。资本供给问题首先是确定最优资本拥有量的问题。最优资本拥有量实际上可以看做是最优储蓄量的问题。确定最优储蓄量又可以看做是在当前消费和未来消费之间进行选择的问题。

洛伦兹曲线表示一国按照人口数量累计的百分比与该百分比所占有的国民收入比重之间的关系。洛伦兹曲线的弯曲度越大,收入分配越不平等。洛伦兹曲线与45度线之间的部分是不平等面积,45度线以下的不分是完全部平等面积。不平等面积与完全不平等面积之比为基尼系数。基尼系数越大,表明收入分配越不平等。

深度链接1:卖方垄断者对生产要素的使用原则

卖方垄断指的是厂商在产品市场上作为产品的卖方是垄断者,但在要素市场上作为要素的买方是完全竞争者。

在产品市场上,厂商作为一个垄断者对产品的价格具有很大影响力,因而其产品的需求曲线是向右下方倾斜的,产品的边际收益曲线也向右下方倾斜,并且位于需求曲线下方。在生产要素市场上,厂商作为一个完全竞争者,只能被动地接受市场决定的要素价格,并且在这个价格下厂商能够得到它想要的任何数量的生产要素,因此,厂商面临的要素供给曲线是水平的。

为了方便,以下我们的研究都以劳动为例,其他生产要素的研究类似。在完全竞争厂商使用生产要素的原则中,我们已经知道,厂商使用生产要素的原则是边际收益等于边际成本,这一原则适用于任何厂商。在卖方垄断情况下,要素市场是完全竞争的,卖方垄断厂商使用要素的边际收益是其收益函数对要素的导数,它反映了增加一单位劳动要素所增加的收益。厂商的收益则取决于产量,产量又取决于要素。假定所讨论的卖方垄断厂商的收益函数和生产函数分别为 $R=R(Q)$ 和 $Q=Q(L)$,则收益可以看成是要素的复合函数:$R=R[Q(L)]$。根据复合函数求导法则,劳动要素的边际收益为:

$$\frac{\mathrm{d}R}{\mathrm{d}L}=\frac{\mathrm{d}R}{\mathrm{d}Q}\cdot\frac{\mathrm{d}Q}{\mathrm{d}L}$$

式中,等式右边第一项为收益对产量的导数,即所谓产品的边际收益,它反映了增加一单位产品所增加的收益;第二项为产量对要素的导数,即所谓要素的边际产品,它反映了增加一单位要素所增加的产品。因此,在卖方垄断条件下,厂商使用要素的边际收益等于产品的边际收益和要素的边际产品的乘积。这个乘积通常被称为要素的边际收益产品,用 MRP 表示,即:

$$MRP=MR\cdot MP$$

由于要素市场为完全竞争市场,因而劳动要素的边际成本既定,为工资率 W。厂商使用生产要素的原则可以写成:

$$MRP=W$$

再来看 MRP。由于 $MRP=MR\cdot MP$,在产品市场上,MR 是不断递减的,MP 也是不断递减的,因而 MRP 也是不断递减的,相比较于 $VMP=P\cdot MP$,显然 MRP 要下降得更快,且总是比 VMP 要低(注意产品的边际收益曲线在需求曲线的下方且斜率更陡),因此 MRP 曲线向右下方倾斜,且斜率比完全竞争的情况要更陡。

图 8.14 给出了卖方垄断厂商的边际收益产品曲线。按照卖方垄断厂商的要素使用原则 $MRP=W$,给定要素的市场价格是 W_0,厂商对劳动的需求量必定是 L_0,因为只有在这个劳动使用量上,MRP 和 W_0 才相等。给定其他的劳动价格,我们都可以知道,劳动的价格与厂商对劳动的需求的组合点必定位于 MRP 曲线上。因此,厂商对劳动的需求曲线就是边际收益产品曲线。

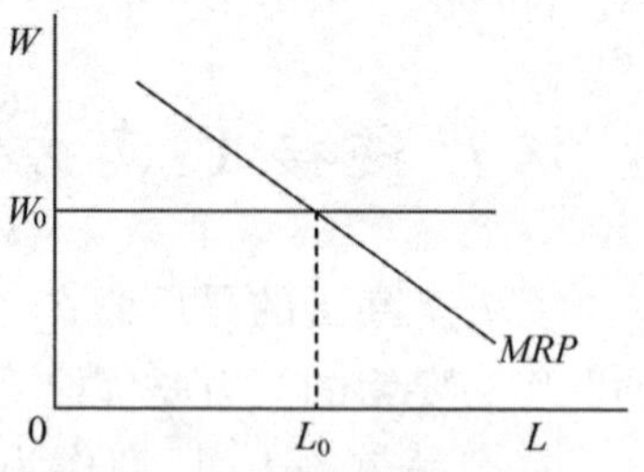

图 8.14 卖方垄断厂商的要素需求曲线

已知单个厂商的要素需求曲线之后,只要将市场中所有厂商的要素需求曲线横向加总就可以得到市场的要素需求曲线。这一点和完全竞争的情况不同,完全竞争市场要先经过调整得到行业调整曲线再将行业调整曲线横向加总。对于卖方垄断厂商来说,在产品市场上它的边际收益 *MR* 是由需求决定的,劳动的边际产量由生产的技术条件决定,因而无论厂商如何调整要素的数量,其 *MRP* 曲线是不变的,因而行业调整曲线仍然是 *MRP* 曲线。

深度链接 2:买方垄断者对生产要素的需求曲线

买方垄断是指厂商在要素市场上作为要素的买方是垄断者,但在产品市场上作为产品的卖方是完全竞争者。要素市场之所以出现买方垄断,可能是由于在一个特定区域只有一家厂商购买生产要素,也可能是由于某个厂商所需要的生产要素并非为其他厂商所需要。

先来研究产品市场。由于产品市场是完全竞争的市场,因而厂商只能被动地接受市场形成的既定的产品价格,在这个价格下厂商可以以不变的价格卖出它所有的产品,因此对厂商来讲,可以将产品的价格看成常数。这样,$MR = AR = P$。

再来看要素市场。我们假定只有一种要素——劳动 L。厂商使用要素的原则还是 $MRP = MFC$,这一点对于买方垄断的厂商仍然适用。结合产品市场,可以得到:

$$MRP = MR \cdot MP_L = P \cdot MP_L = VMP$$

可见,买方垄断条件下,要素的边际产品价值等于要素的边际收益产品。再来看厂商的要素成本问题。在买方垄断条件下,要素市场中只有一个买方,因而该要素的市场供给曲线就是厂商所面临的要素供给曲线。市场供给曲线必定是向右上方倾斜的,因为站在市场的角度,要素的价格提高,消费者愿意提供的要素的数量也会跟着提高,即要素供给量和价格成正相关。所以厂商所面临的要素供给曲线也是向右上方倾斜的,见图中的 S_L 曲线。下面我们再来看要素成本问题。

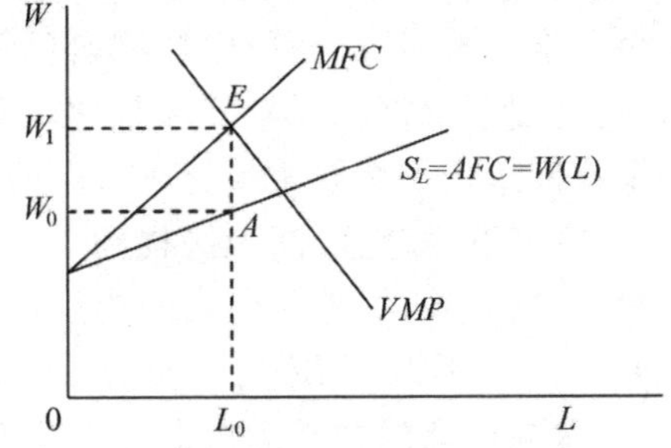

图 8.15　买方垄断厂商的要素需求

先引入平均要素成本的概念。平均要素成本(AFC)指厂商为使用每一单位生产要素平均支付的成本。按照定义,可以得到:

$$AFC = \frac{TC}{L} = \frac{W \cdot L}{L} = W$$

可以看出,平均要素成本就是厂商使用要素的价格,因此厂商的要素平均成本曲线就是厂商所面对的要素供给曲线,它表示消费者在不同的要素价格下愿意提供的要素数量,同时也表示厂商在不同价格下能够雇用的要素数量。

再来看厂商的边际要素成本问题。为简单起见,假定要素供给函数是线性的,即:

$$W(L) = a + bL \quad (a、b \text{ 均为常数,且 } b > 0)$$

则:

$$MFC = \frac{\mathrm{d}TC}{\mathrm{d}L} = \frac{\mathrm{d}(W(L) \cdot L)}{\mathrm{d}L} = \frac{\mathrm{d}(aL + bL^2)}{\mathrm{d}L} = a + 2bL$$

进而可以得到:

$$MFC = W(L) + bL$$

从上可以知道,边际要素成本总是比要素的价格要高。厂商在买方垄断的市场上所面对的要素供给曲线是向右上方倾斜的,表明随着该厂商要素购买量的增加,它必须支付的要素价格会越来越高。当买方垄断的厂商每增加一单位要素的使用,它就必须以新的更高的价格购买所有的要素,由此所导致的总成本增量必然大于平均要素成本的增量。因此,边际要素成本曲线总是位于平均要素成本曲线之上,且其斜率也比平均要素成本大。

VMP 为要素的边际产品价值曲线,*MFC* 为厂商的边际要素成本曲线,S_L 为厂商所面临的要素供给曲线。由于 *MRP* = *VMP*,因而厂商的要素使用原则 *MRP* = *MFC* 可以写成 *VMP* = *MFC*,因而厂商实现利润最大化的均衡点应位于 *VMP* 与 *MFC* 的交点 *E* 处,厂商在均衡时对要素的需求是 L_0,要素的价格是 W_0。可以看出,要素的价格是按照厂商所面临的要素供给曲线确定的,理由显然是要素价格低于 W_0,厂商将无法雇用到利润最大化的要素使用量 L_0,既然厂商在 W_0 的要素价格上就可以雇用到 L_0 的要素量,它当然不肯付出比 W_0 更高的价格。

能否推导出买方垄断厂商的要素需求曲线呢?要素需求曲线意味着给出一个要素的价格,厂商可以根据自己利润最大化的原则确定一个最佳的要素需求量,即要素价格与要素需求量之间存在着一种一一对应的关系。如图 8.15,如果我们给定一个要素价格 W_1,厂商实现利润最大化的原则是 *VMP* = *MFC*,在 W_1 的价格下,显然厂商无法找到一个要素使用量能够满足这一条件。实际上,要素的价格也不可能是 W_1,因为厂商是要素的垄断买主,根据自己的利润最大化原则,一旦决定使用 L_0 的要素,它不可能再付出高于 W_0 的要素价格。由此可见,垄断厂商的要素需求曲线是不存在的。

可以看出,买方垄断厂商的要素需求理论和垄断厂商的产品供给理论可以类比。垄断厂商根据 *MR* = *MC* 的原则确定它的产量,根据需求曲线确定产品的价格,无法推导出有规律的供给曲线;买方垄断厂商根据 $VMP = MFC$ 的原则来确定它的最佳要素使用量,根据要素供给曲线决定要素价格,且无法推导出厂商对要素的需求曲线。

当一个厂商是某种要素市场中唯一买者时,我们称这种情况为买方垄断。假如卖方是竞争的,即存在一条要素供给线,那么,当厂商的要素需求量增加时,要素价格将随之上升。这样一来,厂商的边际要素成本 MFC 不再是常数,而是随其需求量增加而增加。而且,在任意数量,厂商的边际要素成本大于要素价格。按照 $MFR = MFC$, 即 $VMR = MFC$ 的准则,要素买方垄断者的最优要素需求量是图中 MRP 线与 MFC 交点对应的数量,相应价格由供给线决定。不难看出,要素价格的决定有利于买方而不利于卖方。

深度链接3:欧拉定理

欧拉定理指出:如果产品市场和要素市场都是完全竞争的,而且厂商生产的规模报酬不变,那么在市场均衡的条件下,所有生产要素实际所取得的报酬总量正好等于社会所生产的总产品。该定理又叫做边际生产力分配理论,还被称为产品分配净尽定理。如上所述,要素的价格是由于要素的市场供给和市场需求共同决定。在完全竞争的条件下,厂商和消费者都被动地接受市场形成的价格。现在的问题是:要素所有者按照市场形成的要素价格获得收入,全部要素收入是否等于社会总产品?

在完全竞争的条件下,厂商使用要素的原则是:要素的边际产品价值等于要素价格。即:

$$P \cdot MP_L = W$$
$$P \cdot MR_K = r$$

于是有:

$$MP_L = \frac{W}{P}$$

$$MP_K = \frac{r}{P}$$

P 为产品的价格,W/P 和 r/P 分别表示了劳动和资本的实际报酬。因此在完全竞争的条件下,单位劳动、单位资本的实际报酬分别等于劳动、资本的边际产量。假定整个社会的劳动总量和资本总量为 L 和 K,而社会总产品为 Q,那么就有:

$$Q = L \cdot MP_L + K \cdot MP_K$$

该式称为欧拉分配定理。它是由于该定理的证明使用了数学上的欧拉定理而得名。

欧拉定理的证明如下：

假设生产函数为：$Q=f(L,K)$

由于规模报酬不变，所以生产函数为齐次方程，因此有：

$$\frac{Q}{L}=f\left(\frac{L}{L},\frac{K}{L}\right)=f(1,k)=\varphi(k)\quad\left(k=\frac{K}{L}\right)$$

k 为人均资本，Q/L 为人均产量，人均产量是人均资本 k 的函数。

$$\begin{aligned}\frac{\partial Q}{\partial L}&=\frac{\partial[L\cdot\varphi(k)]}{\partial L}=\varphi(k)+L\cdot\frac{\mathrm{d}\varphi(k)}{\mathrm{d}k}\cdot\frac{\mathrm{d}k}{\mathrm{d}L}\\&=\varphi(k)+L\cdot\varphi'(k)\cdot\frac{\mathrm{d}k}{\mathrm{d}L}=\varphi(k)+L\cdot\varphi'(k)\cdot\left(\frac{-K}{L^2}\right)\\&=\varphi(k)-k\cdot\varphi'(k)\end{aligned}$$

$$\begin{aligned}\frac{\partial Q}{\partial K}&=\frac{\partial[L\cdot\varphi(k)]}{\partial k}=L\cdot\frac{\partial\varphi(k)}{\partial k}=L\cdot\frac{\mathrm{d}\varphi(k)}{\mathrm{d}k}\cdot\frac{\mathrm{d}k}{\partial k}\\&=L\cdot\varphi'(k)\cdot\frac{1}{L}=\varphi'(k)\end{aligned}$$

由上面两式，即可证明欧拉定理：

$$\begin{aligned}L\cdot\frac{\partial Q}{\partial L}+K\cdot\frac{\partial Q}{\partial K}&=L\cdot[\varphi(k)-k\varphi'(k)]+K\cdot\varphi'(k)\\&=L\cdot\varphi(k)-K\cdot\varphi'(k)+K\cdot\varphi'(k)\\&=L\cdot\varphi(k)=Q\end{aligned}$$

在规模报酬递增情况下，如果按照边际生产力分配，则产品不够分配给各个生产要素，即：

$$L\cdot\frac{\partial Q}{\partial L}+K\cdot\frac{\partial Q}{\partial K}>Q$$

在规模报酬递减情况下，如果按边际生产力进行分配，则产品在分配给各个生产要素之后还有剩余，即：

$$L\cdot\frac{\partial Q}{\partial L}+K\cdot\frac{\partial Q}{\partial K}<Q$$

证明如下：

如果生产函数 $Q=f(L,K)$ 为 r 齐次，则有：$Q=L^r\cdot\varphi(k)$

因此有：

$$\frac{\partial Q}{\partial K}=L^{r-1}\varphi'(k)$$

$$\frac{\partial Q}{\partial L}=rL^{r-1}\varphi(k)-L^{r-1}k\varphi'(k)$$

$$L \cdot \frac{\partial Q}{\partial L} + K \cdot \frac{\partial Q}{\partial K} = rL^r\varphi(k) = rQ$$

显然在规模报酬递增时，$r>1$，所以有：

$$L \cdot \frac{\partial Q}{\partial L} + K \cdot \frac{\partial Q}{\partial K} > Q$$

在规模报酬递减时，$r<1$，所以有：

$$L \cdot \frac{\partial Q}{\partial L} + K \cdot \frac{\partial Q}{\partial K} < Q$$

【案例1】天津丑女“张静事件”及美国经济学家的调查报告

张静，25岁，1993年初中未毕业出来谋生。因相貌丑，10年求职上千次无一成功。全家四口人均有《残疾证》，除去每月400元左右的医药费，全家只能靠五六百元维持生活，每天只吃一餐中饭，尚有一万元债务无法还清。万般无奈下，张静于2003年7月23日主动向《新报》求助，希望得到一份工作以养家糊口。此事经披露后，张静先后接到30多家单位的工作邀请，后成为友缘养老院的一名编外人员。更有一位北京郊区的男士表示，相貌远不及心灵重要，如果张静愿意，他愿给她家的温暖。因深受相貌丑陋之苦的张静后来接受了整容，在整容成功后她的生活轨迹开始出现可喜的变化，目前正准备出一本描述自己心路历程的书。张静事件在社会上引起强烈反响，中央电视台、香港凤凰卫视、《南方都市》报等数十家媒体纷纷报道、转载此事，张静事件引发的“悦目情结”和“容貌歧视”问题更成为社会生活中一个极致表现的范例。美国劳动经济学家丹尼尔·哈莫米斯与杰文·比德尔在1994年第4期《美国经济评论》上发表了一份调查报告。这份调查报告显示，漂亮的人收入比长相一般的人高5%左右，长相一般的人又比丑陋一点的人收入高5%～10%。这个结论对男性、女性都同样适用。

（案例来源：《十年找工作失败一千次，丑女就不能生存？》，*http://news.163.com/editor/0308-768960.heml*，2003-08-08）

讨论下列问题：

（1）你认为应如何解释劳动力市场中的歧视问题？就业中的歧视是否具有一定的合理性？

（2）劳动力市场中是否还存在着其他种类的歧视，请举例说明？

（3）你有哪些对策能够防止就业歧视的产生？

【案例2】可比较价值的遗留问题

在美国，每个成年女工得到的报酬平均比男工少30%，而且许多女性抱怨自己被引导和鼓励从事传统认为女性比较擅长的所谓“粉领”工作。例如秘书和接待员，这些职位的工资低于可比较的男性职位的工资。

解决这个问题的办法之一就是提高传统上认为适合女性从事的工作的工资。1986 年，华盛顿州决定这么做，按照四个类别给州政府的每个职位打分，这四个类别分别是所需知识和技术、智力要求、责任和工作情况。每个职位通过打分得到可比较价值，工资因此相应作出调整。

这个打分排名的工作结束之后，人们发现许多男性掌握的职位得分较低而实际工资较高。举例而言，男性占据的运输卡车司机的工作，其职位得分的总和是 97 分，而女性承担的三级秘书的工作的职位得分是 197 分，远远高于前者，但是运输卡车司机的工资仍然比秘书高出大约 1/4。

为了按照得分显示的可比较价值调整工资，不能减少任何人的工资。相反，生活成本的调整和提高集中于工资偏低的职位上。到了 80 年代末期，华盛顿州政府的男性和女性职位之间的工资差距已经缩减到难以察觉的地步，并且许多女性认为她们的工作得到越来越高的尊重。

事情进行到这里还是一切顺利。尽管由于供给和需求出现问题，华盛顿州政府决定进行工资改革，但是市场因素不能简单忽略。比如在华盛顿州政府里面，男性占据的职位的工资经过这几次调整，比外面私营企业几乎降低了1/3，于是男性员工相继辞职。州政府因此不得不在一些特定领域放弃可比较价值的评定，提供某些特别的提升机会，以挽留和吸引男性员工。许多男性认为他们的“价值”应该根据供求关系确定，而不是基于一种调查或是一个人事顾问的意见。同时，由于可比较价值的目的在于提高传统女性职位的工资，女性可能不再强烈要求辞职，并不能改善她们被困于所谓“粉领”行列的问题。

华盛顿州定期评估可比较价值，62 000 名州政府职员以及劳工经济学家，将拭目以待。

[资料来源：. *Barbara R*, *Bergmann*, *Does the Market for Women's Labor Need Fixing*? *Journal of Economic Perspectives* (*Winter*1989) 3：43 ~ 60；*PeterT. Kilborn*, *Wage Gap Between Sexes is Cut in Test*, *but at a Price*, *New York Times*, *May*31, 1990, *p. A*1.]

讨论下列问题：

(1) 如何理解劳动力市场上男女工资差别，是否具有一定的合理性？

(2) 你是否认为男女适合从事不同的行业，请解释理由。

【案例 3】较高的能源价格引起投入要素的替代

在 20 世纪 70 年代，几乎所有能源产品的价格都急剧上涨。汽油、煤油和天然气价格的上涨比其他产品要快得多。例如，在1971～1980年期间，原油、天然气和煤的实际价格（即经过通货膨胀调整后的价格）分别增长了240%，347%和113%。

由于能源是许多部门的重要投入，管理经济学原理预测企业会用其他投入要素来替代相对更贵的能源产品。

如表所示，美国的生产者的确通过用其他投入要素代替能源以减少他们对能源的依赖。正如对每1美元增加值的能源消耗的度量（单位为千*Btu*）所示，对这一投入要素的依赖大大减轻了。即使是能源生产部门，如石油精炼业，也通过相对较多地使用其他投入要素来节约能源的消耗。

在一些行业中每1美元增加值的能源消耗

年份	部门					
	所有制造业	纸	有机化学	石油精炼	钢	铝
1971	52.5	316.2	277.9	631.4	314.7	418.5
1977	42.3	308.7	193.9	573.4	282.7	379.9
%变化	-19.4	-2.4	-30.2	-9.2	-10.2	-9.2

［资料来源：*H.* 克迪格·彼得森（美）等著，《管理经济学》，中国人民大学出版社，1998年版］

讨论下列问题：

（1）用经济学原理解释要素替代现象，要素替代的标准是什么？

（2）还有哪些应对要素价格上涨的方法？

【案例4】美国教育体系的改革

美国对教育的投资是否足够呢？在美国，中小学生的上课时间只占同龄日本学生的2/3。最近的一系列数据说明，美国学生的数学成绩不但被日本学生抛在后面，也低于欧洲多数国家的学生。20世纪60年代到80年代初，美国学生在几种标准能力测试中取得的平均成绩日益下降，引起社会极大的关注。美国人怀疑自己的下一代是否有能力迎接对手的挑战。

不过美国仍然保持一些学术优势。至今，美国在世界十大大学排名榜上依旧占有六七个席位。这种高度集中的情况在任何其他领域都是极为罕见的，没有哪一个国家在某一方面占据如此绝对的领先地位。美国的大学正在从世界各国招收最出色的学生，而许多国家的学生都认为能到美国求学是很幸运的事情。同时，美国的高中毕业生多数可以进入大专院校深造；超过1/4

的适龄学生正在大学接受高等教育,这一比例是其他国家的 2 ~ 3 倍,堪称世界之最。

对于美国在初、中等教育中的困境,人们有两种解释:一是美国的教育投资不够;二是美国学校的资金利用率低下。我们分别对这两个解释及人们提出的改革方案进行分析。

一是投入水平问题。在美国的某些地区,确实存在由于学生人数的增长和管理机构规模的限制而导致对学生人均投资的实际减少(已考虑通货膨胀因素的情况下)。但是在 60 年代和 70 年代,无论公立或私立学校,平均班级规模减小,而花费却急剧增长。同大多数竞争对手相比,美国对学生的人均投入是高出一截的。多花钱会有帮助,但是因此认为投入是下降了或者认为单纯增加投资就能解决问题,是不准确的。

二是组织问题。芝加哥大学的社会学家詹姆斯·科曼指出,美同学校的问题在于其组织结构。他的论据是在学生人均费用相当的情况下,私立学校的学生成绩要比公立学校好,说明前者确实能够为学生创造较好的有助于发挥积极性的学习环境。

有人认为私立学校的成功在于拥有较大的自主权。学校负责人同教师、家长都承认自己在学校事务上有较大发言权,而他们的积极参与也增进了学生的学习热情。相反,公立学校的大权都控制在一个教育行政机构的手里,他们通常更关心学校预算和规模的问题而非学生本身,同各学校的联系比较松散。

三是改革问题。为了改善美国的学校教育,人们提出了一系列设想。无疑,增加投入肯定有助于解决问题,但这一方案并不是完全没有反对意见的。批评者认为从结构上改革现有教育系统才是更基本也是更主要的问题。

一种改革方案是保证金制度,做法是由政府向每个学生派发具有一定价值的证书,比方说价值 5 000 美元,持有证书者可以到任何一所公立或私立的经过认可的学校就读,而接收学生的学校就可以凭证书获得教育经费。换言之,该证书代表政府承担的义务教育费用。

这一制度的鼓吹者认为,保证金制度将公立和私立两种学校放在同一竞赛场上,由此形成的在私立学校之间以及公立与私立学校之间的竞争必将促进学校教学质量的提高。反对者的理由则在于这种竞争会导致学校挑选学生,倾向于吸收天资较高或较听话的孩子,而把表现一般的放在一边,于是这些儿童不得不同有问题的学生一道上课。而且,反对者相信私立学校的优势只不过是较高学费带来的结果。那些愿意交纳高学费的学生家长显然更关心孩子所受教育的情况,也更愿意配合学校做好工作,加上私立学校本身较为封闭,自成一体,便于管理,私立学校的学生们也就较少犯事,学习成绩也较好。因此这只是限于私立学校的特别现象，它不可能在全国范围内复制推广。而且，无论是对孩子的健康成长还是对社会发展来说，一个能同多种类型的人交往的开放环境都具有更大的价值，但是恰在这一点上，私立学校由于自身环境较为封闭而落在公立学校的后面。

多数美国人都相信人与人之间的竞争应在尽可能公平的情况下进行。然而现实是有些人生来就具有某种天赐优势，例如家境阔绰或是具有某方面的天才，这就意味着竞争并不是在同一起跑线上。于是他们认为学校的首要任务之一就是减轻乃至消灭这一天赋差别，但是保证金制度却相反，它将通过学校对学生的选择接收来加剧人与人之间的这种天赋差别。

同保证金制度相比，另一方案较为缓和。将着眼点放在公立学校的运行机制上。它鼓励教育管理的分散化，给予学校更大的自主权。举例而言，校长将被赋予招聘及解雇教师的权力，可以自主决定学校预算的分配，自行解决教学问题。包括明尼苏达州和新墨西哥州在内的几个州已经开始进行不同形式的管理分散化试验。

此外，为了提高教师的积极性，一些地区也在寻求建立合适的奖励制度。比方说给予优秀教师较高的社会地位，或直接颁发奖金。然而教师联合会却不赞成这一方案，他们认为优秀教师由校长选定的做法不妥当，可能导致这一评选变成含糊不清的过程，其结果也就失去公正性。同时，这一制度将增大校长的权力。而目前能够按照教师资历决定教师晋升及其工资水平的教师联合会的影响就会遭到大幅削弱。另一方面，假如优秀教师的评选是以学生成绩为标准，那么必将导致过分追求考试分数的现象。考虑到现在的大部分所谓标准测试都难以反映个人创造性的水平高低，教师一旦围绕分数做文章，必然集中精力应付测试，而无暇顾及发挥学生积极性的一面。我们必须知道，教育的基本目的就是发挥个人的创造力，上述方案显然是与这一目的背道而驰的。

其实，每个改革方案都有其风险和效益，没有人能保证这些方案中的哪一个会获得成功。目前在美国某些州和学区里进行的改革试验将有助于我们从中找出比较好的方案，以解答如何改进美国教育系统的难题。

（资料来源：斯蒂格利茨著：《经济学小品和案例》，中国人民大学出版社，1998 年版。）

讨论下列问题：

（1）如何用经济学原理解释教育体系改革问题？

（2）结合实际，说明中国的教育体系改革中存在哪些问题，你认为应该如何进行改革？

习　题

一、简答题

1. 说明生产要素理论在微观经济学中的地位。

2. 简述完全竞争厂商使用生产要素的原则。

3. 为什么劳动供给曲线可能是向后弯曲的？

4. 一个竞争性的厂商，在其最后雇佣的那个工人所创造的产值大于其雇佣的全部工人的平均产值时，他实现了最大的利润吗？为什么？

5. 试述消费者的要素供给原则。

二、计算题

1. 在产品和要素市场中完全竞争的厂商雇佣一个劳动日的价格是 20 元，厂商的生产情况如下表所示：

劳动日数	3	4	5	6	7	8
产出数	6	11	15	18	20	21

假设每个产品的价格是 10 元，问：该厂商应雇佣多少个劳动日？

2. 设一厂商使用的可变要素为劳动 L，其生产函数为：

$$Q = -0.01L^3 + L^2 + 36L$$

式中，Q 为每日产量，L 是每日投入的劳动小时数，所有市场（劳动市场及产品市场）都是完全竞争的，单位产品价格为 10 美分，小时工资为 4.80 美元。试求当厂商利润最大化时，

（1）厂商每天要雇佣多少小时劳动？

（2）如果厂商每天支付的固定成本为 50 美元，厂商每天生产的纯利润为多少？

3. 假设某特定劳动市场的供需曲线分别为：$D_L = 6000 - 10W$，$S_L = 100W$，则：

（1）均衡工资为多少？

（2）假如政府对工人提供的每单位劳动课以 10 美元的税，则新的均衡工资变为多少？

（3）实际上对单位劳动征收的 10 美元税收由谁支付？

（4）政府征收到的总税收额是多少？

4. 一厂商生产某产品,单价为 10 元,月产量为 100 单位,每单位产品的平均可变成本为 5 元,平均不变成本为 4 元。试求其准租金和经济利润。两者相等吗?

第九章　市场有效原理

学习目标

本章我们采用一般均衡分析方法，即在承认经济主体决策行为相互影响的前提下，分析所有商品与生产要素价格之间是如何相互影响、最终同时达到均衡的，并在此基础上讨论福利经济学问题。

第一节　一般均衡理论简介

19 世纪 70 年代，经济学界发生了影响深远的“边际革命”，自此经济学由古典经济学转向了现代经济学，在这场革命中，奥地利的门格尔、英国的杰文斯、瑞士的瓦尔拉斯，成为这场革命中的代表人物，其中法裔瑞士经济学家瓦尔拉斯不仅仅对于边际分析方法起到了重要的作用，其另一贡献一般均衡理论，至今仍然是现代主流微观经济学的重要组成部分。

1874 年，里昂 · 瓦尔拉斯最先认识到一般均衡问题的重要性，并于其《纯粹经济学要义》的论文中，首次创立了一般均衡理论(General Equilibrium Theory)，由于瓦尔拉斯长期在瑞士的洛桑大学担任教授，故其学派被成为“洛桑学派”，学派中的帕累托等人在经济学史上均有重要地位。

一、瓦尔拉斯一般均衡理论模型的假定与基本思想

瓦尔拉斯认为，一般均衡即是指，在整个经济系统处于均衡状态的情况下，所有的商品和要素的价格都会有一个确定的均衡价格，而商品的生产和要素的供给，都将会有一个均衡数量。瓦尔拉斯的一般均衡价格决定的思想，是通过数学公式阐述的。他假定社会上有 m 种要素生产 n 种商品。社会上每个人都持有一定数量的要素，每个人通过提供这些要素来取得商品，即以既定的收入分配方式为前提。在这种情况下，消费者力图取得最大效用，企业家力图获得最大利润，要素的所有者力图获取最多的报酬。

通过对列出的供需平衡方程的求解，瓦尔拉斯证明了在市场上存在着一系

列的市场价格和交易数量(这些价格和数量即为均衡价格和数量),能使每个消费者、企业家和要素所有者达到各自的效用最大化、利润最大化和报酬最大化,从而整个经济体系可以达到一种稳定的均衡状态。瓦尔拉斯还认为,方程所决定的均衡是稳定的均衡,即如果经济体系处于非均衡状态时,市场的力量会自动地发生作用,通过调节使经济系统调整到一个新的均衡状态。

二、瓦尔拉斯一般均衡的实现过程

对于一般均衡的实现过程,瓦尔拉斯提出了一个"拍卖人"的方法。整个市场存在着一个"拍卖人",而其职责即是确定一组能够使整个市场供求一致的价格,其方法是:开始的时候,"拍卖人"喊出一组价格,对于这组价格,各个参与者迅速会决定买还是卖、买卖的数量是多少等等。如果市场未能就此达成供需相等,即一般均衡,"拍卖人"就会喊出第二组价格,这组价格对于供大于求的商品降低价格,供小于求的商品提高价格,这样使市场上的参与者调整自己的决策,接近供需相等的状态,也就趋近于一般均衡。通过不断的调整报价,"拍卖人"最终找到一组价格,使得整个市场体系的供需平衡,达到一般均衡。以上即是瓦尔拉斯的"拍卖过程"。

实际上拍卖人即是完全竞争市场,在这个市场中,价格能够迅速地对供需不平衡的状况作出反应,参与者对于价格也迅速作出理性的反应,资源配置随之改变。通过不断的调整,整个市场逼近一般均衡状态。

尽管一般均衡理论在西方经济学中占有极其重要的地位,但是其缺陷即局限性也是十分明显的。

首先,完全竞争市场的假设。现实中几乎不存在完全竞争的市场,大企业并不完全是价格的接收者,而是视其垄断程度对市场具有相应的影响力。其次没有考虑到规模报酬递增的问题。现实生活中,规模报酬递增的现象广泛存在,企业规模的不断扩大也正好证明了这一点,而一般均衡理论的前提恰恰否定这一点。第三,一般均衡模型中,交易和均衡都是瞬间完成的,资源的转换也是没有成本的,这样就与现实世界严重脱节。

三、局部均衡与一般均衡

一般均衡(General Equilibrium)对应的是局部均衡(Partial Equilibrium),前几章中,研究的主要是局部均衡,如单个产品市场、单个要素市场,是从整个市场体系中把单个市场剥离出来进行分析,不考虑各个市场之间的互相影响和联系。而这种产品或者要素的需求与供给,仅仅考虑受到自身价格的影响,其他产品或者要素的价格则被认定为不变。显然,这种分析方法脱离了实际的情况实际上,以产品市场为例,人们对任意一种产品的需求,除了取决于人们的偏好和该商品价格以外,还取决于人们的收入和其他商品的价格以及其他因素(如对未来的预期),而在要素市场中,企业对于劳动力等生产要素的需求,作为引致需求,更不仅仅取决与劳动力等要素的价格,更大程度上取决于对相关产品的需求和价格。而局部均衡分析方法,就是在分析任意一产品或要素的供求和价格时,抽掉其他产品或者要素的价格对该产品的供求和价格的影响,即凡影响该产品的供求和价格的所有其他因素是固定不变的,这包括其他产品的价格以及消费者的收入和偏好都假定为既定不变。这样,任何一种商品价格的变化,唯一地取决于该商品供求的变化,而该商品供求的变化,唯一地由该商品价格的变化所决定。

但是,在实际生活中经济体系的各个部分是互相作用、互相联系和影响的。首先从各种商品之间的关系分析,就存在着替代品、互补品等关系,当某商品的需求由于某种原因发生变化时,通过替代效应和收入效应会引起其他的有关商品需求的变化,由此导致这些商品的价格和供给的变化。这些商品价格的变化反转来又会反作用于第一个商品,导致其供求和价格的变化,如此循环往复,直到某一均衡状态。其次,从产品与生产要素的相互关系来看,生产要素的需求作为引致需求,任何一种商品供求和价格变化将影响企业对制造这一商品所需生产要素的供求和价格的变化。再次,从各种不同生产要素之间的关系来看,同样存在着资本与劳动的替代效应和收入效应。因此,从整个市场体系上来看,各个商品之间,商品与要素之间,要素与要素之间均存在着广泛的联系,各种市场存在着互相作用,互相协调的事实。

综上所述,一般均衡分析是经济分析中所采用的一种(与局部均衡分析相对应的)理论分析方法。它假定一个社会的所有各种商品的供给、需求和价格与所有各种生产要素的供给、需求和价格,以及产品和生产要素的供求和价格,是相互依存相互作用的。同局部均衡分析一样,一般均衡分析方法也是从微观经济主体(作为消费者的个人或家庭、作为生产者的厂商和各种产品市场)的行为的角度出发,来考察每一种产品和每一种要素的供给和需求同时达于均衡状态所需具备的条件和相应的均衡价格以及均衡供销量应有的量值。而局部均衡分析方法则是假定其他条件既定不变,个别地考察任意一种产品或生产要素的供求达于均衡状态所需具备的条件和相应的均衡价格及供销量。

在局部均衡分析中,个别市场的均衡由其供求曲线决定,均衡的改变也没有“外溢效应”,即不对其他市场产生影响,至少假定这种影响没有得到分析。但在一般均衡中,各个市场之间是相互关联,互相影响的,个别市场均衡的改变将波及相关的其他市场,进而扩展到整个经济体系,而相关市场的变动反过来又影响该市场的均衡。

为了方便起见,现考察一简单的二市场模型来分析不同产品市场之间的相互影响及其结果。假定一个经济体中只存在两个相互关联的市场:原油市场和汽油市场。见下图:

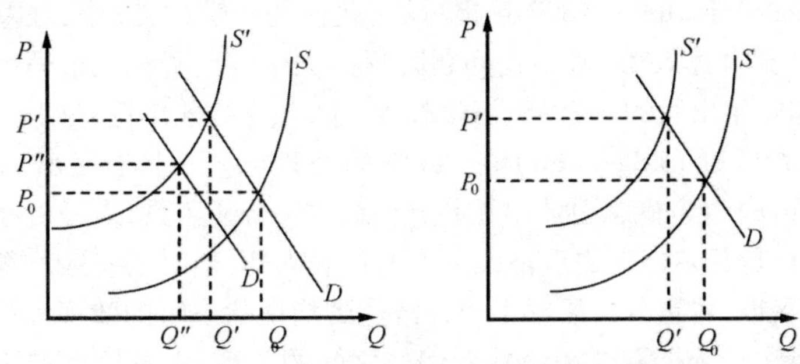

图 9.1　两个市场的一般均衡,其中左图为原油市场,右图为汽油市场

现在假定两个市场首先都处于某种均衡状态,其均衡产量与均衡价格分别为 Q_0、P_0,假定原油的供给由于某种非价格因素的影响(如战争)而减少,即供给曲线以原来的 S 向左移动(如果是价格因素导致供给减少,应在原供给曲线 S 上移动)至 S′,新的均衡为(P′ ,Q′)。原油市场的变动产生“外溢效应”,打破了汽油市场原来的均衡(P_0,Q_0),使汽油的成本上升,因为,原油新的均衡价格高于原来的价格 P_0。汽油生产成本上升,于是汽油的供给将减少,供给曲线以 S 左移至 S′,S′与 D 相交决定了汽油市场新的均衡(P′,Q′),其中,$P' > P_0$,$Q' < Q^0$,也就是说,汽油价格上升,其均衡数量减少,这反过来又影响原油市场,在短期内,由于生产规模不断扩大,汽油价格上升并不导致对原油需求增加。汽油需求的减少又将减少对原油的需求。因此,导致原油的需求下降。假定使 D 左移至 D′,使原油市场的均衡重新确定为(P″,Q″)。这种相互影响继续发生,调整持续下去,直到出现新的一般均衡。

以上这个例子中,我们可以看到,两个市场的相互影响及其均衡是共同决定的。但这是一个简单的例子,仅仅有两个市场的相互作用,但如果推广到其他相关市场,显而易见将会影响到如汽车市场等其他市场,会改变整个市场体系原有的均衡状态,然后又会通过不断的自我调整,达到新的均衡。因此在整个市场体系中,一个市场的变化和外溢,会影响到其他的产品及要素市场,而此市场本身又会受到其他市场的变化“外溢效应”的影响。

第二节　帕累托最优条件

继瓦尔拉斯之后,洛桑学派的另一代表重要人物、意大利经济学家帕累托(Vilfredo Pareto)于1896—1897年撰写的《政治经济学讲义》中,在基数效应论基础上考察"集合体效用"极大化问题时提出关于生产资源之最适度配置的问题。后在1906年出版的《政治经济学教程》中,在序数效应论基础上,根据英国经济学家埃奇沃斯(Edgeworth)在《数学的心理学》一书中提出的契约曲线(Contract Curve)这个概念引伸出无差异曲线这一分析工具,来分析经济问题。

帕累托也是瓦尔拉斯之后洛桑学派的代表人物,他对于一般均衡理论的微观基础更感兴趣,着重分析研究了当经济达到均衡状态时的效率和社会最优化状态问题,专注于分析需求和消费者偏好之间的关系,以及厂商产出计划和利润最大化关系。由于关注方向的转移,帕累托的主要成果帕累托最优状态也成了福利经济学的重要分析工具。

一个社会的资源的配置是否已达到最优状态,可以按照下面的标准来判断:假如任何重新改变资源配置的方法已经不可能在无损于任何一个人的前提下,使至少一个人的处境较前变好,这就意味着一个社会在既定的技术和既定的每个消费者偏好函数条件下,资源的配置情况已达到最适度状况。帕累托所说的资源的配置达到了最大效率或最适度(或称最优)的经济状态,经济学中称为"帕累托最优"状态(Pareto Optimality)或者"帕累托效率"状态(Pareto Efficiency)。

如果存在这某种改变资源配置的方法,能够在无损于任何一个人的前提下,使至少一个人的处境较前变好,则目前的资源配置状态不能称之为帕累托最优状态。这个方法则被称为"帕累托改进"(Pareto Improvement)。显然,"帕累托最优"状态是不存在"帕累托改进"的状态,而"帕累托改进"则是通向"帕累托最优"状态的路径。

具体而言,经济学中的"帕累托最优"必须满足以下三个条件:交换的帕累托最优、生产的帕累托最优、生产和交换的帕累托最优。下面将逐一分析这三个条件。

一、交换的帕累托最优

交换的帕累托最优所讨论的是在纯粹交换的条件下,能否存在某种帕累托改进即交换,即使至少一个消费者的情况变好,而不使其他消费者的情况变坏。如果存在,显然目前条件下没有达到帕累托最优的状态。

下面通过构建一个简化的数学模型来分析交换的帕累托最优状态。

(一)模型设定

假定经济中有两种既定数量的商品 X、Y，社会上只有 A、B 两个消费者，两个消费者在原有资源禀赋条件下通过交换商品 X、Y 使之达到最优状态。分析工具是埃奇沃斯盒，是采用 A 的消费两种产品组合图与倒转后的 B 的消费两种产品组合图结合起来，图中采用了序数效用论的无差异曲线为分析对象。图中原点 O_A、O_B 两点代表 A、B 的消费起点，横坐标 x 的总长度代表了 X 的既定数量，纵坐标 y 代表了 Y 的既定数量，分别从两个原点出发，即得出二人对 X、Y 的消费数量。故在盒内选择任意一点，即可通过其对于原点 O_A、O_B 的坐标，得出 A、B 两人在此点的消费组合。图中的曲线组 U 为 A、B 两人消费 X、Y 的无差异曲线，A 的无差异曲线凸向 O_A，B 的无差异曲线凸向 O_B，其效用水平关系如下

$$U_{A3} > U_{A2} > U_{A1}, U_{B3} > U_{B2} > U_{B1}$$

在埃奇沃斯盒中，存在如下关系

$$\overline{X} = X_A + X_B, \overline{Y} = y_A + y_B$$

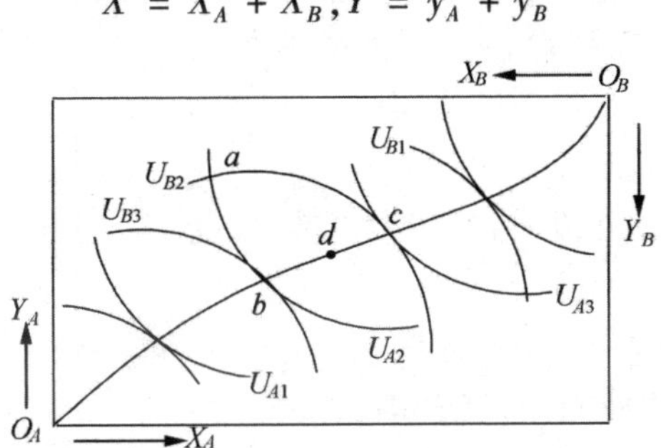

图 9.2　交换的埃奇沃斯盒

(二)通过交换实现帕累托最优

初始资源禀赋点 a 是 A、B 的无差异曲线 U_{A2} 和 U_{B2} 的交点，a 点存在着帕累托改进的余地，通过交换 X、Y 改变初始资源配置，达到更高的效用水平。

第一种情况：资源配置从 a 变成 b，A 用 Y 换 B 的 X 就可以实现这一资源配置改变。

资源配置改变(从 a 变成 b)对效用水平的影响：A 还在原来的无差异曲线 U_{A2} 上，故 A 的效用保持不变，B 的由原来的无差异曲线 U_{B2} 转移到了新的无差异曲线 U_{B3} 上，故效用增加，b 点实现帕累托最优，如再改变，在一人效用增加的情况下，一定有人损失。

第二种情况：资源配置从 a 变成 c，A 用 Y 换 B 的 X 就可以实现这一资源配置改变。

资源配置改变对效用水平的影响:B 还在原来的无差异曲线 U_{B2}上,故 B 的效用保持不变,但 A 的效用由于转移到 U_{A3}上而增加,c 点实现帕累托最优。

第三种情况:资源配置从 a 变成 d,d 为 bc 线段上任一点。A 用 Y 换 B 的 X 就可以实现这一资源配置改变。

资源配置改变对效用水平的影响:A 的效用增加,B 的效用也增加。d 实现了帕累托最优,不可再改变。

(三)交换的帕累托最优的条件

从上面的分析可以看到,资源禀赋点只要在两个消费者无差异曲线的交点上,就不是帕累托最优;资源禀赋点如果在两个消费者的无差异曲线的切点上,则一定是帕累托最优。

曲线 O_AO_B 称为交换的契约曲线(Contract Curve),是 A、B 无差异曲线的切点所组成的一条曲线。它也叫效率曲线,其含义为两种商品在两个消费者之间的所有最优分配,其上所有点都是帕累托最优点。

帕累托最优点是与初始资源禀赋点相对应的,对应不同的资源禀赋存在不同的帕累托最优集。如 a 点对应的帕累托最优集是 b、c 之间的各个点。

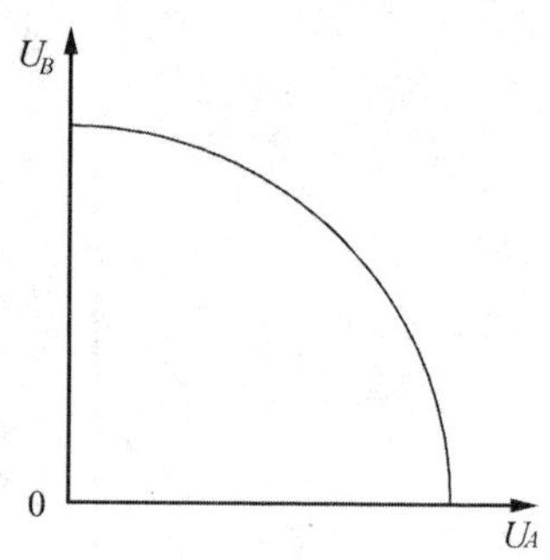

图 9.3 由交换的契约曲线导出的效用可能性曲线

从埃奇沃斯盒中可以看出,交换的帕累托最优条件为

$$MRS_{XY}^{A} = MRX_{XY}^{B}$$

即两消费者分别对两种商品的边际替代率相等(在两条效用曲线的切点,其斜率即商品的边际替代率相等)。

这个条件可以这样理解,如果两种商品对于消费者 A、B 的边际替代率不同,则消费者可以通过交换来促使自己的效用水平提高。

二、生产的帕累托最优

生产的帕累托最优所讨论的是在纯粹生产的条件下,能否存在某种帕累托改进即通过资源重新配置,即使至少一个生产者的产出增加,而不使其他生产者的产出减少。如果存在,显然目前条件下没有达到帕累托最优的状态。

同上,也通过使用埃奇沃斯盒来分析生产的帕累托最优。

(一)模型设定

存在两个生产者 A、B,使用两种既定的要素劳动 L、资本 K,通过资源配置的改变实现生产的帕累托最优,即在不增加要素投入的情况下,使得总产出增加。

该模型使用的工具也是埃奇沃斯盒,是采用生产 A 的所需的两种要素 L、K 的组合图与倒转后的生产 B 的两种要素的组合图结合起来,图中采用了等产量曲线为分析对象。图中原点 O_A、O_B 两点代表 A、B 的生产起点,横坐标 l 的总长度代表了 L 的既定数量,纵坐标 k 代表了 K 的既定数量,分别从两个原点出发,即得出二人对 L、K 的消费数量。故在盒内选择任意一点,即可通过其对于原点 O_A、O_B 的坐标,得出 A、B 两种产品的生产组合。图中的曲线组 X 为 A、B 两种产品的等产量曲线,A 的等产量曲线凸向 O_A,B 的等产量曲线凸向 O_B,其产量大小关系如下

$$X_{A3} > X_{A2} > X_{A1}, X_{B3} > X_{B2} > X_{B1}$$

在埃奇沃斯盒中,存在如下关系

$$\bar{L} = L_A + L_B, \bar{K} = K_A + K_B$$

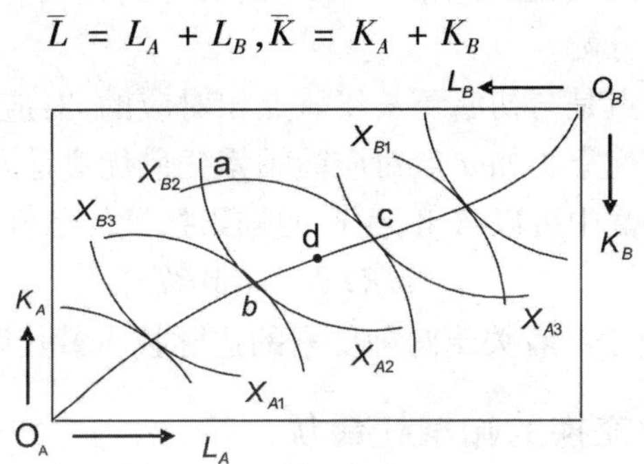

图9.4 生产的埃奇沃斯盒

(二)改变要素配置实现生产的帕累托最优

初始要素禀赋点 a 点是生产者 A、B 的等产量曲线 X_{A2} 和 X_{B2} 的交点,a 点存在着帕累托改进的余地,通过交换 L、K 改变初始资源配置,达到更高的生产水平。

第一种情况:要素配置从 a 变成 b,A 用 K 换 B 的 L 就可以实现这一要素配置改变。

要素配置改变(从 a 变成 b)对产量水平的影响:A 还在原来的等产量曲线 X_{A2} 上,故 A 的产量保持不变,B 的产量由原来的等产量曲线 X_{B2} 转移到了新的等产量曲线 X_{B3} 上,故产量增加,b 点实现帕累托最优,如再改变,一种产品产量增加的情况下,一定有另一种产品产量减少。

第二种情况:要素配置从 a 变成 c,A 用 K 换 B 的 L 就可以实现这一要素配置改变。

要素配置改变(从 a 变成 c)对产量水平的影响:B 还在原来的等产量曲线 X_{B2} 上,故 B 的产量保持不变,但 A 的产量由于转移到新等产量曲线 X_{A3} 上而增

加,从而 c 点实现帕累托最优。

第三种情况:要素配置从 a 变成 d,d 为 bc 线段上任一点,A 用 K 换 B 的 L 就可以实现这一要素配置改变。

要素配置改变(从 a 变成 d)对产量水平的影响:A 的产量增加,B 的产量也增加。d 也不可再变,实现帕累托最优。

(三)生产的帕累托最优条件

从上面的分析可以看到,要素禀赋点只要在两个生产者的等产量线的交点,则不是帕累托最优;要素禀赋点只要在两个生产者的等产量线的切点上,则是帕累托最优。

曲线 O_AO_B 称为生产的契约曲线(Contract Curve),是 A、B 等产量曲线的切点所组成的一条曲线,也叫生产的效率曲线。其含义为两种要素在两个生产者之间的所有最优分配。

帕累托最优点是与初始要素禀赋点相对应的,对应不同的要素禀赋点存在不同的帕累托最优集。如 a 点对应的帕累托最优集是 b、c 之间的各个点。

从埃奇沃斯盒中可以看出,生产的帕累托最优条件为

$$MRTS_{LK}^{A} = MRTS_{LK}^{B}$$

即 A、B 两个生产者关于两种要素的边际技术替代率相等。

三、生产和交换的帕累托最优

讨论过交换的帕累托最优和生产的帕累托最优之后,我们知道,交换的帕累托最优实际上是产品市场的均衡,而生产的帕累托最优是要素市场的均衡,上述的生产的帕累托最优和交换的帕累托最优仅仅考虑的是局部均衡,然而一般均衡探讨的是整个市场体系的均衡状态,所以同时包括了产品市场和要素市场的一般均衡,也就是指生产和交换的帕累托最优。

下面通过生产的可能性边界,来探讨生产和交换的帕累托最优的条件。

(一)生产可能性边界或转换曲线

所谓生产可能性边界,实际上是从生产的契约曲线中推导而来。生产的契约曲线上的每一点都代表在既定的条件下两种产品的最优产量水平。这里所说的既定条件一般指的是既定的技术水平和生产要素数量。此时,将契约曲线上的每一点所代表的两种产品的产量同置于一平面坐标上,则能够得出生产的可能性边界(Production-possibility frontier),如图 9.5 所示。

在此图中,边界内的 A、B 点都是无效率的,该处的资源尚未得到充分的利用。而边界外的点 C,则是在现有条件下不可能达到的。因此,最优的选择必然位于生产的可能性边界上。

生产可能性边界也叫转换曲线，从图中，我们可以看到转换曲线的斜率为负，即在既定条件下，增加某种产品的产量的必要条件是减少另一种产品的产量，并且边界是凹向原点的，这即意味着边界的切线斜率绝对值是越来越高，即切线越来越陡峭。此时我们引入另一个概念：边际转换率（Marginal rate of transformation）。从图形上看，边际转换率即是边界上某点切线的斜率的绝对值（保证为正数）；从概念上理解，边际转换率即是为了增加某种产品的1单位的产量，而必须放弃的另外一种产品的产量，它是增加某产品单位产量的机会成本。故在上图中，有：

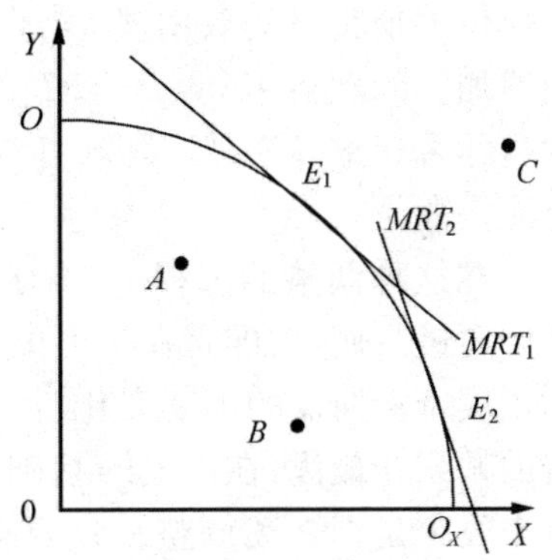

图 9.5　生产的可能性边界

$$MRT_{XY} = -\frac{\Delta y}{\Delta x}, MRT_{XY} = -\frac{\mathrm{d}y}{\mathrm{d}x}$$

从图中可以看出，随着 X 产量的增加，边际转换率是不断增加的，即增加 X 的单位产量的机会成本是不断上升的。

（二）生产和交换帕累托最优的条件

根据生产的可能性边界的特点，生产要素的最优分配应该落在生产的可能性边界上，如图 9.6B 点，此时 X 的产量为 X_0，Y 的产量为 Y_0。因此对于消费者而言，其消费也就限定于矩形 AX_0BY_0 中了。此时可以将此矩形看做一个埃奇沃斯盒，A、B 分别为消费 X、Y 的起点，即在既定的产量条件下，寻找生产和交换的帕累托最优。

如图 9.6，产量既定条件下，交换的帕累托最优位于交换的契约曲线上，但交换的契约曲线上有无数点，则任选一点 M，如在此点 $MRS_{XY} \neq MRT_{XY}$，先假设 $MRS_{XY} > MRT_{XY}$，则意味着两种产品的边际替代率大于其边际转换率，这时存在帕累托改进，减少 Y 的产量和消费者 A 的 Y 的消费量各一个单位，如果为了保证 A 的效用不变，只需要向其提供 $1/MRS_{XY}$ 单位的 X。同时，少生产一单位的 Y，则根据边际转换率，可以多生产 $1/MRT_{XY}$ 的 X，显然此时 $1/MRS_{XY} < 1/MRT_{XY}$，把 $1/MRT_{XY}$ 的 X 给 A 进行消费，则不但可以完全弥补少消费

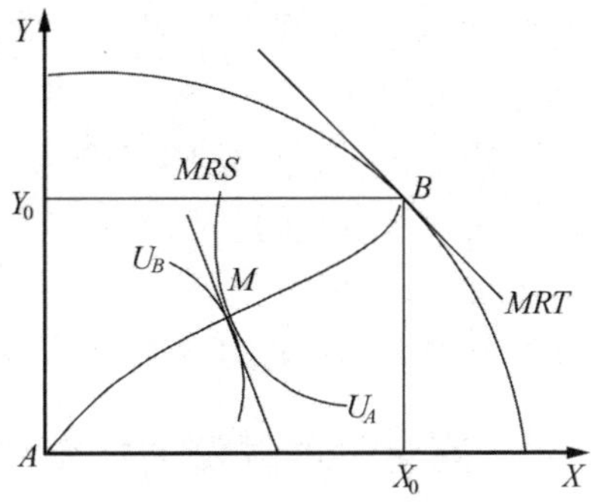

图 9.6　边际替代率与边际转换率不等的情况

一单位 Y 所带来的效用损失,还可以多出 $1/MRT_{XY}-1/MRS_{XY}$ 的 X,从而整体效用增加。同理当 $MRS_{XY}>MRT_{XY}$,也可以得出整体效用增加的结果。而当产品的边际替代率等于其边际转换率时,则不存在这种改进方法,消费者的效用不可能提高。

在这种调整的过程中,由于边际替代率和边际转换率的不等,需要对既定的产量进行调整,即是在生产的可能性曲线上移动达到不同的产品组合,并带动了埃奇沃斯盒的不断变化,消费者则随之形成新的交换的契约曲线,满足消费的帕累托最优,在以上的基础上,通过比较边际替代率和边际转换率是否相等来决定是否继续调整。只要存在两者的不等,则意味着没有达到帕累托最优,调整仍将持续下去。

由上述分析显示,生产和交换的帕累托最优条件,应该满足产品的边际替代率等于产品的边际转换率,两个消费者的边际替代率相等,因此有:

$$MRT_{XY} = MRS_{XY}^{A} = MRS_{XY}^{B}$$

即如图 9.7 所示,E 点处两条无差异曲线切点的斜率等于生产的可能性边界上 B 点的斜率。此时,生产者和消费者因为不存在帕累托改进,都没有进行下一步调整的动力,整个经济体系的消费和生产同时达到均衡状态。

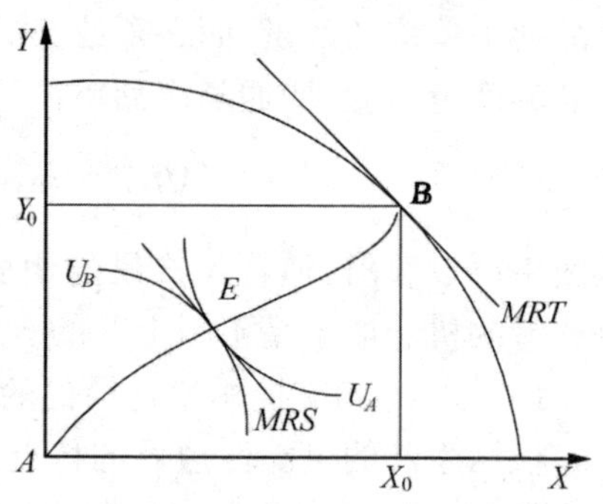

图 9.7 生产和交换的帕累托最优

第三节 完全竞争经济的资源配置效率

讨论了帕累托最优的三个条件之后,自然需要探讨什么市场条件下,资源配置是帕累托最优的。在完全竞争的市场环境下,每个消费者都是产品价格的被动接收者,每个生产者同样也是要素价格的被动接收者,二者都在自己力所能及的范围内,对自己所控制的资源进行调整来取得最大的利益。

一、完全竞争经济的均衡是帕累托最优的

(一)完全竞争经济的均衡存在交换的帕累托最优

任意两个消费者只要具备一定的条件(如信息完全等)都能实现效用最大化 ,消费者 A 效用最大化的条件是 $P_X/P_Y=MU_X/MU_Y$,而 $MU_X/MU_Y=MRS_{XY}^{A}$,所以,$MRS_{XY}^{A}=P_X/P_Y$。

消费者 B 效用最大化的条件是 $P_X/P_Y = MU_X/MU_Y$，而 $MU_X/MU_Y = MRS_{XY}^A$，所以，$MRS_{XY}^B = P_X/P_Y$。

整个经济是完全竞争经济，消费者 A 与消费者 B 都是价格的被动接受者，所以，消费者 A 与消费者 B 所面对的 P_X、P_Y 都是由市场决定的同一个均衡价格，因此 $MRS_{XY}^A = MRS_{XY}^B$。具备这一条件就说明完全竞争经济的均衡实现了交换的帕累托最优。

这里完全竞争经济均衡的作用主要在于，它使两个消费者面对的两种商品价格完全一样。至于效用最大化则需要另外的条件，但经济学一般假定这些条件都存在。

（二）完全竞争经济的均衡存在生产的帕累托最优

在完全竞争经济中，任意两个生产者都实现了最优成本组合和利润最大化，生产者 A 的最优成本组合的条件为 $P_L/P_K = MP_L/MP_K$，而 $MP_L/MP_K = MRTS_{XY}^A$，所以，$MRTS_{XY}^A = P_L/P_K$。

生产者 B 的最优成本组合的条件为 $P_L/P_K = MP_L/MP_K$，而 $MP_L/MP_K = MRTS_{XY}^B$，所以，$MRTS_{XY}^B = P_L/P_K$。

生产者 A 与生产者 B 面对的要素市场也是完全竞争的，他们都是要素价格的被动接受者。所以生产者 A 与生产者 B 面对的都是由要素市场决定的同一个均衡价格，因此，$MRTS_{XY}^A = MRTS_{XY}^B$。具备这一条件就说明完全竞争经济的均衡实现了生产的帕累托最优。

这里完全竞争经济均衡的作用主要在于，它使两个生产面对的两种要素价格完全一样。至于利润最大化则需要另外的条件，但经济学一般假定这些条件都存在。

（三）完全竞争经济的均衡存在生产和交换的帕累托最优

这需要证明存在 $MRT_{XY} = MRS_{XY}^A = MRS_{XY}^B$，证明方法如下：

1. 根据转换曲线（即生产可能性曲线）表示的两种产品的转换关系，增加一定的 X 所增加使用的资源等于减少一定的 Y 所减少使用的资源，因而存在等式

$$|\Delta X \cdot MC_X| = |\Delta Y \cdot MC_Y|$$

整理得

$$\frac{|\Delta Y|}{|\Delta X|} = \frac{|MC_X|}{|MC_Y|}$$

去掉绝对值符号，MC_X、MC_Y 本身为正，ΔX、ΔY 一正一负，只有在 $\frac{\Delta Y}{\Delta X}$ 前加负号才与 $\frac{MC_X}{MC_Y}$ 相等，即

$$-\frac{\Delta Y}{\Delta X}=\frac{MC_X}{MC_Y}$$

根据边际转换率的定义 $MRT_{XY}=-\frac{\Delta Y}{\Delta X}$,所以 $MRT_{XY}=\frac{MC_X}{MC_Y}$。

2. 在完全竞争下,厂商均衡的条件为

$$MX_X = P_X, MC_Y = P_Y$$

所以有

$$MRT_{XY}=\frac{MC_X}{MC_Y}=\frac{P_X}{P_Y}$$

在完全竞争条件下,消费者 A 和 B 实现了效用最大化,所以

$$MRS_{XY}^A=\frac{P_X}{P_Y}=MRS_{XY}^B=\frac{P_X}{P_Y}$$

$$MRT_{XY}=MRS_{XY}^A=MRS_{XY}^B$$

因此完全竞争经济的均衡实现了生产和交换的帕累托最优。

上述结论证明了,当完全竞争市场达到长期均衡状态时,经济效率,即帕累托最优的三个条件都能够自动满足,这即是福利经济学第一定理。这一定理完整表述如下:如果一个经济符合以下条件(1)消费者的偏好具备完整性、反射性和可传递性,需求是非饱和的,边际替代率递减规律成立;(2)边际技术替代率递减规律成立,规模报酬不变或者递减;(3)生产和消费均不存在外部性;那么每一个完全竞争的一般均衡都是最优的。

福利经济学第一定理表明了一种我们确认可以保持帕累托最优状态的市场机制,即完全竞争市场,其具有合乎帕累托条件的特性。

也可以这样理解以上的结论,在完全竞争市场环境中,产品的交换,要素的投入等等都是建立在平等和自愿的基础之上,因此,只有存在帕累托改进的条件下,即能带来整体利益提高的情况下,参与者才能有意识,自愿去进行这种改进。而当长期均衡已经达到的情况下,则不存在这样的条件,参与者自然也没有了行动的动机。

二、社会福利最大化

福利经济学是在一定的价值判断下,研究社会经济制度、评价经济体系运行的经济理论。由此可见,福利经济学属于规范经济学,其目标定位于"应该是什么",而所谓的"价值判断"则是指通过一些价值标准来判断各种可供选择的行为是否符合个人和社会的愿望。从亚当·斯密以来,人们认为放任自由的经济模式能够带来经济发展,调节社会生活,但现实中的财富分配不均,贫富差距扩大的现象却和人们的理想相距甚远。为了解决社会效率低下,矛盾突出等问

题，出现了福利经济学。

按照帕累托最优条件，在分配既定的情况下，在生产可能性曲线上可以找到一点，表示消费和生产同时达到最优。分配改变时，生产可能性曲线上的最优点会同时改变。即是说，存在着多个帕累托最优选择。那么，是否可以找到唯一的最优点？这实际上也是社会福利最大化的问题，我们试图通过社会福利函数来解答这个问题。

显然，社会福利受到了多种因素的影响，因此在理论上，我们将各种影响因素简化，从中选择有着重大影响的因素来构建社会福利函数。而社会福利函数（Social Welfare Function）则反映了每个人的福利对于社会福利影响的大小，即是每个个人福利影响社会福利的权重。

将收入分配作为衡量资源最优配置的另一个条件，但收入分配又决定了消费者的效用水平，所以用一个包含所有消费者效用水平的东西作为衡量资源最优配置的另一个条件，这就是社会福利函数。它是所有消费者效用水平的函数。又叫整个社会的无差异曲线。简化为两人社会中，则社会的福利函数如下：

$$W = W\left(U_A, U_B\right)$$

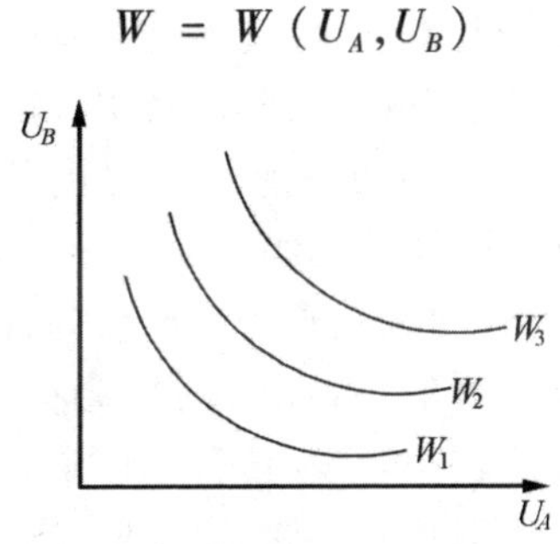

图 9.8　社会福利曲线

如上图所示，共有三条社会福利曲线 W_1、W_2、W_3。类似于无差异曲线，每条社会福利曲线包含了不同的效用组合点，但曲线上的社会福利水平是相等的，同时社会福利曲线是凸向原点的。离原点越远的社会福利曲线所代表的社会福利水平越高，即 $W_1 < W_2 < W_3$。

仅仅使用社会福利曲线并无实际意义，必须结合效用的可能性边界来进行分析，以此来确定社会福利极大化时的水平和相对应的生产与消费计划。

如下图所示，在生产可能性曲线上任取一点，就可以得到生产和交换的帕累托最优点，此点又代表了两个消费者的一对最优效用组合，在生产可能性曲线上取无数点，就得到无数个最优效用组合，把这些所有最优效用组合移入 U_A— U_B 二维空间中就得到效用可能性边界。

效用可能性边界具有如下特点：a. 它的位置是随意的；b. 它是向右下方倾斜的；c. 凸凹性也是随意的。

效用组合空间分为三个区域，A 点所在的是无效率区域，这些点代表的效用组合没有达到最大的效用组合；B 点所在的是不可能区域，现有的资源数量生产的产品达不到这样的组合；C 点所在的是效用可能性边界，两个消费者所有的最大效用组合。此线上所有点都满足帕累托最优的三个条件。

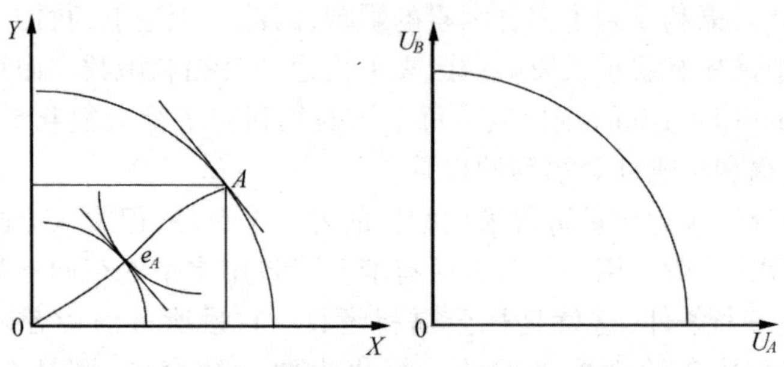

图 9.9 生产和交换的帕累托最优与效用可能性曲线

在下图中，存在着一条效用可能性边界和三条社会福利曲线 W_1、W_2、W_3。W_1 社会福利曲线与效用可能性边界相交，代表了在既定条件下的 W_1 的社会福利水平是可以达到的。W_1 在效用的可能性边界内的线段，表明实现的社会福利水平，可以通过多种分配状况即效用组合来达到。同时，W_1 并不表明当前约束条件下所能达到的社会福利的最高水平。E 点即社会福利曲线 W_2 与效用可能性边界的切点，也是可以达到的，且此时的社会福利水平较 W_1 高。W_3 完全位于效用可能性边界之外，这意味着没有可能在当前条件下达到如此高的社会福利水平。因此，目前社会福利水平的最高为 W_2，与之相对应的效用组合是 E 点。E 点是限制条件下的最大满足点，是能导致最大社会福利的生产与交换的唯一点。故可知，如发现目前的社会福利水平低于 W_2，则表明存在着帕累托改进，可以通过提高效率、改善分配来进一步提高社会福利水平。

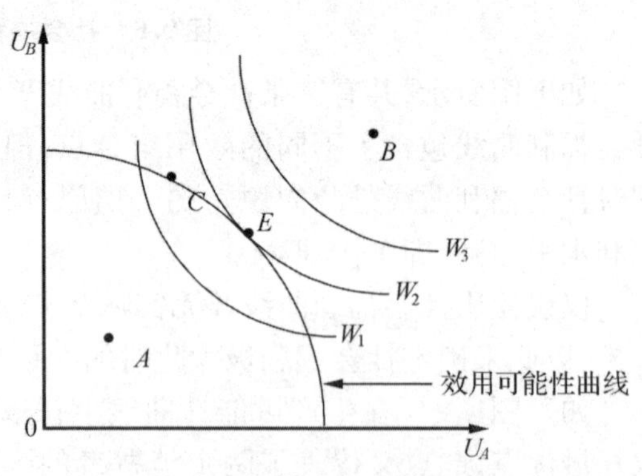

图 9.10 限制条件下的最大满足点

上述分析中，我们已经知道了社会福利函数的具体形式，而具体的社会福利函数是包含了分配的因素。社会产品如何分配,每个社会成员的看法极可能不同,存在着巨大的差异。在这种情况下,能否得到具有社会普遍意识的具体社会福利函数,是不确定的。而关于增进社会福利的研究中,最后总会遇到如何把个人偏好转换为社会偏好的问题,即社会选择问题。

三、效率与公平

显然,在收入分配极端不均的情况下,提高收入分配均等程度可以促进社会福利的提高。将高收入者的收入的一部分转移支付给低收入者,提高低收入者的收入水平,可以提高社会福利水平。社会福利水平在没有增加产出的情况下,可以得到提高。

看来公平和效率之间是有矛盾的,二者之间的关系非常复杂。简单的收入均等化政策必然会导致社会效率水平的下降。因此对于"公平"的含义,经济学中有着许多不同的看法,有的主张规则公平,就是竞争的规则必须公平;有的主张机会均等,即起点均等,即是每个人都是在同一起跑线上进行竞争,最终的差异仅仅是竞争的结果;有的主张结果公平,重视生产产品在分配上实行均等,强调各社会成员之间所拥有收入份额的相对关系。

对"公平"的含义进行权衡之后,经济学家大多倾向于规则公平。因为规则公平实际上主张以交换的方式来进行收入分配,在市场经济条件下,这种公平是与效率一致的。而对于公平和效率之间的关系,比较有代表性的观点主要有三种:效率优先论、公平优先论和公平与效率并重论。

经济自由主义学派在处理公平与效率的关系问题上一般都主张效率优先,其代表人物是美国经济学家、芝加哥学派的代表人物、货币主义的创始人米尔顿·弗里德曼和德国经济学家路德维希·艾哈德。他们强调市场机制在资源配置过程中的重要作用,将与市场相联系的效率放在优先的政策目标,极力反对政府行政干预再分配的以收入均等化为中心的"结果均等",认为这是对社会经济发展的最大损害。效率优先论认为效率是与市场竞争相联系的,而市场竞争又与自由相联系,因此,如果没有自由,就没有市场竞争,也就没有效率,故效率优先即"自由"优先。认为自由既是效率优先的前提,又是效率优先的结果。这一主张还认为效率本身意味着公平。因为效率来自个人的努力程度,反映了个人的勤奋,越是勤奋工作的人,就越应该给予较高的报酬,反之,则应受到报酬上的惩罚,故应该把效率放在首位。

国家干预主义学派在处理公平与效率关系问题上一般都把公平作为优先考虑的政策目标,其主要代表人物有现代宏观经济学的创立者凯恩斯、新古典综合派的代表萨缪尔森和新制度学派的加尔布雷思。他们认为,如果听任市场机制充分发挥作用,收入就不可能公平地分配,并强调在政府干预下推行社会福利事业,主张缩小市场机制的调节范围以实现公平。其观点主要有两点:第一,认为公平是一种"天赋权利",它不能用金钱来衡量和标价。市场性等价交换原则中的以金钱为媒介的交换,对公平是失效的,市场竞争所引起的收入分配悬殊,则是对这种"天赋权利"的侵犯;第二,认为效率本身不仅不代表"公平",相反,它来自"不公平"。因为在市场经济中,人们在财产占有、接受教育机会和能力等方面机会不均等,竞争中不是处于同一条起跑线上,而且市场并不是真正按照人们实际贡献的大小来评价和付酬的。因此,市场本身的缺陷要求政府对公平问题实行某种干预。

主张公平与效率并重的思想家则认为,公平与效率这两个价值目标同等重要,没有先后次序,二者必须兼顾,即追求以最小的不平等换取最大的效率,或者以最小的效率损失换取最大的公平。这种理论的主要代表人物是美国经济学家阿瑟·奥肯。在《平等与效率——重大的抉择》一书中,奥肯把公平与效率之间的抉择看成是"最大的社会抉择",并认为它在社会政策的各个方面都困扰着我们。他主张,市场竞争机制需加以限制,但不能限制过分;同样,收入均等化措施必须要有,但也不能过度。因此,要解决公平与效率之间的矛盾,唯一可行的办法只能是在公平与效率、结果均等与机会均等之间达成某种妥协,即为了效率就要牺牲某些公平,而为了公平又要牺牲某些效率,这个妥协点是"更多的公平所增加的好处相当于更多的非效率所增加的代价"①。

上述三种理论的基本立场之侧重点虽然不同,但它们的出发点都是相同的,即都假定公平与效率是一种"鱼"与"熊掌"之间不可兼得的关系。这种公平与效率关系的认识与他们对公平的理解有关。在西方,判断社会收入分配公平与否是以收入差距大小作为标准的。这种理论认为,如果收入差别小,则被认为是公平的或者至少可以说是接近公平的;反之,如果收入差别大,则被认为是不公平的。故其实质在于以分配结果的均等度来作为判断公平与否的标准。这种收入差距大小适宜的公平观在我国理论界和实践中也有一定的市场。它正视收入差距过大可能带来的消极后果,要求为维护社会的稳定而缩小过大的收入差距,这是有积极意义的。但是其缺陷也是十分明显的,它将不公正经济所带来的收入(如垄断收入、级差收入、权钱交易寻租所得的收入等)与个人能力不同而造成的收入分配差距搅混在一起,模糊了二者之间的本质差别,违背了市场经济中优胜劣汰的原则。这里还暗示了"公平"与"均等"同义,因此,其必然得出公平与效率相矛盾、相对立的结论。

---

① 阿瑟·奥肯:《平等与效率——重大的抉择》,华夏出版社 1987 年版,第 82 页

本章小结

一般均衡理论以整个经济体系的一般均衡为研究对象。研究产品市场、要素市场、产品市场和要素市场能否达到一般均衡。瓦尔拉斯开创了一般均衡理论。他构造了描述整个经济体系的方程组,通过证明唯一解的存在性,证明了一般均衡的存在;同时他使用了“拍卖人”的方法,描述了均衡的形成过程。一般均衡的实现条件是:生产方面,生产要素之间的边际技术替代率相等;交换方面,产品的边际替代率相等;生产和交换方面,产品的边际转换率等于其边际替代率。两种产品,两种生产要素,两个参与者的前提条件能够简化现实的经济体系,给解决复杂的问题提供了可能性,同时保留问题的本质特征。通过使用埃奇沃斯盒分析生产和交换时,能够得到生产和交换的契约曲线,推导出生产的可能性边界。在最后分析生产和交换的帕累托最优时,使用了生产的可能性边界和埃奇沃斯盒,最终得出生产和交换的帕累托最优条件即是产品的边际转换率等于其边际替代率。完全竞争经济符合帕累托最优的三大条件,因此是帕累托最优的,即是福利经济学第一定律。效率和公平既存在着对立矛盾的一面,又存在着互利互补的一面。因此,效率和公平哪个更重要,必须针对现实需要作出决定,不能一味地坚持公平或者效率。

深度链接:交换的帕累托最优条件的数学证明

假设 A、B 的效用函数分别为:$U_A = U_A(x_A, y_A)$;$U_B = U_B(x_B, y_B)$,在 B 的效用水平一定的条件下,即 $U_B(x_B, y_B) = \bar{U}$,求 A 的效用最大化:

$$\max U_A = U_A(X_A, Y_A)$$

$$\text{S. t.} \quad U_B(X_B, Y_B) = \bar{U}; \bar{x} = x_A + x_B; \bar{y} = y_A + y_B$$

根据目标函数和约束条件,构造拉格朗日函数如下:

$$L = U_A(x_A, y_A) + \lambda_1[\bar{U} - U_B(x_B, y_B)] + \lambda_2(\bar{x} - x_A - x_B) + \lambda_3(\bar{y} - y_A - y_B)$$

其中,λ_1 是效用约束的拉格朗日乘数,而 λ_2、λ_3 分别为初始资源禀赋约束的拉格朗日乘数。最大化时,此函数的一阶偏导数为零

$$\frac{\partial L}{\partial x_A} = \frac{\partial U_A}{\partial x_A} - \lambda_2 = 0$$

$$\frac{\partial L}{\partial y_A} = \frac{\partial U_A}{\partial y_A} - \lambda_3 = 0$$

$$\frac{\partial L}{\partial x_B} = -\lambda_1 \frac{\partial U_B}{\partial x_B} - \lambda_2 = 0$$

$$\frac{\partial L}{\partial y_B} = -\lambda_1 \frac{\partial U_B}{\partial y_B} - \lambda_3 = 0$$

上述条件整理为

$$\frac{\partial U_A}{\partial x_A} = \lambda_2 \quad \frac{\partial U_A}{\partial y_A} = \lambda_3 \quad -\lambda_1 \frac{\partial U_B}{\partial x_B} = \lambda_2 \quad -\lambda_1 \frac{\partial U_B}{\partial y_B} = \lambda_3$$

由于

$$\frac{\partial U_A}{\partial x_A} = MU_x^A = \lambda_2, \frac{\partial U_A}{\partial y_A} = MU_y^A = \lambda_3$$

$$\frac{\partial U_B}{\partial x_B} = MU_x^B = -\frac{\lambda_2}{\lambda_1}, \frac{\partial U_B}{\partial y_B} = MU_y^B = -\frac{\lambda_3}{\lambda_1}$$

因此

$$\frac{MV_x^A}{MU_y^A} = \frac{\lambda_2}{\lambda_3} = \frac{MU_x^B}{MU_y^B}$$

$$MSR_{xy}^A = MRS_{xy}^B$$

当满足交换的帕累托最优条件 $MRS_{xy}^A = MRS_{xy}^B$ 时,交换达到了一般均衡状态和资源配置的帕累托最优,如无外在影响的情况下,A、B 均没有改变现状的动力。此时由契约曲线可以推导出效用的可能性曲线,表明在既定条件下,消费者所能够达到的最高的效用水平。

【案例 1】最低工资与一般均衡

现在有关最低工资的讨论似乎主要为快餐店工人的利益着想,但是当 1938 年《公平劳动力标准法案》通过时,其中的最低工资法却具有一般均衡的作用,改变了南北方的经济角色。

从南北战争结束到 30 年代,南方一直比北方贫困,经济以利用较低工资发展起来的产业和技术为主。最低工资法生效之后,每小时最低工资不得低于 32.5 美分。由于南方工资一直严重偏低,那里的许多工人都受到影响。比如南方有 44% 的纺织工人的工资低于最低工资水平,同期北方只有 6%。尤其是在美国的非洲人,通常承担工资最低的工作,受这个新法影响的程度也最高。许多人因此失业,被迫移居北方。但是,与此同时,由于这个新法的实行,南方不能继续支付偏低的工资,他们不得不积极争取投资,经过几十年的努力,南方的一些州包括得克萨斯州和佛罗里达州成为国内发展最快的地区。

斯坦福大学经济学教授加文·莱特这样形容:"这段历史对美国黑人的影响是很复杂的,是参差不齐的,也是具有讽刺意味的。失业和痛苦非常严重。

但是通过废除南方的低工资，联邦政府打破国内最万恶的种族主义和白人霸权。60年代的民权运动因此可以利用南方对资金流入的渴望，作为推行消除歧视偏见的有力武器。同时，黑人移居北方，许多人的工资和受教育机会都出现明显的提高，当然也还有一些黑人因此流入高失业居民区、境遇日益恶化。”

实行最低工资法的成效的局部均衡分析只注重考察受到影响的劳动力市场。但是对于整个社会而言，实行这样一个法律的效果更加重大，废除种族歧视和都市居民区建设等仍然是困扰北方许多城市的问题。

（资料来源：*Gavin Wright*，The Economic Revolution in the American South，*Journal of Economic Perspectives*，*Summer*1987.1）

讨论下列问题：

（1）如何理解最低工资方案的意义？

（2）对于中国这样的发展中国家来说，是否应该制定最低工资法案？为什么？

【案例2】空中的帕累托改良

航空公司总是希望航班上座率越高越好，然而，他们也知道，总有一小部分定了机票的旅客临时取消旅行计划，这就使他们开始尝试超额售票技术，即在一个合理估计的基础上，让售票数量稍大于航班实际座位数。不过，有时候确实可能出现所有旅客都不打算改变行程，要按期出发的情形，航空公司必须决定取消谁的座位才好，这里列举几种可能的决定办法。

在20世纪60年代，航空公司只是简单取消最后到达机场的乘客座位，安排他们换乘后面的航班，而那些倒霉的乘客也不会因为行程被迫改变而获得任何额外的补偿，结果确认座位的过程演变成让人血压骤升的紧张时刻。

为了避免这种情况，第二种选择是由政府出面明文规定禁止超额售票技术。但是这样一来，飞机可能被迫带着空座位飞行，而外面其实还有急于出行的旅客愿意购买这些机票，结果航空公司和买不到机票的旅客都蒙受损失。

1968年，美国经济学家尤利安·西蒙提出了第三种方案：超额售票技术的需要改进之处就是航空公司在售票的同时，交给顾客一个信封和一份投标书，让顾客填写他们可以接受的延期飞行的最低赔偿金额。一旦飞机出现超载，公司可以选择其中数目最低者如数给予现金赔偿，并优先售给下一班飞机的机票，各方收益，没有任何人受到损害。

实际上，目前航空公司采用的超额售票技术同西蒙的方案非常接近.区别在于通常以免费机票代替现金赔偿，有时是相当折扣的机票。人们远比估计的更加愿意接受这种安排，航空公司从中受益，他们可以继续超额售票，有助于实现航班满员飞行。事实上,免费机票本身就是属于根本卖不出去的部分,航空公司免费机票的边际成本接近于零。这是一个发生在真实世界的帕累托改进。涉及各方都受益,至少不会蒙受损失。

(资料来源:*Julian L. Simon*, An Almost Practical Solution to Airline Overbooking,*Journal of Transport Economics and Policy May* 1968)

讨论下列问题:

(1)结合案例说明什么是帕累托改良?对于经济中的个体来说具有何种意义?

(2)举例说明现实生活中的帕累托改良现象。

【案例3】市场中看不见的手

自由市场的效率最初是个惊人的思想。毕竟没有一个人在追求一般经济福利。自由市场包含了许多买者和卖者,而且,他们所有的人主要都关心他们自己的福利。但是,尽管决策是分散作出的,而且决策者是利己的,但结果并不是混乱的,而是有效率的。

伟大的经济学家亚当·斯密深刻地认识到自由市场的优点。他在1776年出版的经典之作《国民财富的性质和原因的研究》中写道:

"人类几乎随时随地都需要同胞的协助,但要想仅仅依靠他人的恩惠,那是一定不行的。他如果能够刺激他们的利己心,便有利于他,并告诉他们,给他做事是对他们自己有利的,他要达到目的就容易得多了。……我们每天所需要的食品和饮料,不是出自屠户、酿酒家或烙饼师的恩惠,而是出于他们自利的打算。……

每一个人……既不打算促进公共的利益,也不知道他自己是在什么程度上促进哪种利益……他所盘算的也只是他自己的利益。在这场合,像在其他许多场合一样,他受着一只看不见的手的指导,去尽力达到一个并非他本意想要达到的目的。也并不因为事非出于本意,就对社会有害。他追求自己的利益,往往使他能比在真正出于本意的情况下更有效地促进社会的利益。"

亚当斯密如是说,经济参与者受利己所驱动,而市场中"看不见的手"指引这种利己去促进一般社会福利。

斯密的见解在今天仍然是正确的。实际上,我们本章的分析使我们可以通过说明供求均衡使消费者和生产者声誉综合最大化来更准确地表述斯密的见解。

(资料来源:曼昆:《经济学原理》,北京大学出版社1999年版)

讨论下列问题:

(1) 你认为市场存在的理由是什么?

(2) 你认为应该如何平衡政府与市场的关系,为什么?

【案例 4】前苏联和东欧为老问题寻求新答案

中央集权的计划经济在前苏联的统治延续了将近一个世纪。对于经济学的四个基本问题,计划经济曾给予怎么样的回答呢?

第一个问题,在这种经济环境下,国家生产什么?生产多少?答案是由政府的计划制订者确定生产目标,企业和工人全力加以实现。

第二个问题,怎么样安排产品的生产过程?答案是既然政府的计划制订者能够决定各企业的资源分配情况,他们也就可以有效地控制生产过程。

第三个问题,谁是产品的消费对象?由于政府直接决定各个职位的薪金数额,也就确定了国民的消费水平。从原理上讲,个人可以在国营商店里按照国家公布的价格购买各种物品;但是实际情况却是完全不同,许多商品难以在国营商店买到,只有那些居要职的显赫之辈才有机会通过某种渠道找到替代品,普通公民不得不承受商品短缺之苦。国家也直接控制着包括住房在内的大多数消费品,决定哪些人可以享用之。

第四个问题,由谁通过什么样的过程来指定经济决策?答案很简单,决策者是政府的计划制订者,他们按照自己对国民经济目标的看法进行决策。

上述的整个计划经济看上去曾经是非常合理的。但是正如前苏联领导人赫鲁晓夫所说:“经济学是不以人的意志为转移的科学。”80 年代中期,戈尔巴乔夫上台的时候,前苏联内外都有这样一种看法,即改革势在必行。

前苏联的经济体制确实存在许多缺陷,这里仅举两例。一是前苏联的产量居世界首位,但质量普遍低劣,寿命不足几星期,而过高的产量带来大量无人问津的鞋子在库房里老化变质。二是前苏联规定,农民可以拥有一小块自留地。尽管政府严格限制农民在自留地上的耕作时间,以免耽误公社的生产计划,但公用地生产率过于低下,造成高达 92% 的农产品只能由占全国耕地 3% 的自留地来承担的不正常情况。

如今,前苏联的生活水平尽管比不上美国或西欧发达工业国家,却也勉强高于巴西、墨西哥等发展中国家。前苏联的工人中流传着这样的说法:“我们假装工作,他们假装付工钱给我们。”戈尔巴乔夫提出的改革和公开化的主张引起了极其迅猛而彻底的变化。在 1989—1990 年间,东欧国家的共产党领导几乎全部被推翻,前苏联自身也在 1991 年底宣告解体,分裂为俄罗斯、乌克兰等多个独立国家。这些国家中的大部分都进行了选举,至少在一定程度上以此决定政府组成的人选。

同改革整个经济相比,组织选举无疑相对容易一些。人民对自由的渴望通常都会掩盖经济上的考虑。不过,在90年代初,这些国家似乎也开始迈开经济改革的步伐。工人们需要增加激励,哪怕加剧工资分配上的不平等,否则难以努力工作。为了提高企业的生产效率,按照市场所需组织生产,必须加强对企业的激励,哪怕因此可能带来失业或破产。很明显,政府计划的作用将逐步减少。1989-1990年,许多东欧国家开始实施有关增加激励的计划,俄罗斯则在鲍里斯·叶利钦的带领下在1992年开始起步。

但是,要将长达70年的中央集权计划经济改变为市场主导的经济模式,是相当困难的一件事。前苏联和东欧各国的情况在有所好转之前很可能进一步恶化。经济改革的真正成效也许需要几年甚至数十年的摸索,才能显示出来。

(案例来源:斯蒂格利茨:《经济学小品和案例》,中国人民大学出版社,1998年版)

讨论下列问题:

(1)为什么前苏联和东欧国家要为老问题寻求新答案?

(2)你认为计划和市场孰优孰劣?为什么?

习 题

一、简答题

1. 原处于均衡状态的经济体系,受到外部冲击后,对商品 A 的供给减少,则:

(1)A 的市场会发生什么变化;

(2)A 的替代品和互补品的市场会发生什么变化;

(2)生产要素市场会发生什么变化。

2. 试解释埃奇沃斯盒的含义,并说明交换的契约曲线如何得到,曲线上各点的区别何在。

3. 简述效用的可能性边界和生产的可能性边界的由来和特点。

4. 帕累托最优的三个条件是什么?请分别阐述其推导过程。

5. 简述福利经济学的概念和研究目的,并指出社会福利最大化所存在的问题。

二、计算题

1. 设存在一个两部门经济,两种产品 X、Y 的生产函数为:

$$x = K^{0.5}L^{0.5}$$

消费者 A、B 的效用函数为：

$$U_A = x_A y_A^2$$

$$U_B = x_B^2 y_B$$

消费者 A、B 提供全部的生产要素：

$$\bar{K}_A = 100, \bar{L}_A = 80, \bar{K}_B = 200, \bar{L}_B = 20$$

试解出经济处于一般均衡状态时，产品和要素的价格，每一部门的要素投入量和产量，以及产品的分配情况。

第十章　市场失灵与政府干预

学习目标

微观经济学的基本原理是以亚当·斯密的“看不见的手”为核心展开的，但市场机制发挥作用是需要条件的，如果这些条件不能满足，就出现了“市场失灵”。因此，我们需要了解市场失灵的各种表现；了解市场失灵产生的原因；掌握如何通过微观经济政策来弥补市场失灵。

前面各章论证了“看不见的手”的原理，即在完全竞争条件下，不仅单个产品和要素市场能处于供求相等的均衡状态，同时所有市场都可以同时处于均衡状态，同时包括所有市场的一般均衡体系，被认为符合帕累托最优状态。但是，完全竞争经济是以一系列假设为前提的，在现实经济中，这些假设条件是不存在的，因此市场机制不能真正发挥作用以实现资源的最优配置，这就是市场失灵(Market Failure)。

市场失灵是指市场机制不能按照人们的意愿有效地配置资源。市场失灵有狭义和广义之分。狭义的市场失灵是指完全竞争市场所假定的条件不具备从而导致资源配置效率低下的现象。广义的市场失灵则还包括市场机制在配置资源过程中所出现的经济波动以及按市场原则分配而导致的收入差距等现象。通常，经济学使用狭义的市场失灵概念。

市场失灵的原因是多方面的，包括垄断、外部性、公共物品、信息不对称以及市场机制本身的不完善等等。本章将着重介绍市场失灵的原因，并在此基础上分析如何通过微观经济政策来矫正市场失灵。

第一节　不完全信息与市场失灵

现实世界并不像完全竞争模型所描述的那样，近来，通过将不完全信息结合到他们的经济模型中，经济学家填补了现实世界与完全竞争模型所描述的世界之间的一个缺口。

一、不完全信息和信息不对称

(一)信息与完全信息、不完全信息

基本竞争模型假定居民和厂商具有完全信息。这意味着:居民和厂商知道在每一家商店出售的每一种商品及其价格;知道包括使用寿命在内的每种商品的全部特点。消费者不仅知道用一个苹果能换多少个桔子,而且还知道他们愿意交换多少个桔子;厂商知道最合适的生产技术,知道每一位求职者的生产效率,知道每一种可能的投入品的卖量和性能,知道自己的产品在市场上的价格,而且不仅知道现在的价格,也知道在将来各种可能条件下的价格。总之,完全信息假定意味着居民和厂商知道自己的机会集合,或者说他们知道有什么可供选择。

因此,在经济学中,信息主要是指人们对市场上的产品或要素,在价格、数量和质量三个方面的知识。

就经济选择而言,完全信息主要可归纳为三方面的信息:一是价格信息,即产品、服务和要素的意愿卖价、意愿买价、市场价格、现期价格和预期价格;二是数量信息,比如产品或要素的供给量和需求量;三是质量信息,它包括产品或要素的性能、商标、包装、款式、交货条件、售后服务等内容。不完全信息则主要是指在以上三个方面的信息存在缺失的状态。

(二)信息不对称的含义及其表现

信息不对称是指市场上买方和卖方所掌握的信息是不对称的,一方掌握的信息多一些,另一方掌握的信息少一些。无论在产品市场上,还是在要素市场上,总有某些参与方在价格、数量和质量上比其他人知道得更多,这就是市场的信息不对称现象。不对称信息在市场中大量存在:在产品市场上,厂商比居民掌握的信息多,例如,汽车的卖者一般比买者更了解汽车的性能,药品的生产者和销售者比买者更了解药品的功效;在劳动市场上,劳动者对于其自身的能力或效率比招聘厂商了解得更多;在经理市场上,经理对于他自己的经营管理能力比股东们知道得更多;在保险市场上,买方所掌握的信息往往多于卖方,例如,保险公司对于投保人的身体状况、安全意识和投保意图无法准确掌握,因而保险公司相对于投保人而言处于信息劣势;在资本市场上,证券管理部门和证券投资人对于筹资企业的资质状况的了解相当有限,而筹资企业本身对此却相当清楚,等等。

经济学家们重视信息不对称,主要在于信息不对称使得完全竞争不能实现,从而必然造成经济效率的损失,这种效率损失主要体现在逆向选择(adverse selection)和道德风险(moral hazard)上。

二、逆向选择与经济效率

(一)逆向选择

逆向选择是指在买卖双方信息不对称的情况下,差的商品总是将好的商品驱逐出市场。在完全竞争性市场中,所有产品被假定为具有相同的质量,能以更低价格出售的产品意味着更低的生产成本和更高的效率。通过竞争,那些效率更高的企业获得了市场和发展。因此,通过市场竞争不仅实现了优胜劣汰,还有利于资源的最优配置和社会福利的增进。

但大量的市场经济活动中,经济行为人之间不可能有相同的信息。当交易双方掌握的情况有差异时,拥有信息优势的一方,就可能产生机会主义行为,为了获得更有利于自己的交易条件,故意隐瞒某些不利于自己的信息,甚至扭曲信息或制造虚假信息,就必然影响契约的签订和交易的质量。这种在交易前隐瞒自己掌握的信息,或利用对方不知情来作出有利于自己的选择的行为被称为逆向选择。在通常情况下,逆向选择发生在市场契约签订以前的市场搜寻过程中。

比如:在旧车市场上,尽管不同的卖者转让汽车的意图不同,但这些汽车在它们的卖主看来是有缺陷的,这种有缺陷的汽车被称为次品。可以肯定,这些汽车的质量参差不齐,有的可能仅用了三个月,有的则可能接近报废。在信息不对称的情况下,因为买者难以准确分辨高质量的二手车和低质量的二手车,所以他们通常把所有的二手车都看做是中等质量的,并以此确定其愿意支付的价格。在买主的意愿价格上,那些持有高质量二手车的人会认为把车留着自用更合算,而那些低质量二手车的主人则急于将车脱手,导致进入旧车市场的汽车的平均质量在降低。二手车平均质量的降低会进一步降低买者的意愿价格,意愿价格的降低,又会降低二手车的平均质量,如此循环下去。很明显,在二手车的买主比卖主对其真实质量了解更少的情况下,价格降低导致的是汽车质量降低。随着质量下降——价格降低——质量下降的恶性循环,市场上能够成交的多为低质量二手车,而且旧车的买主和卖主比完全信息情况下要少得多,使得旧车市场被称为“柠檬”市场。旧车市场出现次品将好货逐出市场的原因是买卖双方信息不对称造成的市场失灵。

逆向选择不仅存在于二手车市场,在保险市场、资本市场、劳动市场上也存在。比如:在劳动市场上,由于招聘企业无法按效率高低把雇员区别开来,它必须对所有的雇员都支付相当于平均效率的工资,这样,平均效率以上的劳动者不愿接受这一工资水平,平均效率以下的劳动者则乐于接受这一工资水平,因此,企业会吸引更多的低效率的雇员,导致劳动者的平均效率下降,企业了解到这种情况,就会降低工资水平,进一步增加低效率的工人,并进一步迫使工资降低,等等,直到劳动市场上所有的雇员都是低效率的劳动者。

因此,当交易双方的其中一方对于交易可能出现的风险状况比另一方知道得更多时,便会产生逆向选择的问题。逆向选择的问题实际上是由信息不对称与自愿选择相结合而产生的,是人们企图利用信息不对称,为自己获取更多利益所致。

(二)市场信号

逆向选择使得市场不能出清,甚至导致市场不存在,这会极大地影响效率与福利。逆向选择效应如此严重,以至于人们不能袖手旁观。在市场经济中,卖方向买方有效地发出能传递产品或要素质量信息的信号是解决逆向选择的基本方法,这些都是"信号传递机制"。发送信号的作用在于纠正,至少缓解信息不对称性,矫正购买者对厂商机会主义行为的预期,以避免追逐次品。

保证书是产品质量的有效信号。赠送产品、展示样品、做有关质量的广告、赠质量保证书等都是发送信号的方式。比如:像汽车这样的耐用品,许多厂商都在生产,但某些牌子的车更可靠。如果消费者不知道哪些牌子的车更可靠,较好牌子的车就不能以较高的价格出售。因此,产品质量较高的厂商就会愿意而且能够通过保证书让买主意识到这一点。发送信号是需要花费成本的,因为一项内容广泛的保证书对低质量产品的厂商来说,要比高质量产品厂商的生产成本更高,结果,出于维护自身利益的考虑,低质量产品的生产者就不会提供内容广泛的保证书。消费者就能据此把保证书看做是高质量的信号,并为提供保证书的产品支付较高的价格。

教育或文凭则是劳动市场的一个强信号。让我们设想一家企业正在考虑雇佣一些新人,应聘者对他们能够提供劳动的质量比企业知道得要多。为此,潜在的雇员能不能向企业有效传递其生产效率的信息呢?或许就业面试时穿着体面能传递某些信息,但它对区别高生产率和低生产率的人所起的作用有限。与穿着体面不同,即使不能提供有益于工作的知识和技艺,也不能直接或间接提高人的生产率,教育仍然能够成为生产效率的有用信号,因为生产率较高的人更容易得到高水平的教育。因此,雇员的效率易于通过教育(包括学历、学位和平均成绩)来向厂商发出质量信号,并由此获得工资较高的工作。厂商把教育看做生产率的信号也是正确的。在现实世界中,许多厂商都要求一个未来的经理具有管理硕士学位,这不仅在于管理硕士学习过经济学、金融知识和其他有用的科目,更在于完成管理硕士学习计划需要智力、纪律和勤奋,而具有这些品质的人更可能有较高的效率。

价格也能显示和传递质量信息。俗话说:便宜无好货,好货不便宜。消费者可以根据价格来对产品质量进行推断。精明的商家知道消费者的这种想法，总是设法让消费者相信它们的产品是优质的。厂商显示其高质量产品的强信号就是让自己产品的价格维持在一个较高的水平上，因为顾客的心理是“高质量——高成本——高价格”，故价格较高在一定意义上代表了质量较高。在信息不对称的条件下，即使出现商品供给过剩，厂商也可能并不降低价格，原因就在于此。

当然，除了保证书、教育、价格之外，标准化的产品和巨额的广告投入等等也能在一定意义上显示信息。

三、道德风险与经济效率

与隐藏信息相类似但有所不同的另一类经济行为是隐藏行动，即俗称道德风险或败德行为。这也是由信息不对称现象产生的。

（一）代理、激励和道德风险

当一个人的福利取决于另一个人的行为时，委托—代理关系就存在了。代理关系广泛存在于现行社会中：经理作为股东的代理人进行经营，教师作为学校的代理人从事教学，医生作为医院的代理人提供服务，投保人作为保险公司的代理人防范风险等等。在信息不对称的条件下，委托人不能有效地监督代理人的行为，代理人可能不惜以牺牲委托人的利益为代价来追求其自身的利益，这就是委托—代理问题。比如：医生可能根据个人偏好而不是医院的目标来挑选病人，经理可能追求权力和额外津贴的最大化而不是企业利润最大化。委托—代理问题实际上是个激励问题。代理人并不承担其行为的全部成本，甚至还能从其行动中获得更大的收益，这就是激励问题。在我们的经济中，激励问题比比皆是：如果个人有了全额医疗保险，他可能比不保险或赔偿有限时更多地去看医生；单个股东由于与其他股东分享收益，他可能比独享收益时更不关心企业；经理不承担破产风险，他可能更热衷于风险投资，等等。

激励问题的核心是道德风险。在信息不对称条件下因缺乏正确的激励，代理人可能产生有损于委托人经济利益的行为，这种现象就是道德风险。道德风险主要发生在市场契约签订之后。

（二）道德风险与经济效率

如同逆向选择一样，道德风险的存在也会降低经济效率，造成了资源配置的无效率。我们以保险市场和经理市场为例来说明。

设想一家资产为1000万美元的仓库老板和一家保险公司的决策。如果该老板实施了某项防火计划，事故发生概率为0.005，而没有这项计划，则事故概率上升为0.01。了解这一点后，保险公司面临两难的境地。因为仓库老板在购买保险前会诚实地告诉公司有这项防火计划,保险公司只能以 5 万美元出售保险单(0.005×1000 万美元)。但是,在保险公司无法有效检查仓库老板是否真正实施了防火计划的情况下,一旦购买了保险之后,仓库老板就不再有实施该计划的动力了,使得火灾概率上升为 0.01,火灾的预计损失将是 10 万美元(0.01×1000 万美元)。一旦火灾发生,仓库老板的损失将得到完全补偿,但保险公司将损失 5 万美元。进一步讲,如果保险公司知道道德风险的存在,它可能把保险单售价由 5 万美元至少提高到 10 万美元。显然,在保险市场上,由于保险公司与投保人的信息不对称,投保人在购买保险后损人利己的行为,使保险公司发现它的实际赔偿会大于预计赔偿,保险公司或者被迫提高保险费或者干脆拒绝出售保险。

道德风险并不仅仅是保险公司的问题。它也改变了市场有效地配置资源的能力。在现代企业中,大多数公司由经理阶层控制。尽管每一位经理在就职演说中都会宣称为公司的利益尽职尽责,但股东或董事会很难有效监督经理们的工作。经理们更为关心的可能不是公司利润,而是公司较快的扩张、来自同事的尊敬、控制公司的权力、额外的津贴和工作的长期保障等等。很明显,在经理市场的委托—代理关系中,即使经理们的质量是高的,由于信息不对称,也可能导致经理人员的损人利己行为,也极有可能误置资源。

(三)价格、合同和信誉

道德风险问题是个激励问题,对它的解决必须从解决激励问题入手。价格(或市场)、合同和信誉是三种主要的激励方式。

在私有财产制度中,市场或价格本身就是一种很好的激励。它鼓励个人从事或不从事某些行为,鼓励个人做正确的事情和作出正确的决策,且每个人都在其从事的活动中得到回报。当然,不对称信息使价格的激励不充分。

道德风险多发生在契约签订之后,而且主要涉及契约中没有或无法明确规定的代理人的行为。合同试图通过规定在每种情况下双方应做什么来解决激励问题。如果合同对双方行为的规定全面而明确,道德风险就较小。但是,合同不可能是完善的,因为无论怎样设计合同,也不可能考虑到所有的偶然情况。即使能做到这点,要写下所有这些可能性,也要花费很长的时间,并且执行起来也是有成本的。所以,合同对于激励问题只能提供一个不完全的解决办法。

信誉不仅有助于解决逆向选择,而且在提供激励方面也起着极为重要的作用。因为信誉是厂商获利的一大资本,保持信誉的激励为厂商生产优质产品提供了激励。通过优质产品的提供,厂商能够获得超过成本的信誉租金。通过信誉解决道德风险问题,是经济社会作出的有效选择。但是,诚信问题不仅是道德问题,更是一个制度问题。只有建立起一个完善的制度体系,使得诚信者获益、失信者受损,社会的信誉机制才算真正建立起来了。

第二节 外部性与市场失灵

完全竞争性市场能够实现资源最优配置的描述中隐含着这样的假定:某种生产或消费行为,只会给生产者或消费者自身提供收益,也只会给生产者或消费者自身带来成本,而且这种收益和成本能够完全反映在市场价格之中。简而言之,完全竞争性市场经济效率的实现,是假定生产产品的成本和收益全部归卖者,得到这种产品的收益和成本全部归买者。这个假定与经济现实相距太远。事实上,未被市场交易包括在内的额外成本和额外收益普遍存在。这就是外部性问题。外部性的存在,使得资源无法达到合理配置,造成市场失灵。

一、外部性的含义及类型

现代市场经济是一张由许多居民和厂商编织的交易大网,任何生产和消费活动都是相互影响的。无论居民还是厂商,它们在追逐自己利益最大化时,都可能或多或少地使其他居民或厂商享受额外的收益或承担额外的成本,而且这种额外的收益或额外成本并不能直接反映在市场价格之中。在经济学上,这种并不能直接反映在市场或价格中的额外成本或额外收益,被称为外部性。

外部性可以由生产带来,也可以由消费带来;可能是额外收益,也可能是额外成本。据此,外部性一般可分为四种类型:

(一)生产的外部经济

当某一厂商的生产行为给其他经济主体带来额外收益时,这种外部性称为生产的外部经济。例如:经过某企业培训的员工可能跳槽到其他企业工作,新的雇佣者却不必向原厂商支付培训费。又比如:一个行业的厂商增加产量会给其他具有供应关系的厂商带来额外收益。

(二)消费的外部经济

当某一居民的消费行为给其他经济主体带来额外收益时,这种外部效用称为消费的外部经济。例如:某人的住宅有美丽的花园和草坪,会给邻居带来"赏心悦目"的利益;某人教育有方,使子女成为有责任感的公民,也会使乡邻获益、社会获益。

(三)生产的外部不经济

厂商的生产行为直接或间接地损害他人而又不给予相应的补偿,这就是生产的外部不经济。例如:企业生产产生的"三废"破坏了生态环境,降低了居民生活质量,增大了其他厂商的生产成本,而制造污染的企业并不对受害者支付补偿费用;此外,城市拥挤、噪音污染、失业和安全问题等,都是生产外部不经济的表现。

(四)消费的外部不经济

居民的消费行为直接地给其他经济主体带来了非补偿的额外成本,这就是消费的外部不经济。比如:某人在公共场合吸烟会损害他人的健康,而吸烟者并不对他所造成的伤害承担经济责任。又比如:某人对时髦服装的消费会使其邻居和同事显得寒碜。

二、外部性与经济效率

外部性是市场失灵的重要根源:外部性的存在,使得私人成本不等于社会成本,私人收益不等于社会收益,从而造成资源不能最优配置。

在经济学中,私人成本是能够直接反映在价格中的成本,私人收益是能够直接反映在价格中的收益。前面分析中所说的成本和收益都是私人成本和私人收益。与此不同,社会成本是指某一经济活动造成的私人成本和外部成本的总和。显然,外部经济使社会收益大于私人收益,外部不经济导致社会成本大于私人成本。

在存在外部经济的条件下,直接通过价格反映出来的私人收益要小于社会收益。由于行为人得不到其创造的全部好处,因此它的最优产出达不到社会最优产量。与此相反,在存在外部不经济的条件下,直接通过价格反映出来的私人成本要小于社会成本。由于行为人不必支付它所造成的全部成本,因此,它的最优产出会超过社会最优产量。私人的最优产出低于或高于社会最优水平,都意味着资源未合理配置,存在社会福利的损失。如图 10. 1 和 10. 2 所示。

在图 10. 1 和 10. 2 中,*MPC* 和 *MPR* 分别为私人边际成本和私人边际收益,相应地,*MSR* 和 *MSC* 分别为社会边际收益和社会边际成本。在市场机制的作用下,私人按照 $MPC = MPR$ 决定均衡产量为 Q_p。

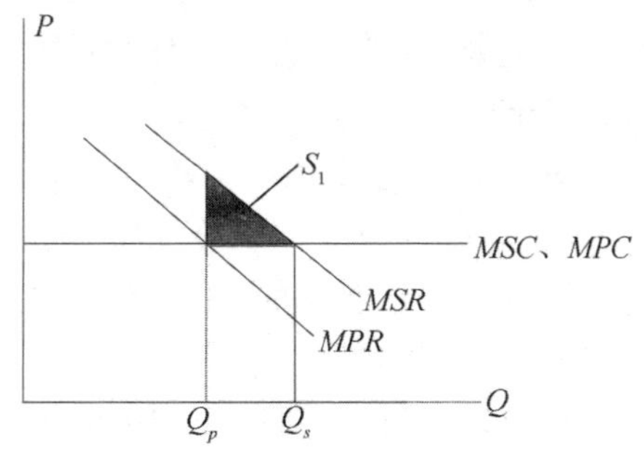

图 10.1　外部经济下的效率损失

如果只存在外部经济(如图 10. 1 所示),社会边际成本和私人边际成本相等,即 $MSC = MPC$,而社会边际收益 *MSR* 大于私人边际收益 *MPR*,从而社会最优产量是社会边际成本等于社会边际收益时的产量,应为 Q_s,显然,私人最优产量 Q_p 小于社会最优产量 Q_s。在其他条件不变的情况下,Q_p 和 Q_s 之间的产量差造成社会蒙受阴影面积 S_1 的福利损失。如果只存在外部不经济(如图 10.2 所示),社会边际收益和私人边际收益相等,即 $MSR = MPR$,而社会边际成本 MSC 大于私人边际成本 MPC,从而社会最优产量是社会边际成本等于社会边际收益时的产量,即为 Q_s。很明显,私人最优产量 Q_p 大于社会最优产量 Q_s。在其他条件不变的情况下,Q_s 与 Q_p 之间的产量差异导致社会福利净损失相当于阴影面积 S_2 的数额。

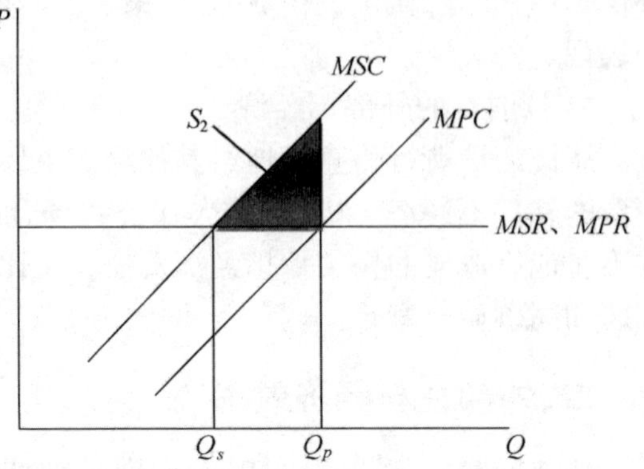

图 10.2 外部不经济下的效率损失

三、外部性的解决方法

从局部和个别的情况看,外部性及其福利损失并不明显,但就经济总体而言,外部性及其造成的福利损失是相当明显的。因此,有必要采取相应的措施来解决外部性问题。解决外部性的基本思路是使外部性内在化。一般而言,常用的方法有以下几种:

(一)建立外部性的交易市场

外部性问题实质上是稀缺资源的使用问题,比如空气和河流的污染不外乎是对洁净的空气和清澈的水流等稀缺资源的使用问题。外部性的产生和存在是因为没有为这些资源建立明确的产权,从而也就不可能为与外部性相关的资源建立市场,使外部性所涉及的各方基于各自的权利进行市场交易,并通过价格将外部性内在化。

只要双方为搜寻相关信息、谈判、签约以及监督契约履行所支付的费用为零,不管这些资源的初始分配状况如何,存在外部性的双方总会认识到与对方进行某种交易是有利的,于是双方在市场机制的引导下都会把产量自动地调整到能够实现资源最优配置的水平。这就是著名的科斯定理。

简单地说,按照科斯定理来解决外部性,就是要通过明晰资源的产权,为外部性所涉及的资源建立市场,将外部性内在化,使私人成本等于社会成本、私人收益等于社会收益,从而实现资源的最优配置。例如:如果受到污染的渔场有不受污染的权利,邻近的纸厂若要继续排放污水,就必须向渔场支付排放污水的价格,只要纸厂继续排污所产生的收益大于渔场因污染而蒙受的损失,这种支付就是可行的。这样,过去纸厂施加于渔场的外部成本就转化为纸厂的私人成本。反之,如果纸厂有排放污水的权利,渔场要让纸厂停止排放污水,就必须向纸厂支付价格,以补偿纸厂因停止排污或是迁厂以及安装净水装置等所蒙受的损失。只要渔场因不受污染所增加的收益大于停止污染给纸厂带来的损失,这种支付就是可行的。价格由哪一方支付,完全取决于产权(排污权或纯净水流的使用权)的初始界定,但只要它们之间的交易是无成本的,哪一种支付方式都将实现资源的最优配置。

科斯定理揭示了如何运用市场机制来处理外部性造成的市场失灵。但是,科斯的处理方式的有效性是以产权的明确界定和零交易成本为前提的。在现实经济中,有不少资源尤其是技术资源的不可分性和流动性,或者是由于涉及的人很多,如空气和水流等,法律通常不能明确界定产权;或者即使能够明确界定产权,其产权界定费用也相当高,而且权利界定后的交易费用也很高,事实上也很难进行交易。因而,依据外部性市场进行资源配置存在相当大的缺陷。

(二)征税和合并

解决外部性,还可以采取强制的办法,如禁止污染或强制污染制造者选择较少产生污染的技术等。但这些方法应用范围有限,而且往往实施成本过高,因而不能实现资源有效配置。但是,如能把外部性纳入经济主体的私人决策之中,则有助于解决外部性问题,促进资源的有效配置。一般情况下,政府介入的方式有两种。

第一种方式是通过课税或政府补贴,以缩小社会边际成本和企业私人边际成本以及社会收益和私人收益的差距,以达到克服外部性,实现资源优化配置的目的。

在存在外部不经济的情况下,政府可以针对每个企业的生产量,征收等于前述图 10.2 中社会边际曲线 *MSC* 与企业自身的边际成本曲线 *MPC* 之间差额的税收,即征收与外部不经济的成本量相等的税收。这样,可使企业的边际成本提高至社会边际成本 *MSC* 处,从而得到社会最优产量 Q_s。相反,在存在外部经济的情况下,政府可以通过提供补贴的方法以增加供给量。

但以征税的方法来解决外部性,其前提是政府必须掌握充分的信息,以设计适当的税收结构,显然这是难以做到的。因此通过政府政策介入也只能缓和而不可能完全解决外部性问题。

第二种方式是通过合并使外部性内部化。

如一个企业存在外部不经济,则将其与受其损害的企业合并。在这种情况下,由于该企业将支付受损企业的全部成本,包括由其外部性所导致的成本,因此,实际上该企业支付了它的全部社会边际成本。在这种情况下,企业决策者自然会将图 10.2 中的 *SMC* 作为其边际成本曲线,并据此将产量定于社会最优

产量 Q_s 上。此时,价格等于社会边际成本,从而实现了社会资源的最优配置。

第三节 垄断与市场失灵

严格地说,垄断是指一家厂商控制一个行业的全部销售量,即只存在唯一卖者的市场结构。但是,如果按照这一定义,很难找到一个垄断组织,因此,垄断就有了一个广义的定义,垄断是一个或几个厂商控制一个行业的全部或大部分供给的情况。

一、垄断与经济效率

首先分析垄断厂商的利润最大化情况。如图 10.3 所示,横轴表示产量 q,纵轴表示价格 p,曲线 D 和 MR 分别为该厂商的需求曲线和边际收益曲线。假定平均成本和边际成本相等且固定不变,由图中 $AC = MC$ 表示。根据垄断厂商的利润最大化原则,即边际成本等于边际收益,垄断厂商利润最大化的产量为 q_m,在该产量水平上,垄断价格为 P_m,显然 $P_m > MC$。因此,虽然该垄断厂商实现了利润最大化,但并没有达到帕累托最优,存在着帕累托改进的余地。

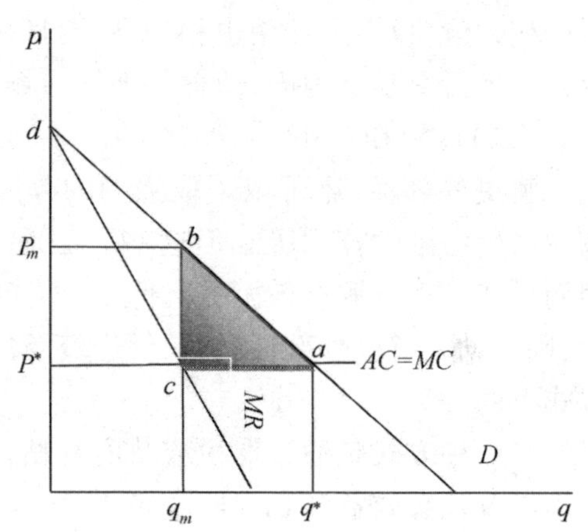

图 10.3 垄断和经济效率

垄断产量 q_m 和垄断价格 P_m 不能满足帕累托最优条件。实际上,帕累托最优状态在 q^* 的产量水平上实现。在 q^* 的产出水平上,曲线 D 与 MC 相交,意味着消费者愿意为额外 1 单位产量的支付等于生产该额外产量的成本,此时不存在任何帕累托改进的余地。为了实现帕累托最优,使产量从垄断水平 q_m 增加到最优水平 q^*,最可行的办法就是垄断厂商同意生产产量 q^*,并在等于 MC 的价格 P^* 上出售该产量。为了弥补垄断厂商的损失,消费者之间可以达成一项协议,共同给予该垄断厂商至少等于该损失的所有支付,这样,消费者的福利与垄断条件下相比仍然有所改善。但在实际中,垄断厂商和消费者之间以及消费者本身之间难以达成一致意见,因此,实际上得到仍是无效率的垄断。垄断造成的"效率损失"相当于三角形 abc 的面积。

上述关于垄断情况的分析,也适用于垄断竞争、寡头垄断等其他非完全竞争市场。实际上,只要市场是不完全竞争的,只要厂商面临的需求曲线不是一条水平线,而是向右下方倾斜,则厂商的利润最大化原则就是边际收益等于边际成本,而不是价格等于边际成本。当价格大于边际成本时,就处于低效率的资源配置状态。而由于非完全竞争市场中的厂商和消费者之间以及消费者之间很难达成协议,潜在的帕累托改进难以实现,于是整个经济便偏离了帕累托最优状态,陷于低效率之中。

垄断不仅导致资源配置缺乏效率,而且会产生其他副作用:第一,垄断可能导致管理松懈。第二,垄断可能导致研究与开发支出降低。第三,垄断会导致寻租。为了获得或维护自己的垄断地位从而享受垄断的好处,厂商往往要付出代价,如向政府官员行贿、向政府官员游说等,这种为获得和维持垄断地位从而得到垄断利润(亦即垄断租金)的非生产性的寻利活动称为“寻租”活动。寻租活动造成的经济损失要远远超过垄断造成的“纯损”三角形 abc(如图 10.3 阴影部分所示)。第四,垄断利润也被看成是一种不公平的收入分配。因此,经济学家主张政府对垄断进行干预。

二、反托拉斯法

由于垄断带来的危害和效率损失,许多国家都不同程度地制定了反垄断法或反托拉斯法。反托拉斯法的最初目标是造就一个竞争性的有效率的经济。

美国是最早颁布反托拉斯法的国家,其中较为著名的是谢尔曼法、克莱顿法、联邦贸易委员会法、罗宾逊 - 帕特曼法和塞勒 - 凯弗维尔法等。美国反托拉斯法的执行机构是联邦贸易委员会和司法部的反托拉斯局。前者主要反对不正当的贸易行为,后者主要反对垄断活动。如果公司被指控违反反托拉斯法,就要受到各种惩罚,如罚款、法院警告、改组公司、对受损人赔偿、拘留经理、解散公司等等。

反托拉斯法对维护自由竞争起着积极作用。对此,萨缪尔森说:“谢尔曼法和克莱顿法以及大多数反托拉斯法对我们制度中的竞争制度的改善作出了重大的贡献。”

还有一种反托拉斯的政策是有效竞争,对不同产业部门采取不同的反垄断政策。具体情况是:(1)对由中小企业构成的轻工部门与零售商业部门,采用禁止性的反垄断政策,鼓励自由竞争。(2)对公用事业和具有自然垄断性的部门,实行国家垄断。(3)对重工业部门,垄断有利于规模经济的实现,只宜于实行有限的反垄断政策,允许垄断存在,只是对其进行适当的管制。具体办法是利用国际竞争来限制垄断,或利用工会、消费者协会与垄断组织对抗,限制垄断行为。

三、对垄断的公共管制

对垄断的公共管制主要是指管制机关对公用事业行业，如电话、电报、电力、煤气、自来水等的价格和产量进行的限制。

自然垄断企业规模大，单位产品成本低，利润高。管制机构对这些企业进行管制，规定最高价格。如图10.4所示。垄断厂商面对的需求曲线为$d=AR$，即需求曲线等于平均收益曲线。如果不进行管制，垄断厂商按利润最大化原则$MC=MR$确定产量Q_1，并通过这一产量在需求曲线上的对应点，在价格轴上确定价格P_1。该价格高于平均成本，厂商获得超额利润。

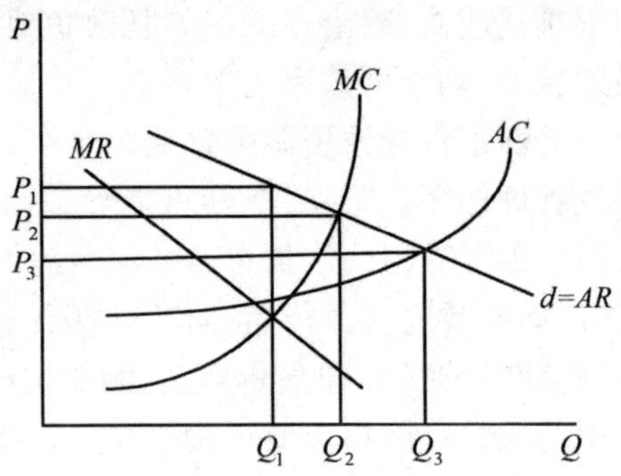

图10.4 对垄断的公共管制

现在管制机构对厂商进行管制，确定最高限价：(1)当价格是P_2时，产量为Q_2，最高限价使消费者能按较低价格购买产品。价格等于边际成本但高于平均成本，厂商仍然可以获得超额利润。(2)当最高限价为P_3时，产量为Q_3，消费者能按最低价格购买产品。价格等于平均成本，厂商只获取正常利润。价格究竟应该等于边际成本还是平均成本，这是政府管制中一直有争议的问题。这实际上是只让厂商获得正常利润，还是让厂商获得一部分超额利润的问题。

对航空、铁路、公路运输和出租汽车等行业的公共管制被认为是对非自然垄断行业的公共管制。微观经济学认为，在这些行业实行公共管制的结果会使成本和价格提高，保护现有厂商而排斥新的竞争者，因此，应该取消对这些行业的政府管制。事实上，一些国家，如美国等，现在已经取消了对空中运输、公路运输等行业的管制。

第四节 公共物品与市场失灵

物品有公共物品和私人物品之分，在本节之前所讨论的产品均为私人物品。私人物品是指那些在消费上具有竞争性和排他性的产品或劳务，如衣服、食品、住房、交通工具等。它有两个特点：一是竞争性，如果某人已经消费了某种商品，则其他人就不能再消费这种商品了；二是排他性，对商品或劳务支付价格的人才能消费，其他人则不能如此做。这里，我们将讨论公共物品。

一、公共物品的特征及种类

公共物品是指那些在消费和使用上具有非竞争性和非排他性的产品或劳务。非竞争性是指对于某一给定的公共物品产出水平，额外增加一个人的消费，不会引起生产成本的任何增加，即消费者人数的增加所引起的物品的边际成本等于零。例如，海上的航标灯，它一旦建成，将为所有过往船只指示航向，过往船只数量的增加并不需要额外增加维持航标灯的成本。

非排他性是指很难禁止他人不付代价而消费该物品。非排他性表明要采取收费的方式限制任意一个消费者对公共物品的消费是非常困难的，甚至是不可能的。任一个消费者都可以免费消费公共物品。典型的例子是国防，一国的国防一经设立，就不能排斥该国任何一位公民从国防受益。公共物品的这一特征与私人物品形成鲜明对照。

根据非竞争性和非排他性的程度，可将公共物品分为纯公共物品和准公共物品两种。同时完全具备非竞争性与非排他性两种特征的物品称为纯公共物品，例如国防、法律、外交、公安、基础科学研究等。但是现实生活中纯公共物品并不多。只具有局部非竞争性与局部非排他性的物品称为准公共物品，例如高等教育、有线电视、剧院等。准公共物品在现实生活中是大量存在的。

二、公共物品和经济效率

公共物品的非竞争性和非排他性两个特点，对市场效率构成了严重阻碍。

首先，公共物品的非排他性将导致“搭便车”(free - rider)问题的出现。“搭便车”又称“免费乘车”，是指消费者享受了公共物品的好处，却不愿分担公共物品的生产成本，而依赖于他人承担公共物品的生产成本。由于公共物品具有非排他性，社会上就会存在着许多“搭便车”者。即使有部分消费者不存在“搭便车”的心理，愿意自己付费购买，他也只会按照他所得到的边际收益来出价，而不会按整个社会所得到的好处来出价。这样，就像具有外部经济的物品一样，这类产品的实际供给量小于社会最优产量。

其次，公共物品的非竞争性还会给市场机制带来另一种困扰。公共物品一旦被提供出来，在消费时是没有竞争性的，把它提供给另一个人享用的边际成本为零。消费者从公共物品中都得到了一定的效用，而其消费的边际成本为零。这意味着，没有任何消费者要为他所消费的公共物品与其他任何人竞争。因此，市场不再是竞争的。如果消费者认识到他自己消费的机会成本为零，他就会用尽量少的支付换取消费公共物品的权利。如果所有消费者均这样行事，则消费者们支付的数量将不足以弥补公共物品的生产成本。结果便是低于最优数量的产出，甚至是零产出。

因此，公共物品会导致市场失灵，须由政府或其他可强迫分摊费用的团体来生产或提供。

三、公共物品的最优产量

在一个社会，为使资源能够得到有效配置，政府应该提供多少公共物品呢？下面用图 10.5 来说明。假定社会上只有 A、B 两个消费者，他们对某种私人物品的需求曲线分别为 D_A 和 D_B，见图 10.5(a)，市场供给曲线为 S，市场需求曲线 D 则是由 D_A 和 D_B 水平相加得到。市场需求曲线 D 与市场供给曲线 S 的交点决定了该私人物品的均衡数量 Q_0 和均衡价格 P_0，Q_0 为该物品的最优数量。

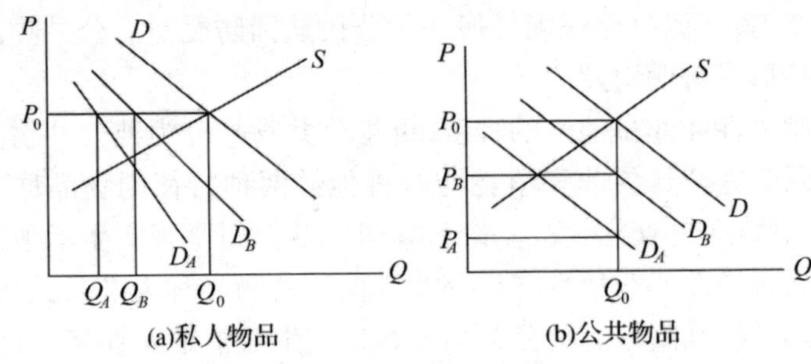

图 10.5 私人物品和公共物品的价格及产量

下面分析一下公共物品的情况，如图 10.5(b)所示，D_A、D_B 代表消费者 A、B 的需求曲线，S 为供给曲线。但是，公共物品的需求曲线并不是由各人需求曲线水平相加得到，而是它们的垂直相加，这是由公共物品非竞争性决定的。由于每个消费者都可以消费同等数量的某种公共物品，因此，可以把每个消费者为同一数量公共物品支付的价格相加就得到所有消费者愿意为该公共物品支付的费用。市场需求曲线和供给曲线的交点决定了公共物品的均衡数量，它代表着公共物品的最优产量。在图中，当产量是 Q_0 时，消费者 A 愿意支付的价格是 P_A，消费者 B 愿意支付的价格是 P_B，则价格总和为 P_0，Q_0 是最优产量。

虽然我们用图形分析了公共物品的最优产量的决定，但是在实际经济生活中还是很难确定它的最优产量，因为公共物品的市场需求曲线是假定的。原因在于：一是消费者不能准确地陈述他对公共物品的需求与价格的关系；二是消费者为了少支付价格或不支付，会低报或隐瞒自己的偏好，都想不支付成本而得到利益。因此，我们无法得到每个消费者关于公共物品的需求曲线，更谈不上把它们加总得到公共物品的市场需求曲线，并进而确定公共物品的最优产量了。

另外，即使能够得到公共物品的市场需求曲线，但在实际中，市场本身提供的公共物品通常低于最优产量，也就是说，通过市场机制来配置进行公共物品生产的资源会不足，因此，必须由政府采用非市场的决策方式来决定公共物品的产量。成本—收益分析和公共选择理论是两个非常重要的工具。

四、成本—收益分析

成本—收益分析是对某公共投资项目预期收益的现值给予估计，然后同它预期所需支出的成本相比较，以求出该项目可能产生的全部收益与全部成本的比率，最后将各项目的效率加以比较，决定取舍，作出决策。成本估算中不仅要考虑私人成本，而且重点要考虑社会成本、外部成本；收益估算中还要考虑社会收益、外部效益。

成本—收益分析有助于政府制定预算和计划工作，决定项目轻重缓急，该建不该建。但实际上不少项目的成本与收益很难估算。如兴办教育、改善环境等投资，在估算成本与收益时，不可避免地会带有主观因素。

五、公共选择理论

公共选择理论是20世纪60年代逐渐发展起来的一个新的经济学研究领域，其最重要的创始人之一为美国的詹姆斯·布坎南。因为在这个领域中的杰出贡献，他获得了1986年的诺贝尔经济学奖。公共选择理论将经济学应用到政府行为分析，说明政府的选择与决策。

（一）非市场集体决策

公共选择理论重点研究非市场的集体决策。非市场集体决策是相对于市场个人决策而言的。在市场经济的考察中涉及的是作为生产者、消费者的个人选择、个人决策和个人行为。但在现实经济活动中，有关资源配置的许多决策是由政府或团体组织决定的。

经济学家认为，由于市场机制不能配置合理的资源用于公共物品的提供，所以，只有通过非市场的集体行动来决定公共物品的供给，即通过政治市场来解决。政治市场是由供给和需求两方面构成的，作为需求方面的消费者是选民、纳税人；作为供给方面的生产者是政治家、官员。双方在政治市场上通过交换相互联系，发生作用。

（二）集体决策规则

经济学家提出要研究投票规则经济学。他们认为，在公共物品方面，关于生产什么、生产多少等问题，选民们的观点各异，意见分歧只能通过政治过程进行商议，得到协调。投票就是一种协调形式，可以公平有效地表达选民们对公共物品的偏好与愿望，投票是按照一定规则进行的。不同的规则对集体选择的结果和个人偏好的满足程度会产生不同的影响。

投票规则是指在各种可供选择的方案中作出取舍的程序和方法。公共选择理论认为可以表现集体决策规则特点的有一致同意规则、多数规则、加权规则和否决规则。

1. 一致同意规则。指候选人或方案要经过全体投票人赞成才能当选或通过的规则。凡是按一致同意规则通过的方案都是最优的。这一方案的通过不会使任何一个人的福利受到损失,也就不会使社会福利受到损失。一致同意规则可以满足全体投票者的偏好,不存在任何把一些人的偏好强加于另一些人的因素。但是,一致同意规则也有明显的缺点:一是决策成本太高,一项提案要一致同意,必然要耗费大量时间和人力;二是招致威胁恫吓,一些人为了通过方案,凭借威胁恫吓反对者,迫使他们投赞成票。

2. 多数规则。多数规则可以分为简单多数规则和比例多数规则。按照简单多数规则,只要赞成票过半数,提案就可以通过。例如,美国国会、州和地方的立法经常采用这种简单多数规则。比例多数规则规定赞成票必须占应投票的一个相当大的比例,比如说必须占 2/3 才算有效。美国弹劾和罢免总统、修改宪法等一般采用这一规则。多数规则能增进多数派的福利,但会使少数派的福利受到损失。在一定的限制条件下,例如在受益者补偿受损者的条件下,多数规则也可能达到最优状态。多数规则可以满足多数人偏好,但未必能满足全体成员的偏好,因而存在把一些人的偏好强加于另一些人的因素。在多数规则下作出的决策是投赞成票的多数给投反对票的少数加上的一笔负担。即使所有投票人都能从一项法案的实施中获得利益,并为法案的实施付出代价,但赞成者由于收益超过代价,因而增加净福利;反对者获得的利益小于付出的代价,因而减少净福利。

3. 加权规则。一个集体行动方案对不同的参加者会有不同的重要性。于是,可以按照重要性的不同,给参加者的意愿"加权",即分配选举的票数。相对重要的,拥有的票数就越多,否则就越少。而加权规则,是按实际得到的赞成票数(而非人数)的多少来决定集体行动方案。

4. 否决规则。这一规则的具体做法如下:首先让每个参加对集体行动方案投票的成员提出自己认可的行动方案,汇总之后,再让每个成员从中否决掉自己所反对的那些方案。这样一来,最后剩下的没有被否决掉的方案就是所有成员都可以接受的集体决策结果。如果有不止一个方案留下来,就再借助于其他投票规则(如一致同意规则或多数规则等)来进行选择。否决规则的优点是显而易见的,因为经过这一规则筛选之后留下来的集体行动方案都将是帕累托最优的。

（三）民主无效率

民主虽然有优点，在决定公共物品生产时，民主的缺陷更为明显，主要表现在以下五方面：

第一，公共产品的生产不仅取决于个人偏好，也取决于所采用的投票规则。由于公共产品必须集体购买、集体消费，中间投票集团的偏好对公共产品的生产会起决定作用，这样，民主制度就会使一部分人遭受损失。

第二，由于是按多数赞成票决定公共物品的生产，因此不能按成本—收益分析结果选择最优方案。

第三，民主制度下，公民对政治问题和候选人情况并不了解，因为对公共问题的了解并不增加个人福利。

第四，民主秩序中还存在投票矛盾，难以形成一致决策。

第五，民主制度使议员被特殊利益集团所利用，为其服务尽力，而不关心全民福利。

因此，一般情况下，经济学家认为，民主都是无效率的。

（四）官僚制度和效率

官僚制度是指由通过选举所产生的、被任命的以及经过考试而录用的官员来管理政治事务的制度。有些学者认为，官僚制度不仅存在于政府部门，也存在于大公司。但是，由于在行为目标、竞争或垄断程度等方面存在重大区别，大公司的官僚制度效率普遍高于政府官员制度。

公共选择理论认为，官僚制度效率低下的原因有以下三个方面：

1. 垄断性。政府各部门提供公共物品，没有竞争者，没有替代者，无法判断其成本的高低和产出的多寡。

2. 规模最大化目标。政府官员不能把利润占为己有，不会追求利润最大化，但规模最大化可以强化其预算支出、提升机会，增大其掌握的权力和地位，办公条件也能得以改善。

3. 浪费最大化。官员会努力增加自己的薪金、改善工作条件、减轻工作负担，提高其劳务成本。

公共选择理论认为，解决政府官员制度低效率的主要方法是引入竞争机制。可以采取以下措施：

1. 使公共部门的权力分散化。公共权力集中带来垄断和规模不经济，公共部门权力的分散有利于降低垄断程度，增加竞争成分，提高效率。

2. 由私人部门承包公共劳务的供给，政府投资，私人部门提供公共劳务。例如，美国的高速公路由政府投资，但由私人建筑公司修筑。处理城市垃圾、消防、清扫街道、医疗、教育、体格检查等公共劳务的生产，都可以实行私人公司参与的方式提高效率。

3. 在公共部门和私人部门之间展开竞争。如果允许私人部门和公共部门一样提供公共服务，则它们之间就会展开竞争，竞争将提高公共部门的效率。另外，加强地方政府之间的竞争。如果资源与要素尤其是劳动力，可以自由流动，则会促使地方政府间的竞争、防止职权被滥用并提高效率。因为，某地税收太高或者垄断程度高，投资环境差，政府提供的公共服务差、价格高，居民会迁出从而会减少当地政府的税收。

本章小结

市场机制一般只能保证资源配置的边际私人收益和边际私人成本相等，而无法保证边际社会收益和边际社会成本相等。当边际社会收益和边际社会成本不相等时，对整个社会而言，资源配置就没有达到最有效率的状态。这就是所谓的市场失灵。市场失灵的重要原因有垄断、外部性、公共物品、信息不对称以及市场机制本身的不完善等等。

本章的主旨在于说明现实生活中完全竞争市场的基础经常受到垄断、外部性、公共物品、信息不对称等影响，所以资本主义的“看不见手”资源配置方式不能够达到理想的最优状态。这为宏观经济学的提出和学习奠定了基础。

【案例 1】汽车经纪人与不完全信息

经纪人是负责安排双方签订合同的角色。过去，婚姻经纪人将两个有可能相互合适的人带到一起。股票经纪人为买卖双方沟通。汽车经纪人同样将汽车的买卖双方联系在一起。

在所有情况里，经纪人存在是因为信息不完全。那么，为什么一个人不可以就这么跑出去，自己挑选配偶、股票或者汽车呢？最明显的问题在于存在许多对象可供选择，需要花费时间、精力和金钱收集信息，作出明智选择。一个好的经纪人终日在市场收集信息，了解正在发生什么事情。只要少数人就可以掌握买卖双方的信息，总比所有买卖者自己费力了解更加有效率。

我们可以看看汽车经纪人的工作。如果你想买一辆车，只需给经纪人打个电话（他们通常都登记在黄页电话簿里），告诉他你有怎样的要求，比方说汽车的制造商是哪一家、型号如何，乃至生产年份和配件等等。经纪人自会设法为你寻找这样的一辆车。然后告诉你在哪里能买到，或是干脆先买下来，再转手卖给你。当这笔交易做成时，经纪人将按事先约定从买方或卖方那儿得到佣金。

经纪人的工作看上去可能不太像是可以谋生的职业。一个人怎么可能因为帮忙买车而赚钱呢？不过，我们还是从交易双方的角度进行分析：从汽车买方来说，如果不借助经纪人，就要亲自同各种汽车销售商打交道，先是了解情况，然后是艰难地讨价还价。也许要在汽车行里花费几天或者几星期，而最后却未必知道哪里有他想要的汽车。在这种情况下，他就会想到掏钱让别人包办这件事是值得的。事实上，一个优秀的经纪人了解许多情况，包括销售商通常可以从生产商的销售代表那儿得到多少佣金等等。将这些情况考虑在内，他就可能谈成一个更好的价钱。

对卖方来说，他为什么不能坐等顾客上门而要付一笔可观的佣金去找经纪人帮忙呢？主要原因也是信息的不完全性。如果有可能，他当然愿意把车卖给不了解行情、肯出大价钱的顾客。问题是他怎么才能知道外面有一个顾客想买车呢？当经纪人给他介绍顾客时，尽管所出价钱不高，但他通常都会接受这桩买卖，把车脱手。

不是所有人都需要汽车经纪人。但是对于那些痛感自己很不了解汽车市场信息的人来说，找一个汽车经纪人可能是明智选择。

（资料来源：斯蒂格利茨：《经济学小品和案例》，中国民大学出版社，1998年版）

讨论下列问题：

（1）汽车经纪人的出现是因为哪种经济现象？

（2）除了“汽车经纪人”制度之外，还有哪些解决同样问题的方法？

【案例2】鲸鱼市场

一个美国人平均每年消费牛肉73磅，猪肉59磅，鸡肉63磅，但是谁也没有听说过这种消费可能导致对牛、猪或鸡的灭绝的担忧。相对而言没有多少美国人吃鲸肉，然而在日本等一些国家，鲸肉被视为佳肴。1986年，由于担心鲸可能灭绝，一项暂停商业猎鲸的国际法规出台。为什么同样一个市场系统可以保证产出足够的牛、猪和鸡，却偏偏威胁到某些种类的鲸的生存呢？

经济学家从财产权着手进行分析。农民拥有他所养殖的食用牲畜，将这些动物视为自己的财产，因此觉得有必要好好照着它们，增加存栏数量。与此相反，鲸不属于任何国家或个人，换言之，它是世界共有的财产。于是，一方面大家都知道捕鲸可以赚大钱，不少人蜂拥而上；另一方面，保护和繁殖鲸类由于缺乏直接经济利益而乏人问津。

这个模式称为“共有财产的悲剧”。如果一样东西属于大家，例如海洋，每个人都有经济上的激励去加以开发利用，却没有人有经济上的激励去保护。结果可能是鲸从海洋中消失。

当然,不仅鲸面临这样的问题。在美国,共有草原上的著名的美洲野牛濒临灭绝就是另外一个例子。要解决这一问题,许多情况下需要全社会联合起来,制定经济激励或法规保护资源,避免过度开发而导致破坏。

有时甚至法规也不足以产生作用。就在限制商业捕鲸法规通过的1986年,某些国家似乎一夜之间出现了动物学研究的热情,急切希望对鲸加以"研究"。1987年,日本宣布增加其"科研用鲸"的数量,几乎是该国原有商业消费量的一半! 同时,在日本的高额悬赏吸引下,本身并不属于鲸类消费国的冰岛也跃跃欲试,准备将其大部分的"科研用鲸"制成冻肉运往日本。

(资料来源: Information about whaling in1986 and 1987 comes from Timothy Appel, "Japan Finds Loophole in Whaling Ban,", Christian Science Monitor, April 15, 1987, p. 1.)

讨论下列问题:

(1)上述案例反映了哪个经济学原理?

(2)经济中是否存在其他类似现象,请举例说明。

(3)你认为应该如何避免"共有财产的悲剧"?

【案例3】群众呼声

和其他国家的人民一样,美国人民对于他们的政府应该做什么不应该做什么,也有不少看法。下面我们就来看看近期出现的一些群众呼声,正反方面的意见都有。

政府不能袖手旁观!

健康:美国政府大约支付全国医疗保险费用的1/5,在过去10年中有了很大发展。但是美国医疗保险制度的缺陷仍然不少,例如家庭护理的需求不断增加,但是没有几个国家或私人提供的医疗保险项目考虑到这一需求。目前有几千万美国人没有享受到医疗保险。原因可能是年龄不够而未能享受国家为老年人提供的医疗保障,收入太高而不能享受国家为穷人提供的医疗援助,或是他们的老板没有为他们购买医疗保险。再加上医疗保险费用迅速增长,医疗保险在90年代已经成为政治争端的一个主要议题。

美国银行系统:在70年代和80年代,美国银行(包括存款与借贷联合会,简称S& L)作出了一些失败的投资决策,特别是S&L银行在房产按揭方ICI出现了不能回收的贷款,数额高达几十亿美元。由于政府为银行提供储蓄与贷款保险,它有责任代替S&L银行向储户偿还这笔债务。许多经济学家认为在S&L以外的其他银行也面临同样的投资失败的问题,政府有必要采取强有力的措施加以管理，不单是为了避免日后纳税人再次需要偿还数十亿美元债务的情况，同时也是为了确保美国金融系统的稳定。

儿童：当政府为银行支付巨额款项时，美国儿童中的穷困状况进一步恶化。举例而言，首都华盛顿的婴儿死亡率甚至高于包括古巴在内的一些比较贫困的国家。随着女性越来越多地加入到劳动大军中，对于政府支持的日托中心的需求也相应增长，尤其需要为学龄前儿童设立日托中心。

无家可归者：现在，随便在任何一个美国大城市的街道上走一遭，你就会看到自从 30 年代经济大衰退以后从未这样大规模出现然而在印度等贫困国家非常普遍的景象：无家可归者沿街栖身于通道或临时收容中心。尽管这个问题早已不是什么新闻，减少预算的呼吁却迫使政府只能提出适度而非彻底有力的解决办法。

政府最好少管闲事！

农业：20 世纪 80 年代，为了帮助农民，政府每年额外提供大约 200 亿美元，相当于每个农业家庭每年得到 10 000 美元的援助。到了 1990 年，这笔援助虽然下降为 120 亿美元，却仍然是一个引人关注的议题。其中，一些援助计划实际上补贴了不从事生产的农民。在我们这个资源缺乏的世界上，当人们每天仍然需要为生存而斗争的时候，那些补贴不从事生产的农民的计划看起来绝对是一种浪费。更加普遍的一种意见就是美国政府的整个农业计划已经走得太远了，超过了应有的范围。

竞争政策：政府有责任确保一个有效的企业竞争机制。举例而言，它限制兼并，避免出现在某行业居统治地位的超级企业。有人觉得美国政府只着眼于国内的竞争机制，忽略了外国竞争者的威胁。他们认为应该允许美国企业拥有更大的自由度，自行决定是否联合，企业因此可以更加有效地抵御外国企业的竞争。但是这一观点的批评者却相信这不过是一种烟幕，掩盖某些企业通过兼并加强自身经济实力，从而获得更高利润的企图。

改变一下政府的政策吧！

教育：初级和中级教育长期以来被视为政府的一个基本职责。现在，关于教育是否足够有效，是否达到应有的要求的问题正引起人们越来越多的关注。一个普遍认识就是，金钱本身并不足以解决问题，因为美国花在每个学生身上的费用已经超过德国和日本在内的发达国家，而这些国家的学生的表现明显优于美国学生。至少是在标准化测试方面。

一些改革者建议政府对学校多加指导和帮助，反对者则针锋相对，要求给予包括校长在内的地方人员更大的权力，鼓励学生选择学校，甚至建议加强公立学校和私立学校之间的竞争。

福利:政府福利政策有两个基本目标:一是向贫困者提供基本援助;二是帮助贫困者成为经济自立的社会成员。1965年,约翰逊总统曾经向贫困开战。但是到了80年代中期,我们已经很清楚我们没能在这场战争中取胜。不仅统计数据表明贫困状况仍然非常严重,无家可归者在许多城市也成为一个严峻问题。1988年,国会通过了福利政策改革法案,旨在鼓励贫困者从“坐”享福利变成“做”享福利,意思是如果贫困者想要得到福利援助,他们必须开始找工作,参加岗位培训,或者接受政府提供的工作,不能坐享其成。

(资料来源:斯蒂格利茨:《经济学小品和案例》,中国人民大学出版社,1998年版)

讨论下列问题:

(1)你如何看待案例中的这些问题?

(2)你认为政府应该做什么,不应该做什么,为什么?

习　题

一、概念题

市场失灵 信息不对称 逆向选择 道德风险 外部性 公共物品 公共管制

二、简答题

1. 一家保险公司在考虑发行三种火灾保险单:①完全赔偿的保险;②扣除10 000元以后,超出部分完全赔偿;③对于所有损失给予90%的赔偿。哪一种保险单更可能产生道德风险问题?

2. 小明是毕业不久的大学生。在新的工作岗位上干了六个月之后,他最终存足了钱买他的第一辆车。小明对轿车的式样和型号之间的区别知道得很少。他如何利用市场信号、声誉或标准化来进行比较?

3. 下列哪个描述了外部性,哪个没有?解释它们的区别。

①巴西限制咖啡出口的政策导致美国咖啡的价格上升,它反过来又导致了茶叶的价格上升。

②一只广告小飞船使一个驾驶汽车的人分心,然后他撞上了一根电线杆。

4. 考虑地方政府提供的物品和劳务。用竞争性和排他性为标准解释下列每种物品属于哪个范畴?

①警察保护　　②铲雪　　③教育　　④乡间道路　　⑤城市街道

三、计算题

1. 一个养蜂人住在一个苹果园旁边。果园主人由于蜜蜂而受益,因为每箱蜜蜂大约能为 1 亩果树授粉。然而,果园主人并不为这一服务付任何钱,因为蜜蜂并不需要他做任何事就会到果园来。蜜蜂并不足以使全部果园都授到粉,因此,果园主人必须以每亩果树 10 元的成本,用人工来完成授粉。

养蜂人的边际成本为 $MC = 10 + 2Q$,式中,Q 是蜂箱数目。每箱产生值 20 元的蜂蜜。

①养蜂人将会持有多少蜜蜂箱?

②这是不是经济上有效率的蜂箱数目?

③什么样的变动可以导致更有效率的运作?

2. 一个社区内有三户家庭,他们对公共电视节目小时数 T 的需求曲线分别为

$$W_1 = 150 - T$$
$$W_2 = 200 - 2T$$
$$W_3 = 250 - T$$

假设公共电视是一种纯粹公共物品,它能以每小时 200 元不变边际成本生产出来。

①公共电视有效率的小时数是多少?

②一个竞争性的私人市场会提供多少公共电视?

3. 有三家工业企业。政府想把污染减少为 120 单位,所以它给每个企业 40 单位的可交易污染许可证。

企业	最初污染水平(单位)	减少一单位污染的成本(元)
A	70	20
B	80	25
C	50	10

①谁出卖许可证? 出卖多少? 谁购买许可证? 购买多少? 在这种情况下减少污染的总成本是多少?

②如果许可证不能交易,减少污染的成本会高多少?

第十一章 博弈论基础

学习目标

博弈论理性人的假设及模型的建立为经济学的研究提供了有利的工具,从而也推动了经济发展和社会进步。由于它重视经济主体之间的相互联系及其辩证关系,大大拓宽了传统经济学的分析思路,使其更加接近现实市场竞争,从而成为现代微观经济学的重要基石,也为现代宏观经济学提供了更加坚实的微观基础。本章主要介绍了有关博弈论的基础理论知识,拓展关于寡头垄断市场的相关理论认识。

第一节 博弈概述

博弈论又称为对策论,是研究决策者之间相互作用的学科。20 世纪 50 年代,美国著名数学家冯·诺依曼(John Von Neumann)和经济学家奥·摩根斯坦(Oscar Morgenstem)合著的《经济行为和博弈论》的出版,博弈论才得以广泛地应用于经济学领域,并成为微观经济学的一个新的重要组成部分。目前它已成为主要的经济分析工具之一,并对产业组织理论、委托代理理论、信息经济学等经济理论的发展起到了非常重要的作用。1994 年诺贝尔经济学奖颁发给了纳什、泽尔腾和海萨尼三位在博弈论研究中成绩卓著的经济学家,1996 年的诺贝尔经济学奖又授予在博弈论的应用方面有着重大成就的经济学家,可见博弈论在现代经济学中的重要地位。

博弈论是研究在利益相互影响的局势中,理性的参与者为了最大化自己的利益,如何选择各自的策略以及这种策略的均衡问题,即研究当一个参与者的选择受到其他参与者的影响,而且反过来又影响到其他参与者的选择时的决策问题和均衡问题。

人们决策之间相互影响的例子很多,如国家之间的关系、中央和地方的关系、政府和企业的关系等,涉及政治、军事、外交、经济、国际关系等各个领域。但是,博弈论在经济学上的应用最广泛、最成功。博弈论的许多成果也是在应用与经济学的过程中发展起来的。而且,经济学和博弈论的研究模式也一样,即强调个人理性,在给定的约束条件下追求效用最大化。博弈论在经济学中的应用模型大多数是在20世纪70年代中期以后发展起来的。从80年代开始,博弈论逐渐构成微观经济学的基础。其中,博弈论在分析寡头市场上最为成功。

一、博弈的基本概念

博弈论模型用高度简化和程式化的结构来描述复杂的策略问题。在个人作出策略选择的任何情况下,最终结果取决于每个参与者所作的选择,任何这样的情况都可看成是一次博弈。所有博弈都具有以下四个基本要素:参与者(player)、策略(strategies)、支付(payoffs)和均衡(equilbrium)。

(一)参与者

参与者是指博弈中选择策略以最大化自己的支付(效用)水平的决策主体,它可以是个人,也可以是团体,例如企业、国家甚至是国家联盟。每个参与者必须具有在一组可供选择的行为集合中作出选择的能力。在整个博弈过程中参与者的数目是给定的(如两人博弈、三人博弈或n人博弈),而且假设参与者是理性的、是同质的,每个人都没有特殊的优缺点。在身份上没有什么差别。每个参与者选择的行为策略是为了实现特定状态下的收益(支付)最优的结果。

(二)策略

策略是指参与者选择行动的计划或规则,它规定参与者如何对其他人的行动作出反应,即在每种情况下应该如何行动,因而代表着参与者的相机行动方案。而行动是指参与者的决策变量。例如,厂商在相互竞争时降价与不降价就是对应的可能的两个行动;在"石头、剪刀和布"的游戏中,石头、剪刀和布就是参与者可能采取的行动。而"人不犯我,我不犯人;人若犯我。我必犯人"是一种策略。"犯"与"不犯"是两种不同的行动;策略规定了什么时候选择"犯"和什么时候选择"不犯"。可见策略与行动是两个不同的概念,策略是行动的规则,而不是行动本身。

(三)支付

支付是参与者采取某种策略后各自获益多少或相应的效用水平。参与者通过博弈得到自己想要的结果,既包括获得的显性货币报酬,又包括隐性的心理感受。支付函数是所有参与者策略或行动的函数,是每个参与者真正关心的。

(四)均衡

均衡是指博弈中所有参与者的最优策略的组合。在博弈论中,一次博弈可能存在多个均衡,缺乏唯一性是博弈论的一个主要问题。并且均衡的概念与一般均衡理论中的均衡概念是不同的。在一般均衡理论中,均衡是指个体行为最优化导致的一组价格。而从博弈论的角度来讲,这组价格只是均衡的结果,均衡是指所有个体的行为规则的组合。

美国经济学家纳什(Nash)在1951年的论文中定义了非合作博弈及其均衡解,并证明了均衡解的存在,现在纳什均衡已成为博弈论中最常用的概念。但并非每次博弈都有纳什均衡解。由于有些博弈中存在多个纳什均衡解,在这些解中有些比另一些更合理,而参与者也可能对一些纳什均衡的解并不满意。因此,博弈论中的均衡与传统的一般均衡之间存在相当复杂的关系。

二、博弈的分类

博弈可以根据合作性、局中人的数目、支付结构、博弈的时间结构、策略空间的性质和局中人的信息状况等进行分类。

根据博弈者选择的策略,博弈论主要分为两大类:合作博弈(Cooperative Games)和非合作博弈(Non-Cooperative Games)。如果在一个博弈中,局中人的意愿表示(协议、承诺或威胁)具有完全的约束力并可被强制执行,则该博弈被称为合作博弈,如果意愿表示不可被强制执行,即使博弈者之间可以进行博弈前的磋商和交流,该博弈也是非合作博弈。换言之,如果人们之间的合作可以由博弈之外的其他因素决定,或者说由外生力量保证实施,例如,由法律、不可撤销合同等保证实施,那么就是合作博弈。如果合作只能是通过博弈过程中参与者出于自己利益的考虑来决定是否实施,那么就是非合作博弈。形式上可以把合作博弈看成是非合作博弈的特殊形式,即人们可以在非合作博弈中包括谈判与合作的强制实施过程中描述合作的达成和结果。

根据支付结构的不同,博弈可以分为常和博弈(Constant - Sum Game)与变和博弈(Nonconstant - Sum Game)。前者是指局中人的支付总和为一个常数。例如,在几个人之间分配固定数额的奖金。特别地,当这一常数为零时,该博弈称为零和博弈。常和博弈可以看做是零和博弈的扩展,而零和博弈又可看做是常和博弈的特例。变和博弈是指局中人的支付之和不为常数的博弈。变和博弈的概念蕴涵"双赢"和"多赢"这一非常重要的理念,夸大一点可以说,这一理念是当今世界"和平与发展"主题的学理支持。

根据参与者行动的先后顺序,可以将博弈分成静态博弈(Static Game)与动态博弈(Dynamic Game)。静态博弈是指博弈中参与者同时选择行动;或者虽非同时行动,但后行动者并不知道先行动者采取了什么具体行动。而动态博弈是指参与者的行动有先后顺序,而且后行动者可以观察到先行动者的选择,并据此作出相应的选择。

根据参与者对其他参与者的了解程度，可以将博弈分成完全信息博弈（Games of Complete Information）和不完全信息博弈（Games of Incomplete Information）。完全信息博弈是指：每个参与者在对其他所有参与者（对手）的特征、策略和支付函数都有精确了解得情况下所进行的博弈。如果了解的不够精确，或者不是对所有的参与者都有精确的了解，在这种情况下所进行的博弈就是不完全信息博弈。

第二节　上策均衡与纳什均衡

经济学中的均衡是一种稳定状态，在博弈论中均衡又增加了新的内容，本节首先考察博弈论中最基本的上策均衡，然后再探讨著名的纳什均衡。

一、囚徒困境

"囚徒困境"博弈是1950年美国经济学家图克（Tucker）提出的，它是博弈论中最经典、最著名的博弈。

有一个富人在家中被谋杀，他的财产被盗。警方在侦讯过程中抓到两名嫌疑犯——甲和乙，并在他们的家中搜出了被盗的财物。但甲乙都否认杀人，声称他们进入被害人家中时，那个人已经死去。所以警方肯定他们至少犯下了盗窃罪，但对他们是否杀死了被害人并没有把握。于是警方在把他们隔离的情况下分别对他们交代政策：因为偷东西已经有确凿证据，这将被判刑2年；如果拒不承认杀人而被另一方检举，将被判刑20年，而检举的一方可以减轻罪责，只判1年徒刑；如果双方都坦白杀人，将各被判刑10年。这样甲、乙可能面临的判决如下：

表11.1　囚徒困境

		甲：承　认	甲：不承认
乙	承　认	-10，-10	-1，-20
乙	不承认	-20，-1	-2，-2

这里我们假定两个参与人满足经济人假定，不讲哥们儿义气，从自身最大利益出发。

通过分析可以看出，最后的结果是甲、乙都会承认杀人。因为对本人来说，不管对方承认不承认，自己承认总比不承认好。如果对方不承认，自己承认相比不承认等于从判刑2年改为判刑1年；如果对方承认，自己承认相比不承认相当于从判刑20年减到了10年。这样对甲乙双方来说，最佳的选择都是承认杀人。

这个结果当然与他们是否真的杀了人无关,即使他们没有杀人,也会承认杀人。因为有特定的选择条件,本来对双方最有利的结局(都不承认杀人,各被判刑2年)不会出现,这就是所谓的"囚徒困境"。我们可以看出两个囚徒决策时都以自己的最大利益为目的,结果无法实现最大利益甚至较大利益。这种情况在现实生活中具有相当的普遍性,在市场竞争、环境保护、公共资源开发利用、道路拥挤等问题中屡见不鲜。这个例子的进一步讨论给我们这样一个启示:当一个社会中的每一个个体都只为自身的利益打算时,即使大家都遵守社会规则,个体的行为不一定符合集体的或社会的利益,甚至也不一定能实现个体的最佳利益。古典思想认为,个体的自利行为在市场机制这只"看不见的手"的调解下最终会促进社会的利益,但这只"手"并不总是存在的。这又说明了政府在社会经济活动中的组织协调工作常常还是必要的,放任自流并不是导致社会最大福利的最佳政策。囚徒困境所反映出的深刻问题是:人类的个体理性有时能导致集体的非理性,聪明的人类往往会因为自己的聪明而作茧自缚。

那么,如何解决由于市场失灵而导致的个人理性与集体理性的冲突呢?在博弈论看来,不是采用集权和专制的方式,而是采用机制设计的原理加以纠正。在市场经济中,价格机制是最基本的一种机制,但在市场失灵的情况下,需要进一步设计一些制度安排,通过激励和约束机制,来规范人们的行为。在"囚徒困境"的案例中,就有可能通过机制设计解决个人理性与集体理性的冲突。比如,由于黑社会势力的存在形成了一种惩罚机制。任何一方若因招供而被释放出去的话,就会受到黑社会组织的报复性惩罚,这样双方都会坚决不招。那么在这种情况下,个人最优的选择就成了(不承认,不承认)。这与集体最优的选择变得一致了。这样,市场失灵就可以用机制设计来加以纠正。

在实际经济生活中,通过机制设计来解决市场失灵不乏成功的例子。我国消费者在购物时,往往不习惯于索要购物发票,而某些商家实行的不开发票可以优惠的做法,也加剧了人们购物不要发票的倾向。对于商家来说,不开发票逃避了税收,对于购物者来说,不开发票少掏了腰包,因此从个人的角度来看,不开发票似乎是一种最优选择;但是不开发票却导致了税款流失,国家财政收入减少又将影响国家智能的发挥,损害了集体的利益。所以,从集体的角度来看,不开发票绝不是一种最优选择。这里,个人最优与集体最优产生了冲突。通过行政办法解决这一冲突必然会因成本高昂而收效甚微,但从机制设计的思想出发,还是不难解决这一问题的。比如,税务部门通过"发票抽奖"的活动,向人们提供一种购物要发票的激励机制,让购物者为了自己的利益而主动索要发票。

好的机制设计能够产生正向激励,而不好的机制设计则会产生反向激励,在规章制度设计时,如果不是纳什均衡的规章制度,就不会有人自觉自愿地遵守它。

二、上策与上策均衡

在市场竞争中,有许多情况与“囚徒困境”是完全类似的,其中十分典型的是价格竞争的策略选择。假设一个市场中仅有 A、B 两家厂商,每家厂商可采取的定价策略都是 10 元或 15 元,我们可以用下面的矩阵来说明每种策略组合的结果。

表 11.2　价格竞争的策略选择

		厂商 B	
		10 元	15 元
厂商 A	10 元	100,80	180,30
	15 元	50,170	150,120

如果两家厂商都采取低价竞争的策略,他们的利润状况都将远低于共同实施高价策略的结局。但如果两厂商能够充分了解这一矩阵所示的各种结果,并能采取相互合作的态度,那么,他们将同时定价于 15 元而获得更高的利润。合作能够产生更高利润,但只要任何一方采取不合作的态度(定价 10 元),他就可能获得对他更有利的结果,而另一厂商则会受损。

实际上,无论对厂商 A 还是厂商 B,低价的策略都是他们的上策。所为上策(占优策略)是指这样一种策略,既不管对手采取什么策略,这种策略都是最优的。从表 1.2 来看,厂商 A 的上策就是定价 10 元的策略。因为无论厂商 B 采取什么策略,厂商 A 都能获取比定价 15 元更多的利润。如果厂商 B 定价 10 元,厂商 A 定价 10 元能获利 100 万元,而定价 15 元只能获利 50 万元;如果厂商 B 定价 15 元,厂商 A 定价 10 元可获利 180 万元,而定价 15 元却只能获利 150 万元。同样地,厂商 B 的上策也是定价 10 元的策略。

当参与者所有策略中存在一个上策的时候,这个上策就是他的最优策略。因此,两个厂商都采取各自的上策,即(10 元,10 元),此时厂商 A 获利 100 万元,厂商 B 获利 80 万元。上述结局构成博弈均衡状态,当参与者选择的都是上策的时候,这种均衡叫做上策均衡。这里的均衡概念与我们经济学中所讨论的均衡概念有所不同。在经济学中,我们分析了完全竞争、垄断和垄断竞争等市场结构中的均衡状态,我们都假设厂商是追求最大利润的,而且厂商在均衡状态也实现了最大利润。而在博弈论中,所谓均衡是一种稳定的结局,当这种结局出现的时候，所有的参与者都不想再改变他们所选择的策略。

但应注意，并不是每一个博弈中参与者都有一个上策。因此，上策均衡并不总是存在的，上策均衡只是博弈均衡的一种特殊状态。

三、纳什均衡

然而在许多博弈中，参与者可能都不存在上策，此时是否还存在博弈的均衡状态？这需要对更一般的均衡——纳什均衡（Nash Equilibrium）进行考察。先来分析纳什均衡中的著名案例——性别之战（Battle of the Sexes）。

该性别之战博弈的传统表述是一对情侣如何安排晚上的娱乐活动，通常是不愿分开活动的。但对晚上干什么，男女双方有着各自的偏好：男方喜欢看足球赛，女方比较喜欢去听音乐。不同选择给他们带来的支付矩阵如下表11.3所示。

表11.3 性别之战

		女方	
		足球	音乐
男方	足球	3,1	0,0
	音乐	0,0	1,2

在这个博弈中，男女双方都没有上策，但他们是否存在博弈均衡呢？实际上他们的最优策略依赖于对方的选择，一旦对方选择了某一项活动，另一方选择同样的活动就是最好的策略。因此，如果男方已经购买了足球赛门票，女方也会跟着观看球赛；如果女方已经买好了音乐会门票，男方就会一起去听音乐会。可见，在这个博弈中存在均衡状态：两个人都去看足球赛或都去听音乐会是这个博弈的两个均衡。但是如果没有进一步的信息，我们无法确定男女双方在上述博弈中会作出什么选择。这个例子说明，在现实生活中，两种互补的活动应配合，尽管配合的方式可能有多种。

在性别之战博弈中出现了两个均衡，这种均衡被称为纳什均衡。纳什均衡是给定对手的策略，各参与者所选择的策略都是最优的策略。也就是说如果男方选择看足球赛，女方选择看足球赛是其最优选择，而如果女方选择看足球赛，男方选择看足球赛还是其最优选择。纳什均衡并不一定是唯一的。博弈中有时不存在纳什均衡，有时存在多个纳什均衡，哪个纳什均衡会成为参与者理性选择的最优结局，这是问题的关键，也是博弈论需研究的一个重要课题。

纳什均衡是给定其他参与者的策略，任何人没有动力单方面改变自己的策略，也就是说，纳什均衡是参与者关于博弈结局的一致性预测，这就是纳什均衡的意义所在。如果所有参与者预测一个特定的纳什均衡会出现,那么这个均衡就会出现,不会因为有参与者认为不符合自己的利益要求而出现其他的选择和结果。只有纳什均衡的结局才能使每一个参与者均认可,而且他们都知道其他参与者也认可这种结局。但是,当纳什均衡多于一个时,要所有参与者预测到同一个纳什均衡的出现是很困难的,现实中往往会出现参与者预测不一致,从而最终出现了非纳什均衡的结果。

其实,我们从各种现实的博弈中抽象出最基本的要素构成博弈分析的框架,在这一过程中就省略了现实中许多对博弈结局有实质性影响的其他因素,例如社会文化背景、参与者的习惯与嗜好等。在多重纳什均衡存在时,这些被我们省略或忽视掉的因素,有时直接决定多重纳什均衡里某一特定均衡的出现。这些由博弈论理论框架之外的因素形成的纳什均衡被称为“聚点均衡”(Focal Point)。

现实中有许多聚点均衡的例子。例如,给两个小孩分蛋糕,让他们各自提出自己的要求,规定如果两人达不成协议,那么谁也得不到。容易说明其中存在无数个纳什均衡,正好分割蛋糕的两人的任何要求都是纳什均衡,但博弈论不能解决其中的均衡选择问题。但在实际的生活中,两人各得一半就是一个极有可能出现的聚点均衡,至少从表面上看比较公平。在我们上面的性别之战博弈里,生日、双方的性格脾气等都可能作为聚点的根据。

另外,廉价磋商(Cheap Talk)也是解决多重纳什均衡的一种方法,它是指参与者在博弈开始前进行不花什么成本的磋商。尽管不能保证磋商能达成一个协议,或者尽管达成一个协议也不一定会遵守。但事前磋商确实可以使某些纳什均衡会实际发生。最后,在多次重复一种博弈时,参与者通过对以前博弈的历史和经验的总结与学习,有可能使某种特定均衡最终出现。

第三节　重复博弈与序列博弈

前面我们分析的博弈都是静态博弈,即对局都是一次性的,没有重复进行。在本节我们将博弈引入动态的性质,主要考察重复博弈和序列博弈。

一、重复博弈

重复博弈是指同样结构的博弈重复许多次。像在囚徒困境中,如果判刑不重,那么两个囚犯在刑满后可能再次作案,这样同样的博弈将出现重复。现实中,厂商在竞争中的行为都不是一次的,而是会出现不断重复的定产和定价行为。在博弈可以重复的情况下,竞争的均衡会改变吗?是否还存在更好的策略?

当博弈只进行一次时,每个参与者都只关心一次性的支付;如果博弈是重复多次的,参与者可能会为了长远利益而牺牲眼前利益,从而选择不同的均衡策略。因此,重复博弈的次数会影响到博弈均衡的结果。

(一)无限次重复博弈

例子:产品定价博弈

设两个企业面对同一市场并生产类似的产品,两者都有低价和高价两种策略,表 11.4 显示了这一定价博弈的支付矩阵。

表 11.4:产品定价博弈

		厂商 B 低价	厂商 B 高价
厂商 A	低价	24,24	40,8
	高价	8,40	32,32

从表 11.4 的支付矩阵中可以看出,在一次性的完全信息静态博弈中,厂商 A 厂商 B 都存在上策,上策均衡是双方都定低价。从企业的角度看,(低价,低价)的均衡与前面的“囚徒困境”中的均衡一样,是一个并不理想的结局,存在着帕累托改进的机会。但是,由于博弈的一次性意味着没有人能够对其他参与者的行为进行奖励或报复,所以最后的均衡不是理想的均衡。

而在动态的重复博弈中,每个参与者都能观察到其他参与者过去的行为,因此参与者可以根据其他参与者在上次博弈中的行为在本期采取对应措施。所以存在参与者运用“合作”或“合谋”方式使所有的参与者福利提高的可能性。如果在上一次博弈中,B 选择了高价,使得也选择了高价的 A 得到更多收益,那么 A 在本次博弈中将继续选择高价对厂商 B 的行为予以奖励。如果厂商 B 在上一次博弈中选择了低价,使得选择了高价的厂商 A 受到了损失,那么厂商 A 在本次博弈中也将采取低价作为对 B 的报复。

从参与者行为看,由于博弈可以重复无数次,博弈双方为了长远利益有时间进行试探性出价。在第一次博弈时出高价以寻求竞争对手的合作,一旦对局人为了短期利益采取不合作行为,那么就会形成该对局人是不可信任的信念,在下一次博弈中都采取不合作的低价行为,使对局人的长期利益受损。

厂商 A 开始制定的高价策略,若厂商 B 也定高价,其每次博弈的支付分别为(32,32,32,…);若厂商 B 制定低价,则在第一次博弈中获得高收益,但是随后会由于厂商 A 的低价行为而使其受损,各次博弈的支付分别为(40,24,24,…)。可见,厂商 B 在第一次博弈中因不与 A 合作而得到的额外好处,将因为 A

在以后各阶段所采取的报复性选择而抵消,很明显,重复博弈若干次后,B 的不合作行为将导致另外参与者的报复从而得不偿失。

厂商 A 所采取的策略称为“以牙还牙”策略。这种策略是厂商 A 在初始选择合作中,如果厂商 B 合作,那么,厂商 A 会一直合作下去;若厂商 B 在某一次博弈中选择不合作,那么,厂商 A 在以后博弈中都采取不合作策略。“以牙还牙”策略意味着任何一个参与者的一次性不合作将触发永远的不合作。在这种情况下,重复博弈的所有参与者慑于“以牙还牙”策略的严重后果,都会积极地维持合作,因为任何一方从一次不合作中得到的额外收益不足以弥补以后对方采取不合作策略所造成的损失。

(二)有限次重复博弈

假定重复有限的 n 次,不管多大,n 是有限的。我们从第 n 次即最后一次的对局开始分析。此时对厂商 A 来说,如果他是理性的话,他会作如下推断:“厂商 B 采取的是以牙还牙的策略,现在是最后一次对局,即使我采取低价的策略,他也无法报复,因为已经没有下一次了,而且我还能从低价竞争中获得更大利润。”因此厂商 A 将在第 n 次选择低价竞争的策略。

由于在上述博弈中,两个对局者的地位是完全对称的。因此,在第 n 次对局中,厂商 B 的推理与厂商 A 是完全一致的。厂商 B 也将在最后一次对局中选择低价竞争的策略。不仅如此,厂商 B 还会进一步推理:“既然厂商 A 在第 n 次一定选择低价策略,那么我在第 $n-1$ 次选择高价的策略又有什么意义呢?我的合作态度是不能得到下一次的回报的。”因此,厂商 B 从第 $n-1$ 次对局开始就将采取低价的策略。反过来,厂商 A 也会作出同样的推理。由此类推到第 $n-2$ 次,$n-3$ 次,…,一直到第一次。在这种情况下,最终的结局是,两厂商从一开始就采取低价的策略。因此,有限次博弈与一次性博弈的结果相同,都是上策均衡。

在现实中,市场竞争者很难弄清重复博弈的结构。厂商很难预期自己在什么时候会结束经营,也不清楚与对手的竞争何时是最后一次博弈。因此,只要竞争时间足够长,竞争的双方都预期未来还要进行很多次博弈,那么,竞争的结构就可以近似于无限次重复博弈,使得厂商在竞争中出现相互合作的局面。

二、序列博弈

在前面的讨论中我们大多数假定参与者同时选择他们的策略。但在实践中,博弈者在选择行动时可能有先后顺序或某些对局者可能率先采取行动,这种博弈被称为序列博弈,序列博弈是属动态博弈的形式。

在现实生活中,企业在相互竞争时如何行动才能使企业获得市场优势?企业如何面对潜在的竞争者的进入？通常参与者以对自己最有利的方式选择某一行动，通过该行动影响其他参与者的选择或其他参与者对这个参与者行动的预期，从而给自己带来一定的优势。在前面的性别之战中，存在着两个纳什均衡，即两人一起看足球比赛或听音乐。男方偏好看足球比赛，而女方偏好听音乐会。此时男方可以先采取行动，如先买好足球赛门票，从而使女方感到"木已成舟"等类似理由而接受两人一起看足球赛的选择。

（一）先动优势

先动优势（First - mover Advantage）是指在博弈中首先作出选择并采取相应行动的参与者可以获得较多的利益。以下是产业组织理论中的一个经典例子，我们用它来说明先动优势。

例子：斯塔克尔伯格（Stackelberg）模型

该模型假设寡头市场上有两个厂商，这两个厂商决策的内容是产量。但在这两个厂商中，一方较强一方较弱，因此他们的产量决策是由较强的一方先进行选择，较弱的一方则根据较强一方的产量选择自己的产量。假设这两个厂商的边际成本为0，且没有固定成本。市场的价格函数为：$P = P(Q) = 30 - Q$，式中 P 为产品价格，Q 为两个厂商的总产量（$Q = q_1 + q_2$）。

根据上述假定，不难知道两厂商的收益函数分别为：

$$u_1 = Pq_1 = q_1[30 - (q_1 + q_2)] = 30q_1 - q_1q_2 - q_1^2$$

和

$$u_2 = Pq_2 = q_2[30 - (q_1 + q_2)] = 30q_2 - q_1q_2 - q_2^2$$

我们考虑用逆推归纳法分析这个博弈，根据逆推归纳法的思路，先分析第二个阶段厂商2的决策。在第二个阶段厂商2决策时，厂商1选择的产量 q_1 实际上已经决定了，并且厂商2知道 q_1，因此对厂商2来说，相当于是在给定 q_1 的情况下求使 u_2 实现最大值的 q_2。这样的 q_2 必须满足：

$$30 - q_1 - 2q_2 = 0$$

即

$$q_2 = 1/2(30 - q_1) = 15 - 1/2q_1 \tag{11.1}$$

厂商1知道厂商2的这种决策思路，因此在选择 q_1 时就知道厂商2的产量 q_2^* 会根据公式（11.1）确定，所以可以直接将（11.1）式代入自己的收益函数，这样厂商1的收益函数实际上转化成了他自己产量的一元函数：

$$\begin{aligned} u_1 = Pq_1 &= q_1[30 - (q_1 + q_2^*)] = 30q_1 - q_1q_2^* - q_1^2 \\ &= 30q_1 - q_1(15 - 1/2q_1) - q_1^2 \\ &= 15q_1 - 1/2q_1^2 \end{aligned} \tag{11.2}$$

因此，厂商1可以直接根据（11.2）式求出使自己的收益最大的 q_1^*。

令 $q_1 = q_1^*$ 时（11.2）式对 q_1 的导数等于0，可得

$$15 - q_1^* = 0 \quad q_1^* = 15$$

即厂商1的最佳产量是生产15个单位,厂商2的最佳产量为7.5个单位,这就得到了该动态博弈的纳什均衡(15,7.5)。

很明显,先行动的厂商1的市场占有率是厂商2的市场占有率的2倍,相应的利润也是后者的2倍。这就是先动优势。不难验证,在厂商1先行动选择15个单位的产量后,厂商2选择其他的产量所能够获得的利润一定小于选择7.5个单位所获得的利润。之所以厂商1能够获得比厂商2更多的利润,是由于厂商1在厂商2之前先行动,厂商2"容忍"厂商1获取更多的利润或市场占有率,也是因为厂商1先行动。

(二)博弈的扩展形

下面我们看一个市场机会博弈,这个博弈所对应的现实决策问题是这样的:两个厂商同时发现一个市场机会,但这个市场的容量并不大,如果只有一个厂商进入该市场,能赚到100个单位的利润,但如果两个厂商同时进入该市场,则他们不仅赚不到钱,而且要各亏50个单位。如果在这两个厂商之间没有沟通和协商解决的有效办法,就会形成表11.5中得益矩阵表示的博弈局面。

表11.5 市场机会博弈

		厂商2	
		进	不 进
厂商1	进	-50,-50	100,0
	不 进	0,100	0,0

用划线法很容易说明,本博弈有(进,不进)和(不进,进)两个纯策略纳什均衡。但这两个纯策略纳什均衡中前一个对厂商1有利,后一个对厂商2有利。显然两厂商都是既不希望让对方独占市场,但也不希望两败俱伤。当厂商面对这样一种博弈的时候,"先动优势"就是厂商成功的关键。一家厂商一旦先进入市场,第二家厂商只能选择不进入的策略,除非他抱有"拼个鱼死网破"这种非理性的经营观念。先进入市场的厂商,就成为这个市场的垄断者,并可获取100万元的年利润;如果有第二个厂商强行进入,那么两个厂商都要亏损50万元。在这种情况下,博弈的结果必然是先进入的厂商,凭借先动优势垄断整个市场。

对序列博弈的分析可以采用博弈的扩展形式来进行,这种形式的好处在于,它明显地显示出对局者选择策略的顺序。上面市场机会博弈的扩展形如图11.1所示,该图表示的是厂商1的选择,厂商2的选择也与之类似。

博弈扩展形的求解从右端开始。对厂商1来说,当然应选择所有结局中最有利于自己的结局。但他将首先考察厂商2在两种情况下的选择。厂商1可

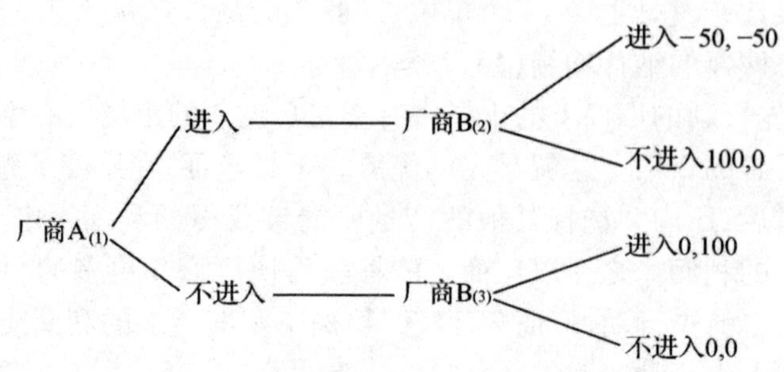

图 11.1 市场进入博弈的扩展形

以判断,在节点 2,厂商 2 会在比较两种结局之后选择不进入的策略;在节点 3,厂商 2 会选择进入的策略。然后厂商 1 再比较这两种结局,即(进,不进)和(不进,进),显然前者对厂商 1 最有利,此时厂商 1 将获利 100 万元,厂商 2 则无任何利润。因此,厂商 1 的最佳选择应是进入这个市场,而在此条件下,厂商 2 的理性反应则是不进入。

第四节 威胁、承诺与可信性

威胁与承诺是博弈论中一个重要论题,根据威胁是否可信以及承诺是否有效的不同情形,一个博弈的结果就有可能被改写。

一、空头威胁

在前面的分析中知道先行者在博弈的策略选择中具有一定的优势。像在前面的市场机会博弈中,如果厂商 1 作为先行者宣布要进入该市场,但是又没有立刻采取行动,那么厂商 2 会选择立刻进入该市场还是不进入呢?因此,厂商 1 为了阻止厂商 2 的进入,可能会采取一些策略性行动,如威胁厂商 2,如果你进入该市场,我也会进入该市场,两败俱伤,但是这种威胁可信吗?怎样才能使这种威胁可信而使厂商 2 不进入该市场呢?

现在利用市场机会博弈来分析先行者是如何利用这种优势的。假定在一个市场中,某厂商在经营某种产品,并在该市场上具有垄断势力。现在有另一家厂商作为潜在的竞争者,试图进入这个市场。对垄断厂商来说,如果他要保持其垄断地位,将设法阻止潜在竞争者不进入该市场。在这个博弈中,潜在竞争者可以选择两种策略:进入或不进入;垄断者也可选择两种策略:商战或默许。这个博弈的支付矩阵如表 11.6 所示。

表 11.6:阻止市场进入博弈

		垄断者	
		商　战	默　许
潜在进入者	进　入	-5,25	20,50
	不进入	0,50	0 ,100

在这个博弈中,策略的选择是有先后顺序的。首先是由潜在进入者作出进入市场或不进入市场的选择,然后再由垄断者来决定是商战还是默许。

我们假设潜在进入者进入市场需要花费进入成本 30,对进入者来说,如果选择进入市场的策略,那么,当垄断者默许时,他可和垄断者分享市场,从而获取收益 50,去掉成本后得净收益 20;但如果垄断者选择商战的策略,垄断者将大幅度降价,这时双方只能得到收益 25,由于进入者付出了 30 的进入成本,结果反而要亏损 5。如果潜在进入者不进入,垄断者不降价可得 100 的垄断利润,而降价的利润只有 50。

在了解这个支付矩阵后,如果垄断者为了阻止潜在进入者进入市场,发出威胁说如果他进入就会进行价格战,这个威胁可信吗?从垄断者的角度看,无论新进入者如何决定,垄断者默许的收益都高于商战,默许是垄断者的上策。可见,一旦潜在进入者进入市场,如果垄断者是理性的,接受其进入是符合其利益的。因此,对潜在的厂商来说,他是会选择进入市场的。

不可信的威胁被称为空头威胁。空头威胁不能达到阻止竞争者行为的目的,像潜在的厂商仍会进入市场。

二、承诺与可信的威胁

在空头威胁无效的情况下,垄断者是否就无计可施了呢?怎样才能使威胁变得可信呢?可信的威胁是指博弈的参与者通过某种行为改变自己的支付,从而使自己的威胁变得可信。承诺就是参与者为使威胁可信而采取的某种行动。要使威胁变得可信,必须使参与者在不实行这种威胁时遭受更大的损失。

空头威胁不可信主要在于它不需要花费任何成本,口头上声明却又不会采取任何实际行动。一旦参与者采取某种高成本的行动,承诺行为发生后威胁也变得可信起来,从而使发出威胁的市场先行者获得某些好处。由于可信的承诺行动会给厂商自身的行为带来一定的限制,这种通过限制自身的行为来获得竞争优势的做法又被称为"策略性行动"。策略性行动就是对局者通过限制自己的行为来限制其对手的选择。在战争中,"背水一战"也是一种策略性行动,这种策略性行动就是断绝自己的退路,是自己的部队与敌作战时置于死地而后生,从而取得最后的胜利。但这一行动也束缚了自己的手脚,如有其他更好的战术选择时仍然背水一战,可能会使自己付出不必要的代价。

对于垄断者来说,为了使威胁变得可信,可能会采取低价竞争展开商战。但这种低价策略不仅会使厂商面临产量扩大引起的生产成本增加,而且会使厂商面临市场价格频繁变动(新进入者退出后,垄断者又会提高价格)带来的信誉问题,这使得低价策略的成本过大。通常垄断者的承诺行动是通过投资形成一部分剩余市场能力。这部分生产能力在没有其他厂商进入时是多余的,但在进入发生时会使垄断者在进行商战时迅速转化为现实的生产力。

生产能力的扩大需要额外的投入,假设垄断厂商为实现这个承诺花费成本20,这一投资将改变博弈的支付矩阵。在实施了承诺行动后,若潜在进入者不进入市场,或进入市场而垄断者选择默许时,此时多余的生产能力得不到利用,但由于投资该生产能力增加了生产成本,因此垄断厂商在这几种情况下收益会减少20;当垄断厂商展开商战时,生产能力得到充分利用,可以比没有承诺时增加收益10,新的支付矩阵如表11.7所示。

表11.7 实施承诺后的阻止市场进入博弈

		垄断者	
		商 战	默 许
潜在进入者	进 入	-5,35	20,30
	不进入	0,40	0 ,80

因此,在实施承诺后,潜在进入者选择"进入"时,垄断者从自身最大利益出发将会选择"商战";当潜在进入者选择"不进入"时,垄断者将会选择"默许",最终潜在进入者将会选择"不进入",而会实现(不进入,默许)的结局。相比表11.6没有承诺的阻止市场进入博弈,最终的结果是(进入,默许)。显然,垄断者采取的承诺行动将有效阻止潜在进入者的进入。而且,尽管投资者投资了20,导致收益减少,但与(进入,默许)的结局相比,付出这一代价是值得的。

承诺能够阻止市场进入的关键在于其可信性。扩大投资需要花费较大的代价,但在某种情况下,只要承诺是可信的,其代价也可能相当小。例如,IBM公司曾承诺,对一些刚刚推向市场的新型计算机将在两三年后以很低的价格销售。这看起来有点不可思议,因为既然两三年后要降价,许多不是急需的人可能就会推迟购买,这将减少IBM的销量。但实际上,IBM公司这样做是为了阻止其他潜在进入者进入这个市场模仿它的产品,计算机市场上存在大量的小公司,他们往往紧跟在IBM公司之后推出仿造品,价格还比IBM计算机低很多。然而当IBM公司作出这样的承诺后,对那些仿造者来说,当他们仿造出这些产品并推向市场时,IBM 公司将很快或已经降低了售价,消费者就不会购买他们的产品。IBM 这样的著名大公司作出这样的承诺当然是可信的,由于计算机技术发展的速度之快,计算机价格的降低是必然趋势,IBM 公司的这一承诺并不需要花费太大的成本。

威胁与承诺并不仅仅发生在市场竞争之中,现实中还有许多类似的例子。最典型的是核威慑的作用。因为大家都十分清楚,谁也没有十足的把握一次彻底摧毁对方的核力量,也没有十分的把握拦截对方的核弹头,因此谁也不敢迈出核战争的第一步,其实原子弹的最大威力是在发射架上,而不是飞出去之后,核武器虽然恐怖,却是不可缺少的和平保护神。

本章小结

博弈论模型的贡献在于用高度简化和程式化的结构来描述复杂的策略问题,其分类包括合作博弈和非合作博弈,常和博弈和变和博弈,静态博弈和动态博弈,完全信息博弈和不完全信息博弈等等。

纳什均衡只是博弈参与者关于博弈结局的一致性预测。在引入动态性质后,斯塔克尔伯格模型解释了所谓的先动优势,而根据威胁是否可信以及承诺是否有效的不同情形,一个博弈的结果有可能被改写。

习　题

一、简答题

1. 博弈论在现代经济学中的作用和地位如何,为什么?
2. 什么是博弈?设定一个博弈模型必须确定哪几个方面?
3. 博弈有哪些分类方法,有哪些主要的类型?
4. 说明纳什均衡与上策均衡之间的区别与联系。
5. 假定企业 A 和企业 B 都是服装制造厂,它们都可以选择生产高档或中档产品,其支付矩阵如下(利润单位:万元):

企业 A

		高档	中档
企业 B	高档	40,40	80,100
	中档	100,80	50,50

(1)这两个企业有没有上策?

(2)该博弈中有几个纳什均衡?请指出。

(3)若企业A可以先决定生产其产品,试用博弈的扩展形式来分析该博弈中的纳什均衡。

6.假定两家企业A与B在做广告与不做广告间展开博弈,它们的支付矩阵如下(单位:万)

		企业B	
		做广告	不做广告
企业A	做广告	10, 10	30, 0
	不做广告	0, 30	20, 20

(1)这是不是一个“囚徒的困境”?

(2)如果该对局只进行一次,其纳什均衡是什么?

(3)若该博弈重复3次,两企业都采用“以牙还牙”策略,假如企业A在第一次对局中不做广告,试分别计算企业B在第一次做广告或不做广告时的累积利润,试问企业B将如何行动?

7.为什么一个限制了企业灵活性的策略性行动反而能够给予企业一定的优势?

8.价格战的威胁能阻止潜在的竞争者的进入吗?为了使这种威胁可信,厂商可以采取什么行动?

参考文献

[1]黄亚均:《微观经济学》,高等教育出版社 2000 年版。
[2]李仁君:《微观经济学》,清华大学出版社 2007 年版。
[3]卢现祥、陈银娥:《微观经济学》,经济科学出版社 2008 年版。
[4]毕军贤:《微观经济学》,科学出版社 2007 年版。
[5]吴开超、张树民:《微观经济学》,西南财经大学出版社 2007 年版。
[6]谢识予:《经济博弈论》,复旦大学出版社 2002 年版。
[7]高鸿业:《西方经济学》,中国人民大学出版社 2005 年版。
[8]胡寄窗:《西方经济学说史》,立信会计出版社 1996 年版。
[9]张元鹏:《微观经济学教程》,中国发展出版社 2005 年版。
[10]李致平:《现代微观经济学》,中国科学技术大学出版社 2006 年版。
[11]陈建平:《微观经济学——原理、案例与应用》,中国人民大学出版社 2006 年版。
[12]王志涛:《微观经济学》,南京大学出版社 2007 年版。
[13]许纯祯:《西方经济学》,高等教育出版社 2003 年版。
[14]李秉龙、薛兴利:《农业经济学》,中国农业大学出版社 2003 年版。
[15]杨公仆、夏大慰:《现代产业经济学》,上海财经大学出版社 2005 年版。
[16]冯涛:《微观经济学》,陕西人民出版社 2001 年版。
[17]周军:《微观经济学》,武汉工业大学出版社 1999 年版。
[18] 金雪军:《西方经济学案例》,浙江大学出版社 2004 年版。
[19]斯蒂格利茨:《经济学小品和案例》,中国人民大学出版社 1998 年版。
[20]曼昆:《经济学原理》,北京大学出版社 1999 年版。
[21]平狄克、鲁宾费尔德:《微观经济学》,中国人民大学出版社 2000 年版。
[22]斯蒂格利茨:《经济学》(上册),中国人民大学出版社 1996 年版。
[23]保罗·萨缪尔森、威廉·诺德豪斯:《微观经济学》,中国人民大学出版社 1999 年版。

图书在版编目（CIP）数据

微观经济学 / 刘文勇主编 . -- 哈尔滨 ： 黑龙江大学出版社，2009.8（2021.9 重印）
（经济与工商管理专业基础课系列教材）
ISBN 978-7-81129-192-6

Ⅰ. 微… Ⅱ. 刘… Ⅲ. 微观经济学－教材 Ⅳ. F016

中国版本图书馆 CIP 数据核字（2009）第 146019 号

微观经济学
WEIGUAN JINGJIXUE
刘文勇　主编

责任编辑　国胜铁
出版发行　黑龙江大学出版社
地　　址　哈尔滨市南岗区学府三道街 36 号
印　　刷　三河市春园印刷有限公司
开　　本　720 毫米 ×1000 毫米　1/16
印　　张　18.5
字　　数　344 千
版　　次　2009 年 8 月第 1 版
印　　次　2022 年 1 月第 3 次印刷
书　　号　ISBN 978-7-81129-192-6
定　　价　48.00 元